**New Wun Ching Developmental Publishing Co., Ltd.**

New Age · New Choice · The Best Selected Educational Publications — NEW WCDP

# 職場 倫理

## Career Ethics

第4版
Fourth Edition

經觀榮・王興芳 ── 著

## 四版說明 Preface

　　本書的內容安排，主要根據企業界在徵求人才時，所希望具備的條件或能力，如創新力、溝通力、抗壓力、執行力、領導力、判斷力、敬業精神、團隊精神及在品性、服務等方面的要求作為討論的主題，以俾讀者進入職場後，在服務態度、創新精神、思考判斷、工作績效、人際關係及自我成長上，都能獲得最好的表現，從而鼎立職場。

　　本書所討論的內容及觀念，不只適用於員工，同時亦適用於管理及領導階層，因為本書指出在職場中的倫理是指人與人、人與事（制度、規範）的關係，因而其中的一些在職場應有的態度，自然是適用於職場中每一個人的身上，這是在許多成功的企業中都顯示出來的，如在宜家(IKEA)，經理搭乘飛機只能坐經濟艙，乘火車只能享受二等車廂，只能住平價旅館，這種規定不只適用於公司所有的高層，也包括創辦人坎普拉德在內。坎普拉德曾說：「當為我工作的員工只得到微薄的出差費時，我怎麼可能自己享受著奢華？」「這是領導藝術的問題。」曾任宜家德國總代理的沃納·韋伯，管理近11,000名員工，但沒有僱請私人祕書，也沒有自己的辦公室，而是跟其他人共用一個大辦公室。

　　本次改版依現今職場文化，新增「職場霸凌」、「性別工作平等」等相關說明，並運用許多企業的真實案例加以佐證，全方位的探討職場倫理。希望讀者進入職場後更具競爭力，各方面都有令人激賞的表現，並能妥善規劃職業生涯，成為人生的勝利組！

作者　謹識

# 作者簡介 Authors

## 經 觀 榮

逢甲大學通識教育中心兼任教授

## 王 興 芳

退休（原任僑光科技大學會計資訊系副教授）

# 目 錄 Contents

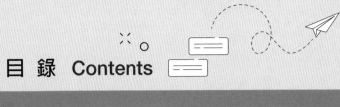

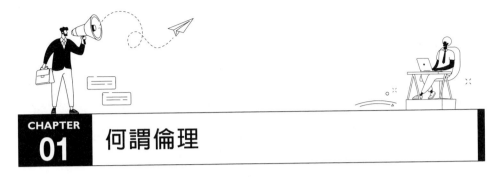

**CHAPTER 01　何謂倫理**

## 🎯 壹、何謂倫理

### 一、倫理的意義

　　在西方，倫理(ethics)一詞最早源於希臘文的「ethos」，其意義與拉丁語的「mores」近似，表示風俗、習慣、德性等意思。而「倫理」一詞往往與「道德」一詞通用，如「倫理關係」即「道德關係」，「倫理學」即「道德哲學」。但在本書中，則將倫理獨立為一個概念，並以我國儒家思想進行解釋。

　　在漢語中，倫理二字連用而成為一個詞，始見於《禮記·樂記》：「凡音者，生于人心者也；樂者，通倫理者也。」東漢鄭玄解釋說：「通猶類也，理，分也。」唐孔穎達則以「陰陽萬物各有倫類分理者也。」意指把不同的事物、類別區分開來的原則、規範，在此倫理所指不僅限於人事。但後來倫理一詞則專指人事，如《說文解字》解釋說：「倫，從人，輩也，明道也；理，從玉，治玉也。」這裡倫是人倫，理是指紋理，而倫理即調整人倫關係的道理、原則。後漢賈誼說：「以禮義倫理教訓人民。」而孟子更言：「教以人倫，父子有親，君臣有義，夫婦有別，長幼有序，朋友有信。」（〈滕文公上〉）其中父子、君臣、夫婦、長幼、朋友等即為五種人倫，而處理這五種人倫關係的「理」就是親、義、別、序、信。亦即指出人的行為必須符合一定的社會規範、一定的條理規則。所以倫理就是調整、維持、促進人際關係的道理、原則。

## 二、倫理的起源

孟子以「人之所以異於禽獸者幾希，庶民去之，君子存之。舜明於庶物，察於人倫，由仁義行，非行仁義也。」（〈離婁下〉）又言：「后稷教民稼穡，樹藝五穀；五穀熟而民人育。人之有道也，飽食、煖衣、逸君而無教，則近於禽獸。聖人有憂之，使契為司徒，教以人倫」（〈滕文公上〉）。這顯示倫理關係的確認，除了祖先血緣生存的依賴關係外，尚包括對群體生活共同需要的體認，並且更重要的是先知先覺者對群居生活必要性的覺悟，有意識的創作一些人際規範宣傳於人間，以作為彼此相處、交往的規則。

人類在早期與環境的鬥爭中，所以得能保障其存在與發展的首要原因，是與生俱來的生存意志和生活需求，而此可稱為生命目標。但在原始社會，生產力低下的情況，如果只憑生存意志，獨自以個人力量去爭取生存，實現生活目標是很困難的，因而必須結成群體，共同生活，也因此有學者認為：從群體生活反映出的合群性是人類求生意識支配下產生的本能行為，但群體生活並不是只憑本能的支配便可完全實現的。另一方面，人類所以異於動物者，在於能思考、有理性，而在理性思維中，發現並證實在生存的共同要求下，人類進行著繁複的各種責任關係的組合，也就是成員間都存在著交互的合作關係與共同的生存關係，並自覺的了解彼此的關聯性，以致彼此間都必須擔負大小不一的責任，承擔相當的義務，並以相應的態度與方式，來保證每一成員都可以對自己生活於其中的社會負責，領悟他人的反應而調整本身的反應，久之就產生倫理規範，且不只受外部的約束，更能自覺的遵循規範來指導、要求自己的行為，這種覺悟的程度越高，自我控制能力越強，以及有自覺要求的人越多，社會即越穩定。

因而人類學家吉新(F. M. Keesing)和社會學家吳爾夫(K. H. Wolff)均謂儒家所提倡的「倫」名為「社會對體」(social dyad)，彼此互依規定相當嚴格的模式以發生關係，如父慈子孝、兄友弟恭等，人與人的關係，如均能依照這些模式而建立、而發展，則社會秩序井然。另梁漱溟則謂「倫理」之可貴，在於尊重對方，就是要人人認清人生交互關係之理，在其中互以對方為重，所以指導和幫助人與人和諧相處的倫理思想，就變為社會結合的接合劑。

所以人類創造出規範，規範的運用，又促進利益的獲得，帶來良好的感受，而使人樂於對其遵守和執行，主動約定或被動服從，這也是對人類行為的一致性和服從性的要求。在人們的生存需要獲得基本滿足後，其生命目標即由生存需要上升到安全需要的層次，此時倫理規範對人的行為指引也隨之集中在新的層次，如過去強調家族、宗族、團結紀律、行動一致，現今則強調公平、正義、愛心。

今天人作為一個自覺的主體，在主體活動、思索的過程中，有預見其行動結果的能力和願承擔後果的責任心，意識到享有決定自己的思想、感情、行為等某種程度的自由，並進行自我觀察、自我表現、自我評價、自我調節、自我監督、自我保護等心理活動，而採取諸如利他、公正、誠實、正義、善行、義務、自制、勇敢、謙卑、虔敬等行為。人的倫理不再只限於人與人的關係，更在於人與自己的關係，以及實現個人的人格完善、人生的意義和人格的昇華。

## 三、儒商倫理

在上海辭書出版社所印行的《倫理學大辭典》一書中的「儒商倫理」條目下，以其為學術界對明清時期「儒賈」經營理念及經營倫理的通稱，「儒賈」是商業經營活動與儒家倫理文化相結合的產物。其以當時在徽州等地產生一批自命為「儒賈」的商人群體，其或棄儒就商或商而學儒，雖商而乃好儒術，信奉儒家倫理精神，並將之轉化為經營理念

和行為規範，其對義的強調「財自道生，利緣義取」（明婺源商人李大皥語，見《三田李氏統宗譜》），也就是「利以義制」（李夢陽《明故主文顯莫志銘》）。「雖然托游于貨利之場，然非義弗取」（《汪氏統宗譜》）。至於在實際的商業經營活動中，其規範有：

1. 勤儉。清朝初期，顧炎武曾言：「新都勤儉甲天下，故富亦甲天下。」（《肇城志，江南十一‧徽州府》）。

2. 誠信。歙縣商人吳南坡言：「人寧貿詐，吾寧貿信，終不以五尺童子而飾價為欺。」（《古歙岩鎮東石勘頭吳氏家‧吳南坡公行狀》）。

3. 謙和。即儒家貴和的思想，如和氣生財。

4. 敬業。心存「祖考之志」，抱持「創業垂統」，光耀門庭的強烈責任心，因能競業而殫精竭慮。

以上，可看到儒商非常重視商人的人格形象，認為「商與士異術而同心」，故「善商者處財貨之場而修高明之行，是故雖利而不汙。」（李夢陽《明故王文顯墓誌銘》）。[1]

因而儒商是指從事商業活動的人，尤其是企業家，雖然從事的是一種經濟活動，但並不唯利是圖、見錢眼開，而是具有比較高的社會責任感，從事商業活動時不忘自己的歷史使命和社會責任，能較好的處理義與利的關係，追求的是陽光下的利潤。

## 四、今日的倫理意義

在前曾引用唐代孔穎達的話：「萬物各有倫類分理者也」，即所有的倫類各有其應有之理，因而今天有科技倫理、網路倫理、醫療倫理、企業倫理、商業倫理、會計倫理、經理人倫理、司法倫理、律師倫理、軍事倫理、生態倫理等。所以在今天倫理是一種特殊又普及的社會現象，既涉人和人、人和群體的關係，又涉及到人和事、物、自然的關係，它既以觀念、情感、意志、信念等意識型態存在於人的社會生活

中，又以一系列的原則、規範成為人行為的原則體系，要探討利益與不利益、個人利益與群體利益、對與錯、是與非、善與惡、得與失、榮與辱、幸福與不幸、正義與不正義、正當與不正當、義務、良心、誠信等問題。

但在本課程中，更重視人和自己的關係，如何完善自我的成長，並在職場生涯中能發揮最好的表現。透過這些發展自己有益於組織的個性與特長的需要。而組織也相應的提供其實現之道。

## 貳、職場倫理

### 一、職場倫理的意義

「職場」中的「倫理」，是指人在職場的生涯中所應依循的某些原則，以追求自我的完善，使自我在對待他人、事（職掌）、物（生產過程、產品）的關係能達到最佳調適並盡善盡美，並發揮自我潛能及克盡個人對職掌的責任，從而實現自我的價值和意義。

其次職場中的倫理，不只是片面的要求基層員工，也包含組織的幹部和領導人（擁有者），因而本書探討的各主題，適用於組織中的每一個成員，因為自我的要求、充實、提升，是組織成長的唯一方法。而提高管理者和被管理者對於倫理在組織活動中作用的自覺意識，對於培養和造就高素質的組織人員，確立組織全體成員共同認可的管理價值觀，增強組織的凝聚力和向心力、協調組織與外部的關係，樹立良好的組織形象皆具有重要的意義。

### 二、職場倫理的幾個重要原則

在本書的各章節中，將會針對本書所欲定義的「職場倫理」內涵、原則作詳細介紹。在此則僅先就職場倫理在整個組織中的地位、作用做一說明，而此又與整個組織所塑造的文化有關。因為一個企業文化所呈

現的倫理思想可表現在：培養企業精神和團隊意識，激勵員工的奉獻熱情和創新意識，提供寬容待人、融洽和諧的合作氣氛，關心社會、顧客和員工的利益，甚至營造組織成員的共同願景，用價值觀來引導成員的思想和行為，進而促進組織的持續健全發展。

日本的企業在管理上，就非常注重倫理精神，如終身僱用制意味著管理者與被管理者之間內在深厚的信任與忠誠關係。年功序列工資制則體現了僱用者與被僱用者間正常合理的權責關係，同時有助於鼓勵員工的長期行為，包含著深刻的感恩及忠誠。企業內之工會更被理解為「倫理法人會」，通過精心培育員工的團結精神、共同價值觀和責任感，形成日本企業特有的團隊精神。而日本企業倫理思想的核心就是以人為中心，堅持「彼我一體」、「義利合一」、「誠信統一」、「奉獻與感恩相應」、「物質激勵與精神激勵」相輔相成的倫理原則。

在此，將指出組織整體應有的幾項基本倫理思想。

## （一）社會責任

我國的倫理思想有所謂的「厚德載物」，其語出《周易‧坤‧象辭》：「地勢坤，君子以在厚德載物。」其釋文則說：「至哉坤元，萬物資生，乃順承天。坤厚載物，德合無疆。含弘光大，品物咸享。」其意為地順承天道，生養萬物。其體厚能載萬物，其面廣能包容萬物，萬物得以皆美，君子取法于地，也應厚德載物，效法大地的胸懷，以寬厚之德包容萬物和他人，使之都得以各遂其生。而孔子則曾說：「泛愛眾而親仁」。《廣雅》釋泛為博，即博愛大眾。故韓越提出「博愛之為仁」，而北宋張載則以「民，吾同胞；物，吾與也。」這表明人對群體是負有責任、義務的，並且在事實上，人類自覺的形成社會後，社會生活便日益擴張，人再也不能脫離社會獨自存在，人與社會的關係，就像人的生命與空氣一樣，是榮辱與共而密不可分的，人的需要只有通過共同的努力才能獲得滿足，他們的才能也只有通過相互服務才可以得到發

揮，其具有連帶關係。同樣的，企業的成功、壯大也不是獨自所能達成的，社會給公司提供了有限責任和盈利機會等庇護。

因此企業除了對它的所有者、員工和股東負有責任外，還應對整個社會負有責任，而此社會責任是指企業決策者有責任採取行動保護和促進整個社會的福利，其採取的兩種行為：一是保護社會利益，即避免對社會產生負面影響；二是促進人群福利。而許多公司，特別是大公司的員工，也在觀察他們的老闆或企業本身有無盡到社會責任。如國際環境調查公司(Environics International)於2002年公布的《公司社會責任調查報告》表明：美國大公司內有80%的員工都認為履行社會責任能夠激發他們的鬥志和忠誠度，85%的員工願意投身公司資助的社區公益事業，而有58%的員工則表示他們所在的公司應該盡到更多的社會責任。[2]

以下舉出四個事例作為思考對象：

### 1. 松下幸之助的自來水經營哲學

在1932年的時候，松下在思考著企業的使命究竟是什麼？一連幾天直思考至深夜，而終於有了答案，就是消滅世界的貧困。這一年的夏天，當松下在大阪附近街道步行時，看到一個板車夫，停下板車，走到路邊打開幾戶人家共同的自來水龍頭就喝起水來，自來水是經過濾處理的水，是要花錢購買的，但卻沒有住戶指責板車夫的行為，這是為什麼呢？因為自來水固然是有價值的東西，但是一旦到處都有，而取之不盡，用之不竭後，其價值就幾等於零，對於取用價值幾乎等於零的東西，自然不會有人責怪。松下進而聯想到所有的罪惡幾乎都來自貧窮，而自來水之價廉乃因其來源豐富，如果世界上其他的東西，也能像自來水一樣無限量的供應，定可嘉惠貧民，消除貧窮和罪惡，他的使命，就是要把電器產品製造的像自來水一樣的多，一樣的便宜，以惠及貧民。這是人生最尊貴的事業，為達到此一目的，人們必須刻苦耐勞，勤勉從事，不停的工作，不停的生產，以增加物質；若不是這樣，就沒有其他

的好辦法，這就是我們要做的事情，也是我們應該完成的事業。而能夠促進所有人類得過富裕生活的工業生產，就是我們的神聖使命，也是一生奮鬥嚮往的最高境界。

在這年的5月5日，松下在面對員工演講時，宣布這一年是松下電器「創業知命的第一年」，也就是真正認識到企業的使命何在，他向員工們說：「今天大家在松下電器工作，除了增加生產外，最終目的則在提高人類的生活水準。易言之，我們經營的目的，不只是提高公司的業績，或是保障員工的生活而已；其中更大的目的，就是繁榮社會，以提高人類的生活水準。能夠繁榮社會，我們這個事業體才有存在的意義，這也是我們的使命。全體員工都能自覺出這種強烈的使命感，才可看出我們工作的價值。」[3] 在松下說完後，員工代表致詞時說：「這個演講猶如從懶惰中喚醒我們的警鐘。我們保證把它的涵義牢記在心，更清楚的意識到我們的公司——松下電器的使命，並不惜冒著生命的危險去努力履行我們的責任。」隨後在員工各自發言的時候，因過於踴躍、熱情，由限制三分鐘發言到限制二分鐘、一分鐘，年紀大的員工為年輕員工的熱情所感染，不由自主跑上講臺；有人瞬間啞然失聲，遂揮拳作勢，全身戰慄著；又有些人，一句一句用足氣力，在臺上睥睨臺下者；也有人指天發誓不達使命，至死不休。顯然這些員工所表達的是要在松下公司內忘我的獻身精神。而員工的共同心聲是：「過去，我們只知道要不斷的努力工作，可是，不知為何而努力；如今，我們已認清公司的使命，對今後的工作，將更有自信。」松下本人事後回憶道：「從那一刻開始，我自己改變了，松下電器也起了很大的變化。這種變化的動力來自於深深了解身為企業人應有的使命感。從表面觀之，大家還是像以前同樣努力與熱誠。但在精神上，已經從『人云亦云』提升到充滿抱負的使命感，這是松下電器能迅速成長的主要動力之一。」[4]

## 2. 稻盛和夫的企業責任

日本京瓷公司在創辦的第三年，即1961年，正當公司發展一帆風順的時候，創辦人卻遭遇著一件將徹底顛覆其經營理念的事情。

有11名高中畢業的男性員工拿著按著各人血手印的請願書集體找稻盛和夫交涉說：「公司將來的發展到底會怎樣我們心裡也沒底，所以大家都很不安。因此希望公司能夠作出每年都能給我們定期加薪和發放獎金的承諾，否則的話我們無法保證會一直在這裡做下去。」

稻盛和夫聽後懇切的告訴他們：「雖然你們想要在未來的工資和獎金問題上獲得公司的承諾，但是你們也必須清楚，我們大家現在還處在每天為了能夠生存下去苦苦掙扎的階段，你們要求的東西實在太不現實。當初我在決定錄用你們的時候，肯定對你們說過：『我們還只是一家剛成立的小公司，希望大家能夠共同努力，讓它成長壯大。』因此你們也看到，我本人沒日沒夜的辛勤工作，想要把這家公司做大做強，以便將來能夠與大家一起分享成功的喜悅與幸福。」

可是在當時左翼思潮正盛時，員工不為所動，堅持的說：「你們這些經營者不管什麼時候都只會像你一樣叫苦，欺騙我們勞動者。總而言之，如果不能在工資和獎金問題上獲得承諾，不管你再怎麼說，我們也沒辦法安心工作。」

經過了三天三夜無效的談判後，稻盛和夫毅然宣布：「我不能給你們任何承諾，但是我一定會為了你們大家竭盡所能。你們完全可以相信我的這番話。如果你們現在有辭職的勇氣的話，也希望你們有同樣的勇氣來相信我。我會為了這家公司的發展壯大，捨命奮鬥。如果我有任何欺騙大家的地方，要殺要剮，悉聽尊便。」

最後11名員工終於撤回了自己的要求，但稻盛和夫卻因此事陷入深深的苦思。當他創建公司時的夢想是要利用自己的技術生產出的產品遍布全世界，但是經過這一次的事件，從那一刻開始對什麼是公司、公司

的目的到底是什麼進行了認真的思考，開始意識到公司並非是用以追求個人夢想的工具，而是不管在任何時候都能夠為其員工提供保障的所在。因此稻盛和夫認定：作為企業經營者，要為手下員工獲得物質和精神兩方面的幸福而鞠躬盡瘁，付出自己最大的努力。此外也認識到經營者不僅要考慮自己公司員工的利益，同時還要擔負起作為社會一員的應盡職責。因此稻盛和夫隨著思考一步一步的深化擴展，最後形成了京瓷公司經營理念的核心，即「在追求全體員工物質和精神兩方面幸福的同時，為人類社會的進步發展作出貢獻」，經營者必須具備不為己利的經營理念。因為在公司創業始期的第三年就確立了這樣的理念，才使京瓷公司在未來的發展中獲得巨大的成功。[5]

## 3. 比爾與梅琳達蓋茲基金會

許多的企業在今日均紛紛投入公益事業，但論及規模之大、範圍之廣，則沒有能與蓋茲基金會相比的，據楊淑娟所寫的〈比爾蓋茲：公益是最好的投資〉一文所作的介紹，蓋茲夫婦捐給基金會金額已超過一百億美元，而且是全球防治愛滋、肺結核等傳染病的著名機構，蓋茲並宣示會將大部分的財產捐給基金會，至於其創立初衷則是認定：「每個生命都有一樣的價值。」希望能盡力消除許多生命所面臨的先天不平等。

其進行包括幾個大的領域：(1)醫療，改善窮困地區的公共健康，除提供十五億美元資助兒童接受疫苗注射外，並在坦尚尼亞等非洲地區贊助容易取得醫藥資源的計畫，讓人們在生病時可以得到正確、足夠的醫療用品及用藥常識。(2)教育，希望能提高美國人的高中畢業率，並且多具有繼續升學或工作能力，因而在美國為許多中學添購現代化教育設備，贊助開課引導生涯規劃與職業探索活動，並提供許多獎學金及幫助上萬的圖書館連上網際網路、汰換電腦。(3)關懷弱勢家庭。從微軟所在的美國西北海岸的弱勢家庭，提供早期學習與住所服務、健康服務等，並不斷向外擴散，遠至非洲。

蓋茲基金會的努力及績效也喚起了許多企業紛紛加入他們的行列，而在2008年排名富比士雜誌首富的股神巴菲特，在2006年6月時就宣布將會把他自己400億美元的財產捐贈給蓋茲基金會。

比爾・蓋茲除了將個人財富投入公益事業，並且還鼓勵公司的每位員工進行慈善活動，每年員工的單筆慈善捐款最高可達12,000美元，超過二萬名的微軟員工參加各種慈善活動，另外微軟也鼓勵公司內部的社團組織進行社會捐贈，公司則對各社團參與公益活動都會給予一定的支持，公司為此給了1:1的贊助，例如在SARS期間，捐贈100,000美元給中國，微軟公司也相對的捐贈100,000美元。

蓋茲對財富的態度是，他只是財富的看管人而已，最終他會把他所有的財產都捐贈基金會，他曾透過公開的遺囑鄭重宣布，將把財產的98%留給「蓋茲基金會」，而三個孩子每人得幾百萬或千萬遺產就足夠了。[6]

## 4. 西門子的奉獻社會

德國的西門子(Siemens AG)公司倡導成為「優秀的企業公民」，而以其在文化、教育、體育、環保等領域對社會所做的貢獻，以及對老年人口、貧困人士，在困難時所伸出的援手而廣受讚譽，其不只是為企業帶來良好聲望，同時也推動了人類社會的進步。其項目主要有：

(1) 教育。資助聯合國兒童基金會的「重返校園計畫」，這是一項關係未來的重要投資工作，在阿根廷為被遺忘的兒童建立校舍，資助上學；在阿富汗，幫助戰後的阿富汗推展教育工作；在中國捐款希望工程，使貧困孩子走進校門，並安排廣州和深圳的員工志願到廣東北部的貧困地區去建立圖書館、安裝電腦和連結網路，提供電腦培訓，開設英語課程。

(2) 醫療。在非洲，西門子（南非）有限公司開展關於防治愛滋病的一系列活動，並獲得一項傑出企業獎。

(3) 其他公益活動。在SARS發生期間捐贈中國700萬人民幣的醫療及通信設備，並設立基金會，積極支持各類文藝活動，如資助博物館收購、展出和宣傳藝術品，設立各種頒發給藝術家個人、學者和集體的獎項，透過各種活動來推動文化發展，促進各國間的文藝交流。[7]

一個企業所表現出的社會責任足以激起所有員工的責任心與榮譽感，並在為企業打拚時有一個更為清晰而有豐富意涵的目標。

## （二）誠信責任

誠信就是誠實守信。對於「誠」字，子思說：「誠者，天之道也；誠之者，人之道也。」又說：「誠者，物之終始，不誠無物。」其認為誠是天道的本質，世界萬物得以存在的根據。又以「誠身有道，不明乎善，不誠乎身矣。」「誠之者，擇善而固執之者也。」「誠者，非自成而已也，所以成物也。」「至誠無息，不息則久。」（《中庸》）此認為誠是「善」的堅定信念和真實感情，不只要成全自己，也要成全他人。《大學》言誠則重在誠意，其以「所謂『誠其意』者，毋自欺也。」就是誠實不欺。也就是真誠、誠懇之意。

對於「信」字，《國語·周語》說：「禮所以觀忠、信、仁、義也……信所以守也。」孔子主張「敬事而信」、「謹而信」而又說「信則人任焉」、「與朋友交而不信乎？」（〈學而〉）其是治民、用人、交友的重要原則。漢朝董仲舒則解釋「信」為誠實而不隱瞞其情，「著其情所以為信也，……竭愚寫情，不飾其過，所以為信也。」所以信表現為講信義、守信用、重允諾、言行一致。

誠信合起來使用，則有誠實守信、表裡如一，倫理行為與倫理品質相互統一的豐富內涵，而如人人都不誠實、不守信，社會中所發生的一切交往就會陷於無序。而誠信就是要在企業內部、商業伙伴、顧客、股

東以及公眾間建立起信任關係，在企業內部可以帶來工作熱情、安全感和忠誠度。

以下列舉有關誠信的三個事例：

## 1. 海爾的真誠到永遠

中國的海爾集團始終以「海爾人就是要創造感動」作為企業的服務理念，以「為用戶創造價值」作為企業的服務理念，以「為用戶創造價值」作為企業的服務目標，堅持做到「先賣信譽，後賣產品」。並公開承認只要客戶打一通電路，剩下的事由海爾來做。

1995年7月6日，海爾廣州工貿公司與潮州用戶陳志義約好7月8日送去選購好的滾筒洗衣機，而那時，在潮州還沒有海爾的專賣店。7月7日上午，駐廣州的服務員毛宗良，租了小貨車載著洗衣機出發了，到下午2時，貨車發生故障，而距離最近的海豐城還有兩公里路程。在烈日下，毛宗良不斷攔著其他過往貨車，但司機都不願幫忙，此時已近下午3時，毛宗良決定不能再等了，開始找繩子，不顧還沒有吃中飯，為了搶時間，背起重約百斤的洗衣機上路了，不顧路人的好奇眼光，走走停停，到達海豐城時，已是下午5點多了，雖然渾身汗水，又累又餓，但做的第一件事是與當地經銷商聯繫調派小貨車，等到重新出發後，才想到已兩頓沒吃飯了。到達潮州時已是深夜12點多。7月8日一早，洗衣機準時送到客戶家完成安裝。[8]

這個事例，就因海爾人深信「信譽」的累積有一個特點，即企業需要長期的付出，艱苦努力才能獲得，哪怕只是一點點的信譽，但一次失誤，就可能讓從前累積的信譽喪失無餘。這種特點，海爾的服務人員在服務過程中深有體會，並總結一條經驗法則：服務必須主動，因為被動等待，信譽就會在等待中流失。

信譽的累積可產生回報，而隨著累積的持續進行，回報率會不斷提高，因此不能侷限短利，如海爾的滾筒洗衣機，一般工廠採取的工法是

處理完後噴漆，但海爾在預先處理時，就用進口設備多作了幾道程序操作，這樣在噴完漆後效果就大不相同，別的洗衣機可能五年就生鏽了，但海爾的產品則十年、二十年也不會鏽蝕。但海爾的這些措施，消費者可能並不知道，卻顯示出廠商如何向消費者負責的問題。

2. 嬌生的「泰諾」藥物中毒事件

「泰諾」鎮痛膠囊於1975年問世，據有止痛藥市場的35%，占嬌生公司銷售額的8%，利潤的15%～20%。但在1982年9月30日，有消息報導，在芝加哥地區有7人因服用「泰諾」膠囊死於氰中毒，據傳還有250人生病或者死亡。9月末一個星期三的上午，一名患者因胸痛在服用「泰諾」膠囊後，當天下午死亡。到週末為止，又有六名芝加哥居民死於相同情況。死亡是由氰化物造成的，藥驗人員從受害者家中找到10粒被氰化物汙染的泰諾膠囊。

隨著消息的不斷出現與擴散，嬌生公司的聲譽一落千丈。但嬌生公司立即作出關鍵性的決定：向新聞媒體開誠布公，公布事實真相，並向媒體宣布：「本公司是坦誠的、愧疚的、富有同情心的，決心解決中毒事件並保護公眾」。並制定詳細計畫，第一步澄清事實，第二步評估及遏制損害的繼續，第三步努力使大眾的對泰諾膠囊恢復信心。並採取下列措施，誠實面對問題。

(1) 立即回收市場上的泰諾膠囊，9月30日對外發布緊急通報，回收第一批八月生產的93,000瓶。10月1日對外發布最新消息，第二批回收17,100瓶，並勸告民眾在事情未查清前不要購買服用。

(2) 對800萬瓶泰諾膠囊進行檢驗，是否受到其他汙染。

(3) 事件發生後，每天答覆新聞媒體的訪問。

(4) 停止報刊廣告，並盡可能撤掉電視廣告，並請求媒體，能提供最準確的及時訊息，以協助嬌生公司防止恐慌的發生。

(5) 向消費者承諾以新生產的泰諾藥片換回舊的膠囊。並通過發給醫生、醫院、藥局的50萬份電訊及對媒體的聲明即時傳達這些訊息，使情況不致再惡化。

此外，10月4日對外發布消息，宣布食品藥物管理局抽檢了100多萬瓶泰諾鎮痛膠囊，結果在芝加哥以外地區都沒有發生汙染現象，並且有毒的膠囊來自兩個工廠，而不太可能兩個工廠在生產過程都受到汙染。結果調查證明，七位中毒者的死亡並非泰諾鎮痛膠囊所致，而是有人在芝加哥地區將氰化物注入藥瓶中所造成，另外250人的生病與死亡和膠囊也無關係。

為了去除人們的疑慮，嬌生公司不顧成本的增加，推出有三層密封包裝的新型泰諾鎮痛膠囊，以逐漸增加消費者的信心，並宣傳：「我們深蒙藥界和美國人民的信任已逾20年。我們珍惜這份信任，不允許對它的任何損害。我們希望你們能繼續信任泰諾。我們正從悲劇中學到教訓，捲土重來。」3個星期後，透過宣傳、優惠或贈送，這種新包裝的泰諾膠囊重新上市，市場仍然看好。

嬌生公司以誠實面對問題的處理方式扭轉了劣勢，而事發之時，甚至有人認為泰諾鎮痛膠囊，將從此在市場中消失。[2]

## 3. 世界通信的詐欺案

2002年，當時全球第二大的美國電信業者「世界通信」，在2001年1月到2002年3月底，將38億美元的經營支出列為資本支出的帳戶中，而將原來的巨額虧損變成為盈利15億美元，即虛報盈利38億美元。該公司在全盛時期年營業收入達350億美元，股票價格達64美元，公司市價高達1800億美元，但在造假信息公布後，股東狂拋股票，股價跌破一美元。

弊案曝光前，在德克薩斯州的理查森市，一位世界通信公司的預算和財務分析人員金·埃米向上級揭發說他知道公司一次內部政策改變其實是一場「純粹和簡單」的詐欺，但未得到回音，於是開始一級級往上

反映，最後首席營運長答覆說：「我代表公司審計部門和我本人，感謝你幫我們認識到這一點（我們不會透露你的名字）。」但兩個半月後，金・埃米被公司解僱。[10]

因此企業真正賴以生存的法寶，就在於能否與客戶、合作夥伴以及企業員工、股東等維持良好的互信關係，也只有在各方良好的互信基礎下，才能夠使各方資源對企業能產生許多的附加價值，否則如客戶不登門消費，員工混水摸魚，金融機構、上下游廠商等亦不願與該企業往來，則企業絕無法繼續下去。當然企業可以透過建立一些章程來表達企業對誠信權利與義務的重視，然而白紙黑字的規範，並不足以建立起企業的誠信標誌，因為其衡量的標尺是在每個人的心中，覺得企業有足夠的誠信時，才願意付出。

特別是在公司內部誠信可以增強能力，因為它體現為大家共同的價值觀、明晰的融合規則及出色的商業流程，並產生工作熱情、安全感和忠誠度，使大家放下提防警戒心，這對於創造性思維和協同工作是至關重要的，如果缺乏誠信，任何公司都將難以取得好的績效，甚至造成信任危機，彼此都無法相信對方的真誠與忠誠，而失去對彼此常態誠實、合作行為的期待。

## 三、職場倫理有關的問題思考

1. 在公司內許多同事有一個習慣，就是把公司回饋給顧客的贈品自己拿去用，且不讓老闆知道。有時客人問有沒有贈品，就騙他們已經送完，等客人走後，就拿來自己使用。有天同事跟你要客人未拿走的贈品時，應如何應對？[11]

2. 身為便利商店的店長，每天早上都要把昨天晚上到今天早上的過期食品：便當、麵包、三明治等輸入電腦檔後，按照公司規定丟掉，但許多店會把報廢食品讓工讀生帶走，甚至當作正常的三餐來降低工讀生

的用餐費用，這已成為一種不成文的默契。若你擔任店長要如何面對這種既成慣例？[12]

3. 幾年前強颱賀伯侵襲臺灣時，在許多地區出現嚴重積水，不僅住家、工廠、商店損失慘重，更有許多路邊汽車慘遭滅頂，如果汽車遇到幸運的愛車車主，會被送進保養廠全部重新整理，讓愛車煥然一新。但若是命運不佳的汽車就直接被賣到中古車行任人宰割，但是否可以這樣處理泡水車呢？[13]

4. 張生大二時在一家外商公司打工，公司倉庫每兩個月會打掃一次，而公司同事常利用打掃之便，順手將一些產品帶回家。張生因到職未久，不知有此「習俗」，當到倉庫打掃時，正見同事在拿東西，心生不對勁想離開時，卻被同事抓住，在口袋塞了東西，並說：見者有份，並且保證不會被發現，全公司的人都不知道這件事。張生當時不情願的收了下來，但事後應如何面對此事？[14]

5. 張生在一家知名大型醫院擔任實習醫生時，因為醫院需要尋找新的合作藥廠，所以各大藥廠無不全力以赴的尋求合作機會，俾取得商機，及往後更多與該醫院合作的機會。但就在醫院評估階段的某天，突然收到一份文件，一打開是五萬元的紅包，署名是給他的，在心裡慌亂下去找系主任，才知道是某大藥廠所給的，目的在疏通管道、取得機會。而系主任所給的答案是：「收下就是了，別問這麼多。」張三要如何處理？[15]

6. 張生在大二於校內打工的時候擔任某主任（該校某系的在職教授）的研究助理，除了幫主任找他研究所需的資料、打字輸入外，就是每個月整理帳單，以便主任向某基金會申請費用。過了一段時間，張生在熟悉報帳細節後，開始對帳單的某些地方產生疑問，例如有一個項目是屬於研究助理的薪資，上面的金額超過兩萬，但張生自己的薪水卻只有和一般正職工讀生一樣的一萬出頭；更奇怪的是，其薪水是由學

校直接匯入帳號，而不是由該基金會匯入，而且所整理的一些帳單上有些細目不太清楚，但每當拿著帳單去詢問該如何處理時，主任總是叫他照著申報，卻從不告訴他那些細目要如何列，他因為不了解而照著做。但在某次整理帳單時因把所有細目都列了出來，結果該申請的文件審核沒通過而被退回，因此被主任找去罵了一頓，並重作一份。

　　就這樣，張生逐漸覺得不對勁，除對自己的薪資縮水覺得不舒服外，又覺得這樣等於是在作假帳；雖說不上是偽造文書，但也是不安。再則，對主任的研究雖然不懂，但是相信一定與照顧病人的心理有關（因為所查的資料都是與此有關），想想基金會出這筆經費，一定是希望他的研究能惠及眾多病患，而不是讓主任轉作其他用途。此時張生應如何處理呢？[16]

7. 張生任職的公司，有一天開箱查驗被客戶退回的產品時，發現原來是代理商連內箱的包裝都沒有換，而是用公司重新檢測時用的箱子，並且在外箱還寫有一些字，意思是這些產品可能有問題，需要重新檢測。事情發生後，驚動高層召開緊急會議，決定因應對策。

　　其實公司上下都知道對問題產品處理的方式，至於問題產品未經淘汰而重新檢測，是為降低損失，而在重新檢測過程中，檢測標準已被降低。隨後重測過的產品再送到客戶手中，但此次因代理商的疏忽未顧到包裝紙箱，被顧客看到，自然被退貨，否則就已神鬼不知的賣給消費者了。此問題關鍵實在於公司對問題產品的處理不當，不去徹底檢討原因，反而去降低產品的標準。但是相關單位主管不僅沒有採取檢討改善的計畫，反而說一句令人驚駭的話：等到被抓到發現了再說。身處這家公司的張生會有怎樣的思考、判斷？[17]

## 四、企業與企業家的倫理

　　2022年1月底媒體報導，有女性職場員工任職的公司老闆在2021年中期換了一輛保時捷，並在10月買下一棟3千多萬元的透天別墅，所以近年

終時不免在想老闆花錢這麼豪氣，而且員工每天又免費加班，顯然公司今年業績不錯，應該會有不錯的年終獎金。但沒想到老闆竟然宣布：公司幾乎都在賠錢，不僅尾牙取消抽獎，年終獎金也要一併減少，希望大家共體時艱。[18]有些網友也做了類似的反應。

然而稻盛和夫創辦的京瓷公司以「敬天愛人」為社訓，人就是員工和顧客，能夠愛員工和顧客就是愛人。而不能讓員工感到幸福的企業家就沒有經營企業的資格。

事實上，在社會連帶關係下，社會之所以有進化，是由於社會上大多數利益的相調和。就像資本家有了資本和土地，但沒有員工人力的生產、消費者的購買、各種社會資源的支持，企業、企業家又何以獨存？

## （一）企業與員工

社會有各種幸福企業的選拔活動。何謂幸福企業？政治大學蔡維奇教授認為「能帶給員工幸福感的企業」就算是幸福企業，或者說企業主是否願意持續的善待員工，使員工產生幸福感，願意主動的對工作做出更多的貢獻。[19]

因而幸福企業要創造歸屬感，並使員工認同公司的企業文化，如松下幸之助提出的「自來水經營哲學」或佳能電子的「第一主義」，其次要提供讓員工滿足的工作條件和環境。

### 1. 注重員工福利

如提供健康檢查、複合式休閒空間、工作環境改善、急難救助、生日慶祝活動、公司內外的健身活動、生日假、情緒假、旅遊補助、彈性上班等。

如臺灣3M公司下午讓員工準時下班，可與家人共進晚餐；而牧德科技則為讓員工能多照顧家庭，在旺季需要加班時，就把原本的晚班改成早班，以方便員工增加陪家人吃晚餐、聊天的時間。

鼎泰豐則規定員工一定要午睡，並在各分店增添可以躺著午睡和有腿部按摩機的休息室，使員工在好好休息後，可以在下午有更好的精神服務客人。遇到春假等學校連續放假時，因為擔心員工若有年紀較小的孩子找不到人照顧，公司開放信義店四樓會議室，可以帶孩子到此做功課。

### 2. 薪資與升遷

是否固定調薪、升遷制度是否透明公開、有無進修機會、年終獎金、配股分紅等。

鼎泰豐認為要花時間投資員工，才能將「人力」（一家公司隨時可更換的螺絲釘）變成「人才」（老闆身邊不可替代的左右手），所以人能不能成為人才。還要看公司給員工多少。否則公司對員工的照顧不足讓員工長期失望，人才便會退化成人力。所以鼎泰豐的外場服務起薪3萬9千到4萬2千元，再加上各種獎金，月薪可破五萬。而在2003年SARS期間，雖然業績減少一半，但並不降薪。[20]

### 3. 營造友善職場環境與溝通管道

如節慶活動（尾牙、中秋晚會）、休閒活動（旅遊、家庭日、球類等）、藝文活動（讀書會、攝影等）。

公司內部的各種溝通管道、申訴管道，減少內部衝突，增加員工的工作熱情和積極性，並協助員工的工作適應及各種諮商服務。

## （二）企業的社會責任

企業除對生態、環保、氣候變遷、節能問題的重視外，並能積極從事社會服務工作，積極投入關懷社會弱勢，回饋社會。

如Google採購生態綠的公平貿易咖啡作為公司內部的飲品，友達光電向鄰鄉良食採購友善土地的小農耕種產品，星展銀行購買身心障礙潛能發展中心的手工琉璃作為送給客戶的禮物。

也有企業在賺取利潤之餘，不僅盡力降低對環境及社會造成的外部成本外，也將部分盈餘回饋社會，改善社會、環境問題。如捐款和志工服務是大部分企業選做公益的方式，像是組織志工淨灘和捐款給慈善機構。

2018年天下雜誌，「天下企業公民獎」得主之一的台積電的專案「愛互聯」是解決弱勢獨居老人醫療資源欠缺的問題，串聯全臺北中南12個醫療單位和非營利組織，打造出一個攜手合作與資訊交流的照護平臺，而在平臺進行第一線訪視與照護工作的，則是一群台積電志工。而台積電慈善基金會的四大工作主軸則為：照顧獨老、推廣孝道、關懷弱勢、保育環境。

永齡基金會則努力在預防與治療癌症、支持研發並培育人才，在公共利益下積極投入急難者的救護與協助，保障更多兒童及青少年平等受教權，尤其是弱勢及貧窮的家庭激勵兒童及青少年的學習動機，提倡多元學習、多元成就激勵人們勇於夢想並採取行動。

## （三）企業主的社會責任

沒有社會資源的支持，企業獨木難支，企業主更無獲利致富可能。

2022年1月19日外電報導，在新冠肺炎疫情影響下，根據國際發展及救援的非政府組織樂施會(Oxfam)的報導，新冠病毒疫情在全世界的流行，加深了貧富差距。世界前十富豪的資產總和從2020年3月的7000億美元增加到2021年10月的1兆5000多億美元，計增加了兩倍，但窮人更窮，加上疫苗的分配不公，缺乏醫療、飢餓、性別差異背景等而引起的暴力、氣候變遷等因素，世界上每一秒鐘就有一人死亡。每天生活費不足5.5美元的人口，在新冠疫情大流行後，增加了1億6000萬。

因此由多國富豪組成的「愛國百萬富豪」(Patriotic Millionaires)組織的102位成員在2022年世界經濟論壇舉行時，在1月19日聯合署名發出公

開信，呼籲各國政府向超級富豪們徵收永久財產稅，他們指出：「身為百萬富翁，我們知道目前的稅收制度是不公平的。大多數人都可以說，雖然過去兩年世人因疫情經歷巨大苦難，但實際上富人的財富增加了，然而，當中很少有人誠實的繳納公平的稅款。」「世界每個國家，都必須要求富人繳納他們應繳的稅金，現在就向我們富人課稅。」

並主張全球政府應向資產超過500萬美元的富豪徵收年度財產稅，這就可為世界各國政府增加超過2.5兆美元的財政收入，足以讓全世界23億人脫貧，並為低收入戶提供更多醫療及社會保障。[21]

臺灣的大企業或大地主應該是不會贊成富人多繳稅的，而是否能「誠實」的繳稅，亦頗堪疑，所以誠實繳稅者反成為社會注目、讚譽的對象。

如2011年5月聯合報報導有錢人總是想盡各種辦法節稅，但在彰化有一位行事低調的上市公司總經理，連同子女五戶，2010年申報補繳個人綜所稅，高達7億6000多萬，如加上已扣繳稅額，其所繳納總稅額超過10億。2009年其與子女申報補繳的個人綜合所得稅額則為5億多元。

彰化當地與該企業家熟識的一些企業界人士指出這位企業家常說納稅是國民應盡的義務，而逃漏稅是可恥的，他以身作則要求子女誠實納稅，從未想辦法節稅。[22]

上市公司正新橡膠創辦人羅結先生在2019年3月去世，他以誠實報稅、繳稅大戶聞名，媒體預估其遺產稅將近20億元。而其妻在2010年去世時，繳交遺產稅約13億元，而彰化縣大村鄉公所直接分到約10億元遺產稅款，造福鄉里各項建設。[23]

## 五、職場倫理的內容安排

本書在內容安排上，主要分為四個部分：

　　第一部分，說明倫理與正義的意義。何謂倫理、職場倫理、職場倫理基本原則及本書所要探討的項目之緣由。何謂正義、公正、社會連帶關係及勞資的相互態度，有關的勞工法規。

　　第二部分，探討職場的基本規範，如品性、服務、制度及品質規範，使同學在進入職場後，能獲得最快的適應及工作上的表現。

　　第三部分，探討在職場如何尋找自我的定位並享受工作帶來的愉悅，而介紹敬業精神、團隊精神的培養和溝通能力的訓練。

　　第四部分，探討在職場上自我成長與職業生涯中有所表現所需具備的各種知識、技巧，如思考力、創造力、抗壓力、溝通力等。

　　在探討內容中，同時介紹企業中對這些能力的培養所採行的策略方法，以及員工自己所應努力擁有這些能力的作法，以完善本書所指的職場倫理要求──每個人在職場中自我價值的建立以及與組織間最佳關係的建立，並實現敬業、樂群、誠信、責任、正義、義務、正當、利人等諸倫理目標。

　　至於本書所以選定以上諸課題進行探討，係基於以下理由，使讀者經由課程的學習，能滿足企業與實現本身發展的需要。

1. 根據天下雜誌在1998年及1999年所作的調查，企業在晉用員工時的考慮因素，前者依序為：1.工作態度、敬業精神佳。2.能團隊合作。3.學習能力強，可塑性高。4.工作穩定性高，能配合公司發展規劃。5.專業能力強。6.具有解決問題能力。後者則依序為：1.敬業精神佳。2.專業能力強。3.工作穩定性高。4.學習能力強。5.能團隊合作。6.具有解決問題能力。7.具有創新能力。8.具有國際觀。

2. 職場情報雜誌在2004年所刊登的劉楚所寫〈就職人求職情報〉一文中，以在企業用人的標準中，「最喜歡」的依序是：團隊合作、主動積極、持續學習、責任感、創新求變、品質管理、反應速度。「最不

喜歡」的則是：敬業精神不佳、不能吃苦耐勞、遇到挫折容易退縮、沒有團隊合作精神、罵不得、抗壓性低、太固執、不夠謙虛、欠缺職場倫理、不夠開放心胸及學習動機不強。

3. 天下雜誌2008年底大學生自認哪些條件讓人有競爭力？1.專業知識(60%)、2.外語能力(45.9%)、3.敬業及負責任的態度(43.1%)。但企業看法，連續三年選出的前三指標皆屬態度面：學習意願強、可塑性高(88.5%)、穩定性及抗壓性(81.4)及團隊合作(62.8)。其中企業界認為社會新鮮人最待加強的第一名是：穩定性和抗壓性。顯然企業最在乎的還是根本的態度與學習力。另一方面，現實感也是青年人普遍缺乏的能力。

4. 咨鼎顧問公司2007年薪資調查顯示：學歷仍為企業選才標準，高科技產業尤為明顯，針對大學生暴增、品質不一，有近六成企業在第一關審查履歷時，會先以「畢業學校」來挑(56.9%)，接下來是「表達強烈企圖心」(49.5%)及相關證照(45.7%)。金融業有7成首先以證照篩選新鮮人。此外有2成多的企業會優先考慮碩士，特別是高科技產業，2008年只有一成五，但2009年卻提高到四成。

5. 2009年調查企業最重視的特質前三項為：「學習力和未來發展潛力」(72.6%)、「團隊合作能力」(71.2%)、抗壓力(64.7%)。

　　成大畢業生受青睞，因：學習意願強、可塑性高；工作定性高；敬業精神；團隊合作能力；相關工作或實習經驗；能瞭解組織需求；溝通協調能力等工作能力或態度選項上都居前。

　　臺大畢業生受青睞，因：專業知識與技術、外語能力、社團或課外活動經驗、具有解決問題能力、創新力等項目取勝。

　　本書的內容安排希望對以上企業所企盼的能給予正面回應，並有助於讀者未來進入職場時能取得快速的適應與成長，而企業主或管理幹部也能認知到為了企業本身持續發展而所應採取的策略。

## 注釋

▲註¹ 以上參朱貽庭主編：《倫理學大辭典》（上海：上海辭書出版社，2002年），頁367-368。

▲註² 蔣旭峰譯（Don Tapscott及David Ticoll原著），《赤裸的公司—透明化時代將如何推進企業變革》（上海：上海譯文出版社，2008年），頁14。

▲註³ 郭泰，《悟—松下幸之助經營智慧》（臺北：遠流出版事業股份有限公司，1990年），頁21-23。

▲註⁴ (1)郭泰，《悟—松下幸之助經營智慧》（臺北：遠流出版事業股份有限公司，1990年），頁21-24。(2)彭偉晏，《松下幸之助兵法》（臺北：漢湘文化事業股份有限公司，1999年），頁125-126。

▲註⁵ 喻海翔譯（稻盛和夫原著），《活法》（北京：東方出版社，2011年），頁35-38。

▲註⁶ 楊淑娟，〈比爾蓋茲：公益是最好的投資〉，《天下雜誌第343期》（臺北：天下文化出版股份有限公司，2006年3月29日），頁126-128。

▲註⁷ 樂永斌主編，《企業文化案例精選精析》（北京：中國社會科學出版社，2008年），頁398-400。

▲註⁸ 管理故事與哲理叢書編委會編，《海爾的故事與哲理》（青島：青島出版社，2005年），頁221-223。

▲註⁹ 參見張玉波編著，《危險管理智囊》（北京：機械工業出版社，2003年7月），頁251-255。

▲註¹⁰ 蔣旭峰譯，《赤裸的公司：透明化時代將如何推進企業變革》（上海：上海譯文出版社，2008年），頁138-139。

▲註¹¹ 石育林，〈贈品自己拿？〉，見http:/210.60.194.100/1ite2000/normal-ethic/ethic5/93/10/05-1030-01.htm，2007年7月17日閱覽。

▲註¹² 張俊堯，〈可不可吃報廢食品？〉，見http:/2010.60.194.100/1ite2000/normal-ethic/ethic5/94/02/e5-0215-01.htm，2007年7月17日閱覽。

▲註13 張銘瀚，〈泡水車的買賣〉，見http://2010.60.194.100/1ite2000/normal-ethic/ethic5/92/12/e5-1216.01.htm，2007年7月17日閱覽。

▲註14 林義傑，〈見者有份〉，http//210.60.194.100/1ife2000/normal-ethic/ethic5/91/04/e5-0429-01.htm，2007年7月17日閱覽。

▲註15 周佑潔，〈無奈接受〉，見http://210.60.194.100/1ite2000/normal-ethic/ethic5/91/04/e5-044-02.htm，2007年7月17日閱覽。

▲註16 許福亨，〈工作重要？良知重要？〉，見http://210.60.194.100/1ite2000/norme1-ethic/ethic5/91/02/e5-0227-02.htm，2007年7月7日閱覽。

▲註17 謝秋敏，〈品質保證？〉，見http://210.60.194.100/1ife2000/normal-ethic/ethic5/92/03/e5-0325-01.htm，2007年7月17日閱覽。

▲註18 〈公司賠錢沒年終：她見老闆現況感嘆〉，見083204319.htm1閱覽。

▲註19 楊竣傑，〈幸福企業：如何讓勞資都有感〉，見http://www.cheers閱覽。

▲註20 高士閔，〈把錢給到位，讓心不委屈！看鼎泰豐如何寵員工，讓人力變人才〉，見http://www.managertoday.com.tw/books/view/53716閱覽。

▲註21 (1)陳柏安，〈求縮小貧富差距，百名富豪自請向我們徵稅吧〉，見yahoo.com閱覽。(2)廖珮棋，〈世界十大富豪資產增2倍，馬斯克增1000%〉，見news.tvbs.com.tw/word/1694655?form=Copy-content閱覽。

▲註22 見http://www.consultant.Pixnet/blog/Post/33923744閱覽。

▲註23 〈誠實報稅聞名，正新創辦人羅結遺產稅近20億-自由財經〉，見http://ec.1tn.com.tw/article/breakingnews/2371922閱覽。

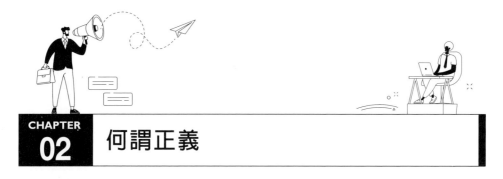

CHAPTER
02 **何謂正義**

## 壹、正 義

### 一、正義的意義

正義具有公平、公正、公道、合理等含義，此外正義與平等關係是非常密切的，因沒有平等即無正義，故平等是正義的最主要內容，因為正義總是指某種平等，總是要求平等的對待。

對於「正義」的重要性，美國學者羅爾斯(John Rawls)在其代表作《正義論》一書指出：「正義是社會制度的首要價值，正像真理是思想體系的首要價值一樣。一種理論，無論它多麼精緻和簡潔，只要它不真實，就必須加以拒絕或修正；同樣，某些法律和制度，不管它們如何有效率和有條理，只要它們不正義，就必須加以改造和廢除。每個人都擁有一種基於正義的不可侵犯性。這種不可侵犯性即使以社會整體之名也不能逾越。因此，正義否認為使一些人享有更大利益而剝奪另一些人的自由是正常的。不承認許多人享受較大利益能綽綽有餘的補償強加於少數人的犧牲。……使我們忍受一種不正義只能是在需要用它來避免另一種更大的不正義情況下才有可能。作為人類活動的首要價值，真理和正義是絕不妥協的。」[1]

因此正義具有至上性，任何法律、制度、理論違背正義的原則就應被拋棄，而因正義所指的是公平、公正、平等的涵義。所以所有的社會價值和福利——自由和機會，收入和財富以及個人尊嚴所依賴的基本福

利，都應該平等分配，除非不平等的分配，是為追求實現社會中最弱勢者的利益。因此學者弗蘭肯納認為：正義就是社會首先要保障所有的人都有維持生活最低限度的財富和福利，而不問其對共同事業的貢獻；其次正義要求從社會利益的立場出發估計每個人貢獻、成就和長處，認為分配正義的首要標準不是表現為某種善的價值，而是平等，即「機會均等」、「平等待人」，把禍福平等的分配給人們。所以正義、平等並不是要求人生活得一樣好，維持同一水平，而是每個成員都能得益，不論得益多少，但能維持其基本生活，並以此作為衡量社會、國家、群體、個人行為的正義標準。

## 二、社會連帶關係

人類在生存發展的活動中，在生存的共同要求下，進行繁複的各種保養關係的維繫，也就是成員間都存在著交互的合作關係與共同的生存關係，認識到社會共同體的存在，即人與人之間在社會中存在著不可分離的關係，人們的需要只有通過共同努力才能得到滿足，他們的才能也只有通過相互服務才可能得到發揮，因此，人與人的相互聯繫與作用是社會事實，具有社會價值和社會效果。社會連帶關係中的人既是一個對自己的行為有自覺性的實體，具有個性，但又有不能離開社會而存在的社會性，所以社會連帶關係表現為同求的與分工的兩種形式。

同求的連帶關係是一種機械的關係，人在社會組織中，就像分子構成結晶體，人們為實現其共同需要而作出一種相互援助。分工的社會連帶關係是一種有機的關係，也是一種相互合作、共謀生存的關係，因為人的不平等而有不同的需求與能力，貢獻自己的能力以滿足他人的需求，他人的能力也滿足自己的需求，而形成廣泛的分工，其不但發揮各人不同才能，並達到共同的繁榮，最大限度的滿足群眾的物質需要和精神需要。每個成員滿足自己真正的需要，同時每個成員應盡的義務則是為大眾的福利貢獻自己的全部能力，以報答自己所獲得的福利。

　　因為正義的目的在調整人群間彼此的關係，所以在社會連帶關係下，個人與社會的關係，正如部分同一個整體的關係，部分本身屬於整體，任何局部的利益皆從屬於整體的利益。

　　因此個人處在一定的社會關係中，不管是否意識到，客觀上必然要對他人、對社會負有一定的使命和職責，承擔一定的義務，而對義務的認識和體認，在內心能形成一定的義務觀和義務感，如對自己的家庭、親屬、同事、朋友等應盡的個人責任，對國家、集體等應盡的社會責任。

## 三、經濟分配的正義

　　公平原則的實現，一方面要透過自願的做各種事情來承擔職責；另一方面則涉及的制度要符合正義的條件，以後者言主要為分配問題，即社會經濟的不平等及合法期望的調節。

　　在經濟的分配方面，經濟正義是指產品分配的道德原則，其觀點主要有四：1.按個人對社會生產的實際貢獻來分配。2.按個人的實際需要來分配，即按需分配。3.平均分配，即每個人平均的從社會總產品中獲得一份。4.按道德分配，即一個人從社會總產品中所獲得的利潤應當與道德水準成正比。但後三者很難形成為普遍性的制度。所以按個人對社會生產活動的實際貢獻進行分配的原則就成為社會分配制度的現實選擇，但這一分配原則又有兩種不同的形態，一是按勞分配，只有勞動才被承認有資格參與分配，故按個人對社會生產的實際貢獻進行分配。二是按照各種生產要素對產品的實際貢獻分配、勞動、資本、土地和知識等都享有分配的資格。但在第二種分配的形態中，往往是擁有資本、土地的資本家取得較多的分配，而勞動者卻是居於絕對弱勢。

　　法國的無政府社會主義的學者傅立葉認為公正的第一標誌應該是保障人民隨著社會進步而得到最低限度的生活，但我們卻看到在唯利是圖

的精神影響下的相反結果。法國學者皮佑則以某些人有著稀奇古怪的需求、狂妄的願望和不正常的癖好，但難道為了滿足他們的這些需求、願望和癖好，全人類就應該讓自己陷入貧困的處境？為了讓人類中不到百分之一的一小撮人居住高樓大廈，全人類就應當甘心蜷縮在擋不住一年四季惡劣氣候的破爛草棚中？為了讓這些人能夠穿羅著綢、飾金佩玉，人類就應只穿破衣爛裳嗎？為了讓他們終日游手好閒，人類就應晝夜工作嗎？為了讓某些人能夠飽餐價格昂貴的珍饈美味（每一片食物上所花的勞力、所操的心、所流的汗和所經過的手續，超過了二十個家庭一餐的花費），人類就應當餓死嗎？就應當去吃經常做得味道惡劣、不合衛生，而且數量不足的粗劣食物，卻反認為自己是過著十分幸福的生活嗎？[2] 皮佑所描述雖是工業革命初期的現象，而在目前這種懸殊差異已獲得緩和，並且我們也不否定在社會生產活動中那些貢獻較大的人有正當理由比貢獻少的人應獲得較多的財富，但卻必須附加兩個限定的條件：第一，所有的人在經濟基礎上無論如何必須是平等的，而這個經濟基礎是滿足人類經濟生活所要求的最低限度的財富所決定，每個人都有天生的權利要求這最低限度的財富。第二，由於可分配的財富是有限的，因此，沒有一個人應該獲得與他在生產中所作出貢獻之相等數量的財富，以至於剩餘的部分不夠分配給所有的人或家庭俾使他們能夠維持基本的經濟生活。因而沒有人會因為分配的不平等而陷於貧困潦倒，即使這種分配是根據個人的不平等貢獻而進行的分配；但在超出經濟生活的基礎線後，就需要考慮附加的正義，即合理的分配財富，按照每人所提供的生產要素在生產活動中所作的貢獻而給於某些人較多或較少的財富。[3]

　　因此經濟分配的正義事實上是一種互利的行動，因在社會連帶關係中，多數人痛苦的時候，少數人不可能獨享幸福、快樂。只有每個人都能受益於創造的財富，才能創造出更多的財富。所以每個人必須把追求自身利益的願望與交換另一方的利益結合起來，不但要關心自己的付出所應得的回報，也應該使他人的努力也得到相應的回報，任何想要為自

身謀取更大的利益，就必須更好的在滿足社會和他人的需要上作出更大的努力和自我克制，否則自身的願望和利益將難以實現。

經濟分配的正義表現在企業內部就是勞資關係互惠互利，利潤共享。

## 四、職場正義

人在社會生活的實踐過程中可以形成對自己行為的是非、善惡和應負的道德責任的自覺意識和自我評價，並轉而對行為具有判斷、監督和指導的作用。這種認知可進而體現在以人為主的職場中，如企業全體對職業、職業責任和職業價值目標的興趣、情感和熱愛，是職涯中惻隱之心、羞惡之心和恭敬之心的凝結和提升，除自覺的按照道德原則行為，並及時糾正偏離道德準則的思想和行為外，在行為之後，能夠對自己的行為結果和影響作出一定的評價，對履行道德義務的良好結果，感到滿足和欣慰，從而提高道德的自覺性，對不良結果則感到內疚和羞愧。

因此就一個企業整體（包含企業體的本身、所有者、管理者、員工等）應該承擔以下的義務與職責：

1. 企業整體的責任，概分為：(1)對整個社會和外部的社會大眾所承擔的責任，包括遵守社會道德、履行一定的社會義務、增進社會利益。(2)對企業本身所承擔的責任，如實現組織目標，增進組織效益，確保組織的持續發展。(3)對組織內部成員所承擔的管理責任，如尊重組織的所有成員的人格尊嚴，促進成員的個人價值和權益的有效實現。

2. 企業整體的價值觀。它包括對價值目標、價值標準、價值關係的基本觀點與態度，而為組織全體成員所共同認可。這種價值觀並不是一致的，如：(1)最大利潤價值觀，組織的所有決策和行為以及全體員工的行為，都必須要以獲取最大利潤的標準來評價。(2)經營利潤合理價值觀，組織的目標不在於一時的利潤最大，而在於合理利潤條件下企

業的長遠發展和企業員工自身價值的實現，而若能符合企業長期發展的願景，又能帶來合理利潤即為可取。(3)企業與社會互利價值觀，把社會責任視為組織價值體系中所不可缺少的部分，在一定利潤的水準下，將員工、企業、社會的利益進行統籌的考量。這有關的價值觀雖有三種，但顯然組織的長遠發展，還是要在合理利潤的追求下，尋找員工、企業、社會三者利益的最佳組合。

3. 企業的倫理管理原則：(1)人道原則，關注人的本質、使命，肯定人的價值尊嚴，滿足個人的正常利益和合理需求。(2)民主公正原則，堅持人格平等，權力的相互監督和制約，管理行為的程序公正化和公開化，賦予組織成員參與管理和決策的權利和機會，管理階層平易近人，善待人才，合理分配，利益共享。(3)效率公平原則。(4)胸懷寬廣，為人誠懇，善於聽取他人的意見和建議。(5)高度的責任感和事業心，具有奉獻精神。(6)重視組織與外部社會環境、公眾的溝通和相互了解，促進共同發展。

## 五、正義在組織中的呈現

　　正義的目的在於調整人們彼此的關係，它依循的是互利原則，要為自身謀取更大的利益，就必須在更好的滿足社會和他人的需要上做出更大的努力，否則自身的願望難以實現，也因此承認和保證每個人追求自利的自由，但又同時加以限制。

　　正義保障每個人享有自由平等的原則，但是平等本身並不絕對排斥差別的存在，因為合理的差別對待，雖在形式上似有別於平等，但其實質上卻能達到更高層次的平等，因此要平等的對待所有的人，提供真正同等的機會，更要保障弱勢者，自然也包括在勞資關係中居於弱勢的勞工。

　　正義保障每個人都有相同的進取機會，靠自己的努力能取得一定的利益，因而雖然每個人的能力因先天差異或後來修養的不同是有差別的，但是要給予同一級別的人以相同的對待，都給予最大可能的公正起點，以發揮最高潛力，而在這個起點之後，就應讓每個人透過本身努力取得報酬。

　　正義的原則是平等自由的原則，而具有寬容的態度，對他人不同思想與行為的理解與尊重，所標誌的是對他人平等自由權利的尊重，組織之中的相互平等接納與尊重，為不同之階層、成員及意見提供平等相待，並能提供一個彼此平等對話、交流、討論的環境。

　　正義是對他人、集體和社會應盡的道德責任。在我國古代「義」是指「應該」，並有義利之分。利是指利益，但又有公利、私利之分，而沒有代價的追求社會大眾之利就是公利，就是以追求實現他人的幸福，作為個人或組織的義務，因為人處在一定的社會關係，不論是否意識到，但在客觀上必然要對他人、對社會、對組織負有一定的使命和職責，承擔一定的義務，而對義務的認識和體驗，在內心形成義務感，就會踐履一定義務的道德行為。

　　正義是承認每個人都是一個獨立人格的人，必須予以尊重，並激勵發揮出作為人的價值和意義。

　　對於正義在組織中的呈現舉例如下：

## （一）關心弱勢勞工

　　美國福特汽車創辦人亨利‧福特在1917年與福特汽車公司的兩個股東道奇兄弟進行訴訟，後者希望能得到公司的分紅，而不滿福特把錢投在降低生產成本及擴大生產線上。結果在原告律師質問福特這種作法時，他答稱：他想僱用更多的人，給予高工資，為公眾提供低價的汽車，順便賺點錢，而如果這樣做的話，錢就會自動跑到手上。他的回答使自己輸掉官司。

如果賺錢不是福特的主要目的，那麼他的目標何在？福特汽車工廠的生產線是大規模的集中生產，然而他也創辦了幾家鄉村企業，希望可以帶動鄉村的發展，提高農民的生活。基於同樣的目的，福特生產了農村用的拖拉機，而且也很高興的看到T型汽車在鄉村賣的很好，改善農民生活並與外界進行聯繫。

出於對進步的渴望，福特在1915年，宣布把男性工人的最低工資提高到一天5美元。而這是當時一般工資的兩倍。第二天，1月6日，在冰天雪地、寒風刺骨的底特律市，福特汽車公司門口，聚集了數萬群眾，以壯觀的景象湧向公司緊閉的大門，等待得到新的工作機會。福特目睹這種擁擠情況，就叫總經理向群眾宣布：我們現在不需要工人。在無效後，只有用高壓水龍頭沖散人群。但第三天、第四天，每當火車到的時候，來自全國各地的求職者就增加一批。6月12日，在開始實施新工資的那一天，12,000名求職者與警察發生衝突，險成一場暴動。許多報紙也恭維福特是偉大的英雄。但也引起其他企業的批評聲浪，甚至以將不堪負荷而唱衰福特公司，但福特卻表示：「這本來就是應該做的事，老實說，早就應該這樣做了。使在自己公司工作的人，能維持正常人所過的生活，正是事業家的責任。如果說，支付了現在的工資，業務就不能維持，那一定是事業本身有缺點。不能使自己的員工維持一定水準的生活，就沒有經營事業的資格。」後來公司的生產力確實得到顯著的成長。

除了提高工資外，還為工人訂定一系列的工資級別，工人表現良好就可獲得晉級，此外工人可以請病假，每天工作八小時，工頭沒有合理的理由不能隨意開除工人等政策。這些也都是為提高改善工人的生活。並且為了確保工資的增加確實的改善工人的生活而未浪費掉，成立了公司的「社會部門」，其目的在於到員工的家中進行訪問，檢查工人是否酗酒、不顧家等。此外新移民可以參加英語課程，教導他們美國的生活方式，並為年輕工人成立福特培訓學校。

福特還非常關心弱勢族群，1919年公司的員工總數是4.5萬人，但其僱用了1,700名重度殘疾和9,000名部分殘疾的員工。1923年在福特公司的殘疾員工共有9,563人，其中123人是失去手或胳膊的，有1個人甚至雙手都沒有。另外有4個人完全失明，有207人一眼失明，37個人是啞巴，60個人是癲病患者，4個人沒有雙腿，234個人是駝背。而事實證明，在工作崗位上每個人都盡職盡責，與普通工人都有同樣的效率，甚至有一位雙眼失明的工人在螺絲釘計算工作上的績效是一般工人的兩倍，因為失明更能集中意志。福特公司並以僱有刑滿出獄者而著稱，福特曾表示他僱用600個刑滿出獄者中，僅有3人表現欠佳。

1919年，福特看到日益嚴重的通貨膨脹將抵消五元工資帶給工人的好處，於是開始建立消費合作社，向工廠工人低價銷售一些生活用品，開始時只是雜貨和日用品，後來擴及糧食、衣服、鞋帽、燃料等約二十種商品。其中麵包是用公司農場生產的小麥製作，牛奶也來自公司的農場。為了確保公司的能源供應，還收購一些礦場，負責提供生產和工人生活所需的燃料和能源。供應工人的所有商品，售價較市價便宜25%。[4]

## （二）勞資互利

1. 1933年，當經濟危機在美國蔓延的時刻，哈里遜紡織公司發生大火，公司成為廢墟，3,000名員工情緒低落的回家，失業的殘酷現實擺在眼前，特別是當時全國都正面臨不景氣的情況，要再找一個新的工作，機會真是太渺茫了。但在無望的等待中，員工們都接到董事長的一封信，寫明全體員工繼續發薪一個月，員工們深感意外，紛紛寫信或打電話向董事長亞倫表示感謝。但很快的一個月就要過完了，員工又在為以後的生活憂愁的時候，又接到董事長的第二封信，說明繼續再支付一個月的薪水。

   這次當員工再接到信的時候，他們的反應不再是意外和驚喜，而是熱淚盈眶，第二天一大清早，紛紛湧向公司，自動自發的清理廠

房、擦洗機器，有的業務員則去聯絡已中斷的客戶。三個月後，工廠重新運轉，幾年之後，在世界上三、四十個國家都設有了分公司。

在取得保險公司火災理賠時，許多人都勸告董事長亞倫一走了之，員工們是不會感恩的，絲毫沒有必要與他們分享保險金，但亞倫真心的去愛他的員工，而結局也是甜美的。

2. 二次大戰前，當美國經濟大蕭條的時候，幾乎所有的企業都在慘澹經營，大舉裁員。但IBM的老沃森不僅不裁員，並且在隨後三、四十年也沒有任何一位正規聘用的員工因為裁員而失去工作，而是經完整的計畫安排所有員工不致失業，其方法是再培訓，而後調整新工作，如在1969年～1972年的經濟不景氣時，有12,000名員工，由蕭條的生產工廠、實驗室、總公司調整到需要的地方。內有5,000名員工接受再培訓後從事銷售工作、設備維修、外勤行政與企劃工作。大部分反而因此調整到一個較滿意的職位。

又如在1933年的時候，公司中有不少59歲的員工，一般認為在景氣不佳時，這批準退休員工，理應提前退休，而大家也能接受這種做法，因而有人建議是否可讓這些員工提早一年退休，如此可以為公司減少支出。但是老沃森堅決的反對說：「不行！在我的字典裡，沒有解僱的字彙，我不能開這個先例。」聽到老沃森的話，這批59歲以上的員工對公司充滿感激，工作更為賣力也更忠誠，至於其他員工也從中得到鼓舞和激勵，而湧現這種感覺：只要進入IBM公司，一生就有了保障。

老沃森證明了不解僱員工，公司也能繼續運行，並且因為沒有辭退一個工人，使公司在未來快速發展時，保障了大量人才。甚至因為公司的繼續生產，造成大量的庫存，但老沃森卻不對外低價傾銷，使外界與政府機構無法知道IBM公司的營運狀況，難以討價還價，反而擁有較高的利潤。最後在1932年，美國政府進行人口普查，因工作量

大而繁雜，急需大批計算機，認為IBM公司或許可完成這個任務（當然他們並不知道該公司的庫房正存放著成千上萬的計算機），結果IBM公司在短期內完成交貨，不但震驚市場，也使公司的規模快速擴大。

3. 1923年底，日本發生經濟風暴，松下電器也遭到重大的打擊，營業額驟降，產品堆積如山，資金又不足，最終可能只有破產了，當時公司的高級幹部會商後，向病床上的松下建議：只有減半生產，同時員工也裁減一半，才有可能渡過難關。聽完部屬的建議後，松下想著：(1)各公司都在裁員，但裁員一半真能使松下渡過難關？(2)如果把苦心培育的員工裁掉一半，不是代表對自己的經營理念發生了動搖？不景氣只是暫時的，一定要與全體員工共渡難關，決不裁員。況且在不景氣時，員工一旦被裁員，很難找到新工作。(3)銷售量減半，則產量也要減半，但員工只上半天班，領取一半薪水，生活必發生困難，但如工作半天卻付全薪，公司雖有損失，但這是暫時的，而公司既然還付得起，就工作半天付全薪吧！(4)堆滿倉庫的產品一定要設法解決。

於是松下做出五項決定：(1)絕不裁員。(2)產量減半。(3)為配合產量減半，生產部門的員工改上半天班，但薪水不減。(4)生產部門的員工在另外半天，配合業務部門，努力推銷庫存產品。(5)全體員工取消星期例假日，一樣投入市場出清庫存。

員工們聽到松下的決定，無不為之感動，全力進行推銷，結果在三個月內即出清所有庫存，為了應付新到訂單而恢復全日生產。[5]

## （三）以人為本

有的組織將員工視為物，將企業看作是架大機器，員工則是這一部機器的零件，是企業追求效率的工具和手段，但只有一個真正以人為本、尊重員工的企業，才能凝聚眾智眾力，得以持續的成長。

1. 美國矽谷是電子產業的集中地，而杰弗里・詹姆斯在《矽谷成功祕訣》一書中認為矽谷的老闆們把企業視為共有體，而不是一臺機器或一個軍事機構，他們不會直接告訴員工應該做什麼，而是提供一個良好的工作環境，既能實現自己的願望，又能達成公司的要求；他們對待員工像同僚不像部屬，並且承認他們的價值。並將這種態度綜合為以下幾點：(1)一般人把公司看作一個組織，雇員則是可有可無的小人物，但在矽谷，公司被視為共同體而不是機器，共存共榮下讓每個員工都可以實現自己的理想。(2)一般人認為管理者的工作是指揮和管住員工，但在矽谷，管理是一種服務而不是控制，管理者的工作只是確定方向，管控資金，而讓員工們自由的完成工作。(3)員工們被視為管理者的同事，因此要平等對待，人盡其才。其以理想為動力而不是以高壓作為動力，全體員工的動力是：實現宏偉目標之後，可以獲得豐厚的經濟報酬。(4)一般人把工作視為不得已的苦差事，產生憂慮和苦惱，但在矽谷，工作被視為理想的，讓人喜歡的東西。所以員工想在工作場所多消磨一些時間，這種工作環境強調自由、進取、樂觀和個人的興趣嗜好。[6]

   如在員工有四分之一擁有電腦博士的谷歌(Google)總部，就會發現絲毫沒有一般大公司緊張肅穆的氣氛，所有的員工都放鬆的享受著只有在Google公司才能享有的免費特別待遇，如在公司接受按摩、打乒乓球、游泳或冰淇淋吧小憩，還可以吃到大廚用有機原料做的食物。更重要的是員工們被鼓勵將五分之一的工作時間用於任何形式的戶外活動。

2. 中國大陸的德勝（蘇州）洋樓有限公司成立於1997年，是美國聯邦德勝公司在中國蘇州工業園區設立的全資子公司，從事美制現代木（鋼）結構住宅的研究、開發設計及建造。

德勝公司尊重每一個員工，視員工為公司最寶貴的財富，並注重塑造員工的人格和修養，努力塑造員工的君子風範，沉浸於君子文化中。該公司首先以君子示人：

(1) 不實行打卡制度。

(2) 可以隨時調休。

(3) 可以請長假到別的公司闖蕩，最長可達三年時間，保留職位或年資。

(4) 對於試用期間的員工提出特別提示──你正從一個農民工轉變成為一位產業工人，但轉變的過程是艱苦的。

(5) 費用報銷不需經過主管審核，只要簽上自己的名字即可，涉及證人的則需加上證人的簽字。

(6) 公司不能接受因公事而自己墊付（未付）的事情發生。

(7) 工人發現勞保用品、勞保設備欠缺或品質太差無法使用，可以拒絕工作，期間仍享有正常上班的工資。

(8) 帶病工作不但不受鼓勵，而且應受到相當處罰。

(9) 公司不認同員工冒著生命危險去搶救國家、集團和他人財產的價值觀，奉行「生命第一」的原則。

(10) 公司對包括執行長在內的施工現場工作人員實行強制休假法，強制休假期間享受休假補助，但不允許逛街或娛樂。[7]

同樣的，直銷公司的安麗認為應尊重並肯定每位營業代表的獨特性，認為每個人都應該被尊重，獲得公平對待以擁有發揮潛能而達到成功的公平機會。特別是該公司對人的尊敬，並非僅止於抽象的意念，也與人的處境、身分、膚色、信仰等無關，而是透過認識每一個人的存在價值，積極體會其真意，而因世界上所有的人都有其存在目的，故都值得尊敬。在安麗公司有哲學博士、化學家、法律專家等，他們的研究成果應得到承認，而那些在大學苦讀、畢業後成為醫學專家的青年，雖值

得敬佩，但他們未必就會比機械操作者、地板掃除者、工廠作業員等正直而勤奮的勞工優秀，因為一位能完成任務的司機，一樣能贏得尊敬。

## （四）平等的原則

　　企業的所有者、管理階層與員工在公司內層級固然有所不同，但都是一個積極的奉獻者，一個能夠拉近彼此間距離的組織，必然能夠促進它的團隊意識與溝通的加強，並有助於提升占絕對多數的員工的自我價值，而勇於建言、創新。

1. 在美國紐約州阿蒙克的IBM公司裡，每間辦公室，每張桌子上都沒有帶有頭銜的名牌，洗手間也沒有寫著高層使用，停車場裡也沒有高層專屬的車位，亦沒有主管專用餐廳，整個公司是一個民主的環境，每個人都受到同樣的尊重。

　　IBM公司在1995年宣布將廢除傳統養老金給付計畫，轉向現款結存式的新式養老給付，致只有30,000名接近退休年齡的員工仍然可繼續享受原來較優的養老金給付。於是憤怒的員工在網路上進行串連、討論。IBM公司原本是計畫將資源轉為股權以吸引人才加速公司的發展，但在發現其不太可能推動後，IBM採取了正確的方法化解問題，即與員工通過接觸溝通來討論問題。IBM的一位高層主管喬恩・研田曾指出：我們把注意力放在啟動一次對話上，而公司在幾十年前對此就有著深厚的傳統，可以讓員工透過幾種途徑來表達他們的真實感受。我們有一個鼓勵發言的制度，我們有著開放的辦公室，不同的問題允許員工可以向公司最高層表達自己對一些問題的真實看法，甚至可大吐不快。我們要按員工的要求進行調整，才能一直與員工的價值觀保持一致，才能處理好與員工的關係。

　　平等表示主管能敞開大門，讓員工暢所欲言。曾有一位即將被公司解僱的機工找到老闆小沃森，氣憤的說：「主管待人不公平！我在單位中做的最多，但工資拿的卻最少。」小沃森難以相信在IBM也會

發生這種事情，立刻打電話給該工廠的主管了解真實情況，主管沒有否認事實，但解釋說：「這位同仁是一個非常不願合作的人，他不是IBM俱樂部的成員，他不參加我們的廠外活動，有時來工廠上班的時候還穿著不整齊。」小沃森對主管的回答很不滿意，因為不是他想要的，於是直接打電話給來申訴的機工的工頭問：「機工說他做的工最多，但拿的工資卻最少，這是不是真的？」工頭回答：「他在替公司丟臉，他家的院子裡放著幾輛破汽車，他不照顧自己的子女。」

經理和工頭的回答，讓小沃森明白那位機工面臨了所謂「IBM保護協會」的虐待，在這個協會裡，基層管理人員相互包庇，受到傷害的卻是毫無過失的底層員工。小沃森最後查清事實，機工的確沒有說謊。小沃森因而制定將工資同績效掛鉤的制度。[8]

2. 在組織內部上下的監督是必要的，而不應只限於管理層對員工的監督，以激發員工更高的責任感。

美國CGI公司是一家快速成長的信息技術服務公司，公司成員可以通過各種方式來改變管理行為。如同一般公司一樣，該公司每年都會調查員工的滿意度，但不同之處在於公司高層幹部的薪酬也會受到這個調查結果的影響。

如在中國的海爾集團有一種開誠布公的「批評文化」，因而在海爾為了事業，大家都敢得罪於人，如果你不敢得罪人，公司就要讓你「自己得罪自己」，因為你得罪了事業，得罪了集團。在海爾任何子公司都可以看到「公布欄」上的表揚和批評。

海爾本身所設的「OEC日清檔」（日事日畢、日清日高）管理方法本身就是一個監督機制，以具體量化分解和責任層層落實為前提，任何人面對責任都無法卸責，而其監督體系囊括所有員工，所以公布欄上都貼有部門主管對其下屬的月評，月評分為表揚和批評，並且會在下個月的工資單上反映出來。其中表揚部分可以空白，批評部分則不允許空白。

同樣各子公司、各部門主要負責人很難有沒被點名批評過的，海爾中層幹部的考評由公司總經理負責，並選擇在辦公大樓比較醒目的地方公布成績單。各子公司的總經理則由集團主管負責。而總經理的被點名批評更屬司空見慣，尤其讓其擔心的是否會成為《海爾人》刊物的討伐對象。在海爾只要主管犯錯，沒有什麼是不能批評的。而在刊出批評的下一期《海爾人》中，還會安排一個「回音壁」，摘錄員工對該項批評發表的意見。而在強大壓力下，受到批評的部門立即動起來，檢查自己工作中哪些因素會影響到公司的利益。

　　這種相互坦誠相見的批評文化，使海爾漫著一股公開、透明、坦誠、活躍的氛圍，使企業充滿活力。[2]

3. 美國的沃爾瑪連鎖百貨為加強員工與主管的聯繫，實行門戶開放政策，員工可以越過好幾個層級的管理階層，而直接向最高主管投訴。這種作法的目的是要尊重個人，高階管理階層必須尊重底下的員工。沃爾瑪的創辦人山姆‧沃爾頓在回憶錄中曾說，如果他在美國各地飛來飛去，並告訴員工他是他們的伙伴之時，他至少必須也要能傾聽員工們的不平之鳴。特別是他親自造訪各地的沃爾瑪分店，使員工們不必想辦法繞過經理越級投訴，也不必寫信，而是能直接向老闆陳述自己覺得很重要的事情——因為老闆就在眼前，甚至不必走進他辦公室。

　　沃爾瑪的一位高階主管經常提到在2001年的一個假日，在家中收到一位員工寄來的包裹，裡面有一封信和一些照片，顯示該員工所工作的分店正在打折促銷部分商品，這違反了公司「除了貨品正式減價，不得折扣促銷」的政策。這位主管看完信與照片，立刻連繫資深營運人員，並在發現所敘述皆為事實後，違規的打折措施，立刻被停止。

## 🎯 貳、我國勞動法規中的職場倫理規範

在職場中，為了生計的需要，勞動者往往居於劣勢，並且其人占絕大多數，為了公平、公正、平等、合理的原則，故必須將雇主與受僱者間的權利、義務、責任關係作一明晰的確立，因此，在本節中就我國有關的勞動法規作一說明。

## 一、雇主

雇主是指僱用勞工之事業主、事業經營之負責人或代表事業主處理有關勞工事務之人（勞動基準法第二條）。

## （一）雇主的權利

### 1. 僱用及終止勞動契約

雇主為了事業的發展，可自由遴選任用最適用的人才，並在以下狀況得終止與勞工的勞動契約。

(1) 得預告勞工終止勞動契約，其情況有：A.歇業或轉讓時。B.虧損或業務緊縮時。C.不可抗力暫停工作在一個月以上時。D.業務性質變更，有減少勞工之必要，又無適當工作可供安置時。E.勞工對於所擔任之工作確不能勝任時（勞動基準法第十一條）。

(2) 得不經預告勞工終止勞動契約，其情況有：A.勞工在訂立勞動契約時為虛偽意思表示，使雇主誤信而有受損害之虞者。B.對於雇主、雇主家屬、雇主代理人或其他共同工作之勞工，實施暴行或有重大侮辱之行為者。C.受有期徒刑以上刑之宣告確定，而未諭知緩刑或未准易科罰金者。D.違反勞動契約或工作規則，情節重大者。E.故意耗損機器、工具、原料、產品，或其他雇主所有物品，或故意洩漏雇主技術上、營業上之祕密，致雇主受有損害者。F.無正當理由繼續曠工三日，或一個月內曠工達六日者（勞動基準法第十二條）。

2. 工時之調整

　　雇主為生產必要得調整勞工的工作時間,唯需通過協商,獲得勞工同意。

(1) 勞工每日正常工作時間不得超過八小時,每二週工作總時數不得超過四十小時,但在經工會同意或勞資會議同意後,得將二週內二日之正常工作時數,分配於其他工作日。唯其分配於其他工作日之時數,每日不得超過二小時。但每週工作總時數不得超過四十八小時(勞動基準法第三十條)。

(2) 有使勞工在正常工作時間以外工作之必要者,經工會或勞資會議同意後,得將工作時間延長之。但延長之工作時間連同正常工作時間,一日不得超過十二小時。延長之工作時間,一個月不得超過四十六小時(勞動基準法第三十二條)。

(3) 因天災、事變或突發事件,雇主有使勞工在正常工作時間以外工作之必要者,得將工作時間延長之。但應於延長開始後二十四小時內通知工會或報當地主管機關備查。對於延長之工作時間,應於事後補給勞工以適當之休息(勞動基準法第三十二條)。

3. 工作之調整

　　雇主調動勞工工作除不得違反勞動契約之約定外,並應符合下列原則:

(1) 基於企業經營上所必須,且不得有不當動機及目的,但法律另有規定者從其規定。

(2) 對於勞工之工資及其他勞動條件,未作不利之變更。

(3) 調動工作為勞工體能及技術可勝任。

(4) 調動工作地點過遠,雇主應予以必要之協助。

(5) 考量勞工及其家庭之生活利益。(勞動基準法第十之一條)

## （二）雇主的責任

1. 僱用時應遵守事項

   (1) 不得歧視。對求職人或所僱用員工，不得以種族、階級、語言、思想、宗教、黨派、籍貫、出生地、性別、性傾向、年齡、婚姻、容貌、五官、身心障礙、星座、血型或以往工會會員身分為由，予以歧視（就業服務法第五條）。

   (2) 招募或僱用員工時，不得有以下情事：A.為不實之廣告或揭示。B.違反求職人或員工之意思，留置其國民身分證、工作憑證或其他證明文件或要求提供非屬就業所需之隱私資料。C.扣留求職人或員工財物或收取保證金。D.指派求職人或員工從事違背公共秩序或善良風俗之工作。E.辦理聘僱外國人之申請許可、招募、引進或管理事項，提供不實資料或健康檢查檢體（就業服務法第五條）。

   (3) 大量解僱勞工後再僱用工作性質相近之勞工時，除法令另有規定外，應優先僱用經其大量解僱之勞工（大量解僱勞工保護法第九條）。

2. 解僱時應遵守事項

   (1) 大量解僱勞工時，不得以種族、語言、階級、思想、宗教、黨派、籍貫、性別、容貌、身心障礙、年齡及擔任工會職務為由解僱勞工。如有違反者，其勞動契約之終止不生效力（大量解僱勞工保護法第十三條）。

   (2) 在大量解僱勞工時，積欠勞工退休金、資遣費或工資，應予清償（大量解僱勞工保護法第十二條）。

3. 不得強迫勞工退休

   勞工非(1)年滿六十五歲者，(2)身心障礙不堪勝任工作者，不得強制其退休（勞動基準法第五十四條）。

4. 有關經費事項

(1) 應按月提撥勞工退休準備金，專戶存儲，並不得作為讓與、扣押、抵銷或擔保之標的。該準備金匯集為勞工退休基金，由中央主管機關設勞工退休基金監理委員會管理之（勞動基準法第五十六條）。雇主每月負擔之勞工退休金提繳率，不得低於勞工每月工資百分之六（勞工退休金條例第十四條）。

(2) 工廠礦場及其他企業組織應提撥職工福利金，辦理職工福利事業，其福利金來源：A.創立時就其資本總額提撥百分之一至百分之五。B.每月營業收入總額內提撥百分之〇‧〇五至百分之〇‧一五。C.每月於每個職員工人薪津內各扣百分之〇‧五。D.下腳變價時提撥百分之二十至四十（職工福利金條例第二條）。

(3) 工資由勞資雙方議定之，但不得低於基本工資。A.工資之給付應以法定通用貨幣為之，但基於習慣或業務性質，得於勞動契約內訂明一部以實物給付之，但其實物之作價應公平合理，並適合勞工及其家屬之需要。B.工資之給付，除當事人有特別約定或按每月預付者外，每月至少定期發給二次。C.雇主延長勞工工作時間者，其延長工作時間之工資應加給支付（勞動基準法第二十一、二十二、二十三、二十四條）。

5. 安全衛生檢查及職業災害賠償

(1) 安全衛生設備。雇主對下列事項應有符合標準必要安全衛生設備：A.防止機械、器具、設備等引起之危害。B.防止爆炸性、發火性等物質引起之危害。C.防止電、熱及其他之能引起之危害。D.防止採石、採掘、裝卸、搬運、堆積及採伐等作業中引起之危害。E.防有墜落、崩塌等之虞之作業場所引起之危害。F.防止高壓氣體引起之危害。G.防止原料、材料、氣體、蒸氣、粉塵、溶劑、化學物品、含毒性物質、缺氧空氣、生物病原體等引起之

危害。H.防止輻射線、高溫、低溫、超音波、噪音、振動、異常氣壓等引起之危害。I.防止監視儀表、精密作業等引起之危害。J.防止廢氣、廢液、殘渣等廢棄物引起之危害。K.防止水患、火災等引起之危害。

　　此外雇主對於勞工就業場所之通道、地板、階梯或通風、採光、照明、保溫、防濕、休息、避難、急救、醫療及其他為保護勞工身心健康之事項應妥為規劃，並採取必要之措施。

(2) 職業災害賠償。勞工因遭遇職業災害而致死亡、殘廢、傷害或疾病時，雇主應依下列規定予以補償：A.勞工受傷或罹患職業病時，雇主應補償其必需之醫療費用。B.勞工在醫療中不能工作時，雇主應按其原領工資數額予以補償。但醫療期間屆滿二年仍未能痊癒，經指定之醫院診斷，審定為喪失原有工作能力者，雇主得一次給付四十個月之平均工資後，免除此項工資補償責任。C.勞工經治療終止後，經指定之醫院診斷，審定其遺存障害者，雇主應按其平均工資及其失能程度，一次給予失能補償。D.勞工遭遇職業傷害或罹患職業病而死亡時，雇主除給與五個月平均工資之喪葬費外，並應一次給與其遺屬四十個月平均工資之死亡補償。雇主依前條規定給付之補償金額，得抵充就同一事故所生損害之賠償金額（勞動基準法第五十九條、第六十條）。

6. 工作規則

　　雇主僱用勞工人數在三十人以上者，應依事業性質，就下列事項訂立工作規則，並在報請主管機關核備後並公開揭示之，其涵括：

(1) 工作時間、休息、休假、國定紀念日、特別休假及繼續性工作之輪班方法。

(2) 工資之標準、計算方法及發放日期。

(3) 延長工作時間。

(4) 津貼及獎金。

(5) 應遵守之紀律。

(6) 考勤、請假、獎懲及升遷。

(7) 受僱、解僱、資遣、離職及退休。

(8) 災害傷病補償及撫卹。

(9) 福利措施。

(10) 勞雇雙方應遵守勞工安全衛生規定。

(11) 勞雇雙方溝通意見加強合作之方法。（勞動基準法第七十條）

## 二、勞工

指受雇主僱用從事工作而獲致工資者（勞動基準第二條）。

### （一）勞工的權利

#### 1. 組織及參加工會

(1) 工會的成立。組織工會應有勞工三十人以上之連署發起，組成籌備會辦理公開徵求會員、擬定章程及召開成立大會，並向會址所在縣市主管機關請領登記證書（工會法第十一條）。工會組織類型有三：A.企業工會：結合同一廠場、同一事業單位、依公司法所定具有控制與從屬關係之企業，或依金融控股公司法所定金融控股公司與子公司內之勞工，所組織之工會。B.產業工會：結合相關產業內之勞工所組織之工會。C.職業工會：結合相關職業技能之勞工所組織之工會（工會法第六條）。

(2) 勞工均有組織及加入工會之權利（工會法第四條）。

(3) 工會之任務。公會以促進勞工團結，提升勞工地位及改善勞工生活為宗旨。其任務在：A.團體協約之締結、修改或廢止。B.勞資爭議之處理。C.勞動條件、勞工安全衛生及會員福利事項之

促進。D.勞工政策與法令之制（訂）定及修正之推動。E.勞工教育之舉辦。F.會員就業之協助。G.會員康樂事項之舉辦。H.工會或會員糾紛事件之調處。I.勞工家庭生計之調查及勞工統計之編製。（工會法第一條、第五條）

2. 勞工請假

(1) 結婚者給予婚假八日、工資照給（勞工請假規則第二條）。

(2) 喪假按親屬關係遠近給假3～8日，工資照給（勞工請假規則第三條）。

(3) 因普通傷害、疾病或生理原因必須治療或休養者，得請普通傷病假，一年內未超過三十日部分，工資折半發給，其領有勞工保險普通傷病給付未達工資半數者，由雇主補足之（勞工請假規則第四條）。

(4) 勞工因職業災害而致失能、傷害或疾病者，其治療、休養期間，給予公傷病假（勞工請假規則第六條）。

(5) 雇主不得因勞工請婚假、喪假、公傷病假及公假，扣發全勤獎金（勞工請假規則第九條）。

3. 勞工得終止勞動契約

(1) 得預告雇主終止勞動契約：A.特定性定期契約期限逾三年者，於屆滿三年後，勞工得終止契約。但應於三十日前預告雇主。B.不定期契約，勞工終止契約時，應視服務年資於十日～三十日前預告雇主（勞動基準法第十五條、第十六條）。

(2) 得不經預告終止勞動契約。A.雇主於訂立勞動契約時為虛偽之意思表示，使勞工誤信而有受損害之虞者。B.雇主、雇主家屬、雇主代理人對於勞工，實施暴行或有重大侮辱之行為者。C.契約所訂之工作，對於勞工健康有危害之虞，經通知雇主改善而無效果者。D.雇主、雇主代理人或其他勞工患有法定傳染病，對共同工

作之勞工有傳染之虞，且重大危害其健康者。E.雇主不依勞動契約給付工作報酬，或對於按件計酬之勞工不供給充分之工作者。F.雇主違反勞動契約或勞工法令，致有損害勞工權益之虞者（勞動基準法第十四條）。

(3) 勞動契約終止時，勞工如請求發給服務證明書，雇主或其代理人不得拒絕（勞動基準法第十九條）。

## 三、勞動契約

勞動契約，是指當事人之一方，對於他方在從屬關係提供其職業上之勞動力，而他方給付報酬之契約。勞動契約是維持雇主與受僱者之間良好的權利義務關係的有利方式，在本節討論有關法律相關規範。

### （一）勞動契約的分類

1. 定期契約

臨時性、短期性、季節性及特定性的工作得為定期契約。

2. 不定期契約

有繼續性工作應為不定期契約。但在定期契約屆滿後，有下列兩種情況之一者視為不定期契約，A.勞工繼續工作而雇主不即表示反對意思者。B.雖經另訂新約，惟其前後勞動契約之工作期間超過九十日，前後契約間斷期間未超過三十日者（勞動基準法第九條）。

### （二）勞動契約應約定事項

1. 工作場所及應從事之工作有關事項。

2. 工作開始及終止之時間、休息時間、休假、例假、休息日、請假及輪班制之換班。

3. 工資之議定、調整、計算、結算及給付之日期與方法。

4. 勞動契約之訂定、終止及退休。

5. 資遣費、退休金、其他津貼及獎金。

6. 勞工應負擔之膳宿費及工作用具費。

7. 安全衛生。

8. 勞工教育及訓練。

9. 福利。

10. 災害補償及一般傷病補助。

11. 應遵守之紀律。

12. 獎懲。

13. 其他勞資權利義務有關事項（勞動基準法施行細則第七條）。

## 四、團體協約

　　團體協約在規範雇主與受僱者間的協商程序及其效力，以穩定勞動關係，促進勞資和諧，保障勞資權益。

### （一）無正當理由不得拒絕協商

　　勞資雙方應本誠實信用原則，進行團體協約之協商，如一方在他方提出協商時，有下列情形之一，為無正當理由：

1. 對於他方提出合理適當之協商內容、時間、地點及進行方式，拒絕進行協商。

2. 未於六十日內針對協商書面通知提出對應方案，並進行協商。

3. 拒絕提供進行協商所必要之資料（團體協約法第六條）。

## （二）團體協約得約定事項

1. 工資、工時、津貼、獎金、調動、資遣、退休、職業災害補償、撫卹等勞動條件。

2. 企業內勞動組織之設立與利用、就業服務機構之利用、勞資爭議調解、仲裁機構之設立及利用。

3. 團體協約之協商程序、協商資料之提供、團體協約之適用範圍、有效期間及和諧履行協約義務。

4. 工會之組織、運作、活動及企業設施之利用。

5. 參與企業經營與勞資合作組織之設置及利用。

6. 申訴制度、促進勞資合作、升遷、獎懲、教育訓練、安全衛生、企業福利及其他關於勞資共同遵守之事項。

7. 其他當事人間合意之事項（團體協約法第十二條）。

　　另團體協約不得有限制雇主採用新式機器、改良生產、買入製成品或加工品之約定（團體協約法第十五條）。

## （三）團體協約內容之變更或終止

　　團體協約簽訂後經濟情形有重大變化，如維持該團體協約有與雇主事業之進行或勞工生活水準之維持不相容，或因團體協約當事人之行為，致有無法達到協約目的之虞時，當事人之一方得向他方請求協商變更團體協約內容或終止團體協約（團體協約法第三十一條）。

# 五、勞資爭議

## （一）爭議內容

　　指勞資權利事項與調整事項之爭議。

1. 權利事項之勞資爭議，是指勞資雙方當事人基於法令、團體協約、勞動契約之規定所為權利義務之爭議。

2. 調整事項之勞資爭議，是指勞資雙方當事人對於勞動條件主張繼續維持或變更之爭議（勞資爭議處理法第五條）。

## （二）調解

### 1. 提出

　　勞資爭議當事人一方申請調解時，應向直轄市或縣（市）主管機關提出調解申請書。如為個別勞工得委任其所屬工會申請調解。主管機關對於勞資爭議認為必要時，得依職權交付調解，並通知勞資爭議雙方當事人（勞資爭議處理法第九條）。

### 2. 調解機關

　　勞資爭議調解委員會在組成後立即召開調解會議，並指派委員調查事實，除有特殊情形外，應在十日內，將調查結果及解決方案提報調解委員會，並得通知雙方當事人或有關人員到會說明或提出書面說明。最後經委員會出席委員過半數同意，作成調解方案（勞資爭議處理法第十五、十六、十七、十八條）。

### 3. 調解結果

(1) 調解方案，經勞資爭議雙方當事人同意在調解紀錄簽名，為調解成立（勞資爭議處理法第十九條）。

(2) 勞資爭議當事人對調解委員會之調解方案不同意者，為調解不成立（勞資爭議處理法第二十條）。

(3) 勞資爭議經調解成立者，視為爭議雙方當事人間之契約；當事人一方為工會時，視為當事人間之團體協約（勞資爭議處理法第二十三條）。

## （三）仲裁

### 1. 提出

調整事項之勞資爭議，調解不成立者，經爭議當事人雙方共同向主管機關申請，交付勞資爭議仲裁委員會仲裁。至調整事項之勞資爭議，經雙方當事人同意，得不經調解，逕付仲裁。又主管機關認為情節重大有影響公眾生活及利益情節或應目的事業主管機關之請求交付仲裁之必要時，得依職權交付仲裁，並通知勞資爭議當事人（勞資爭議處理法第二十五條）。

### 2. 仲裁機關

主管機關應於收到仲裁申請書之日起十四日內組成勞資爭議仲裁委員會，但有下列情形之一者，不得擔任仲裁委員：

(1) 曾為該爭議事件之調解委員者。

(2) 本人或其配偶、前配偶或與其訂有婚約之人為該爭議事件當事人，或與當事人有共同權利人、共同義務人或償還義務人之關係。

(3) 為該爭議事件當事人八親等內之血親或五親等內之姻親，或曾有此親屬關係。

(4) 現為或曾為該爭議事件當事人之代理人或家長、家屬。

(5) 工會為爭議事件之當事人者，其會員、理事、監事或會務人員。

(6) 雇主團體或雇主為爭議事件當事人者，其會員、理事、監事、會務人員或其受僱人（勞資爭議處理法第三十二條）。

其仲裁應作成仲裁判斷書，報由直轄市、縣（市）主管機關、送達勞資爭議雙方當事人（勞資爭議處理法第三十五條）。

### 3. 仲裁結果

勞資爭議如在仲裁程序進行中自行和解，應將和解書報仲裁委員會及主管機關備查，仲裁程序即告終結；其和解與調解成立具有相同的效力（勞資爭議處理法第三十六條）。

仲裁委員會就權利事項之勞資爭議所作成之仲裁判斷，於當事人間與法院之確定判決有同一效力。而就調解事項之仲裁判斷，視為爭議當事人間之契約；當事人一方為工會時，視為當事人間之團體協約（勞資爭議處理法第三十七條）。

## （四）強制執行之裁定

1. 勞資爭議經調解成立或仲裁者，當事人之一方不履行其義務時，他方當事人得向該管法院聲請裁定強制執行並暫免繳裁判費；於聲請強制執行時，並暫免繳執行費（勞資爭議處理法第五十九條）。

2. 聲請強制執行，法院不得裁定駁回，除非有下列情形之一：

   (1) 調解或仲裁內容，係使當事人為法律上所禁止之行為者。

   (2) 調解或仲裁內容，與爭議標的顯屬無關或性質不適於強制執行者。

   (3) 依其他法律不得為強制執行者。（勞資爭議處理法第六十條）

3. 強制執行之聲請，經法律裁定駁回者，其調解事件，視為調解不成立（勞資爭議處理法第六十一條）。

## 六、性別工作平等

在性別工作平等法特別強調保障性別工作權之平等，消除性別歧視，促進性別地位實質平等（性別工作平等法第一條）。

## （一）性別歧視之禁止

1. 雇主對求職者或受僱者之招募、甄試、進用、分發、配置、考績或陞遷等，不得因性別或性傾向而有差別待遇。但工作性質僅適合特定性別者，不在此限（性別工作平等法第七條）。

2. 雇主為受僱者舉辦或提供教育、訓練或其他類似活動，不得因性別或性傾向而有差別待遇（性別工作平等法第八條）。

3. 雇主為受僱者舉辦或提供各項福利措施，不得因性別或性傾向而有差別待遇（性別工作平等法第九條）。

4. 雇主對受僱者薪資之給付，不得因性別或性傾向而有差別待遇；其工作或價值相同者，應給付同等薪資。但基於年資、獎懲、績效或其他非因性別或性傾向因素之正當理由者，不在此限（性別工作平等法第十條）。

5. 雇主對受僱者之退休、資遣、離職及解僱，不得因性別或性傾向而有差別待遇。工作規則、勞動契約或團體協約，不得規定或事先約定受僱者有結婚、懷孕、分娩或育兒之情事時，應行離職或留職停薪；亦不得以其為解僱之理由，如有則其規定或約定無效；勞動契約之終止不生效力（性別工作平等法第十一條）。

## （二）性騷擾之防止

1. 受僱者於執行職務時，任何人以性要求、具有性意味或性別歧視之言詞或行為，對其造成敵意性、脅迫性或冒犯性之工作環境，致侵犯或干擾其人格尊嚴、人身自由或影響其工作表現（性別工作平等法第十二條）。

2. 雇主對受僱者或求職者為明示或暗示之性要求、具有性意味或性別歧視之言詞或行為，作為勞務契約成立、存續、變更或分發、配置、報

酬、考績、陞遷、降調、獎懲等之交換條件（性別工作平等法第十二條）。

3. 雇主應防治性騷擾行為之發生。其僱用受僱者三十人以上者，應訂定性騷擾防治措施、申訴及懲戒辦法，並在工作場所公開揭示。雇主於知悉性騷擾情形時，應採取立即有效之糾正及補救措施（性別工作平等法第十三條）。

## 注釋

▲註1 何懷宏等譯（John Rawls原著），《正義論》（北京：中國社會科學出版，2003年10月第4次印刷），頁1-2。

▲註2 皮佑，《皮佑選集》（北京：商務印書館，1985年），頁31。引自肖金泉主編，《世界法律思寶庫》（北京：中國政法大學出版社，1992年），頁82-83。

▲註3 摩狄曼‧丁‧阿德勒，《六大觀念》（北京：團結出版社，1989年），頁185-186，頁203-204。轉引自肖金泉主編，《世界法律思想寶庫》（北京：中國政法大學出版社，1992年），頁93。

▲註4 以上參考(1)曾琳譯（Nikos Mourkogiannis原著），《企業的目的‧偉大公司的起點》（北京：機械工業出版社，2008年），頁87-89。(2)王云會，《福特－馳聘百年的夢想》（北京：中信出版社，2004年），頁93-107。

▲註5 郭泰，《悟－松下幸之助經營智慧》（臺北：遠流出版事業股份有限公司，1990年7月初版七刷），頁158-159。

▲註6 欒永斌主編，《企業文化案例精選精析》（北京：中國社會科學出版社，2008年），頁130-131。

▲註7 參欒永斌主編，《企業文化案例精選精析》（北京：中國社會科學出版社，2008年），頁220-221。

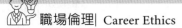 

▲註⁸ 陳莞‧郭習文編著,《IBM:隨需應變》(北京:中國人民大學出版社,2005年),頁83。

▲註⁹ 汪洋、康毅仁,《海爾是海》(臺北:匡邦文化事業有限公司,2002年,頁83-85。

## CHAPTER 03 　制度規範

　　一個企業為了順利的運轉，必須要有完善的組織、制度，但是所有組織成員的自律更屬重要，所謂徒法不足以自行，自律更有助制度的落實。但自律需要重視人格、道德的培養，以及宣導讓員工認同的價值觀及目標。

　　心理學家馬斯洛(Maslow)和榮格(Carl Jung)都認為：人在自己的一生中應該從世俗的關注逐漸過渡到較高層次的追求。榮格認為第一層次應該先履行自己的責任（家庭、工作等），然後在第二個層次開始實現自我的完善。馬斯洛認為人的第一層次是要滿足基本的生理需要（食物、水等），再逐步到安全的需要（安全、秩序、穩定等）、歸屬感和愛的需要（親愛、認同等）、自尊與受尊重的需要（權勢、成就感等）、自我實現的需要（創造發明、實現潛能、自我價值、意義等），最後成為真正的自我。馬斯洛並認為：「那些實現了自我的人們，毫無例外，都是投身到非利己目的的追求中，也就是人們常說的受到某種使命的召喚。」因而一個企業的目標和價值觀不僅使員工有了方向感和責任感，也有助於提高士氣，因為它給予員工一個不完全在於自利的清晰努力方向，並將企業的價值觀、目標的追求與實現，作為自我成就感滿足和自我實現的體現，並且使公司的制度增加了色彩和力度，更易施行。

　　所以許多大企業在招聘人才時都會注意到員工對企業文化是否認同，如邁克‧戴爾(Michael Dell)認為對戴爾公司構成最大威脅的不是來自外部的競爭者，而是來自本身的員工，因為決定公司成敗關鍵的創新精神是由有著共同信念和目標、步調一致的團隊來維持和發展的，因

此要求無論是聘用新進人員，或者是負責經營的管理階層，都必須與公司的哲學和目標一致，故對應聘者不僅要考察其知識、經驗、技能等條件，還要通過面談和提問來觀察其是否認同公司的價值觀、信念、目標和策略等。如戴爾公司在2001年開始展開一連串尋找「戴爾靈魂」的歷程，認為戴爾應該成為一個培養員工事業發展的平臺，而不只是一家商業機構；應該將其發展目標從單純的盈利性機構伸展為創立全世界為之敬仰的偉大公司；要求把客戶放在整個業務模式的中心，回報社會。而具體的「戴爾靈魂」則包含五個方面：戴爾團隊、客戶、直接關係、全球公民和求勝理念。以此建立一種主張責任心的企業文化，每個人都對公司負責，領導者的職責是讓員工分享價值，分享幫助發展的工具；而員工的職責就是確保公司的持續成長。因而當時的總裁羅林斯與新員工談的，並不是先談業績和薪資，而是深化其對戴爾靈魂的理解，要求做每一件事都做到誠實、真摯和坦率。戴爾靈魂構成戴爾藉以管理、績效衡量與強化企業文化的核心，進而發展為一種求勝文化。[1]這種企業文化深入每一位員工的內心，必定能使企業制度的本身運作更為順遂、有效。

又如松下幸之助認為應把公司的目標、使命、精神和文化，讓員工反覆誦讀和領會，以銘記在心，故每天上午，遍布日本各地的松下員工同時誦讀松下七條精神，一起唱社歌。其用意在於讓所有員工時刻牢記公司的目標和使命，時時鞭策自己，使松下精神持續發揚下去。這就是認為在企業經營上，為促使員工發揮實力，給予目標就會變成一股強大的力量。所以，把公司的目標和依據公司目標設定的員工個別目標，充分普及全公司，是經營者的重要任務，松下幸之助甚至認為「沒有提示適當的目標和給予員工希望的經營者是不適任的。」所以松下重視員工的自我教育，上司應要求部屬根據松下精神自我剖析，確定目標，提出並回答類似以下的問題：「我有什麼缺點？」、「我在學習什麼？」、「我真正想做什麼？」，並因而設下自己的目標，擬訂自我發展計畫，這不但使公司的願景得以實現，而所有制度設計與規範也能在員工與公

司目標一致下得以落實。因為自覺的認同規範並追尋自我的成長，其成效遠大於制度框框的本身。

日本的佳能公司社長酒卷久在上任後，即在全公司推展「世界第一運動」，其以小組為單位進行，主題自訂，只要是對公司有益的什麼都可以，如電話一響立刻接聽就是世界第一運動。有些主題是：「出發最迅速」、「打招呼最親切，最有幹勁」、「新技術世界第一」、「效率、功能布局第一」。而各小組在各自不同目標下，爭做「世界第一」，讓自己比世界上任何一個都要做得好。公司並做了以一個豎起手指表示「第一」的標誌，讓員工在胸前戴上這個標誌。結果是所有的員工都開始關心品質、速度、成本等方面的因素，養成「如何改善才能取得好成果」的習慣，以致有了積極的行動，如在EMD工廠，有的員工在休息時間進行訓練，讓手部動作更加靈活；有的下班後組成小組召開學習會。在每週五下班後，就開始職場中的改善活動，如下週有生產線的變更，就會把天花板、相關管道等死角打掃乾淨，或工作臺的校準、配線的調整、擦門窗。一般一個小時活動就能結束，但如果有布局變動的話，可能要到將近九點才結束。如果生產線要搬家的話，有時會做到次日週六。但這一切不是工作任務，而是自願活動，並非要全員參加，也有人有事先回去，星期六再來，不過，不論是兼職員工或派遣員工，只要是與這條生產線相關的人員都會參加。[2] 像佳能公司的這種激勵方式足以補制度規範的不足，增添員工的主動性。

最後制度規範一旦確立，應該是全公司的每一人都要遵循而不能有所例外。如英特爾公司曾經一度規定每天上班時間從上午八點開始，八點零五分以後才到的就必須在遲到簿簽名。英特爾規定準時上班的目的是希望能確保每件事情都能準時開始，如公司會議、報告、項目進度及最重要的交貨時間，不會因為任何一個人的遲到而發生延誤。有一天葛洛夫本人竟遲到了，他同樣也簽了名，並在上面加註：「沒有人是十全十美的」，自我挪揄一番。

## 🎯 壹、制度規範

### 一、招　聘

　　企業在招聘人才時，一方面要適應企業本身發展的需要，但也要能認同企業的價值觀與目標，才能融入企業文化，成為企業的骨幹。

　　韓國三星集團在面試時通常由人事部經理和相關業務部門經理共同進行，業務經理主要負責考察應聘者的相關業務能力，而人事經理要做的則是「三個匹配」的考察工作，即：1.應聘者的性格是否與三星的企業文化相匹配，是否認同三星的企業文化和行為習慣；2.應聘者的個性是否與所招聘的職位相匹配；3.應聘者性格特點是否與他的直屬上司相匹配。其中第一個匹配，重點在於考察其是否是一個有責任心的人，因為責任心是三星的核心價值觀，只有認同此一理念的新員工才能很快的融入企業。第二個匹配，出發點是因為很多人學習的是某一專業，但其性格未必適合那項工作，而只有讓人做最適合他的工作，才能產出最好的成績。如一個性格比較沉穩的人就比一個性格活躍者適合辦公室中的靜態工作。第三個匹配的出發點是認為上司和下屬的性格若比較相像，那麼在工作中就比較難以配合，也較容易出現摩擦，較不易管理。因此業務經理的性格比較保守，人事部就會推薦思想比較開放活躍的應聘者，期以上司與下屬之間的性格互補而能夠形成工作上的合作與互補。

　　朗訊公司在招聘時目標非常明確：1.專業技能：應聘者的專業、工作背景、經驗及對所申請工作應具備的技能。2.應聘者是否能適應公司的文化。朗訊公司的GROWS文化是每個朗訊人必備的理念：G(Global growth midsets)全球增長理念。R(Results-focused)專注成果：專注於對客戶和股東的承諾，取消對達到這些成果不相干的行動。O(Observed with customers and about competitiors)：時刻關注並牢記客戶和競爭對手的狀況，絕對性的達到甚至超過客戶的需求。W(Workplace)工作場所：創造

一個開放、支持及多元化的工作場所，鼓勵員工自由的交換意見，以便及時做出最佳決定。S(Speed)速度：要求每個過程、產品和客戶要有緊迫感，因在高科技快速發展的時刻，誰領先一步就能掌握競爭的主動權。主考官會就這五方面提出各種問題，如：在以前的工作中遇到困難是如何處理的？有沒有在有競爭的情況下成功簽單的？如何提高自己工作的速度？如何擔任團隊領導？每個人面試時會有兩位面試官，會在每項回答裡評注和打分數，應試者可能被標記為優勢明顯、需要一定的培訓或能力不足，最後面試官就技能經驗的分數與GROWS的分數來確定是否符合朗訊公司的要求。

英特爾的招聘活動以面試為主，面試官不僅限於公司管理階層，而是也包括內部員工，面試可能多達十道。在招聘時，每一職位都有一套特定的標準，這些特定的標準是人力資源管理部門經過長期實踐，並參考國際人力資源顧問公司對人才素質的研究後所制定的，但這些標準的設置具靈活性，因為每個職位要求的條件不完全一樣，故應聘者未必要達到所有的標準才能被錄用。但在招聘過程中，英特爾十分注重應聘者是否認同英特爾的企業精神和企業文化。其中應聘者必須要符合的首要條件就是認同英特爾的六個價值觀，即以結果為導向、著重紀律、鼓勵嘗試冒險、品質至上、以客戶為導向以及讓員工樂於工作，也會觀察他們與這六個價值觀的差距。同時英特爾認為真正能從工作中得到樂趣的人會比僅僅為了報酬的人做得更好，所以招收的都是精力充沛、聰明的人，聰明的人能吸引聰明的人，他們會把公司當作自己的公司，所以會把自己的想法說出來，英特爾也鼓勵他們這樣做。這些人喜歡變化，而這個行業的變化也正越來越快。這些人能明智的冒險並願意對自己的行為進行評估，正適合高科技產業創新研發的需要。英特爾除了對應聘者的要求外，在面談過程中，也會向應聘者承諾：愛動腦的人在這裡不會受挫，因為英特爾會給員工創造很多機會，允許員工冒險，所以像在別的公司於上司處可能受挫的現象在英特爾是不會發生的，因為英特爾是

一個尊重平等的公司，並未存在很多層的組織架構，每一個員工都可在自己的職位上作出決定，而無須事事向上級請示。另外英特爾還向應聘者許諾：給予具競爭優勢的工資、福利等。

通用汽車公司在招聘員工時要求員工必須認同公司的宗旨和五個核心價值觀，即以客戶為中心、安全、團隊合作、誠信正直、不斷改進和創新。因為一個員工不能接受一個企業的文化，就不能最大限度的發揮他的才能，有時還會違背公司的整體策略，甚至作出有損公司利益的事。此外在招聘時，評估是最重要的環節，對此，通用汽車有專門的人員評估中心，評估人員都受過專門培訓，以確保錄用過程的客觀和公正性。其標準化的評估模式係根據公司的宗旨、價值和精實生產製造對員工的要求，設立4大類19項具體行為指標，以作為評估衡量的依據，其包括：1.個人素質：學習能力、適應能力、工作動力、不斷改進、注意細節、主動性、講求品質。2.領導能力：指導能力、團隊發展、自主管理、計畫組織、工作安排。3.有效的人際關係及溝通能力：建立合作和伙伴關係、溝通能力、團隊精神、顧客導向。4.專業知識和管理能力：技術專業、知識問題評估與決策能力、管理事務的能力。對於這19項具體行為指標，因職位各有偏重，但團隊精神、顧客導向、工作動力等項目是對全體員工的共同要求。至於與其他公司的僱用測試（心理能力測試、人格測試、工作樣本測試）相比，通用的人員甄試模式更注重以下兩種關係的比較與權重：一是個性特質與工作技能的關係。高素質的員工需要具備優秀的個性特質和好的工作技能。前者要經過長期的教育、環境薰陶和遺傳因素等影響的結果，其包含一個人的學習能力、行為習慣、適應性、工作主動性等，前列19項指標的第一類個人素質便屬於個性特質的內容和要素；後者是通過職業培訓、實際經驗累積而獲得，如專業工作技能、管理能力、溝通能力等。兩者可互為因果，但工作能力較易培訓，個性特質則難以培訓，所以在甄選時，要注意其工作能力，更要關注其個性特質。二是過去經歷與將來發展的關係，在過去如何對待成功

或失敗的態度和行為，對其將來的成就具有正面或負面的影響，因而分析其在過去經歷中所表現出來的行為，就能預判其未來的發展。

通用汽車整個甄選錄用的過程分為：1.筆試：測試專業知識、相關知識、特殊能力和傾向。2.目標面試：訪談中的自我評估信息，是由受過培訓的評估人員與應聘者進行面對面的問答式討論，驗證其履歷表中已有的資料，並進一步獲取信息。3.專業面試：涉及技術知識，是由人事部門負責。4.情境模擬：根據應聘者可能擔任的職務，編製一套與該職務實際情況相仿的測試項目，並請應聘者在模擬、逼真的工作環境中處理可能出現的問題，並測試其心理素質、潛在能力等。最後被錄用者都需經過七位評估員的評估及統一意見，再分別由該用人部門經理、人力資源部門和部門經理的批准。[3]

## 二、培　訓

企業間的競爭日漸形成為人力資源的競爭，人力資源是一種可變化的資源，且富有潛能可予以開發。另一方面，每個人的能力隨著工作經歷的增加而不斷提高，但也會隨著年歲的增長、社會的變化而衰退，因此要使人力資源發揮更大的效能，除了使用還要進行不斷的培訓。因此培訓無疑是企業提高員工素質並提升核心競爭力的重要手段。

員工培訓要根據企業發展和具體工作的需要，因而必須有計畫、有步驟、有系統、有針對性的展開培訓項目，使員工所掌握的技術、技能與更新的知識能夠適應新的工作環境和需求，培訓的方法則應學用結合，多採用啟發式、討論式、研究式、案例式和實作式的教導、學習方式，特別是經由培訓讓員工融入企業文化中。

英特爾對新員工有專門的培訓計畫，如上班的第一天會進行常識的培訓，讓其熟悉各部門的規章制度等，然後由經理分給新員工一個伙伴，如果遇到不懂的事情，隨時可向其請教。新員工在3～9個月間，會

有一週關於英特爾文化和在英特爾如何成功的培訓。英特爾也會給每位新員工制定一個詳細的計畫，每一週每一個月分別需做到什麼程度、可能需要哪些支持，都要照計畫進行，公司同時隨時追蹤。此外英特爾也會安排許多一對一的會議，讓新員工與上司、同事、客戶有機會進行面對面的交流，特別是與高層的面談，給新員工有直接表現自己的機會。至於經理則會從公司拿到一份資料，其中很明確的告訴經理，每個月新員工應該學會什麼、第一次交流的內容是什麼、應該培訓什麼，都寫得很清楚，並要求經理對新員工做一對一指導。經理要記錄每一個新員工的情況。這些方式是要使新員工盡快融入到英特爾的工作環境和各種工作流程中。至於經理層級的培訓，因為管理者要有良好的溝通技巧和激發員工的能力，則著重五個項目：制定工作目標、完成計畫、怎樣幫助別人共同解決問題、對員工如何實施有效管理、對業績好的員工應該如何表揚與激勵。

麥當勞向新員工印發麥當勞手冊，由訓練員進行指導並由老員工友好監督，多方位的使新員工熟悉和接受企業文化，盡快掌握工作程序，如顧客的點餐、熟悉單價、操作收銀機、進行配餐、操作煎爐等工作。訓練員對麥當勞的介紹，特別強調其經營原則：「品質、服務、清潔、價值」(QSCV)，在開始訓練的時候，新員工總會聽到訓練員說：「顧客的最大滿足就是麥當勞的最高目標。」、「為了實現這個目標，所以我們有QSCV。」、「讓顧客享受到QSCV的最高境界，就是我們服務員最榮幸的工作。」另外還要在服務中注意QSCV三方面的統一，如做出高品質的食品固然重要（這就是品質），但見到顧客就要微笑（這就是服務），或者看見紙巾在地上就要立刻撿起來（這就是清潔），這三者的綜合就是麥當勞的經營宗旨（這就是價值）。當見習生初步熟悉麥當勞文化後，即要求要有為每項工作承擔責任的心理準備，訓練員會告訴見習生，在麥當勞所有的員工都有可能成為負責全店管理工作的副理，甚至成為經理，因此能否獨立承擔工作至為重要。

　　德國西門子公司在培訓中，最主要的是管理教程培訓，共分五級，並以前一級為基礎：第五級，管理理論教程。培訓對象是有管理潛能的員工，目的在提高自我管理能力和團隊組建能力。培訓內容是公司文化、自我管理能力、個人發展計畫、項目管理、掌握客戶需求的團隊協調技能。培訓日程是與工作同步的一年培訓、為期三天的兩次研討會和一次開課討論會。第四級，基層管理教程。培訓對象是有較高潛力的初級管理人員，目的是準備好初級管理工作。培訓內容是綜合項目的完成、品質與生產效率管理、財務管理、流程管理、組織建設及團隊行為、有效的溝通和網路。培訓日程是與工作同步的一年培訓、兩次為期五天的研討會和一次為期兩天的開課討論會。第三級，高級管理課程。對象是負責核心流程或多項職能的管理人員，目的是開發其企業家潛能。培訓內容是公司管理方法、業務拓展及市場發展策略、技術革新管理、西門子全球機構、多元文化間的交流、改革管理、企業家行為及責任感。培訓日程是與工作同步的18個月培訓、為期五天的研討會兩次。第二級，總體管理教程。培訓對象必須具備下列條件之一：1.管理業務或項目並對其業績全權負責者；2.負責全球性、地區性的服務者；3.至少負責兩個職能部門者；4.在某些產品、服務方面是全球性、地區性業務的管理人員，目的是要塑造領導力。培訓內容是企業價值、前景與公司業績之間的相互關係、高級戰略管理技術、知識管理、識別全球趨勢、調整公司業務、管理全球性合作。培訓日程是與工作同步的兩年培訓、每次為期六天的研討會兩次。第一級，西門子執行教程。培訓對象是已經或有可能擔任重要職位的管理人員。目的是提高領導能力，培訓內容是根據參與者情況特別安排，主要是根據管理學知識和公司業務的需要而制定，並隨二者的發展變化而不斷更新。西門子的培訓課程增加企業和員工的競爭力，不但開發員工潛能，亦培養了公司的管理人才。[4]

　　通用汽車的培訓內容對管理、工程技術和工人等不同類的員工有共同的部分，但較多的是分層次按職位要求而確定。1.入門培訓，係針對新

員工或新職位的需求而進行的，主要包括：公司概況、產品市場狀況及技術特點、生產製造及品質要求、生產安全及勞動保護、企業文化及員工行為規範等。2.適應性培訓，係針對全體員工分層次按職位需要及綜合素質提高進行的新技術、新知識普及和綜合能力訓練，其具體培訓內容設有五個模塊：A模塊——工作標準化專題：目的在通過培訓，讓所有員工掌握標準化工作清單的製作和不斷改進技能，正確理解運用標準化的形成推展工作以及工作場所合理安排的重要性。B模塊——品質專題：目的在讓員工理解和接受「品質是生產出來的」觀念，以確保向客戶提供高品質的產品。C模塊——領導責任專題：目的在向各級管理人員及專業技術人員傳授領導力的基本知識和必備技巧。D模塊——拉動系統和物流管理專題：目的在使員工了解和掌握從客戶訂單的接受到生產、包裝、運輸、收貨、儲存、看板供貨、到暗燈系統的精實管理之具體應用。E模塊——持續改進專題：目的在使員工能掌握並運用不斷改進的原理和概念，正確了解和運用計畫、執行、確認、行動循環以及實際問題的解決。五個模塊共設計二十門課程。3.提高性培訓，針對有培養前途的幹部和高層管理人員進行管理技能、專業技術方面的專門培訓。

## 三、考核與薪資

### （一）考核

對員工的考核是以調動員工積極性和主動性入手，以提高員工的工作效率。

考核的作用包括兩個部分：1.就企業言，是以下工作的依據：改進績效的依據、制定員工培訓計畫的依據、激勵員工的依據、人事調整的依據、薪酬調整的依據。2.就員工言：加深了解自己的職責和目標、了解與員工自身有關的各項政策的推行情況、成就與能力獲得上司的賞識、獲得說明困難和解釋誤會的機會、了解自己在組織中的發展前途、在評估過程中獲得參與感。

在考核時為力求公正、客觀，必須考慮到員工考核成績的優劣不只取決於單一因素，而是受到主、客觀多種因素的影響，如員工受到的激勵和所具備的技能是影響員工績效的主觀性因素，而環境與機會，則是客觀性影響因素。此各種因素包含：

## 1. 激勵

是企業運用各種物質或非物質的手段來激勵員工工作的積極性，但激勵本身又取決於員工的需求層次、個性、認知、學習過程與價值觀等個人特點，其中又以需求層次影響力最大，因員工在謀生、安全與穩定、友誼與溫暖、尊重與榮譽、自為與自主及實現自身潛能諸層次的各需求上，各有其獨特的組合，企業需對員工有所了解，才能達到激發效果。

## 2. 技能

是指員工工作技巧與能力水準，這取決於個人天賦、智力、經歷、教育與培訓等個人特色。

## 3. 環境因素

是指企業內部客觀條件，如勞動場所的布局和物理條件（室溫、通風、粉塵、噪音、照明等）、任務的性質、工作設計的品質、工具、設備與原料的供應、上級領導作風與方式、企業的規章制度、工資福利、培訓機會及企業的文化、宗旨及氣氛等。此外。環境因素也包括企業外部的客觀環境，如社會政治、經濟狀況、市場競爭等間接因素。

## 4. 機會

機會是偶然性的，如一項任務剛好分配給甲員工，而乙員工則因不在或純粹隨機性原因致未被指派負責該項任務，則乙員工就無從表現，但事實上乙的能力與績效均優於甲，故在現實生活中難以做到真正完全的平等，機會的因素是人無法掌控的。

此外，對員工的考核除了產量指標完成狀況外，其餘品質、原料消耗、能耗、出勤，甚至團結、服從紀律等各方面的表現，亦都需要綜合考慮。最後則是員工的績效會隨著時間的推移發生變化，績效好的可能退步變差，績效差的可能改進轉好，所以不能只憑一時印象，以僵化的觀點對員工進行考評。[5]

至於為達到考核的完整性，可進行360度的多來源評估，以對員工的考評作出更準確的判斷，其係由上級、同事、下屬、客戶及本人等各方主體作為考評者，對員工績效作出多層次、全方位的評估的方法。比起較傳統的那種只把上級評價作為員工考核唯一來源的方式，更可有效的防止或克服難以避免的主觀片面性或偏見，而員工也可據以知道自己在別人眼中的印象，更為客觀、全面的了解自己的長處、不足或需要進一步改進的地方，有助於增加員工的自我完善意識，促進其行為上的自覺自律。

在員工績效考核的實際方面，美國通用汽車公司對員工考核的目的在不斷改進員工的工作表現，進行追蹤培訓，並在過程中進行企業文化的灌輸和培養。首先在年初的時候，所有的員工都必須制定個人的工作目標，確定工作任務和具體工作計畫，並經本人與主管協商後確認執行。而考核主要分為六項指標：安全、品質、組內工作、參加日常改進工作、顧客導向、靈活性，每項指標又分為6個評定等級：工作出色20分。工作超過要求15分。工作符合要求10分。工作不符合要求5分。工作情況不佳2分。一個或幾個準則未能完成0分。

在考核前，要對考核的直接主管進行考核方法的培訓，以確保考核的有序及公平。通常每半年考核一次，但人事部門亦要求各級主管能及時對部屬的工作提出評價性考核，並指明改進的要求和方向。對於組長以上職級人員，則要求先按公司的統一考核標準，對自己半年來的工作完成情況，內外用戶的滿意程度進行回顧描述，在考核表上擬出自己應

得的等級，交由直接主管評審。直接主管則以年初確定的工作目標為基礎，對被考核者進行業績總結、計畫改進和工作上障礙等方面的評估以進行全面的評價，作出總評分。擔任考核者的主管除了對被考核者的肯定外，還需明確指出其欠缺的部分，以便當事人能有明確的改進方向，提高個人工作能力。

在通用公司的考核結束前，考核者與被考核者之間有一次重要的溝通與交流的談話，告知考核的依據和理由，並再徵求被考核者的意見，以達成一致性後，由員工本人簽字。若員工有不同意見，可向上一級反映，若意見仍不一致，則由人力資源部門組織員工關係協調員、工會負責人、主管及員工本人進行審核：員工的申訴是否合理、主管是否公正，並聽取工會意見後，經充分之討論，集體做出覆核意見，即最後的考核結果。至於考核低於標準（40分）的員工則發出書面通知，告知考核結果和低於要求的原因，並書面提出直接主管的處理意見：在原職位限期改善或轉換職位。[6]

英特爾公司更以績效考核來促進績效提升，而並非只是簡單的設指標、評分數，不能只是為發獎金和薪資找理由。其對員工最基本的考核標準是英特爾的六大價值觀：以結果為導向、著重紀律、鼓勵嘗試冒險、品質至上，以客戶為導向及讓員工樂於工作。而一位員工要想在英特爾成功，就必須要在此六點有突出表現。

在考核時，要在對每位員工都聽取了全面的意見反饋之後才能做出結論，以盡可能的達到公平公正的原則。其考核分三個階段進行：

1. 第一個階段。上司就員工在六大價值觀的擅長領域及需要改進的領域進行評估，且上司與部屬面對面的討論其成就、優點及待改進之處。透過雙向溝通，員工可以知道自己什麼地方被認可或需改進；上司則從員工、同事等處徵詢意見，完成考核。此外同時進行員工的自評與同事的互評。

2. 第二個階段。凡是做同樣工作、同等職位的人，甚至包括世界各地的員工，都參照同樣的標準，放在同一個組裡進行評估，以將人的主觀因素降到最低。最後由員工的上司、上司的上司及人力資源部門共同完成對員工的考核。

3. 第三個階段。根據考核結果對員工提出建議，以期盡快改正缺點。[7]

## （二）薪資

薪資是企業對員工提供勞心勞力和所作貢獻的回報。員工的貢獻包括客觀績效和付出的努力、時間、精神、學識、才能；回報則包括薪資、獎金、福利、津貼等具體形式。

薪資的管理應有幾個原則：

### 1. 公平原則

只有在員工認為報酬體系是公平的前提下，才有可能使員工產生對公司的認同感，並產生報酬的激勵作用，其次與同行業內的其他企業，特別是有競爭性的企業相比，所提供的薪資應該具有競爭力，才能留下優秀人才並招募優秀人力。最後，所獲得的報酬應與貢獻成正比。

### 2. 競爭原則

要聘用真正具有競爭力的優秀人才必須要制定一套在同行業中對人才具有吸引力的報酬體系，因為如薪資太低的話，連本身現有的人才都會流失。

### 3. 激勵原則

外部公平是和薪資的競爭原則相對的，內部公平則和激勵原則相對應。激勵的原則是在各級職務間適當的拉開薪資差距，以達到薪資的激勵效果，因為簡單的高薪並不能有效的激勵員工，而一個真正能讓員工有效發揮自身能力和責任的機制，是一個按「績效」分配而不是按「勞

動」分配的機制，根據員工的能力和貢獻適當拉開收入差距，以激勵其主動、積極性。

## 4. 經濟原則

企業除考慮薪資的吸引力和激勵作用，還要考慮企業承受能力的大小、利潤的合理累積等問題。另一方面要合理配置勞動力資源，因勞力資源數量過剩或配置過高時，都會導致企業資金的浪費，故需考慮人力成本的投入產出率，尤其高薪資固然可以吸引和留住人才，但如無法發揮作用，創造不出對等的績效，對企業也就不具有任何意義。所以企業的薪資設計要符合經濟原則，進行人力成本計算以控制在合理範圍，以吸引、留住人才，然而同時也要考慮到工作環境、人際關係、事業發展前途等能否滿足人才的需求，否則縱使高薪也沒有效果。[8]

至於員工的報酬，除薪資外，尚包括獎金、分紅、股票、福利等。

海爾集團實行的計件工資，力求公開、公平、公正，通過「3E」卡（3E為每天、每人、每個方面三個英文單詞的開頭字母），將每個員工每天工作的七個要素（產量、品質、消耗、技術操作、安全、文明生產、勞動紀律）量化為價值，每天由員工自我清理計算日薪並填寫記帳、檢查確認，工廠主任及職能管理員抽查，月底匯總兌現計件工資。其計算公式為：

$$職位工資＝點數 \times 點值 \times 產量＋各種獎罰$$

這使每個員工每天的工作都有明確定量的結果，具有公正性和權威性，不但保證各項工作有秩序的進行，也使員工心理上感到公平。

至於計點工資，從十二個方面對每個職位進行半年多的測評，並根據工藝等條件的變化不斷調整。其係將一線職工工資的百分之百與獎金合在一起，按點數分配，在此基礎上，再進一步在一、二、三線對每個職位實行量化考核，以使勞動與報酬成正比，報酬與品質和產量直接關聯，多勞多得。[9]

朗訊公司的薪資體系共分十個級別，除十級外（副總經理級），每個級別都有A、B兩個等級，而每個等級又有最高和最低工資。薪資從一級到十級的差別為20多倍。薪資標準不固定，而是隨著所在地區薪資行情的變動而採取相應的修訂。在實際的運作上可分：

1. 員工招聘時的定薪。其考慮因素包括：(1)學歷。應屆本科畢業生薪資在最低一級，應屆畢業研究生則高出15%。(2)經驗。有兩年以上工作經驗的本科生比沒有經驗的高出20%；有兩年經驗的研究生比沒有經驗的同類人員高出30%。(3)專長。在招聘時，發現一個員工將能發揮的作用大於其他員工時，則公司會給予超出規定的薪資級別，甚至可能會高於在相同職位上已工作數年的員工。(4)經歷。新員工在不同行業、不同領域、不同公司工作過，特別是在著名企業工作過，其薪資定級會被公司特別考慮。

2. 底薪調整。為保持競爭優勢，每年由人力資源部門進行一次相關外部企業的薪資調查，並對其調查結果進行分析、比較。其主要為：(1)當地物價指數的變動，可決定是否調薪。(2)當地所有企業年度平均調薪水準。(3)各相關企業的最高增薪和最低增薪情況。(4)各相關企業各職位的全部薪資水準情況，最高與最低的水平變化。(5)各相關企業各職位的薪資結構比例。(6)當地各相關企業和全國本行業公司的總體人員流失率情況，經理、專業技術人員流失情況。

3. 員工職位晉升增薪。管理人員可參照公司的工資級別提出員工晉升增薪建議。通常是逐級晉升，增薪幅度在10%～25%左右；但績效非常優秀的員工可晉升二級、三級，增薪幅度在25%～40%。

4. 薪資的正常晉升、半年獎、年底獎的發放與績效評估相對應。在績效評估中採取五個等級：(1)不能接受。(2)勉強接受。(3)基本完成任務。(4)完成任務。(5)超額完成任務。並硬性規定有5%的員工考核要屬於第一類；10%的員工考核落在第五類。落在「不能接受」等級的

員工，不發獎金，並限定三個月內改善，如沒有明顯改進，將面對被辭退的後果。落在「勉強接受」等級的員工獎金最低，薪資不調整。落在「基本完成任務」等級的員工獎金為標準額，其薪資的調整依公司的標準額。落在「超額完成任務」等級的員工則獎金與薪資的調幅，有時會達到平均增幅一倍以上。[10]

## 四、獎　勵

如果企業對員工的特定行為進行獎勵，那麼就是在鼓勵員工重複這個行為，而獎勵的對象應該著重員工的創意行為對公司所帶來的貢獻，至於獎勵的內容，精神大於物質。

如一位在惠普工作的實驗室經理認為公司應讓所有員工取得共識，如果不著重技術上的貢獻，我們就不應該在市場上存在，技術貢獻正是公司存在的價值所在。而其高層比爾‧休利特(Bill Hewlett)和戴維‧帕卡德(Dave Packard)亦反覆的強調公司就是要通過技術為社會做出貢獻，而不是僅僅把技術優勢當成一種競爭優勢。另3M公司的目標在於解決問題，在這種目標的引領下，公司的一位工程師致力於幫助客戶解決問題，因此他發明了膠帶，並由此又研製成透明膠帶。而另位工程師則動腦筋解決自己的問題：在歌本上如何作一個標誌以便快速找到需要曲子而發明便利貼，這說明讓員工意識到目標將更加專注於自己的工作，甚至激起員工的高昂士氣。

在IBM公司資料室工作的瑪麗，每天熟練的剪報、編輯、黏貼各種資料，但她內心早已厭倦這種單調重複的工作，但為了這份工作，只好每天忍耐著，最後跑進經理的辦公室說：「我不是為了這種剪報紙、黏漿糊的工作才來到IBM的！」、「我想做更有價值的工作，我要證明自己的才幹和能力，請您把我調到另一個有趣的工作部門。」經理對她的動作並未吃驚，因為有許多員工都曾這樣抱怨過，經理回答說：「如果

你不喜歡這種工作，我也沒有辦法，但你為什麼不想辦法使平淡的工作變得有價值、有趣味？」

瑪麗沒想到經理會這樣回答，她從未想過這種每天和剪刀、漿糊在一起的工作也能變得有意義、有價值。幾天後，她想出一個辦法，即用豐富多彩的顏色來改變枯燥的「黑白世界」，她選用不同顏色的紙製成小冊子，每個冊子分別黏貼不同的內容，如紅冊子專門黏貼關於金融方面的報導，白冊子專門黏貼有關競爭同業的報導等。結果瑪麗覺得自己的工作似乎完全改變了，每天都處在五彩繽紛的紙張中，工作氣氛也變得輕鬆活潑，並且只要看冊子的顏色，就知道其中的內容，以致工作效率提升，找資料又快又準。她為自己的發明覺得驕傲，工作再也不無趣了。瑪麗再一次找經理說明這一切，並建議在公司的各個資料部門推廣此種方法。經理看了她的實際工作後，表示：「很有意義，馬上實施，並獎勵你一萬美元。」瑪麗此後做什麼事都充滿信心，也為公司樹立了楷模。

因此對員工願意動腦筋、願意行動，並對企業的運作與發展有正面效益的行為都應該予以獎勵並制度化，以帶動組織成員的熱情投入。

海爾在企業文化手冊中，明確規定了海爾的獎勵制度：1.海爾獎：用於獎勵本集團內各個職位上的員工對企業所作出的突出貢獻。2.命名工具：凡本集團內員工發明、改革的工具，如果明顯的提高了勞動生產率，可由所在工廠逐級上報廠職代會研究通過，以發明者或改革者的名字命名，並公開表彰宣傳。3.海爾希望獎：用於獎勵企業員工的小發明、小改革及合理化建議。這些獎項是對員工的精神關懷，也是激勵源泉。

美國聯邦快遞公司經常讓員工和客戶作評估，以便能恰當的表彰員工的卓越業績，其幾種主要的獎勵有：1.優秀獎：獎勵超出標準的卓越表現。2.開拓獎：提供給每日與客戶接觸、為公司帶來新客戶的員工額外獎金。3.最佳業績獎：對員工貢獻超出公司目標的團隊給予一筆現金。4.金

鷹獎：提供給客戶和公司管理階層提名表彰的員工。5.明星、超級明星獎：是公司的最佳工作表現獎，相當於受獎人薪水的2%～3%。該公司的經理會領導部屬按工作要求做出適當的個人調整，創造一流業績，並且讓每個員工專注於單一目標，以便能讓整體達到一定水平，而最佳業績獎，能使所有員工專注於提高生產效率和服務客戶。

## 五、操　守

　　柯達公司選擇人才的標準包括：術、才、德。「術」是指一個人的專業技能，「才」是指一個人的才華能力，「德」是指一個人的品行修養及對公司價值觀的遵守與執行。從學歷、經歷、資歷可考察一個人的「術」，經由面試也可大略測知一個人的能力，但是「德」卻很難直接觀察到，偏偏失德又往往會阻礙個人的長遠發展，而「德」最重要的就是不取不義之財。

　　中國通信設備製造業者中興通訊對於故意虛假報帳或收受回扣者一律開除。在江蘇的美資德勝洋樓有限公司，在員工財務報銷時都必須聆聽財務人員宣讀一份「嚴肅提示──報銷前的聲明」之程序：「您現在所報銷的憑證必須真實及符合《財務報銷規定》，否則將成為您欺詐、違規甚至違法的證據，必將受到嚴厲的懲罰並付出相應的代價，這汙點將伴隨您一生。」同時在該公司嚴格的自律下，規定「在採購過程中，堅決禁止向供貨商索取錢財」、「不准接受請客」、「不得接受客戶的禮品及招待」、「不得接受20支以上的香菸或100克酒以上的禮品，禁止20元以上的工作餐」，並同時向供應商發送「反腐公函」要求「不得向我公司人員回扣現金、贈送禮物、宴請等。」

　　韓國三星電子公司的一位負責管理各地代理商的經理在返回首爾後沒多久，即接到專門監督公司成員不正當行為的監督小組的約談，以下為談話內容：

「出差回來了？」

「是的。」

「你辛苦了！」

「沒有什麼，比原來設想的順利多了。」

「出差費用夠嗎？」

「夠了。本來沒帶多少，午餐和晚餐又都是他們解決的，倒也沒用多少。」

「晚上還有聚會嗎？」

「有，但是太累了，很快就解散了。」

「這次出差是自己開車去的吧！」

「是的。」

「路途蠻遠的，他們也沒補助些汽油錢？」

「這個嘛……」

「光油錢也得花上幾萬元，他們就連十萬元也捨不得給？」

「這點錢，他們還是給了。」

監督小組得出結論，這位經理在外地出差期間，除接受代理商的宴請外，還接受相當於十萬元汽油錢的好處，因此受到警告的處分。[11]

美國思科公司曾任董事長的錢伯斯在談到個人紀錄時，曾自豪的說，在他的生命中，從來沒有人對他的任何費用報銷提出過質疑：「我盡量要讓自己成為這個產業中在道德和為人處事方面的一個楷模。例如，我要個人費用報銷方面做到一清二白，因為從道德的角度看我們就應該這樣做。」

## 🎯 貳、制度規範的舉例

在本節中列舉幾項企業的制度規範。

## 一、德勝集團的企業理念

堅強、德仁、負責、高效。

內涵為：用堅強的意志戰勝困難、用優良的品德和仁厚之心感染社會、用負責的態度應對各種挑戰、用高效的作風面對工作。

### 一種精神

就是團結一致，艱苦奮鬥的創業精神。

### 兩種作風

就是團隊作戰的作風，求實創新的作風。

### 三條紀律

就是下級服從上級的紀律，嚴格的財務管理、高度集權紀律和令行禁止的紀律。

### 四大謀略

之一：增資擴股，滾動發展。

之二：管理運作市場化，形成德勝管理模式。

之三：技術創新，增添企業發展活力。

之四：誠信經營，占領市場。

### 五個理念

生存空間理念：德勝的、中國的、世界的。

生命力理念：對市場的快速反應。

管理精髓理念：品質控制和不斷的挖掘潛力。

之一：以人為本，建設企業文化。

之二：品質為本，贏得用戶信任。

之三：效益為本，強化成本管理。

社會責任理念：竭誠為社會提供優質服務。

社會價值觀理念：實現資本增值，造福人類社會。

## 二、佳能公司人員錄用規定

第一條　目的
　　　　為保證企業錄用工作的順利進行，制定本規定。

第二條　錄用工作原則上每年4月份進行一次。但如有特殊情況，可以臨時錄用職工。應盡量保證錄用工作的連續性和規範性。

第三條　錄用標準
　　　　錄用職工的主要標準包括：
　　　　一、　錄用職工的學歷大致應限於：1.大學畢業及同等學力者，占（　　）％。2.職業高中、中專及同等學力者，占（　　）％。
　　　　二、　錄用職工的年齡，大體等同於學校應屆畢業生年齡。特殊情況下，可適當放寬，但大學及同等學力者不超過30歲；職高、中專及同等學力者不超過25歲。
　　　　三、　錄用職工後，管理及事務性人員大致占（　　）％。
　　　　四、　錄用後的具體工種分配另定。

第四條　規定適用範圍
　　　　醫生、護士、環衛、警衛、雜務、司機、倉儲、木工、打字員、接線生、製圖工、水暖工等特殊工種的錄用，同樣應遵守本規定。

第五條　招聘

招聘原則上實行企業內部推薦，如仍不能滿足，可招聘應屆畢業生。特別情況下，實行社會公開招聘。

職工的招聘至少應在正式錄用前一個月進行。

第七條　應聘資料

應聘者應提交的資料包括：親筆履歷書、就職申請書、近期照片三張（背面寫清姓名和拍照時間）。

第八條　推薦書

必須由推薦者提供推薦書一份，重點說明推薦理由。

第九條　選拔標準

選拔標準主要依據工種要求及其他標準，高學歷者優先考慮。

第十條　考試方法

考試分一次性和兩次性兩種。

一次性考試，主要審查應聘者和推薦人的書面資料。必要時可進行面試。

兩次性考試，是指對第一次考試合格者再進行筆試、面談和體檢。筆試，主要對應聘者的一般知識和專業知識進行考查。但對著名學府的高材生可免筆試。面談，主要是考查應聘者的學識、談吐、能力、個人素質及適合的工種。體檢，主要進行臨床醫學檢查和理念檢查。對應屆畢業生還要審查在校學習成績。

第十一條　考試小組的設置

為保證考試的公平、合理，作為常設或非常設的機構，設立考試小組。

考試小組由廠長（或經理）指定的5～10人組成。小組工作的運行及分工另行規定。

第十二條　錄用

第十條所定的筆試和面談總成績為良好、體檢及兩次性考試合格者，方能正式聘用。如體檢不合格者，不能參加筆試面談。對有就職經歷的應聘者，還應該作以往任職情況調查後方能決定是否聘用。[12]

## 三、東京電力的工作場所規則

### （一）從上班到下班

1. 上班的時候：遵守上班時間，因故遲到和請假的時候，必須事先通知，來不及的時候必須用電話聯絡。做好工作準備，鈴一打就開始工作。

2. 在工作中：工作要做到有計畫、有步驟、迅速踏實的進行；工作中少說廢話；工作中不要隨便離開自己的崗位；離開自己的座位時要整理桌子；長時間離開崗位時，可能會有電話或客人，事先應拜託給上司或同事；因公出差時，應事先把出差的地點、工作內容、時間向上司報告；私自外出必須得到上司許可；出差回來後必須向上司報告，並且要確認出差不在時有沒有事情發生；迅速傳閱文件；不打私人電話；在辦公室內保持安靜。

3. 辦公用品及文件的保管：辦公用品及文件必須好好保管，使用後馬上歸還到指定場所；辦公用品及文件不得帶回家，不得不帶走時必須得到許可；文件保管不能自己隨便處理，或者遺忘在桌上、書櫃中；重要的紀錄、證據等文件必須保存到規定的期限；處理完的文件，根據公司指定的文件號馬上歸檔。

4. 財務管理：公司的錢，沒有正式的憑證不能出納；私人的錢和公司的錢必須公私分明；不能隨便動用公司的錢或隨意放置；收入和支出時必須記帳，帳簿和現金必須相吻合；公司的錢必須放入指定的金庫、規定的場所。

5. 下班時：文件、文具、用紙等要整理，要收拾桌子；考慮好第二天的
   任務，並記錄在本子上；關好門窗，檢查、處理火和電等安全事宜；
   需要加班時，事先要得到通知；與大家打完招呼後再回家。

## （二）工作的進行方法

　　大家必須以客戶的立場和想法為基礎，採用相應的工作方式；以工
作不出差錯為原則；對待工人要有主人翁的自覺性，工作目的要清楚，
要有責任心。這些都是很重要的。

1. 接受指示時：接受上司和前輩的指示時，被指示者要深刻領會指示意
   圖，對工作來說是很重要的。

   (1) 虛心聽別人說話。當喊你名字時，清晰的對別人回答「是」，對
       工作應持積極態度，要虛心聽取上司和前輩的指導。

   (2) 聽取指示時，要做好記錄。指示有短有長，接受指示的時候，
       中間不要提問，直到聽完後再問。指示的內容有簡單的、複雜
       的，接受指示之前準備好筆記本，記下內容的要領，記筆記時
       用5W1H方法，具體如下：目的、意義、原因－Why；內容－
       What；協作者－Who；場所－Where；日期、期限－When；處
       理方式－How。

   (3) 疑點必須提問。即使是上司和前輩給予指示，指示的內容也可能
       有理解不了或者有疑問的地方，如果不解決疑點，不但工作效率
       不高，還會出現大的錯誤。當指示完後，應立刻提問疑點，充分
       理解是非常重要的。

   (4) 重複被指示的內容。為了弄清疑難點，必須重複指示內容的要
       領。透過重複指示要領，可以確認自己是不是已經理解和明白上
       司和前輩的指示內容。

(5) 指示重複的時候。有時會有多位上司和前輩給予指示，應首先從最高上司的指示開始實行，如不知道哪一項應優先執行時，應和上司進行商量。

2. 實行時。如果接受工作指示，實行時按照下面的順序進行：

(1) 充分理解工作的內容。工作時，首先確定工作的正確目標是非常重要的。因此，必須正確和充分的理解工作的內容。包括：工作的重要性；工作的目的；工作的時間、期限；工作的標準要求。

(2) 為了達到目的，決定方法和順序；遵守上司指示的方法和順序；新參加工作的人，開始時應交代工作的程序（但不必事事如此），工作方法、順序等視工作目的而定，無法確認時可與上司商談；實行決定的方案時，如需其他部門的人協助時，要事先進行聯絡。

(3) 齊備必要的器具和材料。為了方便使用，「器具和材料在哪裡？使用方法是什麼？」等問題，事先應調查清楚。

(4) 根據方法和順序來實行。必須向上司報告經過，特別是到了期限還不能完工時，要馬上向上司報告，請求提示，要避免將到工期屆時造成煩惱，以致最後說「做不完」；實施任務時，遇到疑問應和上司商量。

(5) 檢查被指示的內容和結果是否一致。工作按計畫進行，一個一個的檢查是非常重要的。當然，最終是上司的檢查，在這之前自己應先檢查。前輩和同事有相同工作任務時，可以和他們進行比較，互相檢查。

　　以上是做工作的基礎，工作並不是被指示後就開始的，首先要決定計畫。工作的結果是否符合目標的要求？為什麼沒達到目標？怎麼做才好？這問題應進行考慮。按照下面的工作對策做是很有必要的，從工作計畫的實施檢查以及各方面工作的處理等一系列工作都圍繞稱為「PDCA循環」的方式進行。

PDCA的特徵：

(P)做計畫(Plan)：決定目的、目標；決定達到目標的方法。

(D)實施(Do)：熟悉計畫的內容；實施計畫。

(C)檢查(Check)：確認實施結果；與計畫進行對照。

(A)評審(Action)：實施計畫結果，應繼續保持其良好的工作狀態；沒有按計畫要檢查原因，在下一個計畫改善策略及實施。

PDCA四個步驟，逐步實施，對工作的品質的提高甚為重要，你也可以用PDCA循環使自己的工作提高品質。

3.　報告時。接受指示後的工作，必須向上級正確報告。報告的關鍵內容是上司的期望、工作目的是否最終實現。例如，「把這份文件給A科長送去」這樣簡單的工作，能夠不搞錯的送到A科長手上嗎？

(1)　工作完成後，立刻報告。工作完成後，立刻向上司報告，不要等到被催促時才報告。

(2)　先從結論開始報告。報告時的順序，先從結論開始，後說明經過。

(3)　總結要點。報告的內容要總結，要報告要領，事先做好筆記，說法統一。

(4)　寫成報告文書。報告內容複雜時，另有必要保存記錄時，要將報告做成報告文本。做成文本時，要總結好要點，讓人容易閱讀。

(5)　根據事實發表自己的意見。報告徵求別人意見時，要根據事實發表自己的意見。

4.　失敗的時候

(1)　首先報告。不管是誰受到挫折，從外界看來就是公司的失敗；作為上司看來，部下的失敗就是上司的失敗。接受批評時，你的沉默就會失去信用。失敗和不勝任工作時要及時報告，以求接受上級的指示。

(2) 虛心接受意見和批評。

(3) 相同的失敗不能有第二次。失敗是為成功交學費，但相同的失敗如果重複兩次、三次就是問題了。必須找出原因，商量對策。

(4) 不能失去信心。一次失敗，不能喪失信心。失敗是成功之母，為了減少給周圍人帶來麻煩，自己要更加努力。

(5) 不要逃避責任。把失敗的原因和責任推到別人身上是非常失格的。用「同事不給協助」來責怪他人時，自己應該自問為什麼得不到別人的幫助。

## （三）創造愉快的工作場所

每天三分之一的時間要在辦公室度過，由於時光寶貴，因此必須要有愉快的工作場所。因此，應考慮怎麼辦、怎樣做。

### 1. 打招呼

人與人遇到的時候應打招呼。在商業場合，打招呼是基本的規範之一。打招呼有「打開心扉」的涵義，對於緩解人際關係的緊張及對於談話的順利進行是有好處的。早晨上班要很有精神的說「早上好」，心情很好的打招呼，那麼這一天就有一個很好的開始。在公司內外，和客人、上司、前輩打招呼，同樣他們也會和你打招呼。開朗有精神的同別人打招呼，會讓整個公司氣氛很活躍、有朝氣。

### 2. 努力愉快的工作

在工作的場所中，因為工作做得有價值而身心愉快。為了能夠工作愉快，如何做好呢？工作中自己思路要活躍，透過工作讓自己得到鍛鍊成長；為使眾人愉快而努力，以求工作易做、人與人間關係和睦。

### 3. 互相交談的重要性

(1) 人們常會因個人解決不了或者決定不了的事情，而引起個人的煩惱，為了找到好的解決方法，大家應經常在一起互相討論交談。

(2) 三人行必有我師，有問題時一個人弄不明白，很多人在一起商談就易弄明白。互相討論時，可以從不知到知，使自己明白不足之處，從而確定出好的意見和想法。

(3) 從互相討論變為互相幫助。藉由討論間，大家相互制約、相互理解，人與人之間將產生新的關係。在集體中，要有勇氣敢於發表意見。

(4) 關於健康管理。為了能夠精神飽滿的工作，身體狀態是很重要的。不考慮身體狀態，工作就不能做好。

公司的成員必須注意自己的健康管理。為了維護健康，一是要注意保證睡眠；二是為了消除體力疲勞，緩解工作壓力，應適量參加體育活動。[13]

## 四、全錄公司的獎懲規定

第一條　本公司員工的獎勵分為「獎金」、「記大功」、「記功」和「嘉獎」。

（一）員工有下列情形之一者，可酌予「獎金」或「記大功」。

1. 對主辦業務有重大革新，提出具體方案，經施行確有成效者。
2. 辦理重要業務成績特優或有特殊功績者。
3. 適時消滅意外事故或重大變故，使公司免於遭受嚴重損害者。
4. 在惡劣環境下，冒生命危險盡忠職守者。
5. 對於舞弊，或有危害公司權益事情能事先揭發、制止者。
6. 研究改善生產設備，有特殊功效者。

（二）員工有下列情形之一者，可予記功。

1. 對於主辦業務有重大拓展或改革具有實效者。
2. 執行臨時緊急任務能依限完成者。
3. 協助第（一）項1至3款人員達成任務確有貢獻者。
4. 利用廢料有較大成果者。

（三）員工具有下列情形之一者，可予「嘉獎」。

1. 品行優良、技術超群、工作認真、恪盡職守者。
2. 領導有方，使業務工作拓展有相當成效者。
3. 預防機械發生故障或搶修工程使生產不致中斷者。
4. 品行端正、遵守規章、服從指導，堪為全體員工楷模者。
5. 節省物料，有顯著成績者。

（四）其他對本公司或公眾有利益的行為，具有事實證明者，亦得以獎勵。

第二條　　員工獎勵，以嘉獎3次等於記功1次，記功3次等於記大功1次。

第三條　　本公司員工的懲處分為「免職或解僱」、「降級」、「記大過」、「記過」和「警告」，分別予以懲處。

（一）員工具有下列情形之一者，應予以「解僱或免職」處分。

1. 假借職權、營私舞弊者。
2. 盜竊公司財物、挪用公款、故意毀損公物者。
3. 攜帶違禁品進入工作場所者。
4. 在工作場所聚賭或鬥毆者。
5. 不服從主管的指揮調查，且有威脅行為者。
6. 利用工作時間，擅自在外兼職者。
7. 逾期仍移交不清者。
8. 洩漏公司機密、捏造謠言或釀成意外災害，致公司受重大損失者。
9. 品行不端，嚴重損及公司信譽者。
10. 仿效上級主管人員簽字，盜用印信者或擅用公司名義者。
11. 連續曠職3天或全年曠職達7日以上者。
12. 記大過達2次者。

（二）員工有下列情形之一者，應予以「降級」、「記大過」處分。

1. 直屬主管對所屬人員明知舞弊有據，而予以隱瞞、庇護或不舉報者。

2. 故意浪費公司財物或辦事疏忽使公司受損者。

3. 違抗命令或有威脅侮辱主管的行為，情節較輕者。

4. 洩漏機密或虛報事實者。

5. 品行不端有損公司信譽者。

6. 在物料倉庫或危險場所違背禁令及吸菸引火者。

7. 在工作場所男女嬉戲，有妨害風化行為者。

8. 全年曠職達4日以上者。

（三）員工有下列情形之一者，應予以「記過」處分。

1. 疏忽過失導致公物損壞者。

2. 未經准許，擅自帶外人入廠參觀者。

3. 工作不力，屢誡不改者。

4. 在工作場所酗酒滋事，影響秩序者。

5. 在工作場所製造私人物件者。

6. 冒替簽到或打卡者（本人及頂代者）。

（四）員工具有下列情況之一者，應予以「警告」處分。

1. 遇非常事變，故意規避者。

2. 在工作場所內喧譁或口角，不服管教者。

3. 辦事不力，於工作時間內偷閒怠工、睡眠者。

4. 浪費物料者。

5. 辦公時間私自外出者。

6. 科長級以上人員，月份內遲到、早退次數累計7次（含7次）以上者。

（五）其他違反本公司各項規章，應予懲誡事項者，應分別予以懲處。

第四條　　員工之懲處，警告3次等於記過1次，記過3次等於記大過1次，累計記大過2次，應予免職或解僱。

第五條　　員工的獎懲，應述明事實以書面通知本人，並摘錄事由公布周知。

第六條　　所稱嘉獎或警告、記功或記過、記大功或記大過可以相互抵消。

第七條　　本公司為求對員工考核、調遷、獎懲公平起見，可設員工考評審議委員會，其組織規程另定之。[14]

## 五、德勝（蘇州）洋樓公司員工守則

1. 員工必須遵守公司的各項規章制度。

2. 堅決服從上級（包括執行長、值班長、領班）的管理，杜絕與上級頂撞。

3. 制度督察官及品質督察長在履行督察職責時具有崇高的權力，任何員工都必須服從，不得抵抗。

4. 禁止員工議論公司的制度、處理問題的方法和其他一切與公司有關的事情。員工對公司有意見和建議，可通過書面的方式向公司反映，也可以要求公司召開專門會議傾聽其陳述，以便公司做出判斷。

5. 員工必須做到筆記本不離身。上級安排的任務、客戶的要求、同事的委託，均需記錄，並在規定的時間內落實、答覆或回話。自己解決或解答不了的問題應立即向有關人員匯報，不得拖延。杜絕問題石沉大海，有始無終。

6. 公司實行「委託責任人與請求協助」的管理制度。各委託責任人可以委託其他人員去獨立完成或協助完成委託責任人交給的工作。當委託責任人請求協助時，員工必須表明以下兩種工作態度：

(1) 可以協助，請問什麼時候開始。

(2) 不可以協助，申明自己的理由。

7. 公司永遠不實行打卡制。員工應自覺做到不遲到、不早退。員工可以隨心所欲的調休，但上班時間必須滿負荷地工作。

8. 員工有事必須請假，未獲批准，不得擅自離開。因自然災害或直系親屬的婚喪嫁娶等急事需請假時，須將自己的工作交接好，經上級批准後方可離開。

9. 員工正常調休者，須在15天前做好計畫。因應緊急事件不能在規定時間內返回，必須先向相關上級匯報解釋，否則，公司將對此做出處罰。

10. 工作之外的時間由員工自由支配。但從事高空作業、駕駛交通工具及起重機械或第二天須比正常上班時間提早工作的人（如廚師須在凌晨4點起床），如前一天晚上9點鐘以後才能休息的，無論因公因私，均須提出申請，經批准後方可推遲休息，否則，按未經請假擅離崗位處理。如連續三天因前一天晚上過度娛樂，不能保證正常的睡眠時間而導致第二天工作精神欠佳者，公司將勸其立即停止工作，等體力及精神恢復正常後方可允許工作。如屢次發生以上情況時，公司將對該員工進行複訓或做出相應的處罰。

11. 員工工作時必須衣冠整齊。除特殊工作外，不得穿拖鞋。

12. 員工不得一邊工作，一邊聊天；不得唱歌、吹口哨；不得打鬧；不得影響別人工作。

13. 員工工作期間，早餐及中餐（如晚上需要加班或值班則晚餐也包括在內）嚴禁飲酒（包括含酒精的飲料）。如被動或無法克制飲酒，則在飲酒後8小時內禁止工作。隱瞞飲酒並在酒後工作的，第一次扣除20%當月工資，扣發6個月的獎金；第二次則解聘。飲酒後因公會客視同酒後工作。

14. 施工過程中，在沒有向執行長確認的情況下，員工有權拒絕工作並及時報告值班長或主管。

15. 員工不得在施工現場、倉庫、工作場所及其他禁菸區吸菸。違犯者第一次扣除20%當月工資，扣發6個月的獎金；第二次則解聘。

16. 在施工地，任何員工從客戶或有關單位或個人借款均屬違規行為。

17. 員工家屬到工地探親，可在工地入住、就餐，但時間不能超過5天（6夜）。超過規定時間，必須在工地以外自行解決住宿問題。公司絕不允許家屬長期住在工地。

18. 做錯任何事情都應立即向領班及主管匯報，否則，一經查出，將加倍處罰。

19. 員工須與客戶保持一定的距離。未經上級批准，不得宴請客戶，不得給客戶送禮（包括敬菸）。公司只以認真的工作作風及向客戶提供高品質的產品和服務獲得客戶的尊重。

20. 員工不得接受客戶的禮品和宴請。具體規定為：不得接受20支香菸以上、100克酒以上的禮品、20元以上的工作餐。

21. 公司倡導員工之間的關係簡單化。員工之間不得談論其他員工的工作表現，不得發表對其他員工的看法，更不得探聽其他員工的報酬及隱私。

22. 禁止賭博。除春節前後三天外，其他任何時間都不得打麻將、玩紙牌及遊戲機，無論是賭博還是單純娛樂性質的。

23. 不得故意損壞或濫用物品。員工之間如因過失或方法不當損壞他人物品時，應立即主動承認並誠懇道歉，以求得物主的原諒。

24. 員工必須講究衛生。勤洗澡（爭取每天一次）、刷牙（每天至少一次）、理髮（每月至少一次）。

25. 公司提倡說普通話。說普通話是有文化、有教養的表現。

26. 講文明、懂禮貌。員工不得說髒話、粗話；真誠待人；不恭維成性，
不拍馬成習。

27. 員工與外界交往須不卑不亢，不得對外吹噓、炫耀公司及有關的事
情。

28. 員工對公司要忠實，不得謊報情況，不得散布流言蜚語，不允許報喜
不報憂。

29. 員工不得向公司提供假證書、假體檢報告、假證明信等一切假文件及
假複印件或塗改過的文件。提供假文件是極不道德與違法的行為。

30. 一個好的公司對某些人來說如魚得水，對另外一些人則如喝毒藥。

公司的任何一位員工都有權利做出以下選擇：

(1) 如果員工覺得公司的工作環境和要求不適合自己的工作，可以愉
快的辭職或者選擇請長假，公司允許其請1至3年的長假出去闖
蕩，並為其保留職位。

(2) 員工長假結束後想回公司，需先向公司書面申請。公司根據其是
否完全認同公司的價值觀、是否仍能勝任公司的工作及請長假後
是否對公司造成傷害等表現，決定其可否回公司工作，並決定是
否需要複訓。經公司同意回來繼續工作的，其重返公司後的實際
年資將按以下原則進行計算：原工作年資扣除請假時間（請假時
間按年計算，不滿一年的按一年計算，3個月以內的不計）。

如假期未滿，要求回公司上班的，同樣按以上規定處理。

(3) 如員工確因自己的身體狀況或家庭原因請長假，公司將根據情況
在允許的範圍內特案處理。

31. 除總經理外，任何人不得在公司接待私人來客。確實需要會客，須經
過專門審批。

32. 管理人員首先必須是出類拔萃的員工，然後才是管理者。高層管理人員每月至少要下基層工作一次。

33. 公司對員工的提拔要求是：

    (1) 經過物業正式培訓人員。沒經過物業培訓的，永遠得不到提拔。

    (2) 正式木工出師人員。

    (3) 一定的年齡，證明其已經在別的單位或本單位做過巨大貢獻的人。

34. 公司始終不認為員工是企業的主人。公司認為，企業主和員工之間永遠是一種僱用和被僱用的關係，是一種健康文明的勞資關係，否則，企業就應該放棄對職工的解聘權。

    無論職工對企業是什麼態度與打算，都應該希望自己所服務的企業強大，理由有三：

    (1) 員工希望自己一輩子在企業工作，希望自己的子女將來也能在企業工作，當然希望企業強大，因為企業是他終生的依靠。

    (2) 如果職工想跳槽，也要希望自己服務的企業強大，因為強大的企業能成為他與新企業談判的資本——我以前在強大的企業工作過！

    (3) 當職工和企業發生糾紛而向企業索賠時，只有企業強大才能付給他更多的賠款。

35. 凡接受公司價值觀並準備進入公司的人員，在決定接受培訓之前應閱讀《德勝公司新員工再教育規則》，在對其各條款認同並發表聲明後方可受訓。受訓人員在培訓期間需從事清潔、幫廚及園林護理等工作。房間應達到國際五星級賓館的保潔要求。培訓合格的可轉為試用員工。首次培訓不合格的，公司在徵得其同意後複訓一次。複訓期為3個月，如複訓仍不合格，公司拒絕接收。員工培訓合格後暫時留在公司管家中心工作，直至安排新的工作。[15]

## 參、職場霸凌

職場霸凌是指在職場中人與人之間所發生的持續性處罰、敵視、嫌棄、歧視、威脅、冷落、攻擊或侮辱行為，使被霸凌者感到受挫、被威脅、被羞辱、被孤立及受傷，不但損及其人格尊嚴、自信並產生沉重的身心壓力，如感覺焦慮、憤怒、恐慌、失眠等。

### 一、霸凌者

公司內的主管、部屬或同儕皆有可能成為霸凌一方的當事人，在人數上並不只限於一人，因為也有可能多數人共同進行霸凌。但實際上，霸凌者仍以職務上占優越地位的主管較多，如權力濫用、不公平懲處或不合理對待。此外也有不少霸凌來自客戶。

### 二、被霸凌者

公司主管、部屬或同儕亦皆有可能成為被霸凌的一方，承受著身心的屈辱和壓力。

### 三、霸凌方式

最常見的霸凌方式有肢體暴力、心理暴力、語言暴力和性騷擾。如對員工、同事身體有暴力行為、精神上的攻擊、罵髒話、冷言冷語的羞辱、貶低其工作能力或價值、干預個人隱私、過度或不合理的工作要求、同儕排擠等。

### 四、面對職場霸凌的處理方式

在臺灣上班族遇到職場霸凌時，最常見的反應模式就是不採取任何行動，這與歐美個人主義社會不同，加上個性較溫和保守，因為擔心工作不保或引起更進一步的霸凌，使處境更加惡化，只有隱忍。

1. 意識受到霸凌時，可進行自我的反思評估或尋求第三者的分析，是否確實為職場霸凌，如上級的行為是刻意刁難，還是合理要求；同事間是意見衝突還是肆意為之，是否自己個性或工作表現上有問題。並可直接間接與霸凌者進行溝通，表達自身的感受或釐清問題，如若無效或當事人屢勸不聽時，應記得霸凌行為不會因容忍、善意而消失，這時可進行錄音、錄影、截圖等蒐證；對於因職務關係而產生的霸凌，要隨時記錄「工作細則」，或記錄與對方工作銜接的部分，並且不要讓同事任意接收自己的工作，使霸凌自己的同事有機可乘，俾能自保。

2. 向直屬長官、人資部門或專責單位進行申訴，或訴諸法律追究霸凌者刑事責任或請求民事賠償。被霸凌者可能擔心採取法律途徑可能耗費金錢時間人力，但只要採證充分，不論在公司內部或法庭都會以調解方式解決。

3. 面對霸凌的可能發生，職場工作者應不斷自我充實與精進，讓自己能擁有更多的選擇條件，在必要時可更換職場，而不只是逆來順受。

　　當然換公司並不是唯一最好的方法，因為到新的公司，仍然會有被霸凌的可能。這主要在調整自己的個性、情緒，及加強人際交往與溝通的技巧。

## 五、公司的責任

　　職場霸凌行為的發生對公司可能構成行政或民事賠償責任，因此為避免對公司產生不利因素或損及公司名譽，可制定內部有關職場霸凌的申訴、查核、處理的辦法及職掌單位，並提供員工關於工作、法律、心理、醫療等諮詢服務。

　　公司或僱用人的責任及處置：

1. 「受僱人因執行職務，不法侵害他人之權利者，由僱用人與行為人連帶負損害賠償責任。」只在「選任受僱人及監督其職務之執行，已盡

相當之注意或縱加以相當之注意而仍不免發生損害」時，僱用人才不需負賠償責任。（民法第一百八十八條）

2. 受僱人服勞務，其生命、身體、健康有受危害之虞者，僱用人應按其情形為必要之預防。（民法第四百八十三之一條）

3. 雇主對於僱用之勞工，應預防職業上之災害，建立適當之工作環境及福利設施。其有關安全衛生及福利事項，依有關法律之規定。（勞動基準法第八條）

4. 雇主對「執行職務因他人行為遭受身體或精神不法侵害」之可能進行預防。（職業安全衛生法第六條）

5. 雇主為預防勞工於執行職務，因他人行為致遭受身體或精神上不法侵害，應採取下列暴力預防措施，作成執行紀錄並留存三年：(1) 辨識及評估危害。(2) 適當配置作業場所。(3) 依工作適性適當調整人力。(4) 建構行為規範。(5) 辦理危害預防及溝通技巧訓練。(6) 建立事件之處理程序。(7) 執行成效之評估及改善。(8) 其他有關安全衛生事項。

　　對於上述暴力預防措施，「事業單位勞工人數達一百人以上者，雇主應依勞工執行職務之風險特性，參照中央主管機關公告之相關指引，訂定執行職務遭受不法侵害預防計畫，並據以執行；於勞工人數未達一百人者，得以執行紀錄或文件代替。」（職業安全衛生設施規則第三百二十四之三條）

6. 對於有重大職場霸凌行為，且證據確鑿者，依勞動基準法第十二條：「對於雇主、雇主家屬、雇主代理人或其他共同工作之勞工，實施暴行或有重大侮辱之行為者。」「雇主得不經預告終止契約。」

## 六、霸凌者的法律責任

1. 傷害人之身體或健康者,處五年以下有期徒刑、拘役或五十萬元以下罰金。（刑法第二百七十七條）

2. 公然侮辱人者,處拘役或九千元以下罰金。以強暴犯前項之罪者,處一年以下有期徒刑、拘役或一萬五千元以下罰金。（刑法第三百零九條）

3. 以強暴、脅迫使人行無義務之事或妨害人行使權利者,處三年以下有期徒刑、拘役或九千元以下罰金。」其未遂犯亦罰之。（刑法第三百零四條）

4. 以加害生命、身體、自由、名譽、財產之事恐嚇他人,致生危害於安全者,處二年以下有期徒刑、拘役或九千元以下罰金。（刑法第三百零五條）

5. 因故意或過失,不法侵害他人之權利者,負損害賠償責任。故意以背於善良風俗之方法,加損害於他人者亦同。違反保護他人之法律,致生損害於他人者,負賠償責任。但能證明其行為無過失者,不在此限。（民法第一百八十四條）

### 🧳 注釋

▲註1 毛世英,《戴爾文化》（北京:中國人民大學出版社,2009年5月）,頁163-164。

▲註2 楊洁譯（酒卷久原著）,《佳能細胞式生產方式》（北京:東方出版社,2006年10月）,頁115-16。

▲註3 Gallant Hwang,《全球最大汽車公司－通用汽車》（上海:上海財經大學出版社,2007年4月）,頁48-53。

▲註⁴ 張岩松、趙明曉、李健等，《人力資源管理案例精選精析》第三版（北京：中國社會科學出版社，2009年2月），頁230-231。

▲註⁵ 蔡中華、曹建華、鄭兆端，《人力資源管理》（北京：化學工業出版社，2008年9月），頁160。

▲註⁶ Gallant Hwang，《全球最大汽車公司－通用汽車》（上海：上海財經大學出版社，2007年4月），頁60-62。

▲註⁷ 黎曉珍、左慧，《英特爾芯片攻略》（廣州：南方日報出版社，2005年4月），頁191-193。

▲註⁸ 楊衛平、張曉欣等，《人力資源管理》（北京：中國電力出版社，2008年10月），頁158-160。

▲註⁹ 汪洋、康毅仁，《海爾是海》（臺北：匡邦文化事業有限公司，2002年12月），頁107-109。

▲註¹⁰ 張岩松、趙明曉、李健等，《人力資源管理案例精選精析》（北京：中國社會科學出版社，2009年2月），頁267-268。

▲註¹¹ 宿春禮、邢群麟編著，《世界500強面試成功指南》（北京：中國和平出版社，2006年9月），頁358。

▲註¹² 宿春禮、邢群麟，《世界五百強面試成功指南》（北京：中國和平出版社，2006年9月），頁397-398。

▲註¹³ 欒永斌、張岩松，《企業文化案例精選精析》（北京：中國社會科學出版社，2008年7月），頁265-268。

▲註¹⁴ 宿春禮、邢群麟，《世界五百強面試成功指南》（北京：中國和平出版社，2006年9月），頁400-402。

▲註¹⁵ 周志友主編，《德勝員工守則》（安徽：安徽人民出版社，2009年4月），頁3-7。

# 品性規範

釋迦牟尼曾說：「妥善調整過的自己，比世上任何君王都更加尊貴。」因為良好的品性是人一生最大的財富，使人能夠在複雜的人際關係中游刃有餘，得到他人的尊敬與重視，並且讓自己的工作、事業取得最終的成功。

美國的杜邦公司以誘人的條件公開招聘一名總經理助理，並限定男性。經過各方面的考核後，少數人進入由總經理親自負責面試的最後一關。

第一個走進來的應徵者高大魁梧，儀表堂堂，總經理帶他到一個特別的房間，房間的地面上灑滿尖銳的碎玻璃。總經理以威嚴的口氣說：「脫下鞋子，將裡面桌子上的登記表取出，填好後交給我。」男子聽完後毫不考慮的脫掉鞋子，踩著碎玻璃照做了，在把表格交給總經理的時候，強忍著椎心的刺痛，依然顯得鎮定而表情泰然自若。然後總經理指著一個大廳，淡淡的告訴他去大廳等候。男子聽後非常激動。

總經理隨後帶著第二個人來到另外一個房間，房門緊緊的關閉著，總經理冷冷的說：「房間裡有一張桌子，桌子上有一張登記表，進去將表取出，填好後交給我！」男子推門時卻發現門是鎖上的。總經理命令道：「用你的頭把門撞開！」男子聽後，開始用頭硬撞，撞了足足有十分鐘，門終於開了，但男子早已經是頭破血流，當他認真填好表後交給總經理，總經理同樣叫他到大廳等候，男子聽了也非常高興。

然後，一個接一個，每個應徵者，都用自己的意志和勇氣證明了自己，但總經理的表情卻越來越沉重。他帶最後一個人到一個房間的時候，指著站在房間裡的一個瘦弱的老人對男子說：「他手裡有一張登記表，去拿過來填好交給我！但老人不會輕易的給你，你必須用拳頭把他打倒才能拿到。」男子聽後用嚴肅的眼光看著總經理問：「為什麼？」總經理說：「不為什麼，這是命令。」男子聽了氣憤的說：「你簡直是瘋子，我憑什麼打人，何況他是一位弱勢的老人！」總經理又帶他分別去了有碎玻璃的房間和緊鎖著的房間叫他採取行動，結果同樣遭到他的反對和拒絕，最後總經理對著他大發雷霆……。男子氣憤的轉身就走，沒想到卻被總經理叫住，隨後總經理到了大廳，向等待著的應徵者們說明最後一位男子獲得了錄用。

　　那些身上都帶著傷痕的應徵者聽後，都注意凝視這位錄取者，但卻發現他身上一點傷也沒有，眾人無不覺得訝異，而且不服氣的問總經理：「為什麼？」總經理說：「因為你們都不是真正的男人。」眾人又異口同聲問：「為什麼？」

　　總經理語重心長的說：「真正的男人懂得反抗，敢為正義與真理獻身，而不是唯命是從，隨便做出沒有道理的犧牲。」

　　因此，企業所需要的人才，首先必須是一個具有獨立人格的人，也只有一個勇於堅持自我、具有正直品格的人，才能在工作中做到明辨善惡，區分是非，並且竭盡心力的投入在自己的工作中。

　　在杜邦公司內還有另一則事例，該公司的一位面試官曾碰到過一個青年，在爭取工作機會的過程中雖有不錯的表現，但是在最後一輪面試的時候卻被淘汰了，年輕人的心裡雖然很難過，但是卻沒有像多數人一樣，把沮喪的心情流露在臉上，而是禮貌的向面試官們表示感謝，然而在他站起來的時候，椅子上一個突出的釘子把他的褲子割了一個小破洞，面試官對此並沒有發現，可是年輕人還是走上前去，從面試官的桌

上拿起紙鎮，把突出的釘子敲回去，然後放回紙鎮，向面試官鞠了個躬，轉身離去，但這時面試官卻叫住了他，問他說：「你知道自己已經被淘汰了之後，為什麼卻還會在意椅子上突起的一個釘子呢？」年輕人笑著說：「這跟面試沒有任何關係，我只不過是不想讓後面坐這張椅子的人像我一樣被刮破褲子。」面試官聽後緊握著年輕人的手說：「你被錄取了。」在年輕人正顯得訝異的時候，面試官繼續說：「專業知識的缺乏並不可怕，因為可以經由努力來彌補，可是職業道德卻是一個員工最寶貴的素質，這才是我們公司最需要的。」

不論企業的性質和企業主的性格類型，擁有良好職業道德或高尚品格的員工都是他們所渴求的。這種道德和品格是基本的為人處事之道，也是成功的重要條件。當然，所要求的不只是員工，也應包括管理幹部或企業主本身。

如韓國的三星集團就把人性美、道德性、禮儀規範和行為規範看成是三星憲法，因為它的重要性超過一切。會長李健熙認為，在激烈競爭的國際市場中，如果三星不能成為一流企業就無法生存，但若要發展成為一流企業，最迫切的就是要恢復人性美和道德性，使所有的員工都成為具有人性美和道德性、重視禮儀規範的人，否則三星將永遠是個二、三流的企業。

什麼是人性美？李健熙舉了一個常見的例子：無論在多麼忙碌的情形下，即使是在為趕赴約會而奔跑的時候，如果見到一個小孩摔倒了，會停下匆忙的腳步把小孩扶起來，這種行為就是人性美。如果三星不是一個人性美的集團的話，即使錢賺的再多，也不足以令人開心。

什麼是道德性？李健熙認為：「無論是多麼小的東西，也不管是自己的或別人的都應該要珍惜，可是企業內部之浪費卻大有人在——生產線上需要找工具或圖紙的時候，經常沒有放在原位，零件箱也是雜亂不堪，沒有整理好，這就是浪費現象。」李健熙反問：「即使是人們到別

人家的時候，如果看到什麼東西掉了，還會撿起來放到原位，為什麼在自己的工作場所裡就不能做到呢？這就是缺乏道德性。而缺乏道德性的企業一定不能生產出好產品來，即使生產出了好產品，這個企業也不會長久。」

同樣的，摩托羅拉也非常重視員工的品行和職業道德，如果一個應聘者的品行不符合公司的要求，就算專業能力再好、工作積極性再高，也不會被錄用，因為摩托羅拉非常重視團隊精神，而一個品行欠佳的人，會影響團隊的凝聚力和戰鬥力。因此他的能力再強，也不能彌補他對公司整體所造成的損失。

## ◎ 壹、尊重──以人為本

### 一、企業的態度

企業本身必須創造出一種企業文化，使員工受到尊重，以激發他們的能力，並且在內部的同僚、上下的職層關係上，都能彼此相互尊重。

### （一）尊重個人價值

美國的直銷公司「安麗」，尊重並肯定每位營業代表的獨特性，每個人都應該被尊重，獲得公平的對待，並且擁有發揮潛能而達到成功的公平機會。「對人尊敬」是指具體的態度及行動上的尊敬，而非僅止於抽象的意念。尊敬與人的處境、身分、膚色、信仰等都沒有關係，而是透過認識每一個人存在的價值，積極體會其真意，肯定世界上所有的人都有其存在的目的，都是值得被尊重的。

尊重所有的人並摒棄賦予身分的分類制度，這是安麗公司對員工進行培訓的重要內容。因此在討論別人的時候，應盡量避免提及某人自哪個學校畢業，哪個人有高等學歷，哪個人在某地工作，或何人開名牌轎

車、住豪宅等話題。此以我們共同生存在地球上，都是伙伴，所謂四海皆兄弟也，也許每一個人都背負著神聖的使命，尊敬才是關鍵。在安麗公司內有哲學博士、化學家、法律專家及電腦專家等，他們的研究成果及專門知識應該得到承認，而那些在大專院校苦修、畢業後成為醫學專家的青年，雖值得敬佩，但那些年輕人未必比機器的操作者、地板清潔工、工廠作業員等正直而勤奮的勞工優秀，同樣的，能完成任務的司機亦能贏得尊敬。[1]

## （二）敬天愛人

日本的京都陶瓷公司把「敬天愛人」作為公司的管理哲學、處世之道和企業倫理。「天」就是道理，講道理就是「敬天」，「人」就是顧客和員工，以仁厚寬宏之心去愛顧客和員工就是「愛人」。公司在招募新員工時，公司領導階層會向每一位報考者坦率說明選才的態度和原則：「我們錄用員工的標準不是看他的能力如何，因為本事再大，但如不能合群，反而會產生反作用。我們認為一名合格的職員，應該有理解貧苦人們的同情心，對別人的痛楚辛酸關懷備至，有能力克制私慾，是一個老實的人、坦率的人。所以公司從不聘用有才華而無良知的人。」公司創辦人稻盛和夫出自貧寒，強烈的平等意識及隨著年齡的成長、閱歷的增加，逐漸形成一種平等觀：「總經理的統率職能和員工們操作活動，作為企業的兩大支柱是同等重要、缺一不可的，我是公司的負責人，工人就是開機器的負責人，公司所有人都是負責人。有能力不要只為自己施展，要為集體發揮出來，這才是真正有價值的勞動和創造。」為此，他廢除了部長、課長、股長、組長等職務稱謂，一律改為某負責人，並力創在公司內部無論職位高低均應直呼其名。[2]

## （三）勤忍誠和

中國北京的美雪民寶實業集團以「勤忍誠和」作為企業精神和企業文化的核心，在與員工有關的部分，要真誠的愛護員工，把他們當作公

司的親兄弟姐妹，公司盡量幫助大家解決困難和問題。把員工的冷暖掛在心上，急其所急，想其所想，只要有人找公司幫忙，公司都力所能及的去做。公司領導階層還經常注意發現員工的困難，並主動幫其解決。而和就是和諧、團結，也就是同心同德、齊心協力。能將「人」團結起來是一種領導才能和領導藝術，公司總經理提出的口號是：「全體員工要把顧客視為上帝，管理人員要把員工視為上帝。」處理好這兩個「上帝」的關係，就是處理好了企業內部和外部的各種關係，所以要求幹部不僅要關心員工的疾苦，而且要尊重員工的人格，贏得員工的心，形成和諧的上下關係和內外關係。

　　創造人和的方式，是管理階層要真誠的對待員工，努力創造溫暖和諧的大家庭。人們之間的互相信任與尊重是求得人和的策略基點。企業領導要經常告訴大家，人在一起是緣分，大家要和諧相處，真誠相待，這樣才能說話時講真話，做事時出實力，才會使員工隊伍充滿活力，使每個人的創造精神和聰明才智都得到充分的發揮，也能使每個人都更加積極。[3]

## （四）尊重與平等

　　二十世紀的二〇年代，在芝加哥的西部及美國的大部分地區，「喝酒」被認為是件十分隆重並具有祝賀意義的事，但禁酒令使許多酒吧只能進行祕密營業，同時也使喝酒成了一種浪漫的冒險行為。工人們原本該在星期一早晨上班，可是有些人在星期五晚上就已經沉溺於這種酒吧，且不到星期三無法清醒的上班，也因此對工廠的生產秩序造成了極大的混亂，於是摩托羅拉的創辦人保羅・高爾文下令：誰也不許喝酒，誰喝誰就被辭退，情況因此有了明顯好轉，工人們不敢再隨便喝酒了。但有一次，由於種種原因，高爾文自己竟走進這種酒吧，結果喝得爛醉如泥，這無異於打自己一個巴掌，於是他面向全廠員工公開自我檢討，並且保證以後不再喝酒，還扣除了自己當月的工資。自此之後，高爾文遵守自己的誓言，再也沒喝過酒了。

在這裡可以看出高爾文對待員工的公正嚴明，將員工和自己一視同仁，這都是建立在對員工尊重的基礎上。尊重員工非常重要，因為最高水準的服務必須發自內心，因此一個企業只有贏得員工的心，才能提供最佳的服務。因為員工們也渴望能和公司緊密相連，希望與公司的關係不僅是一張工資支票和福利待遇，而是希望成為能深入公司內部的「圈子內」的人，能對公司各部門情況有所了解，他們更不希望只是被僱用的「一雙手」或僅是機器上的一個零件隨時可被更換，員工們的這種期望就是要把領導者和員工放在同等的重視程度，一方面要尊重員工，與他們進行坦誠的交流，另一方面看領導者、幹部是否與員工取得密切的聯繫。

在現代管理中，能否尊重員工已經成為關係企業成敗的關鍵。因為，尊重是人的基本需要，任何人都有自尊心，都希望得到別人的理解和尊重。就企業而言，只有充分尊重員工，才能讓員工體會到自身的價值，充分發揮自己的主動性、積極性、創造性。對員工的尊重就是對員工的關心，這使員工覺得自己在企業內並非可有可無，而是集體中不可或缺的一員。

因而我們可以發現在一些出色的企業裡，令人印象深刻的莫過於提高員工地位的用詞，比如像「伙伴」（沃爾瑪百貨），「公司一員」（麥當勞公司）和「演出班底」（迪士尼公司），這類用詞，就道出了個人在企業裡的重要性，而許多優異的大企業也把自身看成是一個擴大了的家庭，如在沃爾瑪、惠普、迪士尼、麥當勞、IBM、柯達這些公司裡，像「家庭」、「擴大了的家庭」、「親如一家」等特殊語詞，就使用得非常普遍。

## 二、尊己尊人

小王曾經在美國的一家速食店打工，有一天錯把一小包糖當作奶精遞給一位女顧客，結果肥胖而正在減肥中的女顧客非常生氣的大聲叫

喊：「她竟然給我糖！難道嫌我還不夠胖？」小王突然間不知所措。這時黑人女經理聞聲跑到小王的身邊低聲的說：「如果我是你，我會馬上道歉，把她要的快給她，並且把錢退還給她。」小王照著做了，經過再三道歉，女顧客終於不再出聲了。小王等著經理的斥責，但經理只是對她說：「如果我是你，下班後我會把這些東西認真的熟悉一下，以後就不會再拿錯了。」

不知為什麼，這一句「如果我是你」令小王非常感動，後來她發現不論是在學校上課，在其他地方打工，老師也好、老闆也好，明明是要對你提出不同意見，是在批評你，但卻很少直接的說：你做的不對，你以後不能這樣做。而常是委婉的說：如果我是你，會如何如何。這使人不至於立刻感到難堪、沮喪，相反的還會感到一些溫暖與激勵，同時也把雙方拉到平等的地位，站到對方的立場，消除了對立而易於溝通。小王的心裡也在想美國人真是會做人，真會說話，直到另外一件事的發生，使小王有了新的認識和省思。有一天，小王到好萊塢一位電影明星的家做清潔工。女主人在交代完工作後，突然問她：「我可以吸菸嗎？」小王吃驚的說：「你是在問我？」女主人說：「是啊，我想吸支菸。」小王說：「這是你的家，怎麼還要問我？」女主人說：「吸菸會妨礙你，當然應該得到你的同意。」小王連忙說：「你以後不用問，儘管吸就好了。」這時候，女主人才拿起菸點燃。這一天發生的事，讓小王想了很久，真是太奇怪了，為什麼這位女主人在自己家裡吸菸，還要徵求來打掃的清潔工的同意？但在那一刻，小王突然非常高興、非常感動，因為自己被當成一個真正的人來尊重。

因此在職場中的第一個品性規範，不論自己是領導高層、幹部、員工都要遵守的就是尊重別人，當尊重他人，滿足別人的自我成就感時，那麼對方也將會尊重和滿足你的需要，這不但有助於內部的和諧、合作，也能使自己在工作上，有更多發揮、成長的空間。

## 🎯 貳、誠　信

　　在1969年的時候，美國的一位心理學家約翰・安德森在一張表格裡列出了500多個描寫人的形容詞，他邀請近6,000名大學生從中挑選出他們所喜歡的人格特質，結果顯示大學生對人格特質賦與最高評價的形容詞是「真誠」。在8個評價最高的候選語詞中，其中有六個和真誠有關：真誠的、誠實的、忠實的、真實的、信得過的和可靠的。大學生們對人格特質給予最低評價的形容詞是「虛偽」，在5個評價最低的候選語詞中，其中有4個和虛偽有關：說謊、做作、裝假、不老實。[4]

　　而誠信就是誠實守信，言行一致、表裡如一，是為人處事的根本，一個誠信的人，能獲得別人的信賴，甚至不需資本能夠成就本身的事業，因為生產商願意先交貨，等他賣了之後再付款，但一個缺乏誠信的商人卻會被要求立即付款。所以一個失信的人，會使自己陷入困境中。

## 一、誠　實

　　誠實的人是值得信賴的人，他忠實於自己，也忠實於別人。誠實才能讓自己心胸坦蕩，才能使人放心，贏得信任。虛偽的人，靠欺騙、謊言過日子，最終為世人唾棄。但是做一個誠實的人，是世界上最難的事，因為每個人心中都有陰暗的一面；但做一個誠實的人，也是世界上最簡單的事，只要照著事實和真實描述就行。

　　傑克是一家電腦賣場新招聘的筆記型電腦銷售員，儘管對業務還不是很熟悉，但卻有著熱情的工作態度。有一天因為大意，把一臺價值二萬元的電腦以一萬元的價格賣給了顧客。事後發現錯誤的傑克非常著急，此時同事們紛紛給他建議，告訴他可以立刻找顧客追回那一萬元，但如果不希望多事的話，可以自己湊一萬元悄悄入帳，就可以神不知鬼不覺的將事情了結。但是，傑克覺得這些做法都不妥當，而決定去向經理坦白承認錯誤，同事們聽了都吃驚的勸他：「傑克，你絕對不能這樣

做，你會被辭退的！」但傑克仍然堅持自己的決定。下班前，傑克拿著一個信封到經理辦公室說：「對不起，經理，我今天犯了一個很嚴重的錯誤，讓公司遭受一萬元的損失，我為自己的錯誤感到羞愧，信封裡的一萬元是我這幾年的存款，希望你能收下以彌補公司的損失。如果您因此而要開除我，我絕無怨言。」經理聽完後問傑克：「你真的打算用自己的錢來填補公司那一萬元的損失？」傑克誠懇的說：「是的，雖然我可以按照顧客留下來的資料找到他，請他補付差額，但為什麼要去找他呢？事實上是我自己把兩種筆記型電腦和價格弄錯了，我自己對這個失誤負有全部的責任，況且我如果真那樣做的話，也會影響到公司的商譽。」傑克誠實的勇於認錯、負責的舉動深深感動了經理，所以傑克不但沒有像別人所預想的被辭退，反而被賦與了更重要的職位。

威廉‧赫德森是美國著名的電腦軟體開發研發設計師，他在大學剛畢業的時候到一家開發遊戲軟體的公司應聘。喜歡玩電腦遊戲的他在知道被錄用後，真是滿心歡喜。但在上班的第一天，部門經理對他說：「以後，你每天上班，最好能提前半小時到辦公室，打掃辦公室。」然後經理不容他分辯的離開了。威廉心裡非常不滿，並且感到非常沮喪，他無法想像他這樣一個名校電腦科系畢業的高材生居然被要求每天提早到辦公室打掃環境，做這種低下的工作。

第二天，威廉提前到辦公室，憤憤不平的巡視一圈，然後坐下來思考自己在這家公司的前途，當然，他並沒有動手打掃。過了片刻，竟然進來一位清潔工，不聲不響的做完工作後就離開了。威廉覺得這一切很有意思，也許這是考驗他的圈套，也許是公司忘了通知清潔工今天不用來上班，這一切都顯得古怪。接下去的幾天，他每天都提前半小時到辦公室，而片刻後，清潔工就會出現，而威廉連著一個星期也始終沒自己動過手。一星期後，威廉到經理辦公室匯報工作狀況，同時也坦率的向經理說明這一星期打掃工作的情況：「我一天都沒有做過，因為清潔工總是準時來到辦公室，如果這是一個考驗我的圈套，我認為毫無必

要，作為一家著名的大公司，這樣的方式並不高明。」經理聽後笑著說：「這是一個誤會，並沒有你所說的圈套。事實是這樣的，你剛來上班的時候，負責我們辦公室打掃工作的清潔工生病了，當時你的工作尚未完全安排好，因此先讓你打掃幾天辦公室的環境，公司為此將會支付你工資。這一個星期，你做的很出色。」威廉回說：「但事實上我並沒有做，經理，我很抱歉。我真的不樂意做打掃的事。」但經理笑著說：「不，你沒有做是因為誤會。這一個星期，每天你都提前半個小時到辦公室，如果不是誤會的話，你會動手打掃的。而所有的同事，包括我在內都認為是你打掃的，只有清潔工知道真相，如果你不說的話，沒有人會知道。年輕人，你非常誠實。」威廉有點迷惘的看著這位態度和藹的經理，不知所措，但在他站起來準備離開時，經理走到他面前，告訴他公司已準備將他調到一個比較重要的職位。威廉目瞪口呆的叫道：「我什麼都沒做啊！這麼說這中間還是有著考驗的圈套，這太荒唐了。」但經理仍然解釋說：「不，不，年輕人，絕對沒有你所指的圈套，有的僅是管理制度不夠完善。正如你所說，你什麼都沒做。但有一點你做了，而且做得很出色，那就是你的主見，還有你的誠實。打掃辦公室僅僅是一個誤會，但對公司來說，你的誠實，卻是一個意外收穫。」

## 二、信　譽

信譽是由誠信建立起來的好名稱，而誠信能使商品和公司人格化，征服人心。不論是企業或任何個人都要樹立起自己的信譽，而企業的信譽是要由全體來建立的、達成的。

林肯曾從事過店員的工作，他誠實而勤快。有一天，一位女顧客買了些物品，結算的金額是應付2美元6.25美分，付完款後，那位顧客高興的走了，但是林肯因為對自己沒有把握，又算了一遍，結果吃驚的發現應該是2美元才對，但卻讓顧客多付了6.25美分。許多店員可能並不會把這不多的錢當回事，但盡職的林肯卻決定要把多收的錢送回去，如果女

顧客就住在附近,當然很容易,但事實上她卻住在6英里外的地方,然而這並沒有動搖林肯的決心,或是等到下次對方到店裡購物時再還錢,而是在入夜打烊後鎖好店門,步行到顧客的家中,歸還多收的錢。這件事體現了林肯誠實的品格,而這種誠實建立起的信譽,使他一生從中獲益匪淺。在林肯擔任律師時,有一次在替人處理土地糾紛案時,法院要當事人預交10,000美元,而那位當事人一時籌不到這麼多錢,於是林肯表示會替他想辦法,然後去了一家銀行,說他要借10,000美元,兩個小時後就能歸還,結果經理什麼也沒說,也沒叫林肯寫借據,就把錢借給他。這就是因為林肯誠信的品德所建立起來的信譽,使銀行經理完全的信任他。

有名的交易網站eBay在網路交易取得巨大的成功。eBay從成立到銷售額超過5億美元只花了五年,接下來又以銷售額每年增加5億美元的速度增長,並在創業的第八年突破20億美元。eBay的成功在很大的程度上依賴於它的電子信譽制度,它要求每一個買家都要對賣家作一個信譽評分。因此eBay上每一個賣家都非常重視自己的信譽,如果評價不好達到一定比率,就會影響到他未來的生意,如果不滿意率達到5%以上,就不會有什麼人願意與他進行交易了。eBay的首席執行長梅格‧惠特曼認為網路購物公司的成功關鍵,是交換或買賣商品的人要堅持誠信的原則,因為一般人在交易完成後,仍然會在網路上交換心得體會,而形成一個強大的、互相監督的信譽網。

中國阿里巴巴網路公司的馬雲也認為最終決定勝負的不是資金或技術,而是「誠信」二字。在2003年3月,馬雲推出有別於「中國供應商」的專區「誠信通」,並和信用管理公司合作,對網商進行信用認證,即買賣雙方在交易之前可以在「誠信通」裡查到對方的誠信檔案,裡面會有證明該企業誠信的詳細信息,可以是得獎情況,可以是法院判決,可以是會員間相互的評價,當然對別人的評價也將同時的出現在自己的信用紀錄上。這樣的紀錄不論好壞,都將伴隨會員一生。至於國外會員,

必須由全球著名的企業資信調查機構審查合格之後，才能加入為會員。隨後馬雲提出口號：「只有誠信的人才能富起來。」並開始對阿里巴巴會員限制收費，會費一漲再漲，新增會員持續大幅成長，而「誠信通」的一個接線生半年內每個月僅透過電話，就能夠做出一百萬的業績。

## 三、忠　誠

忠誠並不是從一而終，而是一種職業的責任感，不是對某家公司或者某人的忠誠，而是一種職業的忠誠，是承擔某一責任或者從事某種職業所表現出來的敬業精神。做到忠誠必須有所堅持有所放棄。你最堅持的東西是你認為值得你珍惜的，而你所放棄的可能是對你誘惑最大的東西。並不是所有的人都禁得住誘惑，也並不是所有的人都能分清哪些東西是值得珍惜的，哪些東西只是一種誘惑，所以，做到忠誠不是一件容易的事。

忠誠又有內部忠誠與外部忠誠之分。內部忠誠是對企業的忠誠，以及員工之間彼此相互忠誠；外部忠誠是對客戶的忠誠，例如自己的工作只是賣場的一位服務員，但是要用最好的服務讓顧客滿意，只有顧客滿意了，才會再度光臨，才會對你工作的企業產生忠誠度，而使企業不斷的成長。

在福特汽車公司的營運陷入危機的時候，延攬了艾科卡進行大刀闊斧的改革，終於使福特汽車逐步走出困境。但是福特汽車的董事長小福特卻對艾科卡進行排擠，這使得艾科卡深陷於兩難的境地。但是艾科卡卻表示：「只要我在這裡一天，我就有義務忠誠於我的企業，我就應該為我的企業盡心竭力的工作。」後來艾科卡雖然離開了福特汽車公司，但他仍然對自己為福特汽車所做的一切感到欣慰。因為如他所說：「無論我為哪一家公司服務，忠誠都是我的一大準則。我有義務忠於我的企業和員工，在任何時候都是如此。」所以艾科卡不只以他的管理才能使人折服，也以自己的人格魅力讓人心服。

克里丹‧斯特是美國一家電子公司出色的工程師，但公司的規模不大，且受到另外一家比利孚電子公司的威脅，處境艱難。有一天，比利孚電子公司的技術部經理邀斯特共進晚餐，在進餐時，這位經理問斯特說：「只要你把公司裡最新產品的數據資料給我，我一定會給你很好的回報，如何？」但一向溫和的斯特聽了之後生氣的說：「不要再說了！我工作的公司雖然業績不好，處境艱困，可是我絕不會做這種出賣良心見不得人的事，我絕不會答應你的任何要求。」那位經理笑著說：「好，好。」不但沒有生氣，反而欣賞的拍著斯特的肩膀說：「就當這事沒發生過，來，乾杯！」沒有多久，斯特工作的公司因經營不善而破產，斯特也因此失業了，只好在家中等待機會。但沒過幾天，突然接到比利孚公司總裁的電話，請他去一趟。斯特心裡很納悶，不知對手的公司找他做什麼，但出乎意料之外的是比利孚公司的總裁熱情的接待他，並取出一份合約，請他出任該公司的「技術部經理」。斯特吃驚的說：「你為什麼這樣信任我？」總裁笑著說：「原來的技術部經理退休了，退休前他向我說起你們曾見面交談的事，並特別推薦你。年輕人，你的專業能力大家都知道，而你的正直更讓我佩服，你是值得我信任的人。」斯特後來憑著自己的技術和管理能力，成為一流的專業經理人。

　　所以一個人在任何時候都要信守忠誠，這不僅是個人品格問題，也關係到公司的利益。忠誠不僅有道德價值，並且也含有巨大的經濟價值和社會價值。一個具有忠誠感的員工，能帶給別人信賴感，能獲得公司的信任，能取得競爭對手的尊敬，為自己的職業生涯取得最佳的利基。相反的，一個人失去了忠誠，就可能隨之失去朋友、失去客戶、失去工作。

## 四、信守承諾

　　孔子曾說：「言而無信，不知其可也。」言而有信，是做人的最基本道德要求，是立身處世的一種高尚品德和節操，更是在體現對別人尊

重的同時，也尊重了自己。事實上，在答應別人事情的時候，對方自然就會指望著你的實踐，可能自己就放下這個工作不再努力付出，時間到了，卻發現你給他的是空頭支票，說話不算話，就會產生強烈反感，別人因你不能信守諾言而不再相信你。所以對承諾的事情要盡心盡力的去做，但不要去做力所不及的承諾。

西元前四世紀，在義大利有位名叫皮斯阿司的年輕人冒犯了國王，被判絞刑，在法定的日子將被執行。皮斯阿司是個孝子，在臨死前，他希望能和遠在百里之外的母親見最後一面，因他不能為母親養老送終了，希望能表達對母親的歉意。他的要求被告知國王，國王為他的孝心感動，允許他回家一趟，但是他必須為自己找個替身，暫時替他坐牢。這看起來是個不太可能實現的條件，誰會那麼愚蠢？但有人就是不怕死，願意代別人坐牢，這個人就是皮斯阿司的朋友達蒙。達蒙進牢後，皮斯阿司趕回家與母親訣別，而大家也關注著事情的發展。日子一天天的過去，刑期就快到了，皮斯阿司還沒有回來，人們開始議論紛紛：達蒙被騙了。行刑日當天，天空下著細雨，當達蒙被綁赴刑場的時候，有人為他可惜，有人認為他笨，有人則幸災樂禍，但在囚車上的達蒙，卻是面無懼色，他深信皮斯阿司一定會趕回來。到了刑場，上了絞刑臺，繩索已經掛在達蒙的脖子上，圍觀者中，有人膽小閉上眼睛，有人為達蒙深感惋惜，但都咒罵著出賣朋友的小人。然而在千鈞一髮的時候，在風雨中，皮斯阿司飛奔而來，高喊著：「我回來了！我回來了！」

這幅畫面太感人了，簡直像在夢中一般，這個消息立刻傳到國王那裡，國王初聽之時，以為是一個謊報，但在親赴刑場後，國王萬分欣喜的為皮斯阿司鬆綁，並且免除了他的刑罰。

重信守諾並且言行一致、表裡如一是多麼崇高的美德，想要和一個人交往之前，可以根據他的言論去判斷他的行為。

美國通用電氣公司(GE)的企業文化在經營上所呈現的就是誠信的經營文化，該公司及其歷任的CEO都認為，經營必須以誠信為本，要把誠信問題當作企業及其經營的核心問題。

　　如在2001年2月9日，在公司給股東的一封信中，首先談到的就是企業誠信問題。信中說：「誠信是我們價值觀中最重要的一點。誠信意味著永遠遵守法律，不僅要遵守法律的條文，而且還要遵循法律的精神。但是，誠信也遠遠不只是個法律問題，它是我們一切關係中的核心。」「在我們公司內部，誠信建立起來的信任對人們的人際關係極為重要。只有在這種人際關係下，我們的價值觀才能發揮作用。有了這種信任，在我們說一個『失誤』不會毀掉前程時，員工才會相信我們，敢於去冒險。有了信任，在我們保證達不到目標不會受到懲罰時，員工才會相信我們，去制定遠大的業績目標。誠信和信任是我們所珍惜的不拘形式的這一價值觀的核心。人們的談話不需要有人作證，也不需要把什麼都『寫下來』。這些都不需要──我們所說的話就足以為信。」

　　又如曾任通用電氣總裁的韋蘭奇在離開通用的臨別贈言中說：「我常常被問到『在GE你最擔心什麼？』、『什麼事會使你徹夜不眠？』等問題。其實並不是GE的業務使我擔心，而是某人在某個環境做出了從法律上看來非常笨非常蠢的事，而這些蠢事給公司的聲譽帶來了汙點，並且也把他們自己和他們的家庭毀於一旦。在誠信問題上絕不可以有任何的鬆懈，絕對不要讓公司內部的任何人對你在『誠信』方面有絲毫疑問。『誠信』講再多也不夠。誠信不僅僅是法律術語而且是更廣泛的原則，它是指導我們自己的一套價值觀。它總是指導我們去做正確的事情，並不僅僅是合法的事情。我們所有的雇員在他們的每個生活和工作環節，都依賴著每個領導者的誠信態度，千萬千萬不要讓他們對你喪失信心。」

　　因此，在通用公司，高級經理人不僅要注重自己的誠信，而且還要管理好手下的員工，讓他們也能做到有誠信。要讓所有員工都知道，

從加入公司的第一天起就要貫徹通用的價值觀，遵守誠信。而貫徹誠信的重要方法就是讓每位員工都有一本「GE價值觀手冊」。手冊內容則包括：與客戶的關係、與供應商的關係、與政府部門的交往、全球性競爭、通用電氣社區、保護公司資產等方面，而誠信則是其中的核心和靈魂。GE的員工遍布全球100多個國家和地區，但無論在哪個國家的GE公司，不論是屬於哪個國籍的員工，都必須攜帶這本手冊，遵守手冊內容，還要簽署「員工個人的誠信承諾」。[5]

曾任總裁的伊梅爾特也強調：「經驗告訴我們，如果誠信做得好，業績也會很好。所以在評估經理人時，當他們業績好誠信也好時，就很容易評估，同時這些人也會獲得提升。如果有些人業績不好，但誠信很好，我們還會給他們第二次機會。如果有些人業績不好，誠信也不好，則很容易讓他走人。對於業績好而誠信不好的人，如果是通過欺騙他人，違反規則的方式以取得業績的話，還是會被辭退，因為他們會腐蝕整個機制，會破壞整個合作的環境，公司會因其而有所損失，這樣的業績必然只是短期的。」

## ◎ 參、責 任

每一個人在生活中都扮演著不同的角色，而每一種角色又都承擔著不同的責任，因而對角色飾演的成功就是對責任的完成，責任可以證明自己存在的價值，而責任感可以不斷開發出自己的潛能，逐步實現內心想要達到的目的，因此在責任心驅使下所作的努力，不只是為了老闆，為了公司，更重要的是為自己而工作，將其視為事業的起點。

有一位工藝精湛的老木匠準備退休了，他對老闆說想要回家與妻子兒女們共享天倫之樂，並且希望老闆能給他一筆退休金。老闆聽後雖然捨不得讓老木匠退休，但是又不便拒絕，最後老闆說：「你退休前，是否能再幫我蓋一棟房子？」老木匠答應了，房子開始動工，但是老木匠

的心已經不在這裡，他不再像以前那樣對材料精挑細選，也不再像以前那樣兢兢業業。幾個月後，房子終於完工，老闆拿著鑰匙對老木匠說：「這棟房子是我送給你的禮物，也是你的退休金。」老木匠聽後，震驚的目瞪口呆，羞愧的無地自容。為什麼老木匠要住在一棟次級品的住宅中，這個結果是誰造成的？當然是老木匠自己。但反過來思考，如果老木匠事先知道是為自己蓋房子的話，他會使用不好的材料？會做粗工嗎？

老木匠因為自己即將退休，而疏忽了責任感，使自己受到恥辱，換言之，這就是敷衍的態度造成的，敷衍就是對人不夠誠懇，對事不負責任，亦就是做人做事僅停留在表面的現象，對人、對事、對工作都失去興趣，進而失去熱情。

所以，責任是一種生活態度，無論在工作中或在個人生活中，都要養成責任重於一切的習慣，自然的去做應該完成的工作，而不是刻意去做，而當一個人自然而然的做一件事的時候，就不會覺得疲累和麻煩。而且，當意識到責任之存在時，就會隨時為責任而放棄別的什麼，也不會認為這種放棄是很困難的。

一個星期六的下午，瑪麗在辦公室裡接到隔壁律師事務所的律師打來的電話，律師有點焦急的表示手邊有些工作必須當天完成，是否能找一位速記員過去幫忙。瑪麗回說：公司所有的速記員都去看棒球比賽了，如果律師的電話晚五分鐘的話，她應該也離開了。然後瑪麗表示既然律師有需要，她願意留下來幫忙，因為「球賽隨時都可以看，但是工作必須在當天完成」。六個月後，在瑪麗已將此事遺忘時，隔壁的律師卻打電話邀請她到律師事務所上班，除了職位提升之外，薪資更是原本的一倍。

因此一個具有責任感的人，具備三個特點：1.具備一種主動承擔責任的精神。2.會為承擔的工作能達到盡善盡美的目標而付出全部努力。3.能

夠善始善終。因為責任意謂著承擔、意味著付出代價，當事情出現危機的時候，仍然不放棄責任並且願意付出可能的代價，才是真正有責任感的人。

## 一、認清責任

卡內基曾說：「認清自己在做些什麼，就已經完成一半的責任。」在工作上應當清楚自己的責任是什麼？知道自己應該做什麼？然後才知道自己應該如何去做，最後怎樣做才能做得更好。而因為責任是對任務的一種負責和承擔，所以認清自己的責任，可以減少對責任的推諉，況且一個人只有做好分內的工作，才可能再做一些別的工作，否則一個連原本工作都做不好的人，如何委以更重要的責任呢？

譬如在量販店的員工，其直接打交道的對象就是顧客和商品，所以他的責任就是管理好商品以及使顧客滿意並再度光臨，但如果不清楚商品的種類、商品擺放的位置、商品還有多少庫存、某種商品是否暢銷以及顧客的需求就是失職，就是沒有認清自己的責任。

其次，提高自己的技術能力與知識水平也是作為員工的責任，不斷的加強自身的學習，才能讓自己的能力適應公司的發展和市場的競爭。此外，每個員工的形象在某種程度上都代表了企業的形象，所以不論在任何時地都不應該作出有損公司利益和形象的事情，而是要以維護公司的利益和形象作為自我要求的標準。

此外，有些企業的老闆總認為員工只想著報酬，卻很少願意主動付出，缺乏責任意識。相反的也有些員工認為只有擁有權力的人才有責任，而自己只是一個普通員工，沒什麼責任可負，如果出現錯誤、產生問題，有權力的主管或老闆應自行負責，因為權力等於責任。這些員工們可說從未意識到自己的責任。組織是由每一個人共同組織而成的，有共同的目標和利益，因此每個人都承擔著企業存亡成敗的責任而不論職位高低。

## 二、拒絕藉口

　　美國的西點軍校有一個悠久的傳統，就是在遇到軍官問話時，只有四種回答：「報告長官，是！」、「報告長官，不是！」、「報告長官，不知道！」和「報告長官，沒有任何藉口！」除此之外，不能多說一個字。而其中「沒有任何藉口」正是西點軍校奉行的最重要的行為準則，它要求每一個學員想盡辦法去完成任何一項任務，而不是為沒有完成任務去尋找任何藉口，哪怕是合理的藉口，這有助於讓學員適應壓力，培養他們不達目的的誓不罷休的毅力。其最終目的則是讓每個學員都能懂得：工作中是沒有任何藉口的，失敗也是沒有任何藉口的，同樣人生也是沒有任何藉口的，因此西點軍校在世界性的企業中，培育出了許多優秀領導人才。

　　任何社會或企業都存在著兩種人，即成功者和失敗者，而如果按照二八法則，20和80的區別在於：前者是不找藉口只找方法的人，而後者是不找方法只找藉口的人；前者往往是成功者，後者則往往是失敗者。因為藉口是一種不好的習慣，使人在問題發生的時候不是主動積極的進行解決，而是千方百計的找理由，以致工作沒有效率，而一旦藉口變成習慣後，就會開始尋找更多的藉口，一再為自己的無本事找一個理由，為沒有完成的任務找一個理由，以求取他人的理解與原諒，以在心理上獲得暫時平衡，長此以後，就不會再動腦想方法爭取成功。

　　但在任何一個企業裡所需要的是勤奮敬業、認真執行任務的員工，因而一個員工如對工作總是敷衍馬虎，並不時找藉口自我掩飾，是不可能獲得上級的信任和同事的尊重的，因為無論在工作中或是在生活中，喜歡找藉口的人都是不受歡迎的，就如上班遲到時開口就說：路上塞車，則上司會有何種想法？

　　許多藉口總是把「不」、「不是」、「沒有」、「可是」與「我」緊密的聯繫在一起，如「我本來可以，可是……」、「我也不想這樣……」、「我本來以為，可是……」、「都是別人的疏失」、「我們

以前沒這樣做過」、「競爭對手遠強過我們」、「事先沒徵詢我們的意見就做了決定」、「我以前沒學過」、「上級的任務交代不清」、「我身體剛巧不適」、「是我做的，可不全都是我的錯」等等。

而拒絕藉口就是不要為自己的過失尋找理由，因為再美好的藉口也於事無補。況且成功只需要找一個方法，而失敗卻要找許多理由來搪塞。此外藉口使人昧於事實，不再尋找失敗的原因，所以一個令我們心安的藉口，不但會使自己失去檢討、改正的機會，更失去前進的動力。

有一家公司的經理對部屬們宣布九月是「無藉口月」，並告訴部屬，「在本月，我們只解決問題，我們不找藉口。」這時有一位顧客打電話抱怨該送的貨遲到了，該經理答說：「是我們的錯，下次再也不會發生了。」並且除向客戶道歉外，更承諾予以補償。事後經理向部屬談到，他自己原本是想向顧客解釋貨物遲到原因的，但忽然想到九月是「無藉口月」時，他就決定不再找理由解釋了。事後顧客給總經理寫了一封信，敘述在解決貨物延遲送達問題時，所得到的出色服務，因為他所聽到的不是千篇一律的推拖之辭，這令他感到意外、新鮮和滿意，並讚賞該經理所推動的「無藉口月」活動。

所以拒絕藉口應該成為所有員工最重要的行為準則之一，每位員工應想盡辦法去完成每一件任務，而不是為沒有完成任務去尋找任何藉口，這可以讓自己適應環境的壓力並培養堅持的毅力。

## 三、專　注

在工作時應該專注於眼前在處理的工作，如果注意力分散，工作效率必受影響。而一個專注敬業的人，不但能從工作中學到更多的經驗和方法，並且能在更換職業、行業時，也同樣能因此而帶來助力。

專注可以使人集中精神、廢寢忘食的工作，做事情不但輕鬆並且具有效率，能將事情圓滿的處理完畢。但是有許多人在做事的時候都是

分心他用，不能集中注意力，終致一事無成。如一個年輕人向一位作家自我推薦擔任其祕書，負責整理稿件。條件談妥後，作家讓年輕人坐下來開始工作，但年輕人沒過多久卻朝窗外看了看對面建築物外牆上的數字鐘，然後對作家說：「抱歉，午餐時間到了，我要去吃飯了！」作家聽後說：「對，你必須去吃午餐了。現在，請你為今天等著你去吃的那頓飯祈禱吧！不過我們兩個永遠都不可能在一起工作了。」吃飯確實重要，但年輕人卻不明白，和他所應承擔的責任相比，這時候吃飯應該退居次要的位置，這也是對工作不能專注造成的。

同樣一個人如果無法專注工作，則不論工作條件再好，都難逃失敗、挫折的打擊。如在美國亞特蘭大曾舉行的薛塔奇十公里長跑比賽，其贊助商為健怡可口可樂，也因而健怡可口可樂的商標顯著的出現在參賽報名表、海報及T恤衫的號碼牌上，但比賽當天早上，大會榮譽主席比格斯在臺上致詞時卻說：「我們很高興有這樣多的參賽者，同時也要特別感謝贊助廠商健怡百事可樂。」這時站在比格斯背後的可口可樂公司的代表生氣的低聲說：「是健怡可口可樂，白癡！」而所有的來賓與參賽者也都一片嘩然。比格斯事後說：「我知道是可口可樂，但當時我分心了，結果出了洋相，留下笑柄，可口可樂公司也因此對我不滿。就在那一天，我知道了專注的重要性。」

最後，一個人只有專注自己的工作，才會成為某一行業的專家，尤其在專業化要求越來越高的現代社會，對經驗、知識的要求更寬、更深入，因而只有強化自己的專業知能，才能形成核心能力，有面對挑戰的勇氣和決心。如傑克在一家貿易公司工作一段時間後，因為不滿意自己的職位和薪資，而對朋友抱怨說：「我在公司裡的工資是最低的，老闆也不把我放在眼裡，這樣下去，我早晚辭職不做了。」朋友回問：「你對貿易公司的業務都清楚了嗎？對於做國際貿易的竅門都懂了嗎？」傑克回答：「沒有。」這時候朋友提議說：「我建議你先冷靜下來，認真的面對自己的工作，好好的把有關的貿易技巧、商業文書和公司的運

作，甚至有關契約的撰寫等的具體事務都弄清楚之後，再一走了之，這樣不但出了氣，對自己還能有所收獲。」傑克接受了朋友的建議，一改過去的散漫，開始認真的學習、工作，甚至下班後還留在辦公室研究國際貿易有關法規。一年後，那位朋友偶遇傑克時問他說：「有關國際貿易的事務，你現在應該都學會了，可以辭職不做了吧！」但傑克卻回答說：「可是我發現近半年來，老闆對我刮目相看，最近更被委以重任，又升職、又加薪，現在我在公司已變成紅人了。」朋友聽後笑著說：「這種發展早已在我的預料中，當初你的老闆不重視你，是因為你工作不認真，又不肯努力學習，但是後來你的工作、學習態度改變了，承擔的任務多了，能力也加強了，自然就會讓老闆對你刮目相看。」

## 注釋

▲註1 程受學、徐文鋒編著，《安麗直銷方法》（北京：北京大學出版社，2008年1月），頁13。

▲註2 劉光明編著，《企業文化案例》（北京：經濟管理出版社，2003年5月），頁195-197。

▲註3 樂永斌主編，《企業文化案例精選精析》（北京：中國社會科學出版社，2008年7月），頁138。

▲註4 蘇建平，《做事先做人的祕密》（北京：中國長安出版社，2005年1月），頁003。

▲註5 田奮飛，《企業競爭力研究》（北京：中國經濟出版社，2005年1月），頁271-274。

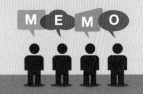

服務規範

在本章的內容上包括兩個部分，一是企業對顧客的服務規範。顧客服務在過去只被狹隘的定義為處理顧客的抱怨，現在則被認為是一種企業活動，各類有進取心的企業都將其對產品和服務的最終使用者的關心滲透於其企業文化中，而在此將討論企業對顧客服務的要點，而這些最後靠全體員工的努力予以實現。二是員工在企業組織內部應該如何盡忠職守，有最優良的工作表現，所可以依循的一些方式。

## 壹、企業對顧客的服務規範

成功的企業是能持之以恆的提供顧客優質產品或服務的企業，它能夠預期並滿足顧客現在與未來的需要，並提供迅速有效的售後服務，為顧客的成功而努力。此以顧客可以自主選擇購買對象，因此，想留住顧客並吸引新的交易，企業就必須先爭取到為顧客服務的權利，提供客戶想要的產品或服務，賣客戶願出的價錢，保證客戶能明白企業所提供服務的好處何在。

易言之，企業的設計、生產、銷售都需以客戶為中心。美國麥肯錫管理顧問諮詢公司曾對全世界197家跨國公司進行問卷調查後發現其中大部分，還是以產品為中心來設計它們的組織結構和工作流程。如在IT產業中會有PC事業部、印表機事業部、伺服器事業部，以及軟體部和系統集成部等等，這些組織結構的建立完全是繞著產品開展的，是以產品為中心進行考量和設計，而銷售流程的設計亦同樣如此。但這份問卷調

查的結果表明，在未來世界上將會有更多的企業將過去的「以產品為中心」的商業模式，向「以客戶為中心」的商業模式轉變，並以此來調整企業自身的組織結構和商業流程，以追求客戶的滿意度和忠誠度的最大化，俾追求更大的獲利。

## 一、滿足客戶需求

微軟公司最重視的事情，一是技術，二是客戶和合作伙伴，而後者是公司的命脈，所以又特別注意信守對客戶和合作公司的承諾，因此微軟產品的研發，除了展現產品的技術特性外，更要盡量滿足客戶和合作伙伴最需要的功能，對此，除員工主動去了解客戶的意見外，更開發軟體以自動搜集客戶的反饋意見。如微軟在無法決定將哪些功能放進視窗常用工具欄時，就由程式設計師設計一套特別的Office軟體，在獲得用戶同意的情況下，記錄用戶最常用的功能，然後傳送到微軟，進行數據統計，使問題順利解決，而直到現在，微軟仍然將這種技術運用在各種產品上。

戴爾公司的銷售採取直銷方式，而邁克・戴爾在意識到網路將對人類生活帶來巨大影響的時候，又賦予直銷模式更豐富的內容──鏈式供應系統，這種高效運作的供應鏈和物流體系的結合使其無往不利。在此基礎上，戴爾公司開發出新的軟體，將網路服務系統結合到客戶自身的企業資源計畫軟體中，所以當某位客戶向戴爾公司訂貨時，不僅能使戴爾公司內部及其供應商作出反應，自動啟動內部所有的配件訂貨系統，同時也引發了生產和發貨時間表的制定。此外，同時還啟動客戶自身的經營系統，如審核、預算、庫存等。另外，戴爾還建立針對客戶的網頁，向每一位客戶提供大量有關其訂貨情況的訊息。至於客戶需要的電腦配備，完全按其要求，要什麼樣的軟體，幫其做好，甚至財產標籤幫其貼好，所以客戶公司負責電腦設備採購管理人員只要登記數量及財

產編號，直接交給員工使用。因為抓住客戶的心，把自己和客戶綁在一起，客戶想轉向其他廠商採購的可能性就大幅降低。

對於提供滿足客戶需求的產品與服務方式，日本花王公司認為：市場永遠存在機會，消費者的需求也在不斷發生變化，企業間的競爭，就在誰能發現需求的新趨勢和新特點，提供新產品的服務，就能在市場上取得優勢。因此花王公司專門成立「生活科學研究所」，從企業內部各單位調集上百名經濟學專家及市場調查研究的專家，每年定期針對不同的年齡層進行問卷調查，問題有幾百個且都很具體，並將回收的答案輸入電腦，以運用於新產品的開發。另一種的調查方式是邀請消費者當「商品顧問」，請他們試用「花王」的新產品，並向消費者收集各種改進的意見。然後對成千上萬的訊息分成兩類：一類是期望值高的信息，即希望商品達到某種程度，或希望某種新產品；另一類則是具體的改進建議。而花王公司特別注重的是前者，因第一類訊息雖然沒有具體意見，甚至很模糊，但卻反映了消費者的期望，是產品開發的重要啟發，而具體的改進意見如果能和高期望值的訊息結合在一起，則更能滿足消費者。如多角度清掃器就是這兩種訊息結合的產物，因為花王公司經由調查發現消費者認為現有吸塵器，後蓋噴氣致灰塵揚起，電線影響到吸塵器的移動，特別是一些角落、縫隙、床底很難清掃，所以消費者多次反映能否生產一種能便利的清潔到各處的工具。對此，花王的生活科學研究所對上百條的有關訊息，進行分析研究，提出一種新產品的基本概念：多角度、無電線、不噴氣、輕便等，幾個月後，新型的「多角度清掃器」問世。[1]

## 二、讓顧客滿意

美國沃爾瑪百貨吸引顧客的方式，就是天天平價。詢問消費群為什麼到沃爾瑪購物，答案幾乎都與省錢有關，因為在星期中的一天或兩天打折促銷固然誘惑消費者，但是遠不及每天24小時都提供低廉價格。

除了平價外,沃爾瑪也自我要求產品品質必須有一定水準、種類必須齊全、供應必須充分。此外沃爾瑪還主張「日落原則」和「三米微笑原則」。日落原則就是指員工無論接到任何要求,都必須在當天日落之前回覆。如一個星期天的上午,沃爾瑪百貨的一名藥劑師在家裡接到店中人員打來的電話,表示有一名糖尿病的老顧客,不小心將治療糖尿病的胰島素掉進垃圾粉碎機裡。這位藥劑師知道病人情況非常危急,因此立刻趕到店裡為病人拿藥,這就是遵守「日落原則」的實例,而顧客也會根據工作人員是否真關心顧客及反應速度為商店打分數,因此日落原則是非常好的服務顧客方法。至於「三米微笑原則」,是要求員工對自己身邊三米範圍內的顧客,都必須看著顧客的眼睛打招呼,詢問是否需要幫助。[2]

## 三、區隔化的服務

顧客的需求、考量與期望是有差異性的,因而戴爾公司重視為顧客設計要「量身打造」的服務宗旨,對顧客進行區隔,可找出他們相異的需求、顧慮與期望,並策略性的解決這些問題。因為區隔化越細、焦點越清楚,越能針對每個區隔提供不同的產品、服務和技術支援。如大公司對產品的持續性比較感興趣,故重視電腦平臺的穩定性大於對速度與功能的要求,同時因公司內有太多人在使用電腦,多少希望對電腦的使用有所控制。但一般消費者大都只有一部電腦,所以持續性通常不在優先考慮的範圍,而是重視速度要快、功能要強、周邊設備要新穎、上網連線要快。另一方面對顧客服務與技術支援的要求也不同,因為大公司雖然需要技術的項目少,但卻多是很複雜並且附加價值高的技術支援,當這種客戶找戴爾時,是要他們的技術人員與戴爾的技術人員交換意見,如那斯達克(NASDAQ)股票交易市場的最大問題,在於每百萬分之幾秒就需提供最新股票行情,還必須要東西兩岸一致,不能容許任何技術上的困擾,所以戴爾必須在NASDAQ現場有專門技術人員留守。但一般的消費者需要很多的技術支援,而戴爾的技術人員要能以最簡單易

懂的方式為其進行說明。而戴爾的策略就是應該了解不同顧客的不同需求，再試著把他們的需求納入公司的策略，因為與顧客的聯繫越頻繁，服務與產品就越能被顧客採用，甚至像波音公司這種大客戶，派駐的業務小組超過30位專門技術人員，提供所有電腦相關服務，包括電腦安裝與軟體規劃（因為工程及財務人員所需不同），對於周邊設備則採取整體規劃，把印表機及其他設備軟體與電腦等提供現場整合，並負責所有與個人電腦相關產品的服務保證與零組件提供，即任何顧客必須自己處理或請人處理的事情，戴爾一手包辦，最後讓戴爾成為顧客業務總體中不可或缺的一環，而套牢客戶。[3]

星巴克則在對顧客進行細分的基礎上，將咖啡產品的生產系列化和組合化，根據顧客的不同口味提供不同的產品，實現一種客制化的一對一服務，做到真心實意為顧客設想。星巴克還將咖啡豆按照風味分類，讓顧客可以按照自己的口味挑選喜愛的咖啡。如口感輕鬆活潑、香味誘人，並能讓人精神振奮的是「活潑的風味」；口感圓滑、香味均衡、質地滑順、醇度飽滿的是「濃郁的風味」；具有獨特香味、吸引力強的是「粗獷的風格」。這種對於產品的進一步加工細分，使顧客對咖啡有了更深一層體驗。

## 四、用戶第一

Google從一開始就致力為用戶提供最好的搜索服務，公司創辦人之一的拉里‧佩吉(Larry Page)曾指出：「完美的搜索引擎需要做到了解用戶之意、切達用戶之需」，而公司目標是為所有信息搜索者提供更高標準的服務，無論用戶是在坐舊金山港口，或是正駕車穿過巴黎街頭，或是漫步在東京街頭。為了實現這個目標，Google一直在追求技術創新，隨時為用戶提供快速準確又簡單易用的搜索服務。因為堅持用戶第一，Google一直堅決拒絕任何無益於用戶的改變，從不會為增加利潤，犧牲客戶的利益作為代價，因而做到保持簡潔、清爽的界面風格，頁面下載

速度快，搜索結果中絕不允許摻雜任何商業操作，各站點的廣告必須與頁面內容相關，而且不會讓用戶分心。Google這種不圖眼前利益的長遠眼光，以及堅持把用戶放在第一位的原則，使其贏得用戶的尊敬和信任，好評如潮，並且使用戶有忠誠度。

英特爾在1994年的夏天正在全力提高Pentium處理器產量時，在驗證程序時，在浮點運算單元中發現一個問題，但因其對一般使用者沒有太大影響而沒有在意，但這個看似不起眼的小問題，使英特爾蒙受四億美元的損失。事後葛洛夫體認到不管浮點危機造成影響的大小，因問題的關鍵在於使用者的意見，如果使用者確實在乎任何微小的瑕疵，英特爾就必須無條件的為客戶更換他們的處理器晶片，英特爾應為自己的產品負責。所以英特爾首先有責任傾聽使用者提出的各種意見，並給予適當切實的回答，故英特爾成立電話服務小組，並在網站中開闢討論區，以改進自己的服務。

曾任思科公司總裁的約翰‧錢伯斯則認為他曾任職的王安電腦公司就是由於忽視客戶的意見導致失敗。所以留意客戶在想些什麼，他們想要什麼？他們不想要什麼？這應該是一份全天候的工作。因為客戶是善變的，不親手給客戶把脈就會立刻導致客戶的流失，並發誓自己不會犯忽視客戶的錯誤。

## 五、提供售後服務

IBM公司的創辦人老沃森強調該公司是一家「顧客至上」的公司，公司的一舉一動都要以客戶的需要為前提，因此要求所有的員工對於顧客有任何問題，都一定要在24小時內解決，如不能立即解決，也要給客戶一個滿意的答覆。且通常在接到客戶電話後一個小時內就會派出服務人員。此外，IBM的技術人員隨時在電話旁等著提供服務或解決技術問題，另外還有專人送零件的服務，並要求新零件一定要比換下的原零件好，而且也要比市場上同級產品好。如美國的紐約市曾發生大規模的停

電事件，紐約證交所關閉，各銀行、公司一片混亂。在25小時的停電期間，空調、電梯、照明全部癱瘓。但IBM公司的工作人員卻不辭辛勞的腳踩樓梯攀登一些高層大樓，包括一百多層的世界貿中心大樓，帶著各個急需的零件為顧客維修設備，力圖將客戶的損失減到最低。另一次，是一家在賓西法尼亞州斯克朗頓城的出版社的電腦主機出了問題，一個很便宜的小零件故障，因為這個小零件極少引起電腦故障，當地沒有備存，為此，IBM公司派飛機去科羅拉多尋獲這個小零件，使故障在24小時內排除。就IBM公司的作為來看，建立穩固銷售基礎的最好方法就是為顧客提供最佳服務。

戴爾公司則將直銷模式引入服務領域，如果客戶的電腦發生問題，只需要撥一個全國統一的免付費電話，工作人員可以直接在電話上為客戶解決問題；如果是硬體問題，技術人員直接前往客戶處進行維修。對於筆記型電腦則有國際保證，如果客戶前往香港或東京開會，只要撥打當地的免付費電話，當地就會派技術人員為其解決問題。這種作法為客戶帶來很大的附加價值。

## 六、客戶關係管理

惠普公司為能夠更了解客戶的需求，以為客戶提供個性化的產品與服務，提高客戶滿意度，並由此獲得更高的利潤，惠普公司建立CRM（客戶關係管理）系統，並與現有的ERP（企業資源規劃）系統、供應鏈系統、訂單管理系統等整合在一起。惠普公司的CRM流程由四個階段組成：

1. 信息管理階段。CRM系統需從企業的業務系統、訂單管理系統、財務系統中抽取客戶的數據，然後進一步加工。

2. 客戶價值衡量的階段。在上一個階段對數據進行加工的基礎上，包括用數據挖掘工具對數據進行整理，從而生成有用的客戶信息。

3. 通過分析產生數據之後，就進入到下一個階段，即活動管理階段。根據取得的這些客戶信息來設計對一些企業所要做的市場推廣活動。如要促銷某一款影印機或促銷某一款筆記型電腦，就要看哪些客戶會成為企業的促銷對象，以達到推廣促銷的目的。

4. 實施管理階段。這是上一階段活動的具體化，設計完促銷活動以後要通過各種管道，如電話自動撥號、網站發布的方式，進行具體的實施。

　　這四個階段構成CRM閉環的流程，緊密銜接、環環相扣。所以對惠普來說，透過CRM系統這種工具，企業可經由電話、電子郵件、手機或面對面的方式提供全方位的服務，所提供的服務既涉及市場部門、銷售部門，同時也涉及技術支持和服務等部門。[4]

## 七、成立專門服務組織

　　美國的聯信公司旗下的航空工業集團（生產航空發動機、渦輪增壓器及其他零件），該公司成立了「客戶管理團隊」，每一個團隊都針對某一個大客戶而建立，此外，也為數量逐漸增加的小客戶和地區性客戶以及世界上其他地區的客戶建立了相應的團隊。團隊的核心成員包括每個業務單位負責客戶服務的代表、「市場行銷、產品銷售和服務」部門的成員、地勤服務工程師和一位新業務開發專家。對於像波音公司這樣的大客戶，客戶管理團隊的成員可能超過20個人。此外團隊還可能包括「名義成員」──當出現某些特殊情況或緊急情況時，能即時因應作戰的人員。

　　如果客戶太小，不需配備特定的「客戶管理團隊」，則對其提供服務的工作就歸由「電話市場行銷組織」，其工作就是規律性的打電話給客戶，如：「您好，這裡是聯信公司，貴公司需要什麼東西嗎？是否有何問題？哦！對了，順便提一下，我們剛開發了性能更強的飛機接近地

面警示系統，你們可能會感興趣。」這種作法達到對提供服務機會和產品銷售機會的雙重探查。[5]

## 八、服務規範的例子

奧美廣告公司認為：「客戶是與我們在一起同臺演出，他們演的是主角，我們演的是幕後各式各樣的專業人員。我們的工作就是幫助他們演出一場又叫好又叫座的好戲。我們是服務業，服務的真意是先成就別人，而後再成就自己。也正因為願意先幫助別人，所以隨之而來的回報，反而更能幫助自己、成就自己。」

1. 除非是你真心肯定的好作品，否則絕對不要提供給客戶。

2. 告訴客戶，當你身處他的狀況之下，你會怎麼做。

3. 永遠將客戶的利益置於公司利益之前。

4. 永遠不要欺騙客戶。

5. 當你犯下嚴重的錯誤時，請親自告訴客戶。絕對不要讓客戶從別人口中知道這件事。

6. 請教客戶的看法，並專心傾聽他們所說的話。

7. 不要擋住照在客戶身上的聚光燈，將一切成功的榮耀獻於他們。

8. 就算需要熬夜或在周末加班，也絕不可耽誤工作截止日。

9. 不可介入客戶企業內部的權力鬥爭。

10. 絕不可以洩漏客戶的機密。

11. 當客戶犯錯時，要第一時間幫客戶進行補救。

12. 要比客戶更了解他自己的事業。

13. 創造新的方法以幫助客戶的企業成長——超越你的職責所在。

14. 如果你覺得客戶是愚蠢的，請將你的觀點深藏不露。

15. 絕不可使用客戶競爭品牌的產品。

16. 跟客戶做朋友，但無須卑躬屈膝。例如，絕不要因為客戶來參與會議而感謝他。

17. 請不要僱用任何一個客戶的親屬，因為他們不可能被開除。

18. 將你的客戶介紹給公司的其他同事認識，以免當你發生不測時⋯⋯。

19. 不要為了收費而與客戶爭執，不妨讓財務部門出面處理。

20. 如果你覺得你不勝任某位客戶，請告知你的主管。他可以指派更適合的人來服務此客戶。[6]

## 貳、企業內員工的服務規範

　　一位優秀的員工，在企業內部的工作、處事、人際關係上，除遵循公司明文的相關服務規範外，同時應在以下的方面，進行自覺、自發的自我督促，以求最優異的自我呈現。

### 一、忠誠於公司

　　對一個企業言，難得的是既有能力又很忠誠的人。而在這兩個條件中，員工的忠誠對於一個企業來說更為重要，因為智慧和能力並不代表一個人的品質，並且員工需要作重大決策的機會很少，但需要用行動來落實的小事卻甚多。故少數人需要靠智慧加勤奮，而多數人卻要靠忠誠與勤奮，所以忠誠比智慧更有價值。因此雖然能力一般，只要能表示對公司的忠誠，就能贏得公司的信賴，樂意在你身上進行投資，給予培訓的機會，因為你是值得公司信賴和培養的，並安心的賦予各種任務。

　　但忠誠並不是從一而終，而是一種職業的責任感，是承擔某一責任或從事某一職業所表現出來的敬業精神。艾科卡在福特汽車經營面臨困境的時候，出任執行長，在大力改革之下，終於使福特公司走出困境，但福特汽車公司的董事長小福特卻對艾科卡進行排擠，使艾科卡難以推動工作，但是，艾科卡卻說：「只要我在這裡的一天，我就有義務忠誠於我的企業，我就應該為我的企業盡心竭力的工作。」雖然最後艾科卡離開了福特公司，但仍然為自己替福特公司做的一切感到欣慰，他說：「無論我為哪一家公司服務，忠誠都是我的一大準則，我有義務忠誠於我的企業和員工，在任何時候都是如此。」

　　一個人無論在組織中以何種身分出現，對組織的忠誠都應該是一樣的，而忠誠都會獲得回報：主管會將其留在身邊、他每天都能有新的收獲、他的經驗不斷的積累、他的產值不斷增加。

　　蘇珊在一家房地產公司做電腦打字員，她的學歷不高，她了解認真努力的工作是她唯一可與別人一爭長短的本錢，她處處為公司打算。不久，公司資金周轉困難，開始積欠薪資，員工紛紛另謀出路，最後總經理辦公室剩她一人，她的工作量驟增，但蘇珊毫無怨言。有一天她走進總經理辦公室，問總經理說：「您認為您的公司已經垮了嗎？」總經理驚訝的說：「沒有！」蘇珊聽後說：「既然沒有，您就不應該如此消沉。現在公司的情況確實不太好，但有許多公司都面臨著同樣的困境。雖然公司的2,000萬美元砸在工程上，成為一筆死錢，可是公司並沒有全死，我們不是還有一個公寓的推案嗎？只要好好做，這個案子就可以成為公司重整旗鼓的開始。」說完，她拿出該推案的企劃文案。不久後，蘇珊被指派負責公寓的推案，幾個月後，原本位置不算好的該批公寓全部預售出清，蘇珊為公司拿了5,000萬支票，公司業務有了起色。以後的四年，蘇珊任職公司的副總經理，幫公司做成幾個大的推案，又為公司炒股，淨賺600萬美元。又過了四年，公司改組為股份制，原總經理改當董事長，蘇珊則成為新公司的總經理。董事長也與相戀多年的女友結婚

了，在婚禮上，董事長一定要蘇珊為在場的幾百位員工講幾句話。蘇珊說：「我為公司炒股盈利，許多炒股高手問我是如何成功的，我說一要用心，二沒私心。」

忠誠於公司，除了負責盡職外，最重要的是不洩漏公司的機密，特別是商業機密，更屬於職業道德的範疇。通常在應徵工作時，公司通常要求簽署一份合約，其中就會有保密條款──不得洩漏公司機密。因為許多機密關係公司的發展前途，而競爭對手一定希望能知道公司內部的資訊，以期尋找競爭的策略，所以身為公司的員工，有義務維護公司的利益，不能因為私利、報酬或跳槽的目的而出賣公司。

## 二、服從與負責

每一位員工都應該服從公司或上司做出的決策，只要處在服從者的職位上，就要遵守上級指示做事，而暫時放棄個人的獨立自主性。雖然上級的決策也可能有錯誤的時候，但也應該遵守執行，既不能事先加以否定或指責，也不要在事後加以抱怨或輕視上級的決定。當然也可以向上級或老闆說出自己的想法或注意事項，讓上級明白，雖然身為部屬，你也在積極為維護公司的利益而思考，但上級若無法接受的話，雖然方案、指示不盡如己意，甚或與自己看法完全相反，也應該放棄自己的意見，全心全力的去執行決定。這樣的作法能讓上級或老闆感覺到你理智的執行了他的決定，使他能維持自己的尊嚴，並且能感覺你在關心維護公司的利益，而獲得好印象。此外，在執行的時候，如果發現決定是錯誤的，則盡可能使錯誤的損失降到最低限度，並不時向上級進行匯報，而顯示自己的才智。

另外，工作也意味著責任，沒有不需要承擔責任的工作，而一個人的職位越高、權力越大，肩負的責任就越重。對於責任要勇敢承擔，主動積極的做事，才能不斷挖掘出自身的潛力，在工作上有出色的表現。

在心理學中有一種旁觀者效應。1964年3月，在紐約的一處公園發生一起謀殺案，在凌晨三點的時候，一位年輕的女士被一殺人狂殺害。作案時間長達半小時，附近住戶中有38人看到聽到女士被刺殺的情況和反覆的呼救聲，但沒有一個人出來救援，也沒有一個及時打電話給警察。事後，所有媒體都譴責紐約人的冷漠。但心理學家指出：在出現緊急情況時，正是因為有其他的目擊者在現場，才使得每一位旁觀者都無動於衷，他們可能是在觀看其他觀察者的反應。這種旁觀者效應事實上是責任感的欠缺，就像在公司裡，有的員工就會認為：公司這麼大，其好壞都非自己所能影響，於是對能力所及範圍內的事情就變成視而不見。看到有人私自拿走公司的物品，裝作什麼都沒發生；遇到顧客投訴，為省麻煩，回以「這不是我的職責」。

有的員工對責任有畏懼心理，害怕對結果負責任，總是希望公司能給予一個比較寬鬆的環境；希望能從老闆或上級得到對每一件工作的明確指示，也希望他們複查每一件工作，如果出現問題，那麼大家可以一起承擔責任。這種不求有功但求無過的員工，其最後的際遇可想而知。

因此主動積極的承擔責任，就是別人沒有告訴你，你已正做著恰當的工作。主動承擔責任是快樂，而被動承擔責任就會產生抱怨和不情願，因在其看來責任就是壓力和負責，能脫身就脫身。每個員工都希望自己在公司中是不可或缺的，但只有如同在為自己的家一樣的為公司承擔責任時，才會意識到自己在公司中是重要的，承擔的責任越大，說明我的能力越強，公司對我越重視，今後在公司的機會越多。

約翰是一位剛畢業的大學生，在一家鋼鐵公司工作還不到一個月。有一天他發現很多煉鐵的礦石並沒有得到充分的冶煉，一些礦石中還殘存著沒有被冶煉好的鐵，這樣公司不是會蒙受損失嗎？於是他找到負責這項工作的現場工人，說明問題，但工人說：「如果技術有問題，工程師一定會告訴我，現在還沒有哪位工程師來找我，這表示沒有問題。」

約翰又找到負責技術的工程師，工程師很自信的說公司的技術是世界一流的，怎麼可能會有這樣的問題。所以工程師不但沒把約翰看到的現場狀況視為大問題，還認為這個新人多事。

但約翰仍認為這是一個大問題，於是拿著沒有冶煉完全的礦石找到公司負責技術的總工程師說：「先生，我認為這是一塊沒有冶煉好的礦石，您認為呢？」總工程師看了一下說：「沒錯，你說的對，這是哪來的礦石？」約翰說：「是我們公司的。」總工程師訝異的說：「我們公司的技術是世界一流的，怎麼可能發生這種情況？」約翰仍堅持說：「工程師也這麼說，但事實確是如此。」

總工程師有點生氣的說：「看來是出問題了，但為什麼沒人向我反應。」於是召集負責技術的工程師們到工廠，果然發現許多冶煉不充分的礦石，經過檢查，原來是監測機器的一個零件發生問題，才導致這種結果。事後，總經理知道後，不但獎勵約翰，並提升為負責技術監督的工程師，同時感慨的表示：「我們公司並不缺少工程師，但缺少負責任的工程師，這麼多工程師就沒有一個人發現問題，甚至在有人提出問題後，他們還不以為然。對一個企業來講，人才是重要的，但更重要的是真正有責任感和忠誠於公司的人。」

另一個例子是在一所大醫院的手術室裡，一位年輕的護士是第一次在手術室裡工作。在手術結束，醫生要縫合的時候，她對外科醫生說：「大夫，你只取出了11塊紗布，但我們用了12塊。」醫生斷言的說：「我已經都取出來了。我們現在就開始縫合傷口。」但護士抗議的說：「不行，我們用了12塊紗布。」醫生嚴厲的說：「由我負責，開始縫合。」這時護士激動的喊著：「你不能這樣做，你要為病人負責。」這時醫生露出微笑，舉起左手，讓護士看了看第12塊紗布，然後說：「你是一位合格的護士。」並說在考驗她是否具有責任感，而她確實具備這一點。

　　另外，服從、負責並不是要盲目的奉行，如果老闆或上級的指示，將嚴重影響公司利益時，那麼一定要誠懇、理性的提出，因為任何一個老闆或上級都不會因員工的責任感和忠誠而加以刁難，相反的，還會慶幸為公司和自己找到一個值得信賴的員工。

## 三、守時

　　每家公司都有固定的上下班時間，而守時就是不遲到、不早退，這表示對工作的重視。為了預防交通上的因素，最好是早上提早出門，並堅持提前15分鐘上班，做一些清潔或準備的工作；下班時，則要待上司或資深的同事以言語或行動發出可以走的指令後，再收拾辦公桌、結束工作，離開公司。

　　在與客戶相約後，要切記不守時就無從樹立個人的信譽，沒有人願意信任一個連約定時間都遵守不了的人，也不會有人樂於同拖拖拉拉、效率低落的合作伙伴作生意。而遵守時間的人一般都不會失言和違約，都是值得信賴和可靠的。因而要將約會視同契約，約會遲到即是一種違約行為；對自己的工作時間表應作稍為寬鬆的安排，以免因其中某一項工作多花時間而延誤了其他約會時間。重要約會，事先請同事協助提醒；對於陌生的約會地點，事先應熟悉周遭環境，如交通擁擠情況、停車困難度等；假如預計即將遲到時，則盡快打電話通知對方。

　　在本身的工作方面，應為工作設定最後期限，用時間限制幫自己施加壓力，到時才能準時完成。但為了預防突發事件可能導致的耽擱、延誤，應設定提前完成的緩衝時間，另外就是養成習慣在每天下班前幾分鐘擬訂第二天的工作日程表，對於成功者來說，這種時間管理計畫是最常用的一種方法，把每天要做的事情，按其重要性大小編成號碼，第二天第一件事就是先做第一項，直至完成，接著再做第二項……。而如果拖到第二天上午再列工作日程表，就容易變得草率，因為那時又面臨新

的一天的工作壓力，在這種情況下所排定的日程表上往往所列的只是緊急事務，而漏掉了重要卻未必是最緊急的工作。

## 四、不找藉口

在工作遇到困難或束手無策的時候，最常出現的就是找藉口；環境不好、公司制度有問題、上司不懂或有偏見、同事不配合、廠商誤事等，似乎有了藉口，就可以掩飾過失和錯誤，就有了敷衍別人、原諒自己的擋箭牌。所以有許多人忘記身為員工應為職責全力以赴、苦思如何解決問題，而是把時間和精力用在如何尋找一個合適的藉口上，或如何把自己應承擔的責任轉嫁到同事身上。但找藉口一旦養成習慣，就會試著去尋找更多的藉口。然而藉口永遠無法改進自己的處境，反而會使工作變得拖延、沒有效率，甚至使自己對任何重大任務都失去了實踐的勇氣和信心，更失去表現及升遷的機會。

海曼先生在退休的時候，有豐厚的退休金及社會保險金，但他並不快樂，他說：「我在公司多年，勞苦功高，今天我退休了，原本應該是一個值得紀念的日子，但我並不快樂，甚至覺得這是我一生中最悲慘的一天，因為我面對自己的一生，感到一事無成，徹底失敗。原本我和董事長班傑明先生一起進入公司，但他很努力，節節升遷。我以前總認為班傑明並不比我聰明，他只是願吃苦，禁得起磨練，能全力投入工作，而我沒做到這一點罷了。但其實公司有很多機會，我只要抓住都可能得到晉升。如有一次，公司派我到西部去掌管分公司，但是我自己感覺到有點困難而婉拒了。而每當這種絕好的機會來時，我總是能找到一些藉口來推托掉。現在我退休了，一切都已成為過去，我什麼也沒有得到，真可說是往事不堪回首。」在海曼先生的職業生涯中，害怕承擔責任，總是找藉口搪塞工作，結果到工作生涯結束時，毫無成就感可言。

所以要調整自己的心態，透過積極的行動，消除一切想要找藉口的想法和心理。而一位負責任的員工應該學會為兩件事負責：一件是目前所從事的工作，這能使手上的工作做得更出色，並在不斷學習中超越目前的職位；另一件是為以前所從事的工作負責，這不但能使工作做得出色，並能取得別人的信任，更快的達到在職場中的優異表現。

要勇於負責，不找藉口，就要不斷充實自己專業技能、知識，並擴及其他相關領域，養成自信心，或利用微笑來鼓舞勇氣，立刻去執行應負的職責，並勇敢向上司承認自己的錯誤和失敗，保證以後不會再犯同樣的錯誤。

一個員工不再找藉口的時候，沒有了任何退路，只有毫不保留的，有多少力出多少力，全心全意的投入，要做就要做最好的，這樣才能成為公司裡不可或缺的人。

## 五、注重自身形象

企業的品牌和形象的塑造，日益受到重視，但企業的形象不僅體現在產品、廣告、辦公環境等方面，更重要的是表現在每個員工身上，透過員工的形象，可以反映出整個企業的精神內涵和文化理念，提升企業的社會形象，並獲得客戶的信任。

員工形象的建立，首先就是穿著。以下這個實驗顯示兩種不同穿著的效果。讓一百位25歲左右出身於美國中上階層的年輕大學畢業生。其中50個穿著像是中上階層的背景，50個穿的像中下階層出身，然後把他們送到100個辦公室中，聲稱是新來的公司經理助理，去檢驗祕書對年輕人的配合態度。然後讓這100位年輕人分別給祕書下達指示：「小姐，請把這些文件幫我找出來，我在某某先生處」，隨後離開，不給祕書回答的機會。結果發現，只有12位穿著中下階層服裝的人得到了文件，而有42位穿著中上階層服裝的年輕人得到了文件。顯然祕書們願意聽從那些

穿中上階層服裝的年輕人的指令，並與其配合。這就是因為人本能的以外表來判斷、衡量一個人，並由這個判斷決定對對方的態度，祕書們對服裝本身並沒有評論，但服裝標示了人所代表的階層，而這樣的標誌影響著在社交上的可信度及別人的配合度。

同樣穿著也影響著公司與外部的互動，有一家企業的負責人要下一批訂單，角逐訂單的兩家公司的實力、產品品質和價格、售後服務都不相上下，但負責人很快就做出選擇，選擇的關鍵，在於司機的制服。原來兩家公司都派了司機接送，其中一家司機的制服已很久沒洗，連領口都變黑了；但另一位司機的工作服卻乾淨整齊，這顯示出：「如果連一位司機都知道保持整潔，那麼這家公司效率一定非常高，管理也一定非常好，品質必然沒有問題。」

因此一般企業對員工的穿著會有些成文或不成文的規定。如果有統一制服的話，應每日保持其整齊清潔；如公司沒有明文規定，多少也會形成一些習慣，而穿著必須要符合此種習慣。如一位男士前往廣告公司參加面試，為了讓自己看起來非常完美，穿上深藍色西裝、筆挺的白色襯衫，並配上傳統領帶，但在抵達該公司後，卻驚訝的發現辦公室的每個人都穿著休閒時尚的衣服，最終他沒有取得該份工作。因為穿著代表一個人的觀點，他的衣服無聲的向大家說明了他是怎樣的一個人，而並不適合該公司的企業文化。

因而穿著的服飾應適合工作場所的性質，如微軟、Google、雅虎的員工穿著較隨意，因其屬於朝陽企業，著重於創新、激情的文化。而通用汽車、寶潔、諾基亞都屬於傳統產業，一種傳統莊重的形象更與公司文化相匹配，所以每個人從事的工作性質決定了衣著的正式程度，如在律師事務所，銀行、保險等金融機構，應該穿得比較正式。又如一位業務員每天和客戶打交道時總穿著運動夾克和褲子，但當需要拜訪一些大公司的時候，就換西裝、繫上領帶，十分得體的去見客戶。又如在電腦公司上班的員工

是從事技術性的工作，不經常見客戶，可穿著一套工作休閒服。一位女記者不免經常與各種人打交道，為了採訪工作的順利進行，就應設法創造輕鬆愉快的氣氛，避免給受訪者造成壓力，衣服的穿著要使人覺得易於親近。此外穿著的服裝也要適合個性風格與自己的職位。

　　個人良好形象的建立除了穿著外，尚需注意辦公室禮儀上應注意的事項。

## （一） 微笑

　　微笑輕而易舉，不用花錢，卻永遠價值連城。一位百貨公司的人事經理曾說：「我寧願僱用一名有可愛笑容而沒有唸完中學的女孩，也不願僱用一位擺著撲克臉的博士。」一位顧客從食品店買了一袋冷凍水餃，回家打開一看，都發霉了。於是充滿怒氣的找到營業員：「你們店裡賣的是什麼東西，都發霉了，你們不是拿客人的健康開玩笑嗎？」周圍的顧客聞聲都聚攏過來。營業員卻面帶微笑的連聲致歉說：「對不起，對不起，沒有注意到食物變質，這是我的工作疏失，非常感謝您為我指出來，您是選擇退錢還是換一袋？」面對誠懇的微笑，顧客自然不便再說什麼。微笑為什麼能緩和顧客的情緒？因為心理學家分析，當人們看到一張笑臉時，大腦神經系統就會受到指令，然後指揮面部肌肉展示微笑，因而會以微笑來回應對方。

　　因此微笑是自信的標誌，也是禮貌的象徵，不但能保持自己外在的良好形象，而且也影響著自己和別人的情緒，讓人的外表充滿愉悅、活潑的神采。但是在微笑的時候，要發自內心且充滿活力。因為不真誠、不自然、假裝和心懷叵測的微笑，不但不會為形象加分，還會破壞原本坦然的形象。真誠的微笑則讓人透過微笑看到自己的真摯情感。

　　所以養成在工作場所，時時以真誠的微笑面對同事與客戶，並讓自己在愉悅的心情中工作。

## （二） 手勢

在人際交往的過程中，會用手勢傳達各種不同的信息，如友好、真誠、自信、焦慮、高傲、輕視等，手勢可表達特殊含意或情緒表達。如在說話的時候與別人拍拍打打，通常修養不高；如在與別人講話的時候，以手在桌上敲叩單調的節奏或用筆桿敲打桌面或抖動雙腳，是表示對於對方的談話沒有興趣或厭煩的表現，而這些忽略的小動作經常會損及自己的形象而不自知。

手勢中非常重要的是握手的動作，它可以顯示出握手人的修養、心態和性格，不同性格、修養、心態的人，握手時的掌心朝向、時間長短、力量強弱或用雙手還是單手等都是有所不同的。如手掌心向上是一種最善意、友好的掌勢，因掌心朝上是一種表示誠實、謙遜和屈從的手勢，不具威脅性，在請別人幫忙時，對方不會感受到強制性；在上司與下屬之間，下屬在受到指示的時候也不會因而感受到任何威脅的成分。此外在握手時，距離對方約一步左右，上身稍向前傾，兩腳以左腳稍向前邁一點，伸出右手，四指併齊，拇指張開，眼睛直視對方，手要向上下略用力擺動，並且握得較緊較久，可以顯示出自己的熱情和誠意，給人好印象。

## （三） 坐、立、行

良好的姿勢表現出良好的精神風貌，為了良好的形象、工作的需要，必須要有正確的立姿、坐姿和行姿。

在坐姿方面，文雅的坐姿是展現自己氣質和風度的重要形式，上身自然挺直，雙膝、雙腿要併攏，雙手自然垂直放在雙膝上，這種坐姿顯示的是自信、自律。其次要坐得文雅大方，切忌在與同事、客戶、上司講話的時候，抖著腳、蹺著腿、撇著V字腳的坐姿都有傷大雅，甚至讓對方覺得你輕率、不專心、口是心非。

立姿切忌縮頭、駝背或下意識抖動肩膀，或用手揉褲子。正確的站姿是：兩腳自然為兩個拳頭左右的距離，身體重心放在兩腳上，頭、頸、身軀和雙腿與地面自然垂直，兩肩放鬆並保持齊平，雙肩和身體兩側自然下垂，手指自然彎曲，掌心向內輕觸褲縫，挺胸抬頭，兩眼平視，面帶微笑。此外站立時要避免無精打采、聳肩弓背或單足抖動。

行姿，在走路的時候，應當是身體挺立，兩眼直視前方或目的物，使用腰力，兩腿有節奏的向前邁步，並大致走在一條等寬的直線上，行走時要步履輕快，不能拖著腳步，兩臂則在身體兩側自然擺動。

## 六、辦公桌的整潔

要想給上司、同事和訪客留下好印象，絕對不能忽略自己的辦公桌，辦公桌是否整潔，是工作進行是否能有條有理的重要關鍵，因為整齊就是效率，如木工師傅的工具箱裡，各種工具排列有序，不同長度的釘子分別放置，使用起來隨手可得。而每次收工時把工具放回固定的位置或是把工具隨便丟進箱子裡所花費時間相差不多，但效果卻完全不一樣。同樣的，如果把桌上清理的整潔，只保留與目前手上工作有關的東西，會使工作進行的更加順利，但如果桌上堆滿雜物：用過的紙杯、書刊、一堆筆、修正液等，或不想忘記所有的東西而將文稿、公文、資料，凡是我們想記住的東西放到辦公桌上一堆資料的頂端，這樣就易於看到、找到，但事實上東西堆得越高時，就會忘記下面放的是什麼東西，以致在需要某份資料時，就開始在資料堆中翻找，時間就浪費掉了，結果卻沒有找到。特別是在上司要索取資料卻找不到時，更是不知該如何交代，這樣的工作方式會有效率嗎？

因此要把辦公桌上所有與正在從事的工作無關的東西清理出來，把立即需要做的有關資料找出來，其他的按照分類分別放入資料夾中或抽屜裡，這樣做的目的是提醒自己，現在所做的工作是此刻最重要的工

作，一次只做一件事，全力以赴，才能把事情做好；而太多的資料文件放在旁邊，容易造成分心。並且在開始工作的時候就要將會用到的必需品，如影印紙、筆、文件夾、膠水、剪刀、相關名片等準備好。

至於文件資料處理的最佳方式就是分類歸檔，如第一類是需要立刻處理的工作項目；第二類則是不急但相當重要的文件資料；第三類則是可以在空閒時閱讀處理的文件資料。而一當拿起這些文件資料時便立刻進行處理。另外也可將文件資料按性質分類歸檔。

對於不需要的文件資料則可除理掉。員工所有的文件資料可分二類，一是公司共享的資料，如政府法令、公司內部的規章制度、業務資料等應妥善保管。二是員工個人專用資料，是個人工作所需的資料，如無保存價值的可予以銷毀以節省空間。如無把握是否有保存的必要，可請示上司、請教前輩或依個人累積的經驗來判斷。

至於多出的紙杯、用完的餐具應隨時處理掉，對和自己工作有關或有用的客戶，其他各方朋友的名片或來訪者所留的姓名、公司、地址、電話、電子信箱、個人特徵等基本資料可輸入電腦建檔，然後可丟掉這些占空間的越集越多的名片。多出的筆及文具可放入抽屜，桌上則可放置多層的文件架。

在每天下班前，則應抽出時間，將桌面清理乾淨，完美的結束今天的工作。

## 七、不捲入小團體和批評同事

在任何公司內部都存在著複雜的人際關係，特別是當工作分配、職位升遷或利益分配時，不論其立基點如何公正，都會因某些人的主觀因素而變得複雜化，以致糾纏不清，隨著這些主觀因素的逐漸蔓延，原本簡單的同事關係、上下級關係變得複雜起來，一家公司裡就會出現許多小團體，更由這些小團體滋生出許多糾葛不清的話題。而在公司裡待久

了，往往不知不覺的也被劃入各小團體中，如是誰招募進來的、在誰的手下工作、是誰的校友或同鄉，甚至彼此有幾件共同的喜好，都可以分門別類的歸入不同的團體。有時候能否成為小團體中的一員，對職業生涯有著相當的助力，但也可能從此被打入谷底。

在工作場所，總會碰到同學、朋友或興趣相同者，若能進而建立良好人際關係，自然對自己會有所幫助，但應注意保持適當距離，因為當和某人或少數人過從甚密的時候，就會影響到與其他人的交往，因此在能力、時間可及的範圍內，應該擴展和同事交往的範圍，並且多培養嗜好，廣泛涉獵不同領域的知識，並擁有不同圈子的朋友，以避免被定位，也要盡量避免涉入小團體間的相互鬥爭。

同事間相處，特別是小團體的成員在一起聊天的時候，不能保證只談公事而不涉及人與人間的關係，也沒有人能做到每說一句話前都思考再三，對別人一點褒貶都沒有。甚至會針對某人說出一堆壞話，在這時候不應附合說起某人的壞話，因為這些壞話可能被加油添醋的傳到對方耳中，引起對方的反擊，甚而形同寇仇，所以在面臨這種情況時，要端正自己的態度，不要為其言論左右自己的思想和情緒，隨之起舞，應以微笑作為反應，微笑可以表示領略，也可以表示歡迎，還可以表示聽不清對方的話，這樣既不得罪說壞話的人，也沒有參與說壞話。

至於自己若聽到被人在背後說壞話的時候，應該先自我反省，自己是否做過什麼事、說過什麼話，讓對方不快。其次可以找對方問清楚原因，如：「是否可以告訴我是什麼問題？」如對方什麼話也不願說，則可直接告訴對方：「我知道你對我似乎有所不滿，我認為我們有必要把話說清楚。」其三，可委婉的警告，如對方不肯承認對別人說過你的壞話，則可跟對方說：「我想可能是我誤會了，不過，以後你如果有任何問題，希望你能直接告訴我。」你的用意是讓對方知道你不會坐視對方的言語。但如果類似現象繼續不斷發生的話，可告訴對方：「既然彼此

的問題無法解決，有必要讓老闆知道這件事情。」如仍無效，只有直接向老闆報告。

最後在公司內，應不談論別人隱私，而首先應不與同事分享隱私，當碰到同事善意的詢問，他可能是關心也可能是窺探，這時不要誤以為對方是心理醫生而全盤托出，自己內心要把握一定的尺度。同樣的，也不刺探別人隱私，縱使知道了也要塵封在記憶中。在聽到同事談論某人隱私時，要裝做沒有聽到，絕不能進而散布。

在職場總是有精於心計者，為了成功不擇手段。如有些人會利用閒聊或合作，來竊取別人的點子據為己有，以討好上級或獲得績效。有些人善於推卸責任，出了問題，沒趕上進度，立刻將責任推到別人身上，甚至假扮成受害人置身事外，等到被陷害者發現時，再解釋也沒有用，上級或老闆腦中已形成定論。

面對這些人，要設下自己的底線，大家互不侵犯。對於喜歡占便宜的同事，則保持距離，避免合作，合作時一定要留下紀錄；或者專注工作，並避免談論自己工作的事情。

## 八、服務規範的舉例

美國迪士尼公司的服務規則

第一條　　從業員應遵守下列事項：

一、　遵守服務體制，服從上司的指示。

二、　保持品格，崇尚誠意，重視名譽，溫和誠懇待人。

三、　工作須誠實、認真、迅速且努力不懈。

四、　增廣知識，鑽研技能，為他人之楷模。

五、　嚴守業務機密，不得外洩。

六、　各種設備、器具、借用物品，須加保護愛惜。原料、物料、消耗物品須力求節約。

七、　工作時間內，不得有與業務無關的行為。但如有不得已
　　　的事由，參加團體活動者，應獲得公司的同意而為之。

八、　不得非法結黨、互相反目或無理要脅，煽動罷工風潮或
　　　擾亂秩序。

九、　從業員間有意見不合情況者，須立即報請主管裁斷調解。
　　　不得相互毆鬥、胡鬧，更不得懷恨，在外尋仇報復。

第二條　從業員如欲兼辦其他職務或從事商業者，須事先向公司報告
　　　　備案，但公司認為業務上有妨礙者，則不予允許。

第三條　從業員在公司外時，應佩戴規定的職員職章，在公司內時佩
　　　　戴名牌，或攜帶另行規定的身分證明書。

第四條　從業員因故意或過失而使公司遭受損害者，需負賠償責任，
　　　　但如係過失者，得酌情予以減免。

第五條　從業員在工作時間內，為行使公民權利或執行公眾職務時，
　　　　得請求必需的時間，但於不妨礙行使權利或執行公眾職務時
　　　　的情形下，得變更時間。

第六條　從業員為業務上需要時，應予變更職種，或協助其他業務。

第七條　一、　從業員上下班時須由規定的門戶進出，並親自打卡，或
　　　　　　　於簽到簿上簽到。

　　　　二、　從業員於發出開始工作的信號時，須立即進場準備隨時
　　　　　　　工作，至結束工作的信號發出而結束工作時，須整理現
　　　　　　　場以免妨礙次日的工作，之後迅速出場。

　　　　三、　結束工作信號已響而當日預定的工作尚未完成者，服從
　　　　　　　上級的指示。

第八條　從業員有下列情形之一者，不准進場，或命其退場。

　　　　一、　帶有酒味者。

二、　攜帶非工作上必要的火燭、凶器或認為危險性器物者。

三、　衛生上認為有害者。

四、　處於停職期間者。

五、　業務上已無必要，而仍在公司滯留不去者。

第九條　因私事外出者，須事先受所屬主管的許可，而在休息時間內辦理。但有特別事由者，在工作時間內，亦可准許外出。

第十條　從業員因私事會客須在休息時間內，並指點地點會晤，但情形特殊而受所屬主管許可者不在此限。

第十一條　從業員因業務上的需要，得要求其居住於一定地區或宿舍，但須經主管核准為限。

第十二條　從業員因傷病或其他事由而欲請假或遲到、早退者，應事先向所屬主管報告，並經核准，但情形特殊者，得於事後迅速報告備案。

第十三條　從業員因病需請假一星期以上者，須提出記載休養必要期的醫師診斷書。

第十四條　從業員欲為私事而旅行者，應事先將其旅行地點、連絡地點，所需日數明確告知。[7]

## 注釋

▲註[1] 邢群麟、王愛民編著，《跟科特勤學營銷》（哈爾濱：黑龍江科學技術出版社，2008年11月），頁25-26。

▲註[2] 黃秀媛譯（Robert Slater原著），《沃爾瑪王朝》（北京：中信出版社，2004年8月），頁56-57。

▲註[3] 子婭、張小君譯（理查德‧博恩原著），《邁克‧戴爾傳》（北京東方出版社，2004年1月），頁162-163。

▲註[4] 康毅仁譯（斯蒂芬‧狄福原著），《惠普之道》（哈爾濱：哈爾濱出版社，2004年7月），頁65-66。

▲註[5] 魯剛偉譯（Ram Charan及Noel M. Tichy原著），《持續增長》（北京：中國社會科學出版社，2005年3月），頁198-199。

▲註[6] 奧美公司著，《奧美的觀點》（北京：中國人民大學出版社，2006年8月），頁91-92。

▲註[7] 宿春禮、邢群麟，《世界五百強面試成功指南》（北京：中國和平出版社，2006年9月），頁404-405。

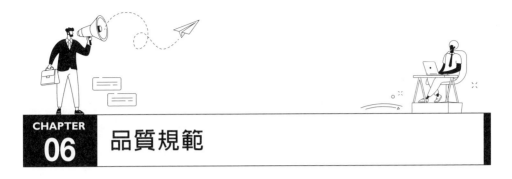

　　保證產品品質是提高企業競爭力，贏得客戶滿意和信任的最好保
證，企業也只有加強、提高產品品質的控制，才能夠以高品質的優勢面
對市場激烈的競爭，並且也只有提升產品的品質，才得以降低成本，增
加利潤。

　　為了要確保企業的品質必須要遵循三個原則：一、無論是產品或服
務，從開始就不要生產會引起消費者不滿的不良品。二、萬一因為不能
遵守第一條原則而造成不良品，則不要讓不良品流到消費者手中。三、
如果連第二條原則也未能遵守，出現了不良品且流到消費者手中，則應
迅速採取措施。[1]其中從一開始就不要生產不良產品，所投入的品質成本
是最低的，並且能建立起消費者對品牌的忠誠度，不但能減少客戶的流
失率，而且能留住老顧客，而這是所有員工的共同責任。

　　如惠普公司對待品質管理的原則是：品質要設計進每個產品。因
此，品質保證首先從研製設計階段開始執行，然後貫徹到生產和銷售的
全過程，並反饋回研究設計。亦即產品品質是透過設計、生產和服務保
證的，而不僅是單純的通過檢驗保證的。因而惠普公司樹立起這樣的體
認：產品品質與每一個員工都有關係，而不是只與品管部門有關。如在
研製時期，設計人員要對所選用的零件進行詳細的測試，對不良的零件
則進行詳盡的分析，以找出零件供應商在工藝和製程上所存在的問題，
並協助提高產品品質；此外並採用數學模型來評估產品的可靠性，以保
證產品能達到最高指標。除在試產階段的試驗外，在正式投產階段，品
管部門還要站在用戶的立場上對產品進行抽樣檢查，並與生產部門審查

已發現的故障和問題,並畫出產生故障的機率曲線,從而使所有相關人員都了解潛在問題,並採取對策。

在此,可以發現對品質的提升是以人為中心的一項努力工作並及於產銷的全部過程,如日本的日立公司的品質管理的核心就是「以人為中心」,強調全員參與,其具體措施則是「3N、4M、5S」的品質管理方式。

「3N」是指品質管理的原則為「不接受(No accepting)不合格的產品、不製造(No manufacturing)不合格的產品、不移交(No transferring)不合格的產品」。經由三個「不」來控制生產全過程的品質,以確保經過每位員工之手加工的零部件都達到百分之百的合格率,達到零缺陷的品質目標。在每一個職位上的每位員工心中都建立起「生產自己和顧客都滿意的產品」的理念,俾形成一個注重品質、保證品質的有效機制。

「4M」是指對人(man)、機器(machine)、材料(material)、方法(methods)四種品質管理要素的科學運用,即在人的方面要激發其最大的競爭意識,機器則要維持最高的開工率,材料要達到合理的投入產出,方法要應用最佳的手段和途徑。其中突出對人的管理和發揮人的能動作用是「4M」的關鍵。

「5S」係指進行文明生產的五個管理手段,即「整理、整頓、清掃、清潔、身美」。整理是把要與不要的東西徹底分開,要的擺在指定位置,掛牌明示,不要的則斷然處理掉。整頓是一經檢查,發現未作標誌又未處理的物品,現場管理幹部將追究當事人的責任。清掃就是將工作場所、環境、儀器設備、材料、工具夾等上面的灰塵、汙垢、碎屑、泥水等髒物清洗抹拭乾淨。清潔是指在以上三個環節之後的日常性維持活動,如每天下班前三分鐘或五分鐘實行全體員工參加的清潔作業,能使整個工作環境隨時維持良好的情況。身美就是培養全體員工的良好禮節、工作習慣、組織紀律、敬業精神。而「5S」的目的就在於創造一個

清潔、舒適、健康的生產環境，並規範員工的行為。至於「5S」的時間，在每週末為15分鐘，每月末為半小時，每年底為2小時，而不間斷的作下去。[2]

其中「5S」的管理手段在服務業品質的提升上更顯重要。

但在本書中並不探討提高品質的各種專門技巧或管理方法，而就職場倫理此一課題中「人」的因素，來探討如何經由員工管理的途徑來提高生產與服務的品質。

## 壹、人的因素

企業組織的運作、產品的研發創新、工藝技術的提高，都是由人在主持，因而企業的成長發展就需要仰賴積極主動參與的優質員工，而欲獲得積極態度的高素質員工，可採取以下的措施：

### 一、對員工態度的改變——尊重、關心

管理應是一種服務，而不是控制。過去總認為幹部的工作是指揮和管住員工，但事實上員工也是企業主、幹部的同事，彼此相互依存。曾有企業家形容：「企業好比一個圓，廠長是圓心，工人是圓周，若圓周沒有了，我只是一點，而不成為圓。」所以不論是公司的負責人或幹部都不能讓自己成為脫離圓周的、無所作為的點。因此在企業內部，領導和員工應是「倒金字塔」的關係，領導處於最低層，員工是中間的基石，顧客則永為第一位，員工為顧客服務，領導則為員工服務。如美國沃爾瑪公司對於所有的幹部提出這樣的要求：「如果想要事業成功，那麼你必須要使你的同事感覺到你是在為他們工作，而不是他們在為你工作。」領導人或管理幹部不是坐在辦公桌後面發號施令，而是要走出來直接與員工交流、溝通，並及時處理有關問題。

如中國生產飲料的娃哈哈集團的宗慶後之成功亦在於尊重全體員工的主人翁地位，以激勵他們的積極性和創造性，並激發他們的責任感和參與意識，使員工感覺在娃哈哈集團工作，可以最大限度的實現自己的價值，因而縱使工作很忙，經常出差，但每次回來的第一件事就是到廠房看看一線工人，了解生產情況，看看職工有什麼想法。

　　又如日本的松下幸之助認為如果能夠把員工都當成顧客，他們就像顧客一樣的有權提出些無理要求，雖然自己內心不盡然心平，卻必須盡力使他們滿意，以讓他們樂意購買我們的產品。因此，如把員工當成顧客，即使是無理的要求，最後也會以感激的心情去接受。至於對努力盡責的員工，如果能把感激之情誠懇的表達出來，會使員工振奮更加倍的努力工作，即使因員工眾多而無法一一致意，但只要心懷感激，在行動中會自然的流露出來。所以松下每天都會自問：「今天要給幾位員工端茶？」雖然他並沒有為員工端過茶，但員工卻能感受到他的感激之情。抱著這種態度的松下表示：當員工在一百人左右時，要站在員工的最前面，以命令的口氣指揮部屬工作；當員工增加到一千人時，必須站在員工中間，以誠懇的口氣請求員工的鼎力相助；當員工到達一萬人時，則只要站在員工後面心存感激即可；但當員工有五萬或十萬人時，除了心存感激之外，還必須雙手合十，以千手佛的虔誠之心來領導他們。[3]

　　又如韓國的三星航空公司，初次造訪者可能會詢問坐在門邊位子的員工：「請問，經理是那一位？」，但是被詢問者正是經理本人。但是按照韓國公司的習慣，主管辦公桌應該放在寬大辦公室的最裡面，並且應該靠窗戶以確保光線充足、空氣新鮮，門口旁邊的位置則是為祕書或接待員準備的，為什麼在三星航空正好相反？原來在1991年時，李大原經理由三星集團的第一紡織廠調到三星航空公司上班，有一天，李大原在環顧辦公室四周後，認為：「位置擺錯了」，指示部屬把他的辦公桌搬到辦公室的門口邊，這樣可以為一線員工創造更好的工作環境，因為若經理坐在辦公室的盡頭，來找經理的人就必須穿過辦公室，這樣的進

進出出會妨礙員工；另外，經理的辦公桌占據了太大的空間，就占去一線員工的工作空間，這是不合理的，基於這種思考，他決定重新調整位置和辦公空間。剛開始，他有點不習慣，因為外人來洽事時，他必然會被當成祕書；郵差送信時，把信往他桌上一扔就走；形形色色的商人找上門來問東問西；員工們進進出出的開門聲鬧得他心煩意亂，無法安心工作。但他還是堅持下來，因為「為下屬創造了一個安靜的工作環境，也算盡到了主管的一份職責。」[4]

在福特汽車公司的過去有一則事例：有一天，福特公司社會部的主管馬金博士接到某一廠區的一份報告，指出有一位70多歲，名叫喬治的黑人員工，在停車廠工作，因為年齡已大，視力也在逐漸衰退，但因為家庭經濟因素，堅持繼續工作，然而這樣是很危險的，故詢問公司可否給他養老金，讓他退休回家休息。馬金博士看完報告後即派一位屬下親自到該廠區進行了解，而調查結果顯示：喬治的視力確已嚴重退化，並在逐漸失明中。至於喬治的家中，他的太太還可以工作，她說如果有適當的機會，她很想工作。至於他們住的房子還有幾間是空著的。另外他們還有一個25歲的兒子，在別的工廠工作，每週的工資是25美元。老福特在明白整個情況後發現了解決問題的辦法：1.把喬治的兒子找到福特的工廠上班，每天的工資是6美元，但條件是他必須要負責贍養年老的父母。2.喬治家裡空著的房間，福特則吩咐屬下代為尋找適當的房客，至於他太太可以做一些洗衣服的工作。而喬治本人則可以在家的附近幫別人看顧門戶，因為這樣的工作很輕鬆，他做起來完全沒有問題。於是在福特的關心下，這位福特公司老員工的家中每個人都有了工作，家庭收入增加兩倍。

這種尊重、關心、愛護員工甚至其家人的管理方法，必然能激起員工對工作全心的投入及積極主動性。尊重員工是非常重要的事情，因為最高水準的服務只有發自內心，因此一個企業只有贏得員工們的心，才能提高產品與服務的品質。

## 二、人人平等

在一個出色的企業裡，領導階層與幹部對員工們往往關懷備至，正是因為有員工，才會有這些成功的企業家與幹部，這一點，他們往往心中有數，而且身體力行，並將企業看成一個擴大的家庭，如在麥當勞公司，職工們不叫「人員」而叫「公司成員」；在迪士尼公司就叫「主人」，在彭尼公司則叫「伙伴」。在艾克蒂維遜公司，電話簿不是按職稱，也不是按姓氏字母順序排列，而是按名字的字母順序排列的。

如在美國沃爾瑪公司，管理人員和員工之間是良好的伙伴關係，公司經理人員的鈕扣上刻著「我們關心我們的員工」之字樣，管理者必須尊重和讚賞他們、關心他們，認真傾聽他們的聲音，真誠的幫助他們成長和發展。而生為公僕的領導幹部要直接與員工進行交流。因而在沃爾瑪，任何一個普通員工佩戴的名牌上都有這樣的一句話：「我們的同事創造非凡」(Our People Make Difference)，並且除了名字以外，名牌上沒有標明職務，包括總裁在內。公司內部沒有上下級之分，可以直呼其名，這有助於營造一個溫暖友好的環境，給員工提供愉快的工作環境。

如在英特爾公司，「人人平等，事事從簡」是公司的一大特色，任何事情不會因為職位的不同而有差別待遇。平等精神在英特爾最佳的例子是總裁與普通管理者一樣，使用的都是標準隔間辦公室。在1974年時，英特爾因為業務進展順利，人事大幅擴充，使得辦公室經常面臨調整，當時的總裁諾伊斯仍決定在辦公室使用上進行小小的革新，即以小型工作室取代正規辦公室，而原有的辦公室一律取消，代之以一人一間小工作室。工作室面積很小，用齊肩高的材料分隔而成，裡面僅有一張桌子、一把椅子、一個書架，公司上下一律如此，諾伊斯本人也不例外；隨著時間的推進，這種標準隔間的辦公室卻作為一種平等精神繼續保留著。後來的總裁葛洛夫也和其他人一樣在一個小房間（一個車位大小）辦公。此外，英特爾的停車場也不會為任何人保留停車位，而是隨

到隨停，即使是葛洛夫，每天也得四處找停車位。曾有人向葛洛夫質疑英特爾在管理上強調一切平等主義，是否會過於虛偽時，葛洛夫回答說：「這並非虛偽，而是我們的生存之道。」因為英特爾是高科技產業，每天都必須結合各種科技精英與經理人員共同制定決策，前者是實際作研究的年輕人，擁有最新的技術；後者則脫離研究工作，但了解趨勢並具有管理經驗，因此職級對促進意見交流，顯然有百害而無一利。只有拋棄職位象徵，才能誠心誠意的溝通、交換意見、互相截取互補，而得到最佳的結論。也因為受到平等開放氣氛的影響，英特爾的員工有勇於向管理人員提問的水準和膽量，而不會因此受到責難和鄙視，但他們的問題卻常包含著真知灼見，管理者也能從而看到自己的缺失。甚至葛洛夫本人也曾遭遇過尖銳的提問。

1985年時，葛洛夫到亞利桑那州的分公司召開員工大會，會中一位女性員工不客氣的問葛洛夫說：「當公司成長的時候，速度往往會比管理者的成長要快一些，英特爾公司是不是已經到了這個程度了？如果英特爾已經到了這個程度，你是不是該打算退休了？如果你不打算退休，那又是為什麼？」這樣的提問在其他企業似乎難以想像，但葛洛夫大笑後認真的回答：「我認為直到目前為止，我還是最好的管理人員，我們大家可以一起把這家公司做得更好，我現在還沒有發現誰會做得比我更好，誰更適合做這份工作。」[5]

再如微軟公司支持人人平等，資深人員及高階管理人員基本上沒有特權，依然要自己起草文件，自己煮咖啡，自己找停車位，辦公室大小不分職級。公司又主張實行「開門政策」，即任何人可以找任何人談任何話題，任何人也都可以發電子郵件給任何人。如有一位新進員工開車上班時撞了比爾‧蓋茲停放著的新車，以致嚇得問上司該怎麼辦？上司回說：「你發一封電子郵件道歉就行了。」一個小時之內，比爾‧蓋茲不但回信告訴她，不用擔心，只要沒傷到人就好，並歡迎她加入公司。所以微軟建立的平等的平臺，使信息更暢通，員工的主動性增強，並能

更早的發現公司在發展中碰到的問題。而由平等更帶來開放的氣氛，員工的心態是開放的，公司決定的事情，往往不是靠行政命令，而是看誰能說服誰，研發項目的組織成員也從不封閉的透過各種途徑進行溝通、討論。這種平等、開放的作風提供了微軟發展的必備平臺。

　　中國的網路搜尋公司百度，其內部的一個基本原則就是尊重與平等，所有人都受到充分的尊重和重視，都可以平等對話，發展機會平等。百度的新進實習生，一樣先體檢，按正式員工報到，拿正式員工的薪資，沒有任何差別對待。所有員工都有平等的發展機會，新員工錄取後按能力分九等級，由評審委員會評定，以後每年兩次審核，升級後待遇立刻調整，即使是實習生只要表現出色，一樣可晉升為主管。另方面在百度可以平等的表達意見，個人想法受到尊重，如該公司有一種「CC（抄送）文化」，即每個員工都可以平等的提出自己的看法、建議和意見，可以自由的發揮自己的創意，對工作做出積極有益的表達。每一個人都可以把自己的觀點直接和上級或同儕說明，也可以把自己的觀點發送到所有他認為有必要知道人的信箱裡，甚至可以把對該觀點感興趣的人組織起來進行討論，這些人可能包括公司高層、同部門或是不同部門的人，這種平等和尊重的自由氣氛，是基於當討論一件事情時沒有身分的差別，而只有觀點的對錯，也因此，沒有人會因為一次想法的錯誤而被人看不起，而任何看似異想天開的想法，如果真的對工作效率有所助益，都將被公司接納、實施。如百度的網頁界面曾作過一次的調整，將首席執行長李彥宏喜歡的藍色框變成灰色框，李彥宏笑著說：「其實我更喜歡藍色框架，但是負責這項工作的下屬意見是灰色，沒辦法。」

## 三、員工的培訓

　　員工的培訓是有計畫的組織成員學習和訓練，提高員工的知識和技能，改善員工的態度和行為，增進員工績效，使企業發展目標與個人發展目標能夠共同實現的活動，對此各企業都有一套具體的培訓計畫與課

程，而就產品品質的提升方面，應著重完成任務所需的知識和技術。故在本書中簡介二種具體的作法。

## （一）新力的方式

新力在人才培養的過程中，有一種「壓擔子」的方式，即公司的高層會把自己對某一種新技術或新計畫的構想告訴相關部門的相關人員，讓他們沿著自己的思路去研究，盡情發揮，最後予以落實。這種作法實際上就是把員工放入實際工作中，讓其面對真實的壓力，以訓練其處理事務的實際能力。而要達到這種培育的目的，公司就要敢於給員工重擔，將他們推向要負更大責任的職位，提供最大化的激發潛力、施展能力的空間，這使得有能力、有衝勁的員工全力以赴，公司的發展也從中得益。

## （二）豐田的個人接觸和前輩制度

為了讓新員工熟悉環境，豐田採取個人接觸的方式，其具體作法是：選出一位前輩，為新進員工的「專職前輩」，擔負著對所有事情的指導工作，包括在工作上、生活上、廠房裡都給予指導和照顧，對人際關係、上下級關係予以協調，專職前輩的任職期間一般為六個月。至於前輩要具備一定資格，其係從到公司工作五、六年的幹部中選拔，並經過技能訓練課程的教育，教育內容由講課和討論所組成，包括幸福的人生、組織中的員工、工作的責任感、禮儀、協同工作、自我啟發等方面，其以受訓者的想法為主，以輕鬆愉快的交談方式進行訓練。透過這種訓練，使前輩建立起為公司培育人才的思想，提升自覺成為優秀後輩指導者的積極性。

在豐田還有一種領導個人接觸的制度。這是對工長、組長、班長施行「協助者」的教育，是一種進行商談的訓練。當一位班長一到工廠就管理指導實際業務，是工廠中的前輩，也是協助者；是品質管理小組的

領導，也是降低成本運動的推進者；同時又是「動腦創新」建議的匯總者，在做這些工作的過程中，不斷提高其作為企業管理人員的素養。因此豐田管理階層與幹部的優異表現，就是經過多方面鍛練的成果，使其既掌握了系統的技術知識，又在工廠有了人事管理的經驗，最終表現出來的就是豐田產品的優異表現。

## 四、內部調升

如何讓每一個員工都能發揮所長，站在最適宜的職位上，日本新力公司的用人有一顯著特色，即具有發展潛力的員工，都有更換不同工作的機會，而不是一直待在一個部門、一個職位上。特別是新力有一個激勵員工的內部調動系統：公司每星期都會將一份特別的時事通訊發給員工，通訊上列出新力集團最近空出的職缺，讓公司的各個員工都可以從中尋找出自己最感興趣而又能夠勝任的工作，然後提出調動申請。因此一位在設計部門做了多年的工程師，如果對市場銷售工作感到興趣，而正好又有這樣的職缺並且條件又符合要求的話，很有機會變成銷售部門的主管。這種調動方式除了可激發員工的長處外，也使員工不會因為始終在同一領域做同一工作而產生倦怠感。此外，在新力公司內部每隔六個月就會由一些專家總結員工的表現，幫其評估這段時間的工作情況，以找出其最佳發展的途徑。這些舉措使員工能感受到公司的重視而激發動能。

又如日本東芝公司的董事長土光敏夫指出公司必須提供員工良好的工作環境，使每個人都能發揮所長，因此採取「自己申報」與「內部招募」的方式。即員工如果認為自己在某個職位更能發揮所長時，可以自動申報；另一方面，當公司某一部門需要人才時，不是立即向外徵求，而是先在公司內部員工中進行招募，以促進人才在內部充分合理的流動，這項制度的施行，在四年間有六百名員工作了內部調動，而有百分之八十的人，認為調動是成功的。

又如日本的富士公司，在內部有缺額或開發新事業而需要人力，除向社會徵求外，也向公司內部公開招考。同時公司每年舉辦一次「向新事業挑戰」的活動，在內部公開徵求新事業的企劃案，在評估可行性後，由公司出資百分之九十，提案人出資百分之十，成立新公司，提案人就是總經理，這激起員工極大的積極主動性。

又如IBM公司認為有能力的員工應該給予具有挑戰性的工作，俾讓他們回家後可以回想他們做了哪些有價值的事情，並能體會到公司的關懷，而願意為公司的成長貢獻心力，因此IBM公司總是在自己公司的員工中挑選晉升對象，否則一有空缺就由外界找人擔任，對為公司努力打拚的員工而言會是一種打擊、挫折，並導致意志消沉，喪失對公司的向心力。

日本松下公司凡招募的員工，都要經過八個月的實習，才能分配到公司的相關職位上，但為了適應事業的發展，公司也規定有下列的補助辦法，以求人盡其才：1.員工工作一段時間後，可以自己主動向人事部門「申請」，要求調動和升遷，經考核合格，提拔任用。2.在職位有空缺時，人事部門也可以在公司內部招聘適當人才，而不一定非在原來單位中論資歷排輩分依序提拔幹部。

## 🎯 貳、激勵的因素

激勵就是透過各種內外在的因素激發人的動機，使人產生一種內在的驅動力，把外在的刺激內化為自覺的行動。員工激勵則是經由各種有效手段，對員工的各種需要予以不同程度的滿足或者限制，以激發員工的需要、動機、欲望，並帶動其潛力，從而使員工形成某一特定目標，並在追求這一目標的過程中，充分發揮人的積極性和創造性。

因為當一個員工受到激勵的時候，意味著三種情形：一、這個人工作「努力」，即指在工作所表現出來的工作行為的強度或者努力的總

和，其可以包括不同類型的工作中的不同類型活動，如一位負責打掃清潔的員工可以透過認真清潔地面而表現出較大的努力，但一位研究員則可因某些較不引人注意的外國期刊上找到一篇有用的論文而表現出較大的努力。二、這個人「堅持」工作，具有持久性，即個人在努力完成工作時所呈現的持久性。三、這個人的行為指向適當的目標，即把努力與持久性引導向有利於組織的方向，不只是數量的增加，更是品質的提高。

至於對員工激勵的作用，則有：一、有利於形成員工的凝聚力。組織的特點，是將不同的人統一在共同的目標之下，並為實現目標而努力，因此組織的成長和壯大，依賴於組織成員的凝聚力，而激勵則是形成凝聚力的基本方式，使員工理解、接受、認同、追求組織的目標而努力。二、有利於提高員工的自覺性和主動性。人的行為帶有個人利益的動機，因而利益是調動員工行為的重要因素，透過激勵，可以讓員工認識到實現組織最大利益的同時，也可以為自己帶來利益，而將個人目標與組織目標統一起來。兩者統一的程度越大，員工的自覺性就越強，其主動性和創造性也就越能發揮。三、有利於員工開發潛力及保持積極態度，因員工的工作績效與能力的表現和激勵水平有關。透過激勵，可以使員工充分發揮潛能，不斷的自我充實以提高工作能力，進而提高產品與服務的品質水準，以及新技術新產品的推出。

## 一、營造榮譽感的環境

企業在創造良好的榮譽感環境時，首先要有榮譽感意識，透過各種途徑來培養員工對企業的歸屬感和榮譽感，以企業的榮衰為己任的主人翁責任感。另以企業的成就與對社會的貢獻來提高企業的知名度和榮譽度，塑造良好的社會形象，以激勵員工對企業的支持與付出，使其發揮最大的自主能動性，以追求最高品質的產出，進而滿足榮譽感。

如美國沃爾瑪公司展開一系列的社區援助活動：為高年級學生升學投保；為兒童醫院募款；和受過特別訓練、負責商店環境問題的環保志工一起宣導有關資源再利用等環保知識。在全國範圍內則為：每年為小鎮或城市提供工業捐款以支持其經濟發展；為攻讀工程技術學位的大學生提供獎學金。

另外則是「沃爾瑪式歡呼」，沃爾瑪的創辦人山姆・沃爾頓在1977年前往日本、韓國參觀訪問時，對韓國一家工廠工人群呼口號的做法頗感興趣，回國後立刻推行「沃爾瑪式歡呼」，在每週六早上七點三十分公司工作會議開始前，山姆都會親自帶領參加會議的所有高級主管和商店經理一起歡呼：「來一個Ｗ！來一個Ｍ！我們就是沃爾瑪！來一個Ａ！來一個Ａ！顧客第一沃爾瑪，沃爾瑪！呼～呼～呼！」另外在每年的股東大會，新店開幕式或其他的活動中，沃爾瑪也常常集體歡呼口號。而這種歡呼口號不僅在美國盛行，並且還推廣到其他國家，特別令人驚異的是素以嚴謹著稱的德國員也同樣練習「沃爾瑪式歡呼」，而且表現出比美國本土員工更高的熱情，沃爾瑪公司國際業務人員博比・馬丁指出：「誰都知道沒人能讓德國人這樣大聲歡呼，然而沃爾瑪做到了。」這種歡呼的活動使沃爾瑪的員工緊密的團結在一起，顯示出公司員工的朝氣蓬勃、團結友愛，有助於鼓舞員工的士氣，增強對公司的凝聚力，最重要的是能從中感受到一種強烈的榮譽感和責任心。日本松下幸之助認為，當公司完成一項重大任務的時候，每個公司成員都會感到興奮不已，因為他們可以看到自身的存在價值，因而此時便是對員工進行團結一致教育的良好時刻。所以松下公司創業的初期，每年正月，公司都要隆重的舉行新產品的出廠慶祝儀式。當天穿著印有公司名稱字樣的制服的員工集合後，松下幸之助常即興揮毫書寫如：「新年伊始舉行隆重而意義深遠的慶祝活動，是本年度我們事業蒸蒸日上興旺發達的象徵。」在松下向全體員工發表熱情的講演後，員工們分乘公司安排的卡車，滿載著新出廠的產品，分往各地的經銷店，經銷店也熱情的歡迎和接受公

司的新產品,公司員工則拱手祝願該店生意興隆,最後員工返回公司,舉杯慶祝新產品出產活動的結束。松下認為這種活動有利於統一員工的意志和榮譽感。

## 二、營造舒適的工作環境

舒適自在的環境,能提高員工的工作心情和效率,如中國海爾公司的一間工廠建造完工後,因為屋頂低,空間小,工人擠在裡面汗流浹背,效率不高,對健康也不利,裝上冷氣空調就舒服了,員工不僅願意加班,就是下了班也願意在裡面多待一會。

如在微軟的辦公室都是獨立的王國,員工可以隨己意布置,就像是自己的家一樣,在這個「家」裡,可以隨心所欲的聽音樂、調整燈光。另外讓員工感到自在的是:在微軟不需穿制服,員工可以隨意穿短褲或T恤;公司提供無限的免費飲料;公司信任員工自行進材料室拿取所需的文具、辦公用品等物品;微軟要求員工的是完成工作,而非工作時間長短,所以員工可以自己選擇彈性的工作時間。

在Google對人才的吸引不完全在於高薪資與股票,而在於提供員工舒適的工作環境,其管理目標是要排除任何影響員工工作的障礙,而幾乎任何優秀、勤奮的工程師所需要的服務都可以找到,並且全部是免費的。亦即在Google寬鬆自由的企業文化中,允許員工帶寵物上班,而且由員工們輪流每星期用一天時間做寵物保姆,辦公室周圍有大片的綠地,其間是悠閒活動的人和寵物。員工都有自己的辦公室,有隔音效果良好的隔板和玻璃窗,既保證彼此聲音不會互相干擾又有良好採光,需要討論的時候把個人椅子搬到一起,想清靜的時候可在獨自空間思索。此外,提供員工一整套額外服務,如一流的餐飲設施、咖啡廳、遊戲機房、鋼琴室、體育館、可練習瑜珈的健身房、游泳池、托兒所、醫務室、按摩室、理髮廳、配有烘乾機的洗衣房、乾洗房、接送班車等。每層樓都有咖啡廳,員工可隨意沖咖啡、吃點心,大冰箱裡有各種飲料供

員工免費飲用。每頓免費的午餐和晚餐都經過精心烹煮。另外還有冰淇淋吧，免費提供口味各異的冰淇淋。

Google的獨特理念就是：天才都是有缺陷的，他們在精神生活上有更高的需求，在生活方面往往更需要被照顧，如程式設計師樂於開發程式而不喜歡洗衣服，那麼公司就讓這兩件事情變得同時簡單化。它不但能為員工著想，而且還能把這種關懷做到細緻入微。

Google在中國的競爭對手百度的總裁李彥宏則認為管理者就是要給員工們提供一個好的工作環境和氣氛，讓有才能的人愉快的充分發揮潛力創造。所以百度一直努力為員工創造輕鬆、愉悅的工作環境。其企業文化是相對的自由和寬鬆，上下班不用打卡，沒有固定的制服，實習生可與主管同處會議室討論問題，工程師沒有很嚴格的上下班考勤制度，只要能在要求時間內完成工作項目即可，因為公司崇尚激情、創造力、自由發揮和高效率。這種作法具有感染力，可以很快的感染新進的員工。

此外百度對員工的關懷表現在各方面，如百度從創業之初，就提供員工免費的早餐，讓員工吃飽後再投入工作。當環境不許可烹調食物時，就為員工提供免費咖啡，幫助精神的放鬆及提神。招聘專業的「健康輔導師」，解決網路公司員工面臨的健康及心理問題，並設有健康輔導室、診療室、按摩室、心理輔導室，按摩室配置先進的按摩設備及中醫理療器材；健康輔導師則根據對公司員工整體健康狀況的了解，制定相應的員工健康計畫。經由上述方式最大限度的緩解員工心理和身體的壓力。[6]

又如臺灣的智邦科技也不吝於給員工福利，公司找地蓋房子再低價賣給員工；在公司內開設幼稚園，並裝設網路攝影系統，讓員工隨時可透過桌上電腦看到孩子上課情況。開放兩間咖啡屋供員工休息、聊天或討論公事，並在公司頂層闢空中花園等。該公司的執行長曾表示智邦

是一個家，「讓員工有家的感覺，才能一起打拚。」為了公司的長期利益，為了三十年、五十年後的智邦，「本來可以賺三塊錢，但留下一塊錢做員工訓練、福利和文化，很值得。」

## 三、參與式管理

心理學的研究表明，員工參與企業經營的程度越深，其積極性就越高，除可有效提升員工的主人翁意識，也可增強企業的凝聚力和向心力。如負責人、管理幹部一起和員工參加會議、聽取員工意見，在公司內部盡量淡化等級觀念，建立彼此平等的人際關係，將公司資訊透明化，這樣員工在感情上就會成為公司的主人而不是受僱者，就會以報知遇之恩的心情努力愉快的工作，認同公司的價值觀和目標，視公司的成功為自我實現或成就感的滿足。

而參與式管理就是為發揮員工所有能力，並為鼓勵員工對組織成功做更多努力而設計的一種參與過程，透過員工參與影響決策，增加其自主性與對工作生活的控制，員工的積極性會更高，對組織更忠誠，生產力水準更高，對工作更滿意。

戴爾公司每年會舉行一次員工大會，戴爾會在大會上說明公司目前業務、當前策略、市場地位及未來計畫。接著他會回答各種提出的問題，並盡量以非常簡單的方式回答，而不會以權威的口吻講話。公司也會在內部網路上公布會議紀錄，讓未出席會議的員工也能了解公司情況。故讓員工參與的最好方式，除了尊重人的平等外，就是資訊公開，讓員工一起承擔公司成敗的責任。

資訊公開，在日本松下就是「玻璃式」經營法，也就是公司的經營與管理要像玻璃那樣透明。對此，松下認為：為使員工能抱著開朗的心情和喜悅的工作態度，採取開放式的經營確實比較理想，開放的內容不只是財務，甚至技術、管理、經營方針和經營實況，都盡量讓員工了

解，這樣可以喚起並加強員工的責任感，以自主的精神，在負責的條件下獨立工作，其具體重點有三：

## （一）　明確目標

如在1932年5月，松下提出自來水的經營哲學，並將這一年稱為創業知命的第一年，昭告員工公司的使命在於繁榮社會，提高人類的生活水準；1935年頒布「五條精神」，並在1937年另增二條，形成松下的七大精神：產業報國、光明正大、親愛精誠、奮鬥向上、遵守禮節、順應同化、感恩圖報；每天早上全體員工開朝會時，除要朗讀七大精神外，並要唱社歌：「為建設新日本同心協力！不斷的努力生產！我們為世人提供的商品，猶如湧泉一般。振興產業、振興產業！」

在具體目標的追求上，松下幸之助在1967年召開年度管理政策會議時，提議將員工的薪資水準提高，超過歐洲的水準，而同於北美的水準，計畫時間則為五年。經過討論，許多人雖然表示質疑該方案之可能性，但主管們仍然配合進行，但員工及管理階層很快的發現，隨著薪資的上揚，必須進行改變，以使產品的成本更具競爭力，所以只做漸進式的改變是不行的，還必須發明更有效率的新方法，採用節省人力的設備，取消不適用的傳統作風而盡量採用自動化，結果在眾人的共同努力下，1971年，五年計畫開始的第四年，員工薪資達到西德的水準，1972年，員工薪資接近美國水準。

## （二）　公開經營實況

有些企業經營者總是喜歡掩蓋公司的經營實況，不論好壞。但松下認為好的時候，把喜悅帶給員工，讓大家一起分享成功的喜悅；壞的時候，也誠實的說出來，靠大家的力量共渡難關。而松下公開公司的經營實況也包括財務的公開。松下在只有七、八名員工的時候，就開始公布公司的盈虧，剛開始員工們都半信半疑，因為當時沒有廠商這樣做，所

以認為松下不過是說說罷了。但不久員工們卻發現松下是誠心認真的在做，都興奮的很，因為從中看到了自己努力工作的成果。松下的做法提高了員工的士氣，更提高公司的業績。

## （三） 技術公開

松下在創業的早期曾為了合成材料的配方而苦苦探索，後經過一位昔日同事的幫助才圓滿解決。而當時一般公司都會把產品的製造方法列為機密，但松下卻在新進員工上班的第一天，就把製造的機密教給工人。一位同業得知後，勸告松下：「松下君，你把製造的機密告訴新進人員，這等於公開機密，這是為你自己製造出競爭的同業，將來會受害的。」但松下回答說：「我認為不用擔心，因為員工們都知道製造方法是機密的，如果洩漏出去，公司必然受到損害，員工們是不會這樣做的。」因為松下認為：「彼此信賴是很重要的，因此也不應該有什麼祕密可言。如果小心謹慎的保守著祕密，心事重重的經營，不但費力也難有好的成效，對培養人才也不利。」

松下這種開放式的作風，是要喚起和加強員工的責任感。他認為企業的經營者應採取民主作風，不可讓部屬有依賴上級的心理而盲目跟從。每個人都應該秉持自主的精神，在負責的條件下獨立工作，所以公司更有義務讓員工了解經營上的所有實情，以激起蓬勃朝氣、精益求精，甚而視公司為自己的家園。

因而將資訊讓所有的員工分享是必要的，如美國的春田製造公司的總裁史戴克認為：「經營公司最好、最有效、利潤最高的方法，就是允許每個員工對公司的營運有發言權，並且讓他們與公司的盈虧利害相關。」所以發展出一套開誠布公的管理方式，讓全體員工參與計畫流程，隨時可自由取得財務資訊及企業績效有關的資料，每位員工並參與一項以計畫目標為基礎的紅利制度，其最終目的是鼓勵員工以自己是公司老闆的觀點思考問題。

　　沃爾瑪的創辦人沃爾頓則認為應凡事和員工溝通，因為員工們知道越多越能理解，也就越關心，而如果他們真的關心，就會全意付出。但如果你不放心讓他們知道事情的實況，他們就會知道你並沒有將他們視為同伴。戴爾電腦公司的邁克・戴爾，在公司每年舉辦一次的員工大會上會說明公司目前業務、當前策略、市場地位及未來計畫，接著他會回答許多問題，所有的問題皆可提出，他盡量不以權威語氣，而是盡量以非常簡單的方式回答，因為這是重申公司目標和任務的大好時機。

　　摩托羅拉公司的創辦人高爾文則認為在公司任何一項偉大成就的背後，能找到的動力未必是卓越的戰略，或者是設想週全的執行計畫，因為「這些偉大成就背後的動力是員工們的意志力量，是因為員工的全身心投入才有的成績。要贏得員工的心，就必須告訴他們，公司追求些什麼和正做些什麼。我們的遠見必須是激動人心、被人理解的，也是大家所注視的。」員工們渴望和公司緊密相連，他們會希望和公司的關係不僅是一張薪資支票和福利待遇，他們需要成為圈子內的人，深入到公司內部，能對公司各部門的情況有所了解，他們更希望自己不只是被僱用的一雙手，或僅是機器上一個隨時可被更換的零件。

　　在訊息公開後的步驟就是尊重人的平等，允許每個人都有發言討論的機會和自由，而創意或好的方法往往來自於此。特別是員工是直接接觸生產線或客戶的人，只有聆聽他們的意見，並設法讓他們暢所欲言，才能知道真正發生了什麼事情。如英特爾公司身處高科技產業中，每天都必須結合各種技術精英與經理人員共同制定決策，技術精英經常是實際上做研究的年輕人，擁有最新的技術，而經理人員則脫離研究工作，了解趨勢，並具備管理經驗。則如何促進二者的意見交流實屬重要，因而公司在開放的管理下，廣開言路，集思廣益，鼓助員工暢所欲言，提出建議，如公司的高層管理會議是公開進行的，任何一位員工只要自認有話要說，而且說的話對公司有所助益，便可參加會議，發表意見。因為沒有任何企業敢保證自己永遠不會碰上問題，只有鼓勵員工誠實面

對，才可以確保這些問題盡早被發現並得到解決，而管理者也能透過這面鏡子看到自己的缺陷。

美國的麥克・米克公司是一家跨國企業，該公司的最大特點就是善於聽取員工的意見，公司的重大決策以及未來的目標、政策或方案，都有基層員工的參與，因為公司的發展是眾人的合力，所以大家的共同意見才是公司發展的正確道路。而通用電氣公司的韋蘭奇則認為應該讓所有的員工都能夠向本部門經理們提出與其工作有關的問題，應該創造一種氣氛，「任何人都可以在遇到問題的時候直接與能夠解決問題的人直接對話。」並且利用員工的智慧來改善日常的生產、營業工作。因為韋蘭奇認為：必須把員工看作部門必不可少的一部分，這樣做的話，你會發現員工變得更加積極而盡責。積極而盡責的員工會有更高的主動性和生產效率。因為每一個員工都希望自己對公司來說是不可或缺的，給他們參與感和一定的權力會使他們覺得自己很重要，員工們希望有被需要和受重視的感覺得以滿足。因此通用電氣利用各種會議推動「群策群力」的管理模式。

通用電氣舉辦的各種討論會都遵循同一模式，由執行部門從不同階層、不同職位抽出40～100人，會議為期三天，與會者分成5～6個小組分別討論某個議題，小組討論進行一天半，列舉弊端，分別討論解決方案，為第三天的議程草擬報告。會議的第三天則頗為重要，因為它賦與「群策群力」這一管理模式以特殊的生命力。對前面議題一無所知的上級到會場在前排就座，並常有更高層的主管來旁聽。小組代言人逐一匯報，提出小組的建議和主張。按規定，上級可做出三種答覆：1.當場定案。2.否決。3.要求提供更多的資訊，但須在固定日期內答覆該小組。

群策群力的模式消除了員工與管理階層的界限，不同崗位、不同階層的員工集中在一起，針對某些問題進行研究並提出建議和要求，然後當場確定實施意見，這減少大量的中間環節，並帶來明顯效益，而讓員工廣泛參與管理，感受到運用權力的滋味，致提高員工的工作熱情。群

策群力的最大作用顯現在「博克牌」洗衣機的誕生。原本在通用電氣公司的家電部門有一個專門生產洗衣機的工廠，從1956年建廠之後的三十多年間一直經營不善，生產的洗衣機款式老舊，1992年虧損4,700萬美元，1993年上半年又虧損400萬美元，故在1993年的秋天，公司決定賣掉這個工廠，這時一位名叫博克的公司副總裁說：「這麼多的工人怎麼辦？請給我一個機會，我一定會讓工廠扭轉虧損。」然後博克首先召集20個員工，採用群策群力的方法，用20天的時間提交總公司一份改革報告並獲得總裁韋蘭奇的支持，撥付7,000萬美元進行技術改造。

有效的鼓勵員工參與並為各企業採用的為合理化建議，此種方法最早為美國柯達公司所採用，而現今更被世界上眾多企業所採用。柯達公司的創辦人喬治‧伊斯曼有天收到一份普通工人的建議書，建議將生產部門的玻璃窗擦拭乾淨，這雖只是一件微不足道的小事，伊斯曼卻看出其中的意義——員工積極性的表現，因此除公開表揚外，並發給獎金，從此建立起「柯達建議制度」。

在柯達公司的走廊，員工可隨手取得建議表，寫完後投入任何一個信箱，都能送到專職的「建議祕書」手中，專職祕書負責及時將建議書送到有關部門進行審議、評鑑。建議者可隨時打電話詢問建議的下落。公司另有專門委員會負責審核、批准、發獎。至於未被採納的建議，也要以口頭或書面的方式說明理由，如果建議人要求試驗，可由公司協助進行試驗，以驗明該建議是否具有價值。該公司員工的建議已逾200萬，其中約有三分之一獲得採納，至於發出的獎金，每年都在150萬美元以上。如在1983～1984年，公司因採納合理建議而節約成本約1,850萬美元，但發給建議者獎金總計370萬美元。這種建議在降低生產成本，提高產品品質、改進製造方法、保障工安等方面都發揮很大的功效，特別是在每個員工提出的建議縱使未被採納，也可達成兩個有益的效果，一是管理人員能了解這位員工在想什麼，二是建議人在得知他的建議得到重視時能產生滿足感。

如新力公司希望在商議問題時能聽到不同意見，且這些意見越多越好，因為不同意見能將決策提到一更高的層次，而如將一切思考、策劃的工作都交給管理階層，那麼這家公司一定沒有前途，所以新力主張所有員工都應提出自己的意見，即使作為基層員工也要求貢獻出他們的才智，公司並曾規定每位員工平均每年必須提出八條與減輕工作壓力或增加工作效率有關的意見。這不但使所有員工都參加了公司的管理，讓他們覺得意見能被上級聽到並有機會被採納，致在心裡上體會到自己是公司的主人，更願意為公司承擔一份責任。

## 四、鼓勵創新

持續的在產品和技術上的創新是企業生存、發展必備的條件，如英特爾公司不僅要求在技術上鼓勵創新，並且還要求所有員工都要有創新的精神。因而要求第一線的經理要善於鼓勵員工創新求變，而且各級管理部門都要鼓勵員工提出好的獻策。英特爾的鼓勵創新是因為雖然絕大多數的電腦都安裝著該公司的處理器，但仍然有危機意識的存在，該公司副總裁保羅・奧特尼曾說：「為了保持英特爾的領先地位，我們每天從早上六點起來工作，晚上六點下班，有時晚上還要加班，一天至少工作十二小時。」所以在英特爾只能完成上級交待任務的員工是不會有出息的，只有勤於動腦、能總結經驗及具有創新精神的員工才能立足晉升。為了追求持續創新，英特爾舉辦「創新日活動」，所有的員工都可以將自己對公司各方面的創意提交評審團評審，合理可行的創意將獲得公司採用，並得到重獎。這不但激發員工的創造力，實現了個人的價值，又使公司獲得許多有價值的點子。

Google認為，沒有創新的企業是沒有未來的企業，模仿只能擁有短暫的成功，而不能成為偉大的公司。而實現突破性創新的公司，總會被接踵而來的競爭者所包圍，而失去領先的優勢，或創新雖帶來商業上的巨大成功，但隨著企業規模的不斷擴大，創新的難度也相對的增加。所

以Google雖然有多項創新的技術並獲得殊榮，但仍然致力於為所有信息搜尋者提供更高標準的服務，其企業內部崇信天才，鼓勵創新，任何普通員工的有益想法都會受到鼓勵，並且有轉為現實產品和服務的平臺，以求在技術領域不斷前進，使競爭對手難以追趕。

Google創辦人佩吉聲稱，每個工程師在一個星期內有20%的自由支配時間，讓他們去做自己工作之外認為最應該去做的事情，所以在公司內部有一個隨時變動的Top 100項目表，這些項目都來自20%的時間，每個工程師都可以對項目投票。這種機制可以保證好的項目得以出列，並獲得工程師們的支持使之成為產品。此外Google也鼓勵所有員工都能像工程師們一樣的工作，並為他們提供資金。此外每年會舉行一次員工創新能力技術大賽，獎金一萬美元。另外尚有全公司共用的建議箱，任何人都可將自己的創意寄送到信箱，而所有人也都可以在此對創意發表評論，進行評價，讓好的創意得以浮出。Google這種鼓勵創新的方式使工作變成樂趣，並且有效的激起員工的積極性和創造性。

著名的3M公司一向是創新發明企業的代名詞，因為它是一個不斷追求突破的企業組織，給予每一位員工創新的環境。曾任3M亞太區首席科學家盧詩磊指出：「學技術的人，需要的是肯定，當自己的作品受到肯定，公司將你的作品轉變為商品，並使公司獲利，其中的榮譽感和自我價值的肯定，絕對是支持員工成長的原動力。」3M公司認為員工如果只專注於自己本職內的工作，難免會產生疲憊的感覺，久而久之，僵固於本職的員工便不想再去學習新事物。但3M公司體認到創新的重要性，因此在該公司有著名的第十一誡：「你不可扼殺新產品的概念。」如果有人想阻止一項新產品的設計和發展計畫，舉證的責任將落在他們而非提出計畫人的身上，而該公司有員工對此指出：「舉證的責任由提出人身上轉至反對者的身上，這改善了公司贊助員工的環境。」其主要的對策是給予員工適度的時間和空間可以跳出原本的專業領域，去接觸和本業並不相關的專案，所以上班時間當中有15%的時間是員工可以自由支配

的，即除依照公司的指示從事商品開發外，員工可以就自己有意願的課題，自行調15%的工作時間進行研究，而不受公司的禁止，而一旦有了成果，在公司評估後就可商品化，推出市場。研發的員工則隨著營業額的增加，獲得晉升與調薪。另在員工進行研發的過程中，也可以進行不同的組合，邀請其他部門，如工程、行銷、生產、財務等部門的同仁共同參與，以避免在某些部分的遺漏。最後3M公司為確保創新的動力，公司還要求每個部門的營業額至少有25%要來自五年前還不存在的產品，3M的這項獨特要求使新產品或改良衍生的產品數量快速成長，如便利貼這項產品在1979年正式上市，而在1990年，它所衍生產品高達四百種，另外則成為公司財務結構正面的驅動力，並且高階主管人員的待遇和新產品銷售百分比密切相關，致每一個部門的經理也都被迫尋找新的產品，為了要增加新產品，幾乎贊助所有新產品的概念並且提供實驗性的設備。

中國的海爾集團把所有的員工都視為可以造就的人才，領導者的工作就是要設法把每個人的潛能都發揮出來，使其對企業達到竭盡所能的地步，並且同時認為提高員工凝聚力的第一步，就是給予員工當家作主的感覺，只有這樣，員工才會有表現自我的動力，為了給員工創造自我表現的機制，設立「海爾獎」和「海爾希望獎」以獎勵發明創造的員工，如該公司開發的新型分離式冰箱，上下箱體一直用螺絲連結，既不便於消費者拆卸，又易損及箱體，在將技術改善任務交給科研所的馬國軍後，只用兩天的時間，便設計出在下箱體安放定位墊塊的方案，上下箱體連結又迅速又牢固，這一道工序的改進，每年可節省三十萬元，而這項發明則被命名為「馬國軍墊塊」，並獲得海爾銀獎，因為海爾規定，凡集團內員工發明、改革的工具如明顯的提高勞動生產率，可由所在部門逐級上報廠職代會討論通過，可以發明者或改革者的名字命名工具，公開表彰宣揚，並給予現金獎勵。用員工的名字命名發明，這是對員工地位、價值、工作成果的充分肯定，且能激發其創造性。

　　馬國軍之後曾出任海爾電腦事業部部長，他說：「每當我提出或設計出一種新包裝圖案，不出兩三天，從海爾發出的卡車裡，就滿載這種包裝的產品，幾十萬幾十萬的走向全國，甚至世界市場，你說我那時是什麼心情；在海爾幹，見識大得多，層次高得多，實現了自我。」

## 五、容許嘗試和失敗

　　創新的成果是美好的，但其過程曲折，需要付出極大的心力與時間，因而公司要推動創新就要鼓勵冒險，容許失敗。如英特爾認為盲目創新只會帶來失敗，故要求在接受挑戰前能夠掌握情報，並進行充分評估，盡可能的了解種種變通之道與替代方案，以增加對失敗的控制力，這就是要能掌握可預期風險，但面對可預期的風險而失敗是能夠被接受的，因此英特爾的員工絕不會害怕失敗。

　　而3M公司的員工縱使研發失敗，在一般情況下薪資、待遇，甚至晉升都不會受影響，使得員工的創新冒險無後顧之憂。甚至在一個提案因為遲遲在研發上沒有進展，在公司宣布終止後，當事人仍然可以利用15%的自由時間繼續進行研究，而公司仍然會給予必要的支援。在3M公司有一位員工叫朱迪克，在賣砂紙的時候，發現汽車業的客戶在為雙色車上漆時面臨到不同顏色的漆在交界處會混在一起的困難，於是答應一個客戶會為他製造一種能解決問題的膠帶，但由於迪克和3M公司都沒有過製作膠帶的經驗，幾次嘗試都失敗了。因為怕損及公司的信譽及與客戶的關係，當時的總經理威廉・麥克萊特決定把迪克調離膠帶專案，回到原來的砂紙部門，研究如何用彈性的縐綢紙作砂紙的內襯，這時迪克興起以縐綢紙加上黏膠的想法，而當他準備到研究室去測試想法時，剛好碰到麥克萊特，並問他是否知道已被調回到砂紙部門，迪克承認他知道，但又滿懷信心的解釋為什麼他的想法應該行得通及對客戶會有多大的幫助。麥克萊特聽後允許他繼續研究。在經過幾百次的失敗，1925年發明噴漆膠帶，一種在上漆時，可遮蔽其他部分以防止受到汙損的膠帶

終於發明，這也是3M公司所推出的第一種膠帶產品。1930年，迪克又發明透明膠帶。

鼓勵創新，容忍失敗，將會使公司內勇於嘗試創新的人增加，而不再限於少數的天才。況且創新的成功要以量取勝。因為在發起一項新的研發行動時，它成功的可能性只有10%，但如果有10項研發行動的話，機率會顯示，至少有一項成功的可能性就會升到65%；要是進行的研發行動達到25項，其中至少有一項成功的可能性就會高達90%以上，至少能取得兩項成功的可能性就達75%。這說明只要能針對市場環境的現狀及可能需求，採取科學技術或知識，進行研發的項目越多，成功的可能性就越大。

## 參、提升品質

以下介紹四種能有效提升品質的對策。

## 一、批評文化

中國的海爾集團，在每棟大樓的每一層都有「OEC日清檔」的公布欄，貼上各部門主管對幹部、員工的考評，內分表揚欄和批評欄，表揚、批評都要有具體的人名和主要事實、特殊事實，表揚的內容可以從缺，但批評內容則不得空缺，否則將對主要負責人進行處罰，受到表揚和批評的都要按規定加減分。這種管理方式以具體量化分解和責任層層落實為前提，任何一個當事人都無法脫離，而且管理幹部更易成為公司內部刊物「海爾人」的檢討對象。這不是個人爭權奪利的內部鬥爭，而是可以形成企業精神的積極向上，和各項業務、生產活動不斷進階。

如美國微軟公司的成功也是建立在一種不斷否定自我的創新和變化中，其特色就是自我批評、自我否定。比爾·蓋茲曾說：「如果人人都能提出建議，說明人人都在關心公司，公司才會有前途。」有一次在商

品展覽會上，微軟獲得10項大獎中的9項，市場經理回來後，興奮的用E-mail告訴研發組這個好消息，但不到一個小時，即收到10多封回信，大家紛紛詢問：「為什麼沒得到那個獎？我們得到什麼教訓？怎樣才能在明年得到這第10個獎？」或許這樣有些過度挑剔，但假如沒有這樣批評和否定的精神，微軟能不斷的進步嗎？因此在推出每一個產品後，公司就會給開發產品的團隊作一個系統化的自我批評，團隊的所有成員都會被詢問，包括每個細節都會被分析，或哪些細節可做得更好，並在公司公布結果。

## 二、相互激勵

新力公司有一個傳統，就是當任何一個人的新發明、新創意得到肯定時，他所在的整個部門都會發自內心的為他高興、振奮。這種相互激勵的機制能夠促使員工從同事的創意中找尋靈感，然後努力尋找自己的目標，以爭取在自己的工作上有更大的效率和創新。因為同一部門中，如有一位員工在某方面獲得成功，定將促成其他員工進一步熟悉自己的業務領域，並在與同行或對手的比較中找出自己的差距、問題，進行提高觀察能力及實際操作水準。特別是那些勇於思考行動的員工，更會以最大的熱情和衝勁在工作中最大限度的發揮出其才能和優勢，同時還會在生產、製造、開發的過程中，主動的加入自己的理解和創意，在別人尚未做過的事項上進行新的嘗試。經由這種相互激勵的機制，高階主管們也更能深入了解部屬的進度，協助他們總結出經驗和教訓，並不斷提出和改進新的目標方案，使工作日趨科學化和完美。[7]

## 三、對抗性管理

對抗性管理是英特爾公司的獨創，是在管理過程中允許員工自由發表不同意見，從而營造一種相互學習、相互促進的氛圍。該公司認為提早發現並及時解決問題，是達成高產值、高品質目標的要件之一。因為掩蓋問題是不對的，因問題不會因此自動消失，而當問題藏不住的時

候，處境將更為艱難。所以要公開問題，尋求相關部門的合作，共同解決問題，故員工除在定期會議中向負責主管報告他們的工作外，也必須提出所面對的問題及解決方案。此外，不論是上級、同僚或部屬都可提出不同的見解，在解決問題過程中產生的許多不同意見而引發的種種爭論，所形成的對立與抗爭是必須的，因為這些爭論正代表來自各種不同角度解決問題的見解。對於爭論過程中的對立情況必須小心處理，以避免衍生出不必要的問題，所以資深的主管應全程參與，隨時協調並作出正確的決定。

如在二十世紀的八〇年代，英特爾面臨著內存記憶體生產存廢的問題，半導體內存技術是英特爾發明的，英特爾就等於半導體，怎能放棄了？但公司資源有限，而將大部分資源投入內存記憶體後，在微處理器發展上的投資就顯得太少，於是形成幾乎公司40%的營業額與百分之百的利潤來自微處理器，但80%的研發費用卻花在內存技術上。於是公司對放棄不放棄的問題爭論不休，這次會議和爭吵又引發下次的會議和爭吵。有人建議進行生死戰，建造一座巨大的晶片生產工廠，並與日本人合作；有些人則主張，應大力推動研發工作並利用先進的技術以取得競爭優勢。還有些人則仍抱持應當製造特殊用途的存儲器的想法。這種爭論進行了幾個月，公司最後決定放棄曾帶給英特爾輝煌歷史的存儲器產業，而進軍處理器市場。

在討論中的對立是為求取更深入、廣泛的了解，以找出最好的解決方法，其不但可激發人的思考，還能提出更新穎的觀點，不但能利於解決問題，更能得到新的境界。

惠普公司也有類似的競爭制度，即「把產品賣給自己的銷售人員」，銷售人員並非一定要接受自己公司的某一部門研發出的產品，除非他本人確實想要，因此研發部門花了幾百萬美元研製出的產品，銷售部門卻可能說：「對不起，我們不要。」這可能損失掉研究開發的費用，但卻激起員工的責任感和革新精神。

## 四、客戶的反饋

　　滿足客戶的需要，聆聽客戶的建議與抱怨是推動產品改進、技術提升的最有效途徑。

　　微軟公司就十分重視客戶的意見，除了員工主動聆聽客戶意見外，還專門開發軟體用來自動搜集客戶反饋的意見。如在最早時Office的開發者無法決定把哪些功能放進常用的工具欄，所以程式工程師製作了一套特別的Office軟體，在客戶同意的情況下，記錄用戶最常用到的功能，然後傳送到微軟，再經由數據統計，開發者找到最大多數用戶所喜歡的。而目前微軟仍然把這種技術運用到所有的產品，如在Windows XP推出一個月後，經由這種技術就把客戶碰到的半數問題作了完善的處理。

　　日本花王公司則建立與外界客戶的互動機制——共鳴系統，公司在日本各地的接線生均利用三個副系統來回答客戶的問題，每個接線員每天處理約二百五十通電話，一年全部可處理五萬通電話，除利用共鳴系統的資訊解答客戶的詢問外，並將其中有用的資訊在隔日整理後，送交研發、生產、行銷等相關單位作為參考。此外花王的一個研發小組，在八〇年代開發出一種名叫蘇菲的產品，並在七年之內，使花王公司成為日本化妝品市場的第二大品牌，在研發行銷過程中，電腦網路不但為研發人員提供技術資訊，同時也為市場行銷人員提供消費者的資料。此外還透過零售收集客戶資訊，並將各種資訊用在開發研究實驗中，以進行產品、技術的改良來滿足消費者的需求。特別是網路可將經由市場調查所獲得資料與經由共鳴系統所獲得的消費者意見進行對比，以掌握事實真相。

　　中國的聯想公司則提出客戶體驗的觀念，其分為二個部分，其一是讓業務部門以及相關部門轉換角色，以客戶的角色充分體驗客戶的所思、所想、所感。其二則是設立聯想的客戶研究中心，站在用戶的角度對產品進行開發設計。客戶研究中心定義為一個技術部門，主要思考如何站在用戶的角度介入到產品的開發和設計中，包括對用戶的工作環

境、產品的使用習慣等進行研究。其主要目的是如何在產品的開發前期就能夠把用戶對產品功能的期望、對設計和外觀方面的要求融入到產品的開發過程中，以幫助企業完善產品設計，或者探索一個新產品概念。即聯想認為進行客戶研究最有效的階段不是在售後服務階段，而是在產品開發階段就把用戶的理念融入產品的設計中，幫助研發部門完善產品的功能。更重要的是通過客戶研究來挖掘、探討開發新產品的可行性的目的，以引導整個技術發展的趨勢，一是研究國內外最新的技術發展潮流，帶動核心技術發展；二是研究用戶的需要以促進研究方向的改變，即是目前技術達不到，但可成為未來研究方向。

海爾的張瑞敏認為迎合市場要求的新產品的推出取決於企業技術創新的能力，即將市場需求資訊迅速轉化為可以在市場上銷售的產品能力。即科技創新必須圍繞市場進行，消費者在日常生活中的不滿意、遺憾及希望，能準確的反映市場的潛在需求點，據此進行研究開發的產品一定會獲得消費者的認同，因此從市場難題中得到科技創新的課題，通過研製開發的新產品、新技術，最終要再回到市場，經過市場的檢驗，又產生消費者新的不滿意、遺憾及希望點，然後再進行新一輪的產品開發。故海爾形成了「從市場中來，到市場中去」的環形產品開發體制，為了鼓勵消費者提出生活中的難題和建議，並設立「用戶難題獎」，經由對積極參與海爾發展的消費者進行獎勵，以建立一條迅速獲取和利用消費者需求資訊的管道，而來自消費者的需求資訊可得到100%的處理、分析，然後透過對難題的研究、解決，開發出滿足消費者需求的技術和產品，再投入市場。這一體制不僅強化海爾和消費者的關係，提高消費者的參與感與對海爾的認同，而且通過科技創新創造了新的用戶、創造了市場，為企業創造利潤，為消費者解決難題。

## 注釋

▲註[1] 林永宅、孫靜、鄭澤震，《CEO的六西格瑪—變革的成功之路》（北京：清華大學出版社，2007年5月），頁7。

▲註[2] 古華城、周向潮合著，《商戰三國演義》（臺北：智慧大學出版有限公司，2007年3月），頁253-254。

▲註[3] 郭泰，《悟：松下幸之助經營智慧》（臺北：遠流出版事業股份有限公司，1990年7月初版七刷），頁78-80。

▲註[4] 姜麗亞、文逸，《三星：第一主義》（北京：中信出版社，2004年11月），頁128-129。

▲註[5] Linda Hsu，《全球半導體霸主—英特爾》（上海：上海財經大學出版社，2007年4月），頁182-185。

▲註[6] 梁誠，《Google與百度：全球兩大搜索巨頭的技術創新與盈餘策略》（北京：中國經濟出版社，2007年1月），頁154-156。

▲註[7] Dina Lo著，《SONY電子王國》（上海：上海財經大學出版社，2007年4月第一次印刷），頁181-182。

**CHAPTER 07** 敬業精神

　　任何一個組織要發展壯大，能夠在激烈的競爭市場中生存下去，都必須要有敬業的整體。敬業，顧名思義，就是敬重並重視自己的職業，把工作當成自己的事業，全力以赴，做到盡善盡美。

　　而敬業可以帶來讓人驚奇的結果，最常被談到的一個事例，是一把椅子帶來的神奇。

　　在美國的某一城市，於午後突然下起傾盆大雨，未帶雨具的路人紛紛走避，這時一位老婦人走進費城百貨商店躲雨，老婦人穿著普通、略顯狼狽，店員自然不會理睬這樣的老婦人，仍然各自工作著。這時一位年輕的男職員走到老婦人的身邊，誠懇的問：「夫人，有什麼可以為您服務的嗎？」老婦人聽後有點不好意思的回答：「沒什麼，我在躲雨，雨停了就會離開。」但是在年輕男職員離開後，老婦人心中開始有點不安，因為不買東西，在別人的店裡躲雨，未免說不過去，所以走來走去，想買個小東西，以便心安理得。年輕男職員又出現對她說：「夫人，您不要為難了，我在門口幫您放一張椅子，您坐著休息好了。」兩個小時後，雨停了，老婦人離開前，特別找到這位年輕的男職員要了一張名片。

　　幾個月後，費城百貨的總經理收到老婦人的來信，信上指名希望該公司派這名職員前往蘇格蘭取得一張訂單：包含裝潢一個城堡及該家族所擁有的幾個公司未來一季辦公用品的採購清單，總經理一算，這張訂單帶來的利潤幾乎是公司兩年利潤的總和。總經理立刻與老婦人取得聯

繫,並向董事會推薦這位年輕男職員,然後這位名叫菲利、時年二十二歲的職員登上飛機,直飛蘇格蘭。

老婦人何許人也?她就是美國鋼鐵大王卡內基的母親,菲利這個小職員不但從此平步青雲,並成為卡內基的左右手,從此飛黃騰達,更成為鋼鐵業擁有權勢的重量級人物。

菲利靠著一張椅子,改變了自己的一生,他的成功就在於他的敬業精神,不論來客的外表或是否購物,都誠懇予以招呼。

## 🎯 壹、敬業的意義

俗語常說:「敬業樂群」、「忠於職守」。而在春秋時期,孔子就主張:「執事敬」、「事思敬」、「修己以敬」。北宋的學者程頤則進一步說:「所謂敬者,主一之謂敬;所謂一者,無適(心不外向)之謂一。」朱熹則說:「敬業」就是「專心致志,以事其業。」所以敬業就是以一種恭敬嚴肅的態度對待自己的工作,認真負責。工作本身就是目的,而不只是一種手段,至於做到盡善盡美,就是要把工作本身視為一種藝術的創作,要求它是完美無瑕的。

### 一、工作不只在於獲取報酬

雖然薪資是維持生活的必要而需思考的,但投身企業是為了自己,也是為了自己而工作。我們以付出的努力、時間、學識、技能、經驗和創造活動的成果來取得報酬,但薪資其實只是報酬的一部分,因為除了薪資,工作給予我們的還有珍貴的經驗、良好的訓練、才能的表現和品格的陶冶,這些的價值遠高於金錢。因此一個人如只是為了金錢而工作,他的生活將陷於平庸之中,而人生真正的成就感就在日益平凡的工作中離他遠去。

日本東芝株式會社的社長土光敏夫認為：為了事業的人請來，為了工資的人請走。能夠因為事業的價值而聚在一起的才能真正把事業做大，即使在事業面對困境的時候，也能和企業榮辱與共、一起奮鬥。但是那一些為了薪資而來的人，只看重公司的待遇和福利，而不是企業本身對他具有吸引力，則在公司面對困境的時候，肯定是會離開的，因為他們知道公司已不能再給予他們想要的，自然會再去尋找一家能滿足他們的公司。這就是敬業與不敬業的差別。

另一方面也可發現重視薪資的人，總是斤斤計較，工作的時候也總是採取應付態度，能少做就少做，能逃避就逃避，敷衍了事，總是想著等價交換，這種被動、消極的員工在任何的組織中都是不會有前途的。

## 二、視工作為重、心存感激

年輕人容易看輕自己從事的工作，認為自己大材小用。其實每件工作都具有它的重要性，如果認為自己是屈就，看輕、厭惡自己的工作，就無法做到以正面、積極的態度面對自己所從事的工作，不會投入全部的精神和時間，總是應付了事，甚至因心生不滿而總是抱怨不止，則不但不能取得別人的認同，更無法從工作上學習到各種經驗和技能，因為他所想的都在於如何擺脫現在的工作環境。

我們必須體認到所有合法的工作都是值得尊重的，只要能真誠的全心力的投入，沒有人能貶低我們的價值，而關鍵完全在於如何看待自己的工作，所以應把視線轉移到自己正從事的工作，並心懷對工作的感激之情，多思考、觀察什麼地方需要改良，自己的工作是否已盡善盡美，如果能以挑剔別人的眼光去工作的話，心情和效率必將有所不同，而充滿成就感。

因此不論從事任何工作，位在任何職位，都要視為一次新的體驗及成功的機會大門，並抓住這次的機會，心懷感恩的全力以赴，因為工作

帶給我們開闊的發展空間、施展才能的舞臺,以努力工作當做回報是應該的。在美國有這樣的一個事例:

許多年前,有一位青年到一家飯店當服務生,但在新人受訓期間,被指派去洗馬桶,並被要求馬桶洗完後必須潔亮如新。當然青年不喜歡洗馬桶,更知道自己不可能做到「潔亮如新」。因為馬桶不論是聞起來、看起來,都讓他無法忍受,一靠近馬桶,胃裡就翻攪想吐。於是他面臨著人生第一個重要選擇,留下來或走人。他並不甘心就這樣放棄了從事旅館業的願望。

有一天青年正努力克制著自己,勉強清洗馬桶的時候,旁邊正有一位前輩也在做著清洗馬桶的工作,她的態度是那樣的投入,一遍一遍的清洗著,直到馬桶光潔如新,這時候不可思議的事情發生了,前輩拿杯子從馬桶盛了一杯水,然後一飲而盡,前輩做完後,對他投以富有深意的、鼓勵的眼光,並說:「我為我的工作負責」。

青年聽到這句話,內心由原本的驚異、激動、目瞪口呆,到恍然大悟,從此他不再排斥洗馬桶的工作,也把自己的工作做到了無可挑剔的地步。有一天洗完馬桶,心念一動,也拿起杯子從馬桶盛一杯水,一飲而盡,因為他痛下決心:就算一輩子都洗馬桶,也要成為洗馬桶的人中最優秀的。從此,這位青年邁出了成功的第一步,也逐步邁向成功,若干年後,以他為名的希爾頓旅館遍布了全球。

事實上,任何職位都是發展自我的大舞臺,並且在繁瑣中存在著讓自己步向成功的關鍵點。故每一天都應抱著感恩之心去上班而不是抱怨之心,而喜悅滿足的心情,必然可以展現出不同的工作結果。

## 三、樂在工作

許多年輕人認為自己的工作枯燥乏味,總是抱著敷衍的態度,得過且過,心中所想的不是如何在工作中掌握細節、用創意來突破現狀,或將工作視為一種志業,反而認為工作是一種「苦役」,這種人顯然不可

能在工作中得到源源不斷的快樂和成就感，縱使有才幹也沒有發揮表現的可能。而一個樂在工作的人必能產生最大的工作效果。

事實上，工作究竟是一種樂趣還是枯燥乏味，全在於個人的心態，而不是工作本身。從工作獲得快樂、成功及滿足感的祕訣，不在於專找自己喜歡的工作，而是發自內心的喜歡自己所從事的工作。改變觀念，把工作當成一種生活樂趣才能成為工作的受益者。

伯特里克‧費希爾年輕的時候是個負責操作製造螺絲釘機器的工人，整天接觸到的都是螺絲釘，工作真是太過於枯燥，難道一輩子都要在螺絲釘裡面打滾嗎？一輩子永無出頭之日？因此忍不住怨言不斷，旁邊另外一個工人聽了也加入了發牢騷的行列。有一天費希爾在想，難道不能把這枯燥的工作變得有樂趣些嗎？於是向同伴提議一起進行一場比賽，由同事負責做製螺絲釘流程中磨釘子的工作，把釘子外面粗糙的一層磨光，自己則負責製螺絲釘的主要工作，誰做的快就獲勝。同事立刻同意並展開了比賽，結果出乎意料之外的，工作效率竟提高了一倍，而且大受老闆讚賞，不久即獲得升遷機會。最後，費希爾更出任了休斯敦機器製造廠的廠長。

過去在日本也有一則事例，在一家公司裡，有一位約五十歲的老工友，他的工作是在公司將產品裝入木箱後，用木板與釘子封箱以便出貨，三十年來他的工作就是如此單調，但老工友每天都在觀察、判斷，用何種角度釘釘子，釘子才不會歪掉；什麼材質的木材用幾號釘，能夠只需一個釘子，不必用兩根釘子。老工友變成公司的釘釘子大王，每年或多或少為公司省了一筆錢，也獲得公司上下的敬重。

所以只有把工作當成一種樂趣，才能真正的熱愛和對待工作，如美國曾有一家超商的老闆已七十歲，擁有十億資產，但每天五點鐘到公司，晚上十時才回家，每星期工作七天，一生沒休過假，看起來似乎不可思議，有錢不會享受，但很可能他樂在工作，每天都在休假。

樂在工作必須擁有熱情，不因不如意、不得意而退縮，能夠在精神振奮下積極的認真學習，力圖將每件事情都做到最好，使職業生涯持續有最好的表現。美國微軟公司的一位人事主管曾說：「從人力資源的角度講，我們願意招募的『微軟人』，應該是一個非常有熱情的人：對公司有熱情、對技術有熱情、對工作有熱情。雖然他對某一工作或行業涉獵並不深，但你會受到他熱情的感染，而願意給他機會。」

　　下面所述的事例內容，曾在不同的成功人士身上出現，在此僅述其一：

　　有一位家境欠佳的大學生，在「希爾電機」公司做小職員，他很珍惜這次的工作機會，也熱愛公司。他每次出差在旅館登記名字的時候，都會在名字後面加上括號，寫上「希爾電機」四個字，在平時寫信或簽單據時也同樣會在名字後面寫上「希爾電機」，久而久之，同事們都叫他「希爾電機」，而不再呼其名。

　　當總經理知道這件事後，為年輕人如此的為公司的聲譽而努力，特別邀請他吃午餐，並問他為什麼如此的推崇公司。年輕人回答說：「公司等同我們的家園，只有家強盛了，我們員工才能幸福。」總經理聽後深覺感動，此後年輕人不斷的獲得晉升，最後擔任「希爾電機公司」的總經理。年輕人的成功原因就在於他愛自己的工作，也真心的愛自己的公司。

　　但是，在另一方面，組織也可主動創造能讓員工樂在工作的環境。1966年創立的美國西南航空公司，在1998年招募新員工時，公司的面試官桑德拉‧普羅沃斯特(Sandra Provost)曾說：「我們在招聘時看重的是人，而不是簡歷。我們需要的不僅僅是富有幽默感的人，我們更希望看到他們是發自內心的快樂。意外情況需要馬上處理，有時候以幽默的方式解決是再好不過的。我們的員工需要有良好的判斷力和隨機應變的幽默感。當招聘空服員時，我們不會問他來這裡工作的原因，因為我們

知道他一定會說西南航空公司的工作讓人快樂，所以我們要做的是要求他們講一個自己生活中必須要用幽默來處理的狀況，並說出效果如何。我們希望新員工了解工作應該是快樂的，在工作中可以歡呼、尖叫。」因此在美國西南航空的達拉斯總部，為了體現公司的經營理念，在快樂工作的同時保持低成本，四周的牆壁上並沒有裝飾昂貴的藝術品，而是貼滿了員工的照片，其中，有員工開懷大笑的場景，有員工聚會時的場面，也有即興表演的畫面，亦有員工參與社區服務時的留影。在推動「心靈與家庭」活動時所拍的照片中，可看到達拉斯總部員工幫助貧困社區的家庭恢復活力，而另一主題活動的照片則顯示在舊金山的員工將公共場所汙跡斑斑的牆壁和橋梁粉刷一新的成績。另外在西南航空公司內部，追求快樂工作的各單位打破職位等級的界線，機師、空服員、地勤人員、行政人員之間皆直呼名字，彼此緊密合作，這種家庭式的交往模式成功的創造和保持工作的幽默感，並去除工作的沉悶。

　　該公司的客戶部執行副總裁科琳・巴雷特主張要：

1. 不要拘泥於制度和規定，靈活應變，運用常識準確的判斷，做正確的事。

2. 和同事分享工作中有效的客戶服務經驗。

3. 和同事及顧客分享快樂。

4. 想辦法把不愉快的變得有趣。

5. 絕不說：「這不符合公司的規定」等這類的話，有時正確的做法恰好違背公司的規定。

　　該公司喜歡聘用和善親切的人，然後創造快樂的工作環境。[1]

　　創造讓員工快樂工作的公司中傑出的代表可算是Google，不只是提供員工高薪和股票選擇權，更提供讓員工快樂工作的環境，其措施約略如下：

### 1. 滿足員工的各種需要

提供在薪資外的許多額外福利。如一流的餐飲設施、咖啡廳、遊戲機房、鋼琴室、體育館、健身房、游泳池、托兒所、醫務室、按摩室、理髮廳、有烘乾機的洗衣房、接送專車。每層樓都有咖啡廳，員工可以隨時沖咖啡、吃點心，冰箱裡有各種飲料供員工免費暢飲。每頓免費的午餐和晚餐都經過精心調配。任何勤奮工作的員工都可以免費享受這些服務。

### 2. 快樂的工作氛圍

每個員工的個性都得到盡可能的尊重，除了辦公室可擺放各種玩具外，還允許帶孩子和寵物上班，可以帶寵物在草地散步，還可到處騎著滑板車。冬天公司組織員工集體滑雪，夏天則舉辦郊遊野餐，並鼓勵員工組織各種社團，不但為員工帶來歡樂，並增強團隊意識。

### 3. 舒適的工作環境

重要職員都有自己的辦公室，有隔音效果良好的隔間和玻璃窗，既保證聲音不會彼此干擾，又具有良好的採光。在辦公室裝修前，每位員工發給100美元，員工可按照個人喜好裝飾布置自己的辦公室，而在員工彼此需要交流的時候，就把椅子搬到一起開小型會議，如想保有清靜就待在安靜的空間裡思考。

### 4. 部門間的自由流動與彈性工作時間

管理層不能限制員工在公司內部不同部門間的自由流動，可以因興趣的考量由一部門到另一部門，因為公司相信，只有做自己喜歡的事，才能激發自身的創意。因而Google員工沒有統一的上班時間，而是可以選擇自己的工作時間，不必擔心會遲到，習慣早起的可以清晨開始工作，習慣熬夜的可以晚上工作，白天休息。

公司並給予每位工程師20%自由支配的時間，做自己認為重要的工作，但研究成果要賣給公司。[2]

## ◎ 貳、專注與敬業

　　成功必須要專注，腳踏實地，把精力、時間集中於所做的工作，想辦法將事情做好，而不去理會與要完成的工作無關的事件。當然專注就是看重自己所從事的工作，如認為自己是屈就的人，就會看輕自己的工作，自然更不會投入自己的全付心力。

　　美國的IBM公司在招聘員工時，特別注重考察應聘者的專注工作情況，並在最後一關，由總裁親自考核。營銷部經理約翰在回憶自己當年應聘的情景時，總是感慨的說：「那是我一生中最重要的轉折點，一個人如果缺少專注的精神，就無法抓住成功的機會。」

　　那天面試的時候，公司總裁找出一篇文章對他說：「把這篇文章一字不漏的讀一遍，最好能不間斷的讀完。」說完，總裁就離開了辦公室。約翰心想：不就是讀一篇文章嗎？有什麼難的。深深吸一口氣後，開始認真的讀起來。但不久，一位年輕美麗的女郎走進來對他說：「先生，休息一下，喝口水吧！」然後把杯子放在桌上，對著他微笑。但約翰卻像沒聽到也沒看到一樣，還在不停的讀著。又過了片刻，一隻可愛的小貓跑進來伏在他的腳邊，用舌頭舔他的腳踝，約翰只是本能的移動了一下腳，但絲毫沒有影響他的閱讀，就像沒感覺到小貓的存在。這時，剛才那位美麗女郎進來，請他幫忙抱起小貓，但約翰仍然在讀著他的文章，根本不理會女郎的話。

　　約翰終於讀完了，總裁也適時進來問他：「你注意到那位美麗的女郎和她的小貓嗎？」約翰說：「沒有。」總裁又說：「那位小姐可是我的祕書，她請求你幾次，你竟然都不理她。」約翰認真的回答說：「先生，你要求我一刻不停的讀完這篇文章，因此我只想集中精神讀完它，特別這是考試，關係到我的前途，我不能不專注，對於別的事情就不去注意了。」總裁聽後滿意的說：「你被錄用了。在你之前已有四、五十個人面試，但沒有人通過測驗。」又接著說：「在紐約，像你這樣

有專業能力的人很多，但能像你這樣專注工作的則太少了，你會很有前途的。」果然，約翰進入公司後，靠著自己的能力與對工作的專注和投入，很快就被總裁提拔為經理。

因此做事要專注，就要一次只做一件，專注於當前正在處理的工作。如果注意力分散，腦中想的不是眼前的工作，而是想著其他事情，工作效率必會大打折扣。在全神貫注、集中精力處理完當下的工作後，再把注意力轉向其他事情，進行下一項工作。因此在職場中取得成功的人，不僅是養成專注工作的習慣，而且更把專注工作視為自己的使命，努力去做，只有養成專注工作的好習慣，工作才會變得更有效率，才能更樂在工作，而且更容易取得成功。

但在職場上有許多大小事件糾纏著，故除了專注外，還要專注於有效的工作。因為作為一名員工無法分清什麼工作是有效的、什麼是無效的，則將忙碌而無所成。

安妮是美國一家跨國公司的職員，因為她精明能幹、善解人意，自然很受上級賞識，沒有多久，就由普通員工晉升為經理特助。因為安妮的善解人意，每當接到電話，就積極的幫助別人出主意，解決很多工作上的問題。但這樣一來，安妮就無法專注於有效的工作上。經理也曾提醒過她，她所做的雖然幫助了同事，甚至對提高公司其他人的工作能力也產生了非常好的作用，但這些事對她來說都是無效的，遲早會誤了公司和自己的大事。

有一天，總公司的老闆打電話過來要找安妮的經理，有個重要的合約要與經理商議，但電話一直打不通。老闆一直等了半個多小時，才接通電話。在了解電話占線的原因不是因為安妮的經理在洽談別的生意，而是安妮在接到一個電話後，正在熱心的幫人解決問題，聽到這些後，老闆一句話都沒說就把電話掛掉了。幾天後，正當安妮在修改一份公司報告時，老闆從總公司發來一份傳真：「安妮很出色，也很努力，但是

她沒有很清楚的認識到哪些事情才是對她和公司最有效的，我希望下一次見到的不是安妮，而是一個能專注於有效工作的員工。」

能夠認識到什麼樣的工作是有效的，才能使工作事半功倍，因此必須要確認哪件事情是必須專注的全神投入的。

## 參、責任與敬業

有責任感的員工都不會推拖他們應負的責任，而所有的主管也總是希望把每一份工作都交給責任心強的人。責任感的培養可視為一種好習慣的養成，無論多少的事情都要做得比別人好，有一個小男孩的故事：

有一個替人割草打工的男孩打電話給甘迺迪太太說：「您是否需要割草？」甘迺迪太太回說：「不需要，我已有割草工了。」男孩又說：「我會幫您拔掉草叢中的雜草。」甘迺迪太太回說：「我的割草工已做了。」男孩又說：「我會幫您把草與走道的四周割齊。」甘迺迪太太說：「我請的人都已做了，謝謝，我不需要新的割草工。」男孩掛了電話後，他的室友問他：「你不是正在甘迺迪太太家打工割草嗎？為什麼還要打這個電話？」男孩說：「我只是想求證自己做得好不好。」

因此一個人對待生活、工作的態度是決定能否做好事情的關鍵，首先改變一下自己的心態，但要確保這種心態是屬於積極正面的。責任感是毫不保留，有多少力就出多少力，絕不滿足於一般的工作表現，而是要求盡善盡美，不管職位的高低、報酬的多寡，都應保持這種良好的工作作風。而責任感最重要的表現就是主動積極。

小田千惠是日本新力公司銷售部門的一名接待員，她的工作是為來往的客戶訂購車票、旅館等。而有一段時間，由於業務的需要，她時常為美國一家大企業的總裁訂購往返東京和大阪的車票。後來這位總裁發現一個有趣的現象，就是他每次去大阪的時候，座位總是靠著右邊的窗

戶；而返回東京時，座位又總是在靠左邊窗戶的位子，這樣每次往返的途中一抬頭就能看到美麗的富士山。這位總裁心裡不免在想：運氣不會總是這麼好吧？因此忍不住向小田千惠提出此一疑問。

小田千惠笑著解釋說：「根據我的觀察，外國人都很喜歡富士山的美景，但去大阪的時候，山在右邊，但在返回東京的時候，山卻在左邊，所以在訂車票的時候，我每次都幫您訂了可以看到富士山的座位。」聽到小田千惠的解釋，這位美國企業公司的總裁深深感動的說：「謝謝，你真是一位出色的接待員。」小田千惠笑著回答說：「謝謝您的誇獎，這完全是我職責內的工作。而在我們公司裡，其他同事們比我更盡職責。」

美國客戶在感動之餘，面對新力公司的管理階層時不免感慨的說：「連這樣的小事，貴公司的職員都能設想的這樣周到，那麼，毫無疑問的你們對我們彼此的合作計畫也會盡心盡力，讓人放心。」因此將採購金額由原來的500萬美元大幅提高到2,000萬美元。而小田千惠沒有想到她的責任心不但使客人提高採購金額，並且也讓她自己不久後就由一個普通的接待員提升為接待部門的主管。

小田千惠的際遇就是因為她清楚的知道作為好員工就必須盡職盡責，對自己的公司和職掌有充分的責任感，以自己的工作為傲。

而整個公司的每個成員都具有真誠的責任感更可能拯救公司的免於陷入危機。

在日本東京的奧達克餘百貨公司，有一天的下午，售貨員為一位買唱機的女顧客挑了一臺未拆封的「新力」牌唱機。但事後售貨員在清點貨品時發現，錯將一臺空心的唱機樣品賣給了那位美國女性，於是向公司警衛請求協助找尋女顧客，但卻不見蹤影。經理在接到報告後，覺得事關顧客利益及公司信譽，立刻召集公司人員進行討論。當時只知道那位女顧客叫基絲泰，是一位美國記者，及一張她留下的「美國快遞公

司」的名片。根據這些僅有的線索，公關部門連夜展開了一連串大海撈針的尋人，先是打電話向東京各大旅館查詢，卻毫無結果。再打國際長途電話，向在紐約的「美國快遞公司」總部查詢，深夜接到電話，得知基絲泰父母在美國的電話號碼，接著聯絡上基絲泰的父母，進而打聽到基絲泰在東京的住址和電話號碼，而在這一晚的忙碌中共打了三十五通電話。

第二天一大清早，奧達克餘公司打電話向基絲泰道歉，幾十分鐘後，公司的副理和提著大皮箱的公關人員，就搭乘汽車趕至基絲泰的住處，在進入客廳後，就深深鞠躬致歉，除了帶來一臺新的合格的新力唱機外，又加送著名唱片一張、蛋糕一盒及毛巾一組。接著副理打開記事簿，宣讀如何整晚查詢基絲泰的電話和住址，並及時糾正失誤的全部紀錄。

基絲泰聽完整個過程後，深受感動，她表示買這臺唱機，原本是要做為送給東京外婆家的見面禮，但回到住所打開包裝試用時卻發現唱機沒有裝機心，根本就不能使用，立刻火冒三丈，覺得自己受騙了，就立即寫了一篇題為「笑臉背後的真面目」的批評稿，準備第二天一早到奧達克餘公司進行抗議，沒有想到奧達克餘百貨公司為了糾正失誤如同救火一般，為了一臺唱機，花費這麼多的心力，基絲泰在感動之餘，重寫了另外一篇題為「35次緊急電話」的特寫稿。在該文見報後，反應熱烈，奧達克餘百貨公司員工的這種強烈的責任感，一心為客戶著想，使該公司的聲名鵲起，來客大增。後來這個事件更被美國公共關係學會推薦為世界性公共關係的典型案例。

事實上，責任感所顯現的就是用心，如一家書店的店員，是否能勤擦拭書架上的灰塵；一個公務車的司機，是否能讓車輛隨時保持整潔；一位賣場的服務員，是否能給顧客一個能讓他再次光臨的微笑；甚至用心到把自己的工作做得超出分內所需的好。

　　成功學家拿破崙‧希爾曾經聘僱一位年輕的小姐為助手，替他拆閱、分類及回覆他大部分的私人信件。她的工作主要是邊聽希爾口述，邊記錄下信的內容。她領的薪水跟其他從事類似工作的人差不多。有一天，拿破崙‧希爾口述下面這句格言，並要求她用打字機打下來：「記往，你唯一的限制就是你自己腦海中所設立的那個限制。」當她把打好的紙張交給拿破崙‧希爾的時候，她說：「你的格言給我一個想法，對你我都將很有價值。」

　　這件事並未在希爾腦中留下深刻印象，但從那天起，卻在女助手腦中留下深刻印象，她開始在用完晚餐後回到辦公室，從事不是她分內而且也沒有報酬的工作，並開始把寫好的回信送到拿破崙‧希爾的辦公桌上。她已經研究過拿破崙‧希爾的書寫風格，因而這些回函寫的跟拿破崙‧希爾本人所寫的幾乎完全一樣，甚至還更好。她一直保持這個習慣，直到拿破崙‧希爾的私人祕書辭職為止。當拿破崙‧希爾開始找人遞補空缺時，很自然的想到這位女助手，但在拿破崙‧希爾還未正式給她這項職位前，她已主動接手這項職位。因為她對自己的訓練，使自己有資格出任拿破崙‧希爾的員工中最好的一個職位。此外，因為她辦事效率實在太高了，經過幾次調薪，她的薪水已是起初的四倍，更重要的是拿破崙‧希爾逐漸的發現，他缺少不了這位祕書了。

　　這個例子說明責任感加進取心，能使人主動的採取行動，甚或主動做分外的工作，不但能獲得上級的重視，也能追求自我的不斷成長。

## ◎ 肆、掌握時間

　　時間是世界上最短缺的資源，必須妥善管理，否則必將一事無成。比爾‧蓋茲曾說：「過去，只有適者能夠生存；今天，只有最快處理完事務的人能夠生存。」

因此不論從事任何工作，承擔任何職務，絕不能有所拖延，因為一個人如養成拖延的習慣，就會有許多藉口導致拖延不斷的延續發生。因而有效率的人，最佳的工作完成日，永遠都是昨天，而不會自作聰明的把工作完成日的期限按照自己的計畫往後延。

如甲上公司的總經理要赴國外出差，並即將在一個國際性的商務會議上發表演說，為此，總經理身邊的人忙碌了好幾天，將他所需的材料及演說稿都準備妥當。在總經理出國當天的上午，各部門主管都趕到機場送行，這時有人問其中某部門主管負責的文件是否打好了，但該主管卻睡態未醒的說：「昨晚只睡了四小時，實在熬不住，就去睡了，反正我負責的文件是用英文撰寫，總經理看不懂英文，在飛機上也不可能看。等他上機後，我再回辦公室把文件打好，再用電郵傳給他就行了。」不料，總經理來後的第一件事就是問這位主管負責的文件是否準備好了，這位主管按照自己的想法作了回答，老闆聽了臉色非常難看的說：「怎麼會這樣？我已計畫好好利用在飛機上的時間，與同行的外籍顧問研究一下自己的報告內容，而不致浪費了搭機的時間。」此位部門主管聽後不免臉色慘白。

因此一位優秀的員工必須謹記工作完成的期限，而不能自作聰明的自行主張將完工的期限往後延。在敬業的職業生涯中，一定要充分的掌握及利用時間。

## 一、用最好的時間做最重要的事

1897年，義大利經濟學家帕累托在對19世紀不同國家的財富和收益模式進行研究時，發現大部分所得和財富，都流向少數人，而某一群體占總人口數的百分比和該群體所享有的總收入或財富之間有一項一致的數學關係。後人經過更精確的分式，算出20%的人口擁有80%的財富。

80／20法則可以引伸為20%的努力，可以達成80%的成果，一個小的誘因、投入或努力，通常可以產生大的成果或酬勞。至於另外80%的付出努力，與成果並無重大關係。如再將80／20原則用在時間管理上，就是80%的成就，是在20%的時間內達成的，反過來說，其他80%的時間，只創造20%價值。所以時間絕不會不夠用，而是多得很。所以人應該把重點放在20%的重要時刻上，而應削減不重要的80%的時間。執行一項工作計畫時，最後20%的時間最具有生產力，因此若想要在期限前完成工作，只要將預計完成的時間減去一半，大部分工作的生產力便能倍增，時間就不會不夠用。即可用一個小時完成二個小時的工作。

如一位叫藍迪的管理顧問，在公司裡除了創辦者外，他是唯一不是工作狂的人，沒有人知道藍迪如何運用時間，也不知道他一天工作多少時間，但他的確過得極為逍遙自在。他只參加重要客戶的會議，其他事務則授權年輕合夥人處理，他有時更編造理由，解釋自己為何不在公司。藍迪雖是公司的領導者，卻不管任何行政事務，而是把所有精力用來思考如何在與重要客戶的交易中獲利，然後再安排用最少的人力達成此目的，他手上從不曾有三件以上的急事，通常一次只有一件，其他的則暫時擱置一旁。而藍迪這種高效率的工作，就是用最少的時間去完成最重要的事。

但什麼時間，是精力最好的時候呢？經由對人腦的測試發現，上午8時大腦具有嚴謹、周密的思考能力；下午2時思考能力最敏捷；而下午8時是記憶力最強的時刻；但邏輯推理能力在白天24小時內卻是逐漸減弱的。基於測試結果，早上適合處理比較嚴謹、周密的工作；下午則從事需要快速完成的工作；晚上可做一些需要加深記憶的事。對於某段時間最適宜做某些事的行為要不斷重覆進行以養成習慣。

因此，要在精神最好的時間裡集中意志、全力以赴來提高工作的量與質。

## 二、利用零碎時間

　　零碎時間，是指那些不構成連續的時間或一個事務與另一事務聯接時的空餘時間，這些零碎的時間往往在不知不覺中流逝而過。然而零碎時間雖然短暫，但每天中的零碎時間日復一日的累積起來，卻是非常可觀的，而許多成功者都善於利用零碎時間。

　　達爾文曾說：「我從來不認為半小時是微不足道的一段時間。」英國文學史上著名的女作家艾蜜莉・勃朗特在年輕的時候，除了寫作，還要負責全家的家務，但她在廚房工作的時候，總是隨身帶著紙筆，有了靈感，一有空檔，就把它寫下來。而美國作家傑克・倫敦則在房間的窗簾上、衣架上、櫥櫃上、床頭上、鏡子上、牆上等到處貼滿了各色各樣的小紙條，小紙條上寫滿了各種各樣的文字，有美妙的詞彙，有生動的比喻，有五花八門的資料。他認為不應讓時間輕易的流逝，因而睡前默唸著貼在床頭的小紙條；早上起床，一邊穿衣一邊讀著牆上的小紙條；刮鬍子的時候，鏡子上的小紙條提供了方便；在走動、休息時，到處可找到啟發創作靈感的語彙和資料。不僅在家裡，就是出門在外也不放棄一分一秒，而早已把小紙條裝在衣袋裡，隨時都可以拿出來看一看、想一想。

　　同樣的在等待或搭乘公車、捷運、飛機，或遇到出其不意的中途休息時，可看書、寫東西、修改報告或規劃行程、安排當天工作流程，這樣在任何時間，都在從事著工作，整個人生的效率自然提升。這就是變閒暇為不閒，魯迅曾提及他個人的成功因素：「我坐在桌子前面寫作是工作，躺在椅子上看書是休息。我何嘗是個天才？我是把別人喝咖啡、聊天的時間都用來充實自己。」

　　因此一方面掌握零碎時間，另一方面堅守80／20法則，就能以一個小時完成原本需要兩小時才能完成的工作，效率就可提高一倍。

## 三、運用時間的方式

1. 運用日程安排表，確立每天的目標，並養成列出每天要作的工作的習慣，把明天要做的事情，按重要性排定順序，並思考可以運用的各項資源。第二天上班後即按順序逐一的進行、完成。縱然第二天無法完成全部的工作項目，但這是掌握時間所必須做的。

2. 每天早晨早15分鐘開始工作，這樣便有時間在展開全天的工作前，再審視一下今天所要做的工作，必要時進行調整。下午，將所有事情作一結束或存檔。

3. 開始作一件事之前，先把需用到的參考材料放在桌上，這樣可以免除不斷尋找東西而浪費時間。

4. 把最困難的工作放在工作效率最高的時段進行，而一般性的例行工作，則可在精神較差的時間處理。

5. 養成在構想、概念、點子出現的時候，立刻記下來的習慣，並且分類歸檔。在以後需要點子的時候，隨時可找出來運用，而不致遺忘。

6. 不要讓閒聊浪費上班時間，如果遇到健談的來訪者，可以考慮站著接待，以便快速進入主題。

7. 當瑣事發生時，要盡快的處理掉，再繼續專注於較特殊或富有創造性的工作。

8. 工作疲倦時適時的休息片刻，喝杯咖啡或茶，動動手腳，適時讓大腦休息，正如同蓄電池的重新充電，否則只會導致效率下降，甚至錯誤缺漏百出。

9. 管制電話的使用，避免占用太多時間，在拿起電話前，備好可能用到的紙、筆、姓名、號碼、預定話題、資料等。

　　最後，敬業精神的具體表現，是一種積極工作的態度，享受工作帶來的樂趣，自我成長的可能，以及對人群社會的服務奉獻，而不僅是一份可以賺錢的工作。

　　郭泰在《悟：松下幸之助經營智慧》一書中有這樣一段敘述：有一位老太太在人煙稀少的山嶺上開了一間小茶館並過著獨居的生活。她每天一大早就備妥茶水，以供來往的旅客休息時飲用。而不論晴雨或客人的多寡，她總是熱忱的服務旅客。時間久了，旅客們都知道山上有一家茶館，也都樂意在茶館休息、喝茶。而老太太非常了解旅客的心情，所以從不關門，縱然是生病的時候，也抱病燒茶水，供應旅客的需要。旅客對這家永不會讓他們失望的小茶館和老太太，總心懷感激之情。

　　對此，松下幸之助表示：「一想到這位老太太，我的崇敬之情油然而生，她不但忠於工作，而且樂在工作，我相信她早已不把茶館視為私有，而是屬於來來往往的旅客們所共有，這就是她永不關門、永遠讓壺裡的水一直在沸騰的原因。而且我想老太太在服務旅客的時候，應該根本不把是否賺錢放在心上，她的熱忱必是來自於與旅客們間的無言契約，所以她在寂寞的山上燒茶水，都能樂此不疲。我可以想像得到，老太太每天燒妥茶水，打開店門，等待旅客們到達後歇腳、喝茶時那份快樂的模樣。我想，這就是服務社會所產生的無上喜悅吧。」[3]

## 注釋

▲註[1] 黃麗榮譯（Leslie A. Yerkes原著），《樂在工作：高效能工作的十一條快樂原則》（北京：東方出版社，2008年4月），頁45-48。

▲註[2] 梁誠主編，《Google與百度：全球兩大搜索巨頭的技術創新與盈利策略》（北京：中國經濟出版社，2007年1月），頁145-148。

▲註[3] 郭泰，《悟：松下幸之助經營智慧》（臺北：遠流出版事業股份有限公司，1990年7月），頁169-170。

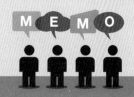

CHAPTER
08

# 團隊精神

　　不論個別的員工有多優秀，在現代複雜的社會組織中，如想憑個人的力量去完成一件重要的工作是不可能的，只有把自己融入到整個團隊中，藉著集體的力量才能順利的達成任務，也因此，是否具備團隊精神，反映著一個人的素質和能力，並且也決定了他的工作成果。

　　美國有一家大企業招聘高層管理人員時，在上百個應徵者中，最後有九個人脫穎而出，由總經理進行最後的複試。總經理對九個人的背景、資歷和初試成績都相當滿意，但因為公司最終只要聘請三個人，因此總經理出了一個題目：把九個人隨機分成甲、乙、丙三組，然後指定甲組的三個人調查本市的嬰兒用品市場，乙組的三個人調查本市的婦女用品市場，丙組的三個人調查本市的老人用品市場。總經理並解釋：「公司所要招聘的人是要用來開發市場的，因此請大家調查這些行業，是要看大家對市場是否有敏銳的觀察力，是否能適合一個新的行業。同時為了避免大家盲目進行調查，已叫祕書為每個人準備一份該行業相關的資料，離開時，找祕書領取。」

　　兩天後，九名應徵者將自己所作的市場分析報告都送到總經理桌上，總經理逐一看完後，走向丙組的三人說：「恭喜三位已獲得公司錄取。」並向露出疑惑表情的眾人說：「請大家打開我叫祕書給你們的資料，互相看看。」原來每個人收到的資料都不一樣，如甲組的三人拿到的分別是本市嬰兒用品市場過去、現在和將來的分析資料，而乙組、丙組也是同樣的情況。總經理繼續說：「丙組的三個人很聰明，他們互相借用了對方的資料，補充了自己的分析報告，但甲、乙兩組的六個人卻

拋開隊友，各自做自己的。而我出這個題目的用意就是想觀察大家團隊合作意識。甲、乙兩組的失敗，就在於忽視隊友的存在，沒有合作。但是團隊合作精神才是現代企業成功的真正保障。」

因此，在職場中個人不論如何的專業，如果不能與人合作，也不願意與同事密切交流，則最後的成果必然有限，正如俗語所謂：智者千慮必有所失，愚者千慮必有一得，當個人還在埋頭苦幹時，別人透過團隊凝聚的眾智眾力早已有所突破，因而現代的企業都極為重視團隊意識，特別是和諧的團隊。如松下幸之助認為，將眾多高能力的人才聚集到企業裡，未必就有益於工作的順利進行，而只有分工合作，精於搭配，才會產生良好結果。

蘋果電腦的創辦人史蒂夫二十二歲就開始創業，從一無所有到擁有兩億多美元的財富，只用了四年時間，但其為人卻是特立獨行，不願與人合作，驕傲、粗暴，不能尊重員工，使員工們都敬畏而遠之，就連他自己聘請的經理人──原百事可樂飲料部總經理史卡利都宣稱：蘋果公司如有史蒂夫在，我就無法執行任務。最後董事會被迫在二人間作出選擇，結果選擇了善於團結員工並與員工相處和諧的史卡利，而史蒂夫則被解除所有職務，只保留董事長職位。因為史蒂夫對於蘋果雖然是一大功臣，但他的特立獨行，卻成為公司發展的阻力。

## 壹、團隊精神與企業文化

團隊精神是指員工在組織中要能合作、協調配合，以組織利益為重，圍繞共同的目標共同奮鬥不息，而只有員工自覺的考慮到企業的整體利益，當遇到難題時就會想到如何做對組織最有利，然後就義無反顧的一往直前。若因工作與相關同僚、部門有摩擦或意見的分歧也能在共同目標下不再耿耿於懷，而能真誠合作，建立起具有強烈凝聚力的企業形象。

企業組織需透過企業文化與企業願景來提振全體員工的團隊意識。

## 一、三星集團的品質優先

在1993年時，美國的「顧客報導」(Customer Report)雜誌報導在美國市場上銷售的錄放影機的品質與價格的比較，其中新力以最高的品質與最高的價格進行銷售，品質較差的夏普以低廉的價格銷售，然而三星的產品卻以高品質但卻更低的價格進行銷售。也就是三星電子雖然經過多年來的努力，卻始終無法去除消費者腦海中「三星製造」依然是廉價品的印象，因此如不能設法取得消費者的肯定，三星電子將失去立足之地。

1993年6月，當三星集團的高層幹部在德國法蘭克福經過二十幾小時的會議後，三星集團的李健熙會長為促進經營方式的變革，提示宣言：「從以數量為主的經營模式轉變到品質最優先的經營模式。」這個宣言影響到三星集團的18萬名員工。另一方面三星電子的無線事業部曾推出自主開發的手機，但卻敗於與摩托羅拉的競爭，但不久又推出Anycall手機，而在經營宣言提出不久，三星電子理事李基泰，當著無線事業部全體員工的面前焚毀15萬支有品質問題的手機，以激勵員工下決心製造出最高品質的手機。

為了追求三星集團更高速成長，並激勵所有的員工面對變局，會長李健熙甚至提出：「除了老婆、孩子，一切都要變。」使創新中求變成為三星企業文化的靈魂，他在寫給員工的一封信中寫到：「如果我們不能成為世界一流企業，不僅二流、三流保不住，甚至最後要走向滅亡。」而求變就是要追求第一，除了在品牌形象方面進行重大改變，將產品從全球聞名的大型連鎖店，如沃爾瑪、凱買特全線撤出，然後將DVD播放機、電視、電腦等高品質產品搬進像Best Buy、西爾斯和Circuit City這樣的高級品牌專賣店，以質取勝。

另一方面李健熙在美國考察時發現日本企業的電器產品都放在商場中間，擦得乾乾淨淨，賣的是高價，三星的產品堆在角落裡，價格便宜

卻無人問津，於是從商場買來了日本的電器產品後，拆開仔細研究，結果發現韓國產品的體積大，零件有500個，相比之下，日本產品體積小，零件少，成本低，自然暢銷。因此在三星人的努力下出現了膾炙人口的廣告用語：「哇，我看見了這隱藏的一英寸！」

1995年以前，電視銀幕寬高比例為4：3，因而只能看到播放畫面的80%，而三星在了解電視機普遍存在的這一缺陷後，決定進行改變，研究出12.8：9的大銀幕彩色電視機，而此研究過程集合了三星電子、三星SDI、三星電機、三星康寧等四大分公司的通力合作及55位工程師的心血結晶。2000年團隊再開發出使34英寸的彩色電視畫面變成平面，而與新力較先開發的同類產品相比，三星電視的厚度縮減了10公分。這小小的1英寸，看起來似乎微不足道，但卻是三星人突破技術的關卡。這就是三星的成員在第一主義（「我們要在所有的領域都追求第一」）下，團結合作共同追求下的成績。

因此企業願景與文化可將所有的員工變成一個充滿進取心、創新力的大團隊。

## 二、松下企業的七大精神

日本的松下電器在早期即建立一項制度，這便是朝會和夕會，即在每天上班開始的5分鐘和下班前的5分鐘，各單位的全體員工必須在一起宣誓和總結。特別在朝會時，要唱社歌：

為建設新日本同心協力！

不斷的努力生產！

我們為世人提供的商品，

猶如湧泉一般。

振興產業！振興產業！

唱完社歌後，還要朗誦松下電器的七大精神：

1. 產業報國的精神。產業報國是本公司的經營宗旨。從事產業工作的我們，必須十分重視此種精神。

2. 光明正大的精神。光明正大是為人處事的基本準則，不管學識才能如何優秀，如果缺乏此種精神，都不足為法。

3. 親愛精誠的精神。親愛精誠為本公司的信條之一，即使各部門內部有優秀人才，但如缺乏此種精神，即等於烏合之眾，不可能產生任何力量。

4. 奮鬥向上的精神。徹底奮鬥才是達成使命的唯一要訣，如果缺乏此種精神，即無法獲得真正的和平與進步。

5. 遵守禮節的精神。如果不重禮節、缺乏謙讓，就無法維持社會的秩序。唯有擁有禮讓和謙虛的美德，才能美化社會，形成有人情味的人。

6. 順應同化的精神。除非順應自然法理，與其融成一片，否則就不易發達、進步。如果不能適應社會的大趨勢，固執自己的偏見，則絕不能成功。

7. 感恩圖報的精神。感恩圖報的心意，能為我們帶來快樂和活力。只有秉持著這種觀念，才能克服困難，創造真正的幸福。

值日者在朝會上還要發表聯絡事項及感想，員工也可以輪流發言，這樣不但有助於明確上下班界限，整肅精神，也能傳遞信息，交流感想，特別是透過每天的唱社歌和朗誦「七大精神」，能將松下企業的創立精神、企業目標、經營理念深置於員工的腦海中，使每一部門、每一個人都知道自己所承擔的責任和所應做出的貢獻，把每一部門、每一個人的工作與公司的總目標緊密的結合在一起成為一個整體。都清楚的理解公司和團隊的工作重心，彼此互相信任，有默契的自我鞭策，毫不鬆懈的全力以赴，而凝聚成以大局為重，不斤斤計較個人利益和局部利益，自覺的為增強團隊整體利益做出貢獻。

在松下電器，也發生過因為沒有舉行朝會朗讀「七大精神」，而迷失了松下基本經營方針的事情。即有一個生產馬達的工廠，在二次大戰後的重建時期，總是無法扭轉虧損的局面，公司的顧問高橋荒太郎對該工廠進行檢討後，發現該工廠的問題關鍵在於：從幹部到員工都失去了松下經營事業的基本方針，因為該工廠根本就沒有組織朝會活動，於是指導幹部員工重新藉由朝會的舉行來認識松下的經營理念，並以此來檢查各個生產環節，如品質、成本、服務等加以改善，不到半年，工廠即起死回生。

## 三、微軟的激情文化

美國的微軟公司崇尚激情的個性，而比爾‧蓋茲本人從小就熱情洋溢，特別是他對工作的投入，當微軟公司創辦之初，除了談生意、出差外，就是在辦公室裡徹夜的工作，1983年當微軟開始開發Windows時，他住的房中沒有電視，也沒有什麼必要的傢俱，他經常在晚上檢查工程人員所編寫的程式，然後提出自己的意見，而工程人員早晨上班後第一件事就是收取蓋茲的電子郵件。

而在微軟開發Windows 2000時，動用了超過3,000名的研發工程師和測試人員，如果缺少高度統一的團隊精神，沒有全部參與者的默契和分工合作，這項工程是不可能完成的。但為什麼數以百計的「百萬富豪」員工在賺取百萬、千萬的身價後，卻繼續留在微軟打拚？微軟的工作條件並不安逸，每年淘汰5%的員工，故工作壓力常常比同行的其他公司大得多，一週工作60個小時是常事，在產品推出前的幾個星期，每週工作時數更可能超過100小時。微軟人最多的時候，是晚上8、9點時，辦公室裡，每人都在忙著自己的事，而業務人員因白天拜訪客戶，只有晚上能回公司寫報告、做計畫，有的部門則在開會、聽報告。

這些在夜晚忙碌的員工其實也可準時下班，並沒有高層會要求他們加班，但是富有激情的員工認為這個時候可能工作效率更高，並在激情

工作中找到無窮的樂趣。所以微軟的激情文化，讓員工從一種更高的角度重新審視自己的工作，重新思考自己所從事工作的神聖和偉大，而營造一種氣氛：工作不全是為了升職加薪和邀功請賞，而是靠激情支撐的自願行為。這使微軟的員工能有完全超越自我的團體意識，這種團體意識，已在微軟生根，他們認為自己從屬於微軟這個團隊，不但享有公司的全部資源，而且還擁有一個能使自己大顯身手、發揮重要作用的小而精的部門，每一個人都能不斷湧現創造性的思維並發揮潛能，但能使這些變成現實的則是微軟這個團隊。

　　這些顯示企業文化除可激勵員工的工作熱情外，也形成了對企業的凝聚力。就像是邁克・戴爾(Michael Dell)所指出的，如果聘用新進人員，或是拔擢負責經營的管理階層，都應該完全與公司的哲學與目標一致，因為可以認同公司的價值和信念，也了解公司目前的營運和努力的方向，那麼就會努力盡快達到目標，也會對組織的更大目標有所貢獻。

## 貳、團隊的意義

　　在以上所舉的三星、松下、微軟的例子中，都顯示企業本身就是一個大團隊，它的企業文化、經營目標都影響著員工對團隊的歸宿感、凝聚力及奮鬥的精神。但在管理方法上，團隊則是指在完成某一任務時，所組成的一個單位。

### 一、團隊的意義

　　利・湯普森(Leigh L. Thompson)以「團隊是一個由若干個人組成的相互依賴的組織，這些個人共同負責為本組織提供一定的成果。並非所有共同工作或聯繫緊密的人就都屬於同一個團隊。構成團隊的人群在信息、資源和技能方面是相互依賴的，他們要共同努力來達到一個共同的目的。」

析言之，團隊有五個決定性特徵：

1. 其目的在達成共同的目標，團隊成員要為團隊成果承擔集體責任，而且取得某種集體回報。

2. 為實現共同目標，團隊成員要相互依賴，在信息、技術、資源等各方面相互支援合作。

3. 團隊具有約束力，成員的身分可以辨識，成員和非成員都知道誰屬於該團隊。團隊的存續至其目的達成。

4. 團隊成員具有管理自己的工作和內部各種流程的權限。

5. 團隊是在一個更大範圍的體制內運作的，而體制內通常還有其他的團隊，並且團隊也需要從團隊外獲取支持的資源。[1]

## 二、團隊成員應有的態度

不論是企業的整體或內部，因職能需要而成立的團隊要獲得發展並達成目標，其成員應具備以下的態度：

### （一） 彼此的相互信賴

缺乏彼此的信賴，人與人之間或是團隊內部就沒有合作的基石，每個人都只試圖保護自己的利益，甚至言而無信，做事既不認真也不可靠，則必將對團隊造成損害。

相互信賴是有風險的，但如果能鼓起勇氣先賦予對別人的信賴，最終必將獲得別人的回報，並且比起疑心重的人，更易得到快樂，所以彼此間的信任可以創造奇蹟。這就如同馬戲團裡的空中飛人，抓住對方送過來的鞦韆或雙手，百無一失，他們不怕嗎？因為他們曉得對方靠得住，要是沒有信任別人的心，絕對表演不出讓觀眾尖叫連連的節目，且一旦失去信任，就會造成無法估量的不良後果。

在團隊中要培養相互的信賴感，可由以下方式入手：

1. 自信。自信是贏得別人信任的關鍵，充滿自信的人能使他人受到激勵而同樣變得很有信心，並且也因為他所表現出來的自信和權威性能令人感到信服，而受到別人的信任。

2. 聆聽別人的心聲。了解別人的感受、觀點和體驗，而且要能守住別人的祕密；要透露時，也要獲得對方同意，當誠心誠意的想要了解他人的為人和想法時，自然能贏得別人的信任。

3. 信守承諾。在人與人接觸的過程中，說到做到，答應的事情一定如期做到，必定得到他人的信任，而能真誠相交。

4. 杜絕閒言閒語。謊言、華而不實的言詞或在別人背後所說的閒言閒語都會使信賴消失，因而不但不應造謠及流傳，更應該查明事情的真相。所以應該養成一種坦誠、有話直說的溝通模式。

5. 增加接觸。彼此的交流越為頻繁，越可增加了解的機會，加深彼此的信賴感。

6. 彌補錯誤。在與同事的關係因衝突而陷入緊張的時候，應努力恢復和諧關係，而在出問題時，要勇於承擔責任、彌補錯誤，而不是把責任推到別人身上。

對於以上的項目，需要投入耐心、決心及自我紀律的要求，在長期維持良好關係後，才能建立起信賴關係。而一旦團隊成員間真正取得互相信任之後，就能展現真正的團隊力量，產生一種積極的企業文化，就會把團隊的最高利益置於個人的利益之上，大家就會公開自己的不同意見，決策就會變得更有效率，執行則更徹底。

## （二）試著欣賞、讚美別人

張君前往一家著名的軟體公司應徵，並順利的進入可參加複試的十個人中。複試的內容很簡單，每位入圍者須按要求設計一件作品，除當

場展示外，並由另外九人打分數，寫出相關的評語。張君在評分時，對其中三個人的作品非常佩服，懷著複雜的心情給予三人高分，並寫下稱讚語詞。但令他意外的是他錄取了，而更令他意外的事情是，他讚賞的那三個人中卻只有一位被錄用。這是為什麼？

該公司人事經理的話，使他恍然大悟，經理說：「進入複試的十個人都是佼佼者，專業能力都很強，這些雖然都很重要，但公司更重視的是：入圍者在相互評價中，是否能彼此相互欣賞。因為庸才總自以為是，看不見別人的長處，對他人視而不見，顯得心胸太狹隘了，如果從嚴格意義說來那不叫人才。因而落選的幾位雖然能力不錯，但遺憾的是他們缺乏欣賞別人的眼光，而這點比專業能力更重要。」

因而能否具有欣賞別人的眼光和接納別人的胸襟是很重要的，因為有了這樣的態度才能取長補短，團結協作，共同進步。

所以不應該只看到別人的缺點，更要看到別人的優點，並且不吝給予讚美，讚美是對別人的一種肯定、一種理解、一種尊重，讚美別人既是一種給予、一種溝通，又是一種祝福。讚美別人只要短短的幾秒鐘，便能滿足別人內心的強烈需求。所以試著欣賞別人，找出別人值得讚美的地方。

讚美他人時要注意：

1. 真實而得體。對別人的讚美需要發自內心的真誠，而真誠離不開真實，因為要恰如其分的讚美對方，必須要符合事實。如果要在一些細微的地方讚美的話，更需要對對方的工作、生活有更深入的認知，以便準確的提出別人沒都想到的你會提及的細小之處，這種讚美既親切又得體。

2. 讚美用詞要得當。讚美的時候，經常是雙方面對面的，因此，內容上要具體，有時雖然不直接涉及所要讚美的客體，但對方卻已心照不宣的知道你所指的是什麼。此外，觀察對方的狀態也是很重要的，因如

對方正逢情緒低落或有其他不順心之事時，過度的讚美往往會讓對方覺得不真實或誤會為諷刺，所以必須注意到對方的感受。

3. 讚美不可過分誇張。讚美需要修飾，但太誇張、過分的讚美就會變成阿諛奉承，使人不但感受不到真誠，反而給人虛偽和矯揉造作的感受。

4. 在背後讚美，當面讚美時，對方可能認為是應酬話，但在背後說對方好話，對方則會認為那是真實的讚美，而真誠的接受，並心懷感激之情。

5. 不可碰觸別人的禁忌。

## （三）不要嫉妒別人的成就

曾任美國通用電器公司總裁的傑克・韋蘭奇曾說：「我喜歡用富有團隊意識的員工，因為在一個公司或一個辦公室中，幾乎沒有一件工作是一個人能夠獨立完成。大多數人只是在高度分工中擔任一部分工作。只有依靠部門中全體員工的互相合作，互補不足，工作才能順利進行，才能成就一番事業。」因而團隊的成功所依靠的是每一個成員竭盡個人的智慧、知識和技能，個人的成功也將造就團體的成功，因而對團隊其他成員的優異表現，絕不能心存嫉妒，甚或進而阻撓、中傷，終至產生怨恨、仇恨的情緒。

1. 將嫉妒轉化為自我的成長。人都有追求成功的願望，有著超越別人的衝動，但在看到自己的表現不如同伴時，往往就會產生羞愧、怨恨等組成的複雜情緒，這就是嫉妒。嫉妒是一種普遍的情緒，它源於人類的競爭，但它可以起積極作用，也可以起消極作用，其關鍵全在於其表現方式是否有益於自身的發展和社會的需要。每個人都有長處與短處，為何非拿自己的短處與別人的長處硬作比較？將別人的成就、貢獻等同自己的失敗？其實嫉妒他人者可以化嫉妒為動力，因為不服

輸、不甘表現居於人下，奮發努力，力爭上游，用自己的奮鬥和努力去消除與他人間的差距，甚至超過同伴。

2. 正確的認識、評價自己。當嫉妒心萌發時，能夠積極主動的調整自己的意識和行動，以控制自己的動機和感情，並冷靜的分析自己的想法和行為，同時客觀的評價自己，從而找出差距和問題，當認清自己後，再重新評價別人，自己就能夠釋懷。而一個人若不能正確的評價自己，就會和他人一直作比較，導致自卑、自慚形穢，事事杯弓蛇影，變成裹足不前。

3. 去除虛榮心。虛榮心使人不願意別人超越自己，甚至以貶低別人來抬高自己，這事實上是一種扭曲的自尊心。自尊心追求的是真實的榮譽，但虛榮心追求的是虛假的榮譽，而克服虛榮心就能克服嫉妒。

4. 去除優越感。一個有濃厚優越感的人，再也不能接受比他優越的人，因為只有在看到比他低劣的人時，在心理上才能有安全感，因此整天都處在一種防範、衡量、不斷比較、據為己有的狀態下生活，自然不能以開放的胸襟去接納、關心同伴。

## （四） 找到彼此，才能找到合作

如果想從生活中得到任何快樂就不能只想到自己，而應為他人著想，因為快樂來自你為別人，別人為你。在職場的團隊中也只有在大家都認識到彼此的長處、短處，才能取長補短，不但獲取團隊的好績效，更使個人在彼此合作互助的團隊工作中得到滿足和成就感。

### 1. 了解他人，彼此包容

只有了解別人，才談得上合作，也只有了解別人，才能在合作的過程中截長補短，互相配合，而在與人合作的過程中，不可能只與對方的優點合作，故在與他人的缺點發生衝突的時候，要做的就是容忍。

下述是一個真實動人，又啟人深思的事例。

　　1983年的春天，瑪格麗特抵達「東南老人中心」，並開始接受物理治療。在該中心員工米莉將瑪格麗特介紹給中心其他人員時，她注意到瑪格麗特盯著鋼琴看的那一剎那間流露出痛苦的表情，於是問道：「怎麼了？」瑪格麗特低聲的回答：「沒有什麼，只是看到鋼琴，勾起我的許多回憶。」米莉瞥向瑪格麗特的殘障的右手，聆聽著眼前這名黑人婦女談起她音樂生涯的輝煌過去。

　　當瑪格麗特暫停下來的時候，米莉突然說：「你在這裡等一下，我馬上回來。」過了片刻，米莉回來了，並且還帶著一位嬌小、白髮、戴著厚重眼鏡，並使用助步器的女人。

　　「這位是瑪格麗特，」米莉替她們互相介紹，「這位是露絲・艾因柏珞。」米莉笑著說：「她也彈鋼琴，但她跟你一樣，自從中風後，就沒有辦法再彈了。艾因柏珞太太有健全的右手，而你有健全的左手，我有種想法，如果你們互相合作的話，一定可以彈出很美好的音樂。」

　　聽後，露絲問：「你知道蕭邦降B調的華爾滋嗎？」瑪格麗特點點頭。於是兩人並肩坐在鋼琴的長椅上，兩隻健全的手：一隻是黑色，有纖長優雅的手指；另一隻手是白色，有短胖的手指──很有節奏感的在黑白的琴鍵上滑動。從那一天開始，她們就一起坐在鍵盤前──瑪格麗特殘障的右手摟住露絲背部，露絲無用的左手則擱在瑪格麗特的膝上。露絲健全的右手彈主旋律，瑪格麗特靈活的左手則彈伴奏旋律。

　　她們兩人的聯手彈奏在電視上、教堂裡、學校中、康復中心、老人之家給許多聽眾帶來歡樂。漸漸的，坐在鋼琴前，她們共享的東西不再只限於音樂，除了蕭邦、巴哈、貝多芬等人的音樂之外，她們發現彼此的共通點比想像的要多得多──兩人都是祖母和寡婦，都失去了兒子，都有顆奉獻的心，但若失去了對方，她們就什麼也辦不到。而當兩人同坐在鋼琴前的長椅上時，露絲聽見瑪格麗特說：「我被剝奪了音樂，但上帝卻給了我露絲。」而露絲也跟著說：「是上帝的奇蹟將我們結合在

一起。」很顯然的，這些年來的並肩而坐，瑪格麗特的某些信仰已漸漸影響了露絲。

## 2. 創造雙贏

雙贏思維在團隊內部可形成良性的競爭氣氛，提高組織的凝聚力，因為雙贏的思考方式在相當大的程度上是尋求互利：利人利己。使雙方互相學習、互相影響、互相激勵，而共謀團隊的利益，並使自我成長。但要達到互利的境界必須具備足夠的勇氣及與人為善的胸襟，特別是與損人利己者在一起時更應如此。

以下的事例可作為在團隊中對他人態度的改變，創造雙贏的絕佳例子。

美國通用電器公司一位名叫唐・瓊斯的員工在回憶中指出，她第一次發現雙贏思維的奧妙，是在讀高二的時候，那時她是學校籃球隊的女籃隊員，並且雖然只是高二的學生，但球打得不錯，身高也足以成為大學籃球隊的先發球員。她有一個好朋友叫瑪琳，也是高二的學生，也同樣被選入大學籃球隊的先發球員。

瓊斯較擅長中遠距離投球，並常在十英尺外投籃，而一場球打下來總能投入四、五個這樣的球，並且也獲得大家的讚賞。但不久後，瑪琳顯然變得不喜歡她在球場上成為觀眾注意的焦點，開始有心讓瓊斯拿不到球，且無論有多好的投籃機會，都不再把球傳給瓊斯。

有一天晚上，在激烈的比賽後，因為瑪琳一直不傳球給瓊斯，瓊斯幾乎氣炸了，她在與父親長談時，深深表達出對瑪琳化友為敵的憤怒，但她父親卻告訴她最好的辦法就是自己一拿到球就傳給瑪琳，並且認定這樣做一定有用，但瓊斯卻認為這是個愚蠢的建議，根本沒用。

下一場球賽時，瓊斯決心要讓瑪琳在比賽中出醜，她做了周密的規劃，並開始著手進行。但當瓊斯第一次拿到球的時候，聽到父親在觀眾

席上大聲叫喊：「把球傳給瑪琳！」瓊斯猶豫了一下，雖然她也可以投球，可是她看見了瑪琳，然後還是做出了她知道是正確的舉動，將球傳給了瑪琳。瑪琳愣了一下，然後轉身投籃，手起球落，取得2分。瓊斯在回防時突然產生一種前所未有的感覺：為另一個人的成功而由衷的感到高興，更重要的是她知道她們領先了，贏的感覺真美好，上半場中，她繼續與瑪琳合作，一有機會就將球傳給瑪琳。下半場她依然繼續與瑪琳配合，除非適於別人投籃或適合自己直接投籃。最後她們贏了這場比賽。

在以後的比賽中，瑪琳開始傳球給瓊斯，而且也一樣的一有機會就傳給她，她們間的配合越來越有默契，兩人間的友誼也越來越深厚。在那一年的賽事中，她們的球隊贏得大多數的比賽，而二人也成為家鄉小鎮中的傳奇人物，地方報紙甚至以特稿介紹兩人間絕佳的默契配合，而瓊斯自己在比賽中的得分也獲得提高。

這一年的比賽給瓊斯留下深刻的印象，讓她深刻體會到雙贏想法的奧妙：雙贏總會給人帶來更多的好處，幫助別人成功使自己充滿快樂，並且經由比賽中的相互配合，自己並未因此而使得分減少，相反的卻獲得更多分數。最終是瓊斯與瑪琳都投進了更多的球，贏得更多的比賽。雙贏思考可促進個人的工作績效，因此在團隊中，應該彼此相互的寬容別人的缺點，尊重別人的長處。

人與人的相處，不可避免的會出現誤會，而人性的弱點往往使人對自己不喜歡的人總是不能積極配合，甚至故意刁難，這不但影響彼此的關係，更可能加深裂痕，最後因為彼此關係的不融洽影響團隊的整體利益與工作進度。因此在團隊中，要把私人好惡放在一邊，互相抑制嫌棄的心理，相互寬容，將團隊目標放在首位，同心協力完成工作，而透過一次成功的合作，能使彼此獲得重新認識，且合作更能彌補個人能力中的缺陷。

## （五） 以「我們」代替「我」

　　身為員工以自我為導向，就會盲目的追求金錢、職位、權力或者是一個小圈子裡的個人關係，而看不到企業的整體思路，且會花費很多時間、金錢和努力來為自己打算，而不是照顧他人；會陷在自己的小天地裡、陷在個人利害關係、個人成就和自己的資歷裡不能自拔；會忘記為什麼要到這個企業來，也會忘記應該盡力實現的目標：滿足顧客、股東、市場的更大需求。關心的除了「我」，還是「我」。

　　但業績表現最好的員工，是那些事事以「我們」為先的員工，因為這樣做才能擁有最多的資源，才能凝聚成一個大我，永遠都記住我們的偉大夢想，時刻都不忘記為什麼來這裡工作。所以應該抱著為「我們」而努力的心態，這是一個集體的大目標，它遠比個人的小目標重要。

　　因而身為工作團隊的一個成員，應該告訴自己：「我們需要成為伙伴，需要成為一個團隊。忘掉個人利益和部門區分，為同一個目標結合起來。這個團隊只講我們而不講我。」

### 注釋

▲註[1] 方海萍等譯（Leigh L. Thompsen原著），《創建團隊》（北京：中國人民大學出版社，2007年6月），頁4。

　　每一家企業在招聘員工的時候，因為所從事的領域不同，其側重點也因此有所不同，但卻有一點是不謀而合的，即是喜歡聘用具有創意的人，而創新能力的重要性有時可凌駕文憑、經驗之上，因為在競爭激烈的職場中，你所擁有的，別人可能也同樣擁有，要能脫穎而出，就完全取決於是否具有創新能力，如果創新意識和創新能力比別人強，在職場上成功的可能性就比別人高，在職場生涯中對公司的貢獻就比別人大，其中所獲得的自我實驗的成就感更將成為一生最美好的記憶。

　　日本的東芝電氣公司在1952年前後曾積壓了大量的電扇賣不出去，員工們為了打開銷路，絞盡腦汁卻依然無法想出良策。有一天，一個職員向當時的董事長石板提出建議：改變電風扇的外觀顏色。當時，全世界賣的電扇都是黑色的，東芝生產的電扇自然也不例外，因此，他建議把黑色改為淺藍色，在夏天可給予消費者一種清爽的感覺，這建議立刻獲得石板董事長的重視，經過公司的研究後，採取了這個建議，將公司庫存的電扇全部改漆為淺藍色。第二年夏天在市場推出後大受歡迎，引起搶購熱潮，幾十萬臺電扇全部出清。從此之後，全世界各地生產的電扇就不再是統一的黑色了。

　　一個小小的創意解決了東芝公司電扇滯銷的問題，也改善了此後電扇的外觀顏色。而每個人在生活中若能善用觀察、聯想，都有取得創意、創造成功的可能性。

　　休斯是美國一家家用電器大廠的老闆，他原本是一家報社的記者，但因與主編間的不快而辭職。有一天，休斯應邀到新婚不久的好友索斯

特家吃飯，結果感覺到菜裡有一股很重的煤油味，令人難以下嚥，但又不便指出，好友索斯特自然也吃得出怪味，但在朋友面前也不便責怪妻子，只好指著煤油爐抱怨的說：「這種爐子總是出問題，你急用時，它偏要熄火，每次修理時都弄的一手油，不小心煤油就濺到菜裡……，要是能有一種簡便、衛生、實用的爐子就好了。」但當時大家都用這種爐做飯。

說者無心，聽者有意。索斯特的話牽動了休斯的思考：「對呀！為什麼不生產一種全新的爐具投入市場呢？」有這個想法後，休斯開始重新規劃自己的人生方向，全身心的投入研製新型的家用電器上，終於在1904年成功研製出家用電鍋，接著又研發出家用電水瓶、電茶壺、電暖器等產品。

休斯抓住一閃而過的奇思妙想開創了自己的事業，而所有的企業當然更希望員工都能具備這種思考的習慣，積極尋找對企業有幫助的創意。

## 壹、企業對創新的追求

### 一、英特爾的創新制勝

高科技產業的發展日新月異，如果企業不能創新，只有滅亡。而身為高科技產業代表之一的英特爾(Intel)為了確保市場，抵禦其他公司的競爭，其在成立之初就確定了「永不停頓、不斷創新」的經營理念。

英特爾從二十世紀七〇年代就構築了其賴以成功的商業模式——不斷改進晶片的設計，以技術創新滿足電腦製造商及軟硬體產品公司更新換代，提升性能的需要，這不但能獲得高額利潤並將獲得的資金再投入到下一輪的技術開發中，並且能保持與競爭對手間的競爭優勢。也因此英特爾要求所有的員工都要有創新精神。英特爾認為一位員工只完成上

級交付的任務是不會有什麼出息的，而只有善於動腦、總結經驗和具有創新精神的員工才能立足和晉升，但要創新只靠上班的八小時是不夠的，而必須在工作之餘充實自己的知識和做試驗。

為了貫徹不斷創新的需要，英特爾特別舉行盛大的創新日活動，在這一天所有的員工都可提出自己對公司各方面的創意，經評審團評審後，合理的創意會立即為公司採納，並得到獎金鼓勵。在1993年的第一屆創新日，創新建議超過100件以上，其中有10件提案參加決選，並舉辦公開評審大會，讓所有的人參加，由提案人親自說明自己的想法，最後有兩個提案同獲第一名，其中之一是如何讓快速記載體的效率提高，另一則是如何在電腦輔助設計工具相關的晶片運用3D顯示技術。而這二個冠軍提案之一，後來應用在英特爾的新產品中。

英特爾的創辦人摩爾曾評論說：「這樣的結果太令人滿意了，原本預期能把二至三成的提案發展到實用階段，但結果竟然有50%。」「創新日」不只是激發員工的創造力，實現了個人的價值，也使公司獲得許多有價值的點子。

但創新是有風險的，而英特爾鼓勵員工在掌握資訊、充分評估後嘗試冒險並包容錯誤。

## 二、3M的銳意創新

企業的最終目的在能面對挑戰，永續發展，因為企業競爭力的強弱，不再是擁有資源的多寡，而是取決於內部持續創新能力的有無，來自員工不斷的自我要求，以及公司對個人創意的重視，這必須建立在一個具有創造力，能不斷改變並接受改變的組織文化，給予員工在工作環境上更大的獨立自主性和彈性。

美國的明尼蘇達礦業製造公司(The Minnesota Mining and Manufacturing Company)，即知名的3M公司，更一向是創新發明企業的

代名詞，因為它是一個不斷追求突破的企業組織，給予每一個員工無後顧之憂的創新環境。而在其企業文化中更極力培養員工熱情、奉獻的精神，特別是在開發新產品時，沒有這種精神就不可能獲得成功，所以每個人在研發新產品時，或把別人沒有信心的產品成功的推向市場時，或想出如何大量降低生產成本時，都是將產品作為自己的事業來對待。

在鼓勵創新方面，其提供一個完善激勵創新的環境。

## （一）不扼殺創意

強調勿隨意扼殺任何新的構想，並為主管階層所奉行，因為許多主管自己都經歷過研發新產品的過程，如不按牌理出牌、曾遭封殺或花數年時間埋首於研發工作，因而能鼓勵後進的創新構想與過程，並且也給予後進學習的典範，如德魯與博頓是3M的高層主管，而曾任該公司董事長的李爾曾說：「我們的業務人員到汽車工廠拜訪時，注意到工人正在為雙色汽車上漆，但卻因兩種顏色的漆總是會混流到一起，而感到束手無策，當時實驗室一名叫德魯的年輕技師，研究開發出一種可以遮蓋住不需油漆部分的強力膠帶，於是不但解決了汽車油漆工的問題，同時也為3M公司發明了第一個膠帶產品。到了1930年，也就是杜邦公司推出玻璃紙後的第六年，德魯又研製出把黏膠塗到玻璃紙的方法，而透明膠帶就此誕生，但開始時只用於工業包裝上，直到3M的業務經理博頓，發明了一種內有切紙刀片裝置的卷軸，透明膠帶的使用才真正開始推廣。」

因此主管們總是盡量的鼓勵並且把開發新產品的任務交給年輕的一輩。

## （二）產品創新小組

小組是支援研發創新的基本單位，這種小組有三個特徵，即由各種專業人才全力共同參與的無限期任務；全是自願者；具有相當的自主權。

小組的成員至少要包括：技術人員、生產製造人員、營銷人員、業務人員或財務人員，而且全部都是專職的，因為公司明白，在這種制度下，有些成員雖然不能立刻派上用場，而造成人才浪費的現象，但願意付出這種代價，因為唯有指派專職工作，才能讓員工全力以赴，專注於「一項工作」中。小組的成員完全由自願者組成，而不由公司硬性指派。

公司並保證小組有相當的獨立自主權與工作保障。在新產品發表會前，小組成員不得解散，而公司對小組的承諾則是以整組成員為單位，在達到公司評估工作表現的規定標準時，隨著新產品的進入市場而步步升遷，隨著產品銷售業績的成長，獲取應得的利潤。但萬一失敗的話，也有補救制度，即保證能再回到參加小組前的職位。

### （三）獎勵制度

3M公司實施的獎勵制度，不論是對整個小組或個人都有重大的激勵作用。一個員工只要參與新產品新事業的開發工作，他的職位等級與酬金，自然就會隨著產品的營業額成長而改變。如一開始的時候，張君只是生產第一線的工程師，但當產品打入市場後，就可晉升為「產品工程師」。當產品的年銷售額達到100萬美元時，公司會熱烈表揚創新小組的成就，他的職稱與支薪等級又有重大改變。等到銷售額突破500萬時，就可以做到整個產品線的「工程技術經理」。如果產品再進一步破了2,000萬時，該小組就可升格為一個獨立的產品部門，而張君若是開發該產品的主要技術人員，就自然成為該部門的「工程經理」或「研究發展主任」。也因此3M公司的獎勵制度促使員工尋找機會推銷自己的構想或盡量找機會發掘新構想。

### （四）構想的提出

當某部門的員工有新構想後，正常途徑是先向直屬上司申請發展基金，如遭上司拒絕後，可以根據公司有關規定，轉向另一個部門申請，

若再被拒絕，還可轉向其他部門申請，推銷他的新構想，但如仍然四處碰壁，還有創新事業發展部門，可進行最後的申訴。另一方面，3M對於人事的調動非常具有彈性，甲小組的工作人員構想，一旦被乙部門經理採納，那麼就可隨著他的構想一起移到乙部門工作。

至於新產品提案，不需要長篇大論或詳細圖文數字，有時只需用一個條理分明的句子即可，因為在開發新產品的初始階段，沒有必要把時間、精力無謂的浪費在一切都還是生死未卜的事情上，而詳細的銷售計畫，必須在研究發展到相當程度，並且根據顧客的需求做些簡單的測試後，才有需要。

## （五）營業目標的壓力

3M公司規定每一部門年營業額的25%要來自最近5年研發出的產品的銷售，而不像其他公司是以整個公司或各關係企業為基準。但因3M公司要求各部門必須達到這個目標，這就迫使各部門主管不得不努力研發新產品。

## （六）15%的自由時間

3M公司新產品的不斷出現，除了上述提供激勵創新的條件和壓力外，還因為它給予員工適度的時間和空間讓員工可以跳出原本的專業領域，去接觸和本業並不相關的專業，進行智力的激盪，以避免長時間專注業務內的工作所產生的倦怠感，所以上班時間中有15%的時間是可以自由支配的，易言之，除了依照公司的要求從事產品開發外，員工可以就自己有意願的課題進行研究，或已提出的新產品提案，組成創新小組進行研發，如果計畫進行後，遭遇到意想不到的困難，這時公司因講求效益會取消這項研發計畫，但若員工非常熱衷於這項計畫，公司不會干涉員工利用15%的自由支配時間繼續進行研發。

因此在3M公司的創新傳統的激勵下，所生產的產品超過五萬種，平均每天都會出現新產品，如就日常所用的文具用品——便利貼為例，3M生產的膠帶多半使用丙稀黏著劑，但在1968年時，有一位名叫史賓塞‧席維爾的研究人員經過不斷的改良和實驗，製造出一種新的黏著劑，有點黏但又不致太黏，可以重複使用，但新的黏著劑雖然發明了，大家卻不知道如何加以利用，雖然開了多次的會議，卻只想到兩項重要的用法：把黏著劑裝進噴霧器及作成自黏布告欄，但這並不足以讓新的黏著劑能夠提到公司的開發清單上。後在1974年的某日，一位名叫亞瑟‧佛萊的工程師在教堂的唱詩班練唱，為了便於找到練唱的曲子，在歌譜裡挾了小紙條作書籤，但小紙條老是脫落，他想要是小紙條具有黏性，但撕下後又不會損及歌譜就好了，此時腦中靈光突然一閃，想到同事席維爾所發明的黏著劑。

於是佛萊試利用15%的自由支配時間，開始研發黏性書籤，作了幾個樣本，但在把黏性書籤黏在提案上，寫了幾個字後，突然想到他研發的產品不只可以作書籤，還可以作黏撕的便條紙，成為新的溝通訊息的工具，同時這種會黏的便條紙也正式列入公司新產品的開發清單上，經過不斷的修正、測試、試用，在1979年正式上市，受歡迎程度遠超過預期，而便利貼在上市十年後，其所衍生的產品超過四百種。

## 三、麥當勞的標準作業

變革是任何企業管理和經營生產活動的主要組成部分，甚至可以說創新的變革決定企業的成敗。但創新並不只是科技產業的專利，也不只限於技術方面，因為傳統產業經由管理創新，也能帶來快速的成長與利潤的倍增。

在二次大戰後，美國街頭的漢堡店林立，但為什麼麥當勞漢堡能成為最成功的企業之一，因為它打破了毫無規劃的家庭式經營形態。首先麥當勞設計了最終產品，然後重新設計產品製作的整個過程；跟著，

又設計和改進生產工具，使每一塊肉、每一片洋蔥、每一個麵包、每一根炸薯條在精確定時和完全自動化的程序中生產出來，並且讓顧客在清潔、舒適環境中用餐。

## （一）標準作業程序

麥當勞有詳盡的營運訓練手冊(O&T manual)，其中詳細說明麥當勞的政策、餐廳的各項工作的程序、步驟和方法。而職位工作檢查表(Station Observation Checklist)把餐廳工作分為二十多個工作段，而每一工作段都有一套工作檢查表，說明事先應準備和檢查的項目、操作步驟和職位職責。員工進入麥當勞後將逐步學習各工作段，表現突出的員工將晉升為訓練員，訓練新員工；訓練員表現好，可進入管理組。而所有經理都是從員工做起。

如員工工作前必須用洗手液徹底殺菌，工作期間要求不斷的清掃用餐區，保持整潔乾淨，「與其靠著休息，不如起身打掃」，已成為麥當勞的名言。打烊後，縱使已很晚了，但所有的製作產品的工具、用具都要仔細刷洗消毒。並且按照嚴格的衛生標準，如工作人員不准留長髮，婦女必須戴髮網，顧客一走就必須擦淨桌面、隨時清理地面，使店內始終保持清潔環境。

## （二）品質要求

麥當勞對所用的牛肉、雞肉、薯條、麵包等，在品質上都有一定要求。並且除了適合大眾口味外，最顯著的特點是整齊劃一。

如牛肉餅就有40多項控制品質的檢查，牛肉必須精選瘦肉，不能含有內臟，脂肪量在16%～19%間，牛肉絞碎做成的肉餅，每個重1.6盎司，直徑3.875英寸，一磅牛肉可做10個牛肉餅。

如在薯條的製作上，要求長度為五英寸的占20%左右，3～5英寸的占50%左右，3英寸以下的比例占20%到30%之間。薯條要稍微儲存一

定時間，以調節澱粉和糖的含量，因薯條的含糖太高，經過油炸，顏色就會呈現較深的焦黃色，而不是麥當勞薯條應有的金黃色；澱粉含量則不能太低，太低薯條炸出後就會變得軟塌塌的，口感欠佳。並使用可調溫的炸鍋來炸不同含水量的薯條。此外對馬鈴薯本身則要求果型較長，芽眼比較淺。而麥當勞成立初期，為使炸薯條更好吃，擴大銷售量，以三百萬美金設立實驗室，進行改善馬鈴薯品質的工作，到處尋找最適宜的馬鈴薯種植土地，學習最佳的種植、施肥方法，然後將技術免費傳授當地農民，而麥當勞在進入大陸市場後，也是在承德先找到適宜種植的地點，然後引進美國品種的馬鈴薯，並將先進種植技術傳授給當地的農民，其中包括施肥、灌溉、行距和株距及試管育苗等，而成功的建立一套繁育體系。

為保有食品的新鮮度，並堅持限時銷售，超過10分鐘的漢堡和超過7分鐘的薯條就不再銷售。根據專家測定，可口可樂在攝氏4度時口味最好，麵包厚度在17公厘時，吃起來味道最美，因此麥當勞的可口可樂都保持在攝氏4度，所有的麵包都是17公厘。並將其櫃臺設計為高92公分，因為據研究，人們不論高矮，在92公分的櫃臺前，能最方便的把錢掏出來。

麥當勞創新的對標準作業程序和品質的要求，使他得能開疆闢土，建立了麥當勞王國。

## 貳、創新的基本問題

創新是現今社會的熱門話題，各行各業都在大力倡導創新，以在激烈競爭的市場中獲得生存和發展，特別是許多科技公司所靠的就是不斷的創造新產品，開闢新領域，占領新市場。如摩托羅拉(Motorola)的前身原本是高爾文製造公司，研發生產使家用電池收音機直接充電的整流器，但電池收音機在短暫風光後即在市場退燒，但此時高爾文公司已在

新的生產領域開闢出新的市場，即汽車用收音機，而汽車(Motor)和收音機(Radio)結合在一起就產生了摩拉羅拉(Motorola)的音譯，然後在1937年進入家用收音機領域；二次世界大戰時，推出手持式雙向對講機，及隨後推出的背負式步話機在二次大戰期間發生重要作用。1955年推出呼叫器，接著將晶體管用在汽車收音機上，1961年飛向金星的水手二號太空船載著摩托羅拉應答器，它可以提供遠達8,700萬公里的無線電傳輸。不久又生產出美國第一臺全晶體管彩色電視機。1969年，阿姆斯壯在月球上傳回的第一句話歸功於摩托羅拉設計製造的轉發器，並且也為登陸月球的漫遊車提供了調頻無線電接收機，在相距遙遠的地球和月球間實現了通話功能。1983年開發出第一個蜂窩式無線電話系統投入商業用途——即手機。

因而摩托羅拉的歷史，就是一部創新的歷史，而福特汽車的老福特在發現自己未能針對市場需求進行改變，而痛失先機與市場後，總結教訓指出：「不創新，就滅亡。」

但創新需要創新的人才，比爾·蓋茲就多次指出，在高科技領域，用人之道並不在乎他的年齡和閱歷，微軟講究的是開拓創新的能力，空有經驗而沒有創新能力，墨守成規的工作方式，不是微軟提倡和需要的。但什麼是創新人才？又要如何創新呢？

## 一、創新的意義

創新是為了達到一定的目的，在遵循事物發展的基礎上，對事物進行整體或部分變革，使其不斷更新和改變的活動，它不是簡單的複製，也不是簡單的模仿，而是在培養新觀念、新技術、新體制的過程中對舊事物的淘汰、更新或改善。

創新思維，在狹義上是指人類認識史上首次產生的、前所未有的，即具有新穎的、獨創的，具有較大社會意義的思維活動，如科學上的發明、新產品的開發、文學中的創作等，這種創新思維只能為少數人所

有；廣義上的則指就某一具體的思維主體言，是新穎的，是前所未有的，即別人可能已提出過這個創新思維，但本人則是在沒有相關訊息的情況下，獨立思考而獲得的。

因為現代所有的企業都在追求創新求勝、創新求生存，因此一位優秀的員工，一位在職位上力求表現的員工，必須認識、掌握創新的技巧，一方面力求對所工作的企業或自己的職責有最大的貢獻，另一方面則可滿足自我的成就感，以激發潛能得到更大的發揮。因而在本章中對創新的基本原理作一介紹並舉例說明，以在職場生涯中有所助益。

## 二、創新思維的特徵

### （一）求異性

本質上觀察，所有的創新活動都是求異的活動，以懷疑批判的眼光面對事物的不同或特殊之點，也是對現有的不滿、否定和超越。例如有人將「人無我有，人有我優，人優我廉，人廉我轉」作為經營中求異思維的最佳形容。

求異有二個方法：

1. 是針對產品和服務的缺點去改變，它容納原來事務的全部合理因素，而改變一個或幾個不合理的因素，易收事半功倍的效果。
2. 盡量細分需求。如因消費者年齡、職業、性別、性格、興趣、文化、經濟等條件的不同，對同一種產品的需求就有許多差別，找到這些需求差異，就能發明一種新產品。

### （二）聯想性

將表面不相關的事物聯繫起來，以達到創新的目的，即積極尋找事物之間的對應關係。其可以利用現有的經驗舉一反三，也可以利用別人的發明創造進行創新。善於聯想的人有兩個共同點；一是有敏銳的眼

光，善於發現聯想的原型；二是有思索的習慣。如有充氣的氣球、皮球，就可有充氣的劇場、床、椅子、安全氣囊等。又如在科學上，牛頓看到蘋果落地，在腦中打了一個大問號：為什麼蘋果不是朝天上飛去，而是落向地面？為什麼所有的東西都能自由的落向地面而不能自由飛向天上呢？於是他想到必定有一個深刻的原因存在，這樣的思考引導牛頓發現了萬有引力。

## （三）發散性

是一種開放性的思維，從一點出發，向四周任意擴散，以提供更多的選擇，因此不畫地自限的限制自己的思維天地，而從不同角度去說明事件及其變化的原因，即由單向思維變成多向思維，對某些現象、情況作出多種解釋。如風箏除作兒童玩具外，還可以用來測知風向、雷電試驗、顯示地標、空中射擊靶等。

## （四）綜合性

將事物的各個側面、部分和屬性的認知統一為整體的知識，以把握事物的本質和規律，但這種綜合，不是隨意、主觀的拼湊或單純機械的相加，而是按其內在的、必然的、本質的聯繫所進行的綜合。如日本的松下電器曾引進300多項新技術、引進所有的零部件、引進線路圖，再加以綜合利用，生產出世界最好的電視機。如讀者文摘的產生也是將各雜誌中優秀文章的精華匯集在一本期刊中。

## （五）逆向性

是有意義的從常規思維的反方向思考問題，能看到事物的優點及缺點。即在面對問題時，不用固有的思路，而是從對立的、完全相反的角度去提出問題、思考問題、解決問題。如在清除灰塵的時候，使用吹塵器，結果塵土飛揚，那用吸的呢？結果試驗明證吸塵的方法是可行的，於是利用真空負壓原理製成的電動吸塵器就誕生了。

## （六）獨創性

在思維的方法或結論上，能提出新的創見、作出新的發明，實現新的突破。即敢於打破陳規陋俗，摒棄舊有的觀念，懷疑現有的說法或權威。如理查德・費理曼這位諾貝爾物理學獎得主曾說：「自己成為天才的祕密，就是不理會過去的思想家們如何思考問題，而是獨創新的思考方式。」而宜家傢俱(IKEA)的創辦人英格瓦・坎普拉德則指出：「我們不想和其他商家賣同樣的產品，所以我們被迫自己來設計。透過這樣做，我們研發出了一種自己的風格，創造出了一個自己的形態世界。」也因此如果哥白尼不敢懷疑早被認定為神聖不可侵犯的托勒密的地心說，就不可能產生他的「日心說」。

## （七）變通性

在思考過程中，為排除障礙，順利達成創新的目的，而改變原有的思維方式。如有一位出版社寄給總統一本新書，並請總統寫一書評，但總統日理萬機，無暇寫評論，回信上只有一句話：「這書不錯。」但出版商收到信後毫不失望，而是立即做出廣告：「現有總統喜愛的書出版，欲購從速，數量有限。」於是該書被搶購一空。過了幾天，出版商又寄給總統一本書，總統不耐煩的回信：「這本書實在糟透了。」出版商又立即做出廣告：「現有令總統討厭的書出版。」人們一聽出於好奇，又爭相購買。過了一段時間，出版商又寄了一本書給總統請求推薦，這次總統因不高興根本不予回信答覆，但出版商仍然又作廣告說：「現有總統難以評論的書出版。」結果此書又被讀者購買一空。

## 三、創新活動的過程

創新思維的過程可分為四個階段：

## （一）準備期

　　包括發現問題、搜集資料、考察問題的背景、評估問題的價值、明確問題的狀況。

1. 提出問題。問題是創造思維的動力，它可以激起創造的熱情，促進創造實驗活動的開展。而提出新的問題，從新的角度去看舊問題，需要有創造性的想像力，並且要能掌握引起問題的重要事實。

　　其次在選題時要把握四個原則：(1)需要和實用性原則。能夠產出具有新原理、新結構、新組合、新外觀、新功能的成果，而為社會提供服務。(2)創新性原則。能比現有同類事物進步，能解答現尚不能解答的現象或推翻現有的學說或經驗之論。(3)科學性原則。發明創造的原理要符合事物發展的客觀規律，有科學的理論依據。(4)可能性原則。如A.創造發明過程所涉及的知識是否都已基本具備。B.關鍵是否已找到，難度如何，是否具備解決的能力。C.創造發明的工藝是否可行。D.預測創新發明過程中可能出現的新問題或不利的因素，是否可以避免或排除。

　　這些問題如房子需要重新裝修或公司的廢料如何做成有用的副產品。

2. 搜集事實。要找到解決問題的方法，必須廣泛的收集訊息，但有時候要獲得已知條件是很難的，甚至是難以取得的，這時可以採取聯想、類比、推理等方式。如採用推理，從已知的事實中推斷另一事實是否發生過，這種推斷出隱含事實的過程，也屬於搜集事實的部分。

3. 集中注意於主要事實，抓住關鍵。

4. 提出假設。假設是創意的前提，它可以揭示事情的奧祕，也是探索的第一步，如果沒有假設，就很難在不同事物中發現其共同點，從未知事物中找出已知，從已知事物中預測未知。所以沒有假設，要想發現自然界和社會生活的新規律，要推進工藝、推出新產品是不可能的。

## （二）醞釀期

對累積的資料和訊息進行篩選、分析、綜合、歸納概括，對各創新方案（假設）進行比較，對各疑問反覆思考。在此時期，已掌握資料的多少、優劣，個人的知識經驗、綜合分析的能力，可能確定假設，也可能進行局部修訂，甚至全部改變。而獨創性越高，醞釀構思的難度也隨之增加，有時醞釀的時間可達數年。在這一階段，會出現解決問題的壓迫感，即在假設確定後就會產生解決問題的強烈願望，甚至引起緊張的強迫狀態，而將全付身心投入解題的活動。有時則可將問題通盤思考後，交由潛意識去處理，或者散步、小睡、洗澡、做做其他工作或娛樂一下，把問題留待以後再解決。

醞釀時間可以長達數年，其原因則有：1.各種因素間的關係難以明確；2.假設本身誤入歧途而又積重難返；3.對假設猶豫不決下不了決心；4.形成頑固的思維定勢難以突破；5.個人現有的知識和能力的限制。

## （三）明朗期

醞釀期的各種疑難、困惑解決了，而答案常是在突然之間就出現了，所以靈感與直覺是這個階段最重要的活動，它有時是逐漸到來，有時是突然發生。如牛頓因為一棵蘋果從樹上落下，而想到蘋果落地是因為被地球的引力吸及來的，於是發現萬有引力定律。又如達爾文一直在為寫作《物種由來》一書收集材料，直到有一天坐在馬車裡旅行的時候，各種材料突然一下融為一體。達爾文自己寫道：「當解決問題的思想令人愉快的跳進我腦海中的時候，我的馬車駛過的那個地方，我至今還記得清清楚楚。」明朗期是創新過程中最令人興奮與愉快的時期。

## （四）驗證期

不論見識多麼高明，在明朗期得到的答案可能是靠不住的，故要檢驗其合理性、科學性，其次要利用觀察、實驗的方式檢驗其應用性、價

值性、真理性。而透過實踐檢驗的重要，則是因為經過此過程，才能使不精確的變成精確，不完善的變成完善，使錯誤得以導正。

## 四、創新者的態度

### （一）科學的態度

經常主動、積極的分析各種事物，從中獲取經驗和教訓，絕不能想當然爾。除要考慮到問題的各方面，並要考慮到事情發展下去可能產生的結果，每一步要採取的措施，碰到每種情況要如何處理。

豐田汽車公司的一臺生產配件的機器突然故障不動了。課長立刻將員工集合起來，進行一系列的提問以解決問題。

問：機器為什麼不動了？

答：因為保險絲斷了。

問：保險絲為什麼會斷？

答：因為超負荷而造成電流太大。

問：為什麼會超負荷？

答：因為軸承枯澀不夠潤滑。

問：為什麼軸承不夠潤滑？

答：因為油泵吸不上潤滑油。

問：為什麼油泵吸不上潤滑油？

答：因為油泵產生嚴重的磨損。

問：為什麼油泵會產生嚴重磨損？

答：因為油泵未裝過濾器而使鐵屑混入。

在上面的問答中，課長用「為什麼」進行提問，在連續用了六個「為什麼」後，使問題得到根本解決。當然在實際解決問題的過程中並不會這樣順利，但是透過多問幾個為什麼，做到追根究底，才能使問題得到根本解決。

但是這種追問的進行，必須在平時要盡可能多的涉獵各方面的知識，取得多樣的經驗，拓展自己的視野。

## （二）重視意外的發現

在意外的新發現出現時，不要漠視或否定，而要認真的研究，甚或在別人失敗後，仍然勇於嘗試。

在英國化學家戴維發現笑氣（氧化亞氮）後，1844年，美國化學家考爾頓在研究了笑氣對人體的作用後，帶著笑氣到各地旅行演講，並作笑氣催眠的示範表演。有一天在表演時發生意外，因為表演者吸入笑氣後，由於開始時的興奮作用，突然從半昏睡中一躍而起，神志錯亂的大叫大鬧，從圍欄上跳出去追逐觀眾，以致大腿根部被圍欄劃破了大口，鮮血湧出不止。觀眾們早被表演者的神經錯亂給嚇呆，這時又看到表演者不顧傷痛向他們追來，更為驚嚇，紛紛逃離現場，表演也告終止。

表演雖然結束，但表演者腿部受傷，仍然在追逐觀眾時卻絲毫沒有疼痛的現象，這給在現場的牙科醫生威爾士留下深刻印象，而立即開始對氧化亞氮的麻醉作用進行實驗研究。1845年1月，威爾士在實驗成功後，到波士頓一家醫院公開進行無痛拔牙表演，首先讓病人吸入氧化亞氮，使進入昏迷狀態然後進行拔牙手術，但因為病人吸入的氧化亞氮氣體不足，麻醉程度不夠，當威爾士的鉗子夾住病人的牙齒剛往外一拔，病人就痛的大叫，旁觀者先是一驚，然後對威爾士投以輕蔑的眼光，指責其為騙子，並將其趕出醫院。

威爾士失敗了，並且精神也崩潰了，轉而相信手術的疼痛是神的意志，於是放棄對麻醉藥物的繼續研究。可是威爾士的助手摩頓卻與其不同，摩頓開始自己的探索，1946年10月，摩頓在威爾士表演失敗的波士頓醫院再進行麻醉手術實驗，並在大眾面前獲得成功。

### （三）不侷限於專業領域

要有所成就，必須集中專才，精研專業，但在孕育創意的時候，對專業的強調會阻擋住個人的視野，所以很多創造發明者所從事的都是與發明無關的工作。如坦克的發明者是個記者，電報的發明者摩斯是一位畫家。

事實上，許多科學家熱愛研究也熱愛生活，他們大都有廣泛的愛好與業餘生活訊息，並關心專業範圍外的知識，其除可觸類旁通，引發想像，也可放鬆情緒。如伽利略喜愛繪畫、聽音樂、製作玩具。科學家豐富的業餘嗜好，並不全為消遣，而是藉此修身養性，或為事業發展養精蓄銳，或為解決問題尋找智慧，因為藉著睡眠、散步、遊玩、釣魚、種花、欣賞音樂等活動使大腦鬆弛時，產生創見。

如愛因斯坦六歲開始學小提琴，對於巴哈、莫札特及貝多芬的作品特別喜愛，而幾乎每天都要拉他心愛的小提琴。在他緊張思索光量子假說或廣義相對論的時候，每當遇到困難，就放下筆，拿起琴弓，那優美、和諧、充滿想像力的旋律，有助於他的科學創見和思想方法的啟發，而且有催化作用。如1979年諾貝爾化學獎得主，德國化學家喬治‧維格論，除了勤奮研究之外，還得益於他的鋼琴，從小受到音樂教育的他，每當工作之餘，或在研究中碰到難題，只要放鬆心情，彈彈鋼琴，他就心曠神怡，思若湧泉。因而他的學生們曾開玩笑的說：「老師的化學研究，有一部分得歸功於他的鋼琴。」在1964年時，六十七歲的維格論發表了有關脫氫磷鹽的文章，而題目就叫做：「施陶丁爾的旋律變奏曲」。

## （四）去除思維定勢

思維定勢是存在於頭腦中的認知框架，是在思維過程中習慣使用的一系列工具和程序的總和，它影響後繼活動的趨勢、程度和方式。思維定勢有助於人的學習，並且在處理日常事務和一般性問題時，能夠駕輕就熟，得心應手，使問題順利獲得解決，但思維定勢通常又是狹窄的、單向的、僵化的，它不利於解決特殊、個案的問題，特別是在面臨新情況、新問題而需要開拓創新的時候，會變成阻礙思考的束縛，影響新觀念、新點子的出現。

思維定勢有以下幾種類型：

### 1. 權威定勢

有人群的地方就會有權威，而一般人對權威普遍有尊崇之情，但這種尊崇時常會變成神話或迷信，以致習慣於引證權威性的觀點，不加思索的以權威的論點為論點，這常常阻礙推陳出新和創意思考的可能性，因為人不再懷疑，但事實上權威只是某一範圍、某一時段的權威，它有侷限也常會犯錯誤，如大發明家愛迪生曾斷言交流電太危險了，不適合家庭使用，而直流電是唯一途徑；英國著名的物理學家，曾提出原子結構「太陽系」模型的盧瑟福，曾斷言從原子中釋放能量是空談；法國科學家勒讓、德國發明家西門子、美國天文學家柳康等也曾藉著論證，相繼得出「比空氣重的機械根本飛不起來」的結論。因此歷史上許多創新都是從推翻權威開始的。

美國IBM公司的總經理沃森強調，IBM公司不需要馴服、聽話、平庸的人才，它所急需的是那些不畏權威，勇於創新的。他說「對於那些我並不喜歡但卻有真才的人的提升，我從不猶豫。然而，提升性情溫和的、順我性格辦事的人，則是莫大的錯誤。」他並引用丹麥哲學家齊克果的一段名言作為自己的格言：「野鴨或許能被人馴服，但是一旦被馴服，野鴨就失去了牠的野性，再也無法海闊天空的自由飛翔了。」沃森

把創新做為「野鴨精神」的化身，採取各種措施激勵員工創造發明，不斷發展新技術新產品。

因此為保持創新思維的活力，要時刻警剔著權威定勢的存在，但是人可以打破對他人的權威崇拜，並不表示他從此就可以擺脫思維定勢，因為他也可能以自己為權威，再也聽不見或不能接納不同的建議。

要如何去除權威定勢：(1)將同樣的論斷告訴他人，並表示這是權威之言，聽聽大家的反映和評價，從中作一比較。(2)設想當今的權威觀念、學說，十年後會如何。(3)思索外地權威的論斷是否適合本地。(4)試問是何領域的權威，對這個問題是否在行？(5)權威的形成是憑自己的實力，還是依靠外力？

至於一個人在某一領域內是否屬於合格的權威，則至少應具備三個條件：(1)他所處的地位是否有利於獲得相關的事實和材料。(2)他所受的教育和所累積的經驗，使其對特定問題能作出較準確的判斷。(3)他所判斷的問題，不涉及個人的利益。其中第三項最重要，因為如涉及個人的名、利問題，則再偉大的權威之言也要打折扣。

## 2. 從眾定勢

從眾定勢就是真理的判斷標準訴諸群眾，多數人贊同的說法就是真理，多數人不贊成的就不是真理。因此，多數人怎麼做，我也怎麼做；多數人怎麼想，我也怎麼想。這種從眾定勢能使人具有歸宿感和安全感，去除孤獨和恐懼的心理，且隨波逐流也是一種處世的態度。但它會阻礙人的思維，不利於人的獨立思考和創新，因此對一個團體言，「一致同意」、「全體通過」，未必是好事。

在美國通用汽車公司的一次董事會議上，有位董事提出一項議案，立即得到大多數董事的附和，有人說：這項提議能大幅提高公司利潤；有人說：它有助於公司打敗競爭對手；有人說：應該成立專案小組，盡快付諸實施。但主持會議的董事長則冷靜的說：「我不贊同剛才那種團

體思考方式，它把我們的頭腦封閉在一個狹小的天地內，這會導致十分危險的結果。我建議把這項議案擱置一個月後再進行表決，請大家各自獨立的想一想。」一個月後，重新討論的時候，該議案被否決了。

要去除從眾定勢思維，要：(1)不怕出醜，勇於提出奇思異想。有一位經濟學家應邀對一群商界人士講演，他在牆上用圖釘釘了一張很大的白紙，在紙上畫了一個小黑點，然後問坐在前排的一位男士看見了什麼？這位男士很快的回答：「一個黑點。」經濟學家然後接著問每一個人同樣的問題，而每個人都說是「一個黑點」。經濟學家以不疾不緩的口吻說：「沒錯，這裡是有一個小黑點，可是你們都沒有注意到這張大白紙。」；(2)進行反潮流的逆向思維，如司馬光破缸救人的故事就是逆向思維，讓水離開人，一樣能達到救人的目的。

## 3. 經驗定勢

人生活在經驗的世界，從小到大，我們看到、聽到、感受到、親身經歷的各種現象和事件，都存在腦中而形成豐富的經驗。成為處理問題的好幫手，尤其是一些技術和管理的工作。

然而經驗也有其缺點：

(1) 經驗具有時間和空間的侷限，因為經驗總是產生於一定時空環境，超出範圍，他的有限性就有不足之處。

(2) 個人的經驗是有限的，如果單憑有限的經驗去推斷、決策必然可能出現錯誤。如有一張兩平方尺的正方形影印紙，從中對折一次，面積減少一半，厚度增加一倍，然後再從中對折第二次，紙的面積又減少一半，厚度則再增加一倍。這樣不斷的對折到第50次時，它的厚度會有多少，就是憑經驗想不出來的。

(3) 個人的經驗在內容上只能抓住常見的東西，而忽略了少見、偶然的東西，但在日常生活總會有大量平常很少見到或偶然性的東西出現，如果用以往的經驗處理，必然產生偏差和失誤。

要除去經驗定勢：(1)因為經驗使人對外界的刺激都產生固定反應模式，習慣成自然，對創意本身沒有幫助，所以要練習逆向思考。如上坡時引擎熄火，不止是推動車子前進時可發動引擎，就是在讓車下滑時，一樣可啟動引擎。(2)嘗試培養冒險的勇氣。

此外，要透過現象認清其本質特徵，必須養成擅動腦筋、願意思考的習慣，因為當依靠自身的眼、耳、鼻等感覺器官去接觸並感受外部世界的各種刺激和變化時，有時也會產生誤差和錯覺。如將一隻手浸入熱水，另一隻手浸入冷水，然後同時浸入溫水中，這時一隻手感覺是冷的，另一隻手感覺是熱的，這是因為「對比」造成感知的不準確性。又如一位百發百中的神槍手對著清澈見底的湖水中的魚扣動扳機，連發數槍，卻一條魚也沒打中，這是因為光線穿過空氣進入水中時發生折射，這使得神槍手看到的魚偏離了原來的位置，故打不中。

所以經驗往往會在不知不覺中干擾思考，因此在科學中有一不可否認的事實，一些半路出家的冒險者闖入一個多年徘徊不前的新領域時，往往會給這個科學領域帶來新的突破。如電報的發明者摩斯是一名肖像畫家，蒸汽船的發明者富爾頓是一位藝術家，發明軋棉機的惠特尼是一位小學教師，發現天王星的威廉‧赫舍爾是一位教會風琴師，發現進化論的達爾文連大學學位都未拿到。

因此一定的經驗是必須的，但過多的經驗與對經驗的依賴卻是有害的。

## 4. 非理性定勢

人是理性的動物，能夠在理性和邏輯的指導下，準確的設計目標、預測結果，並追求它的實現。但這僅是一種不完全的假設，因為人又經常在情緒、感覺、本能、衝動、欲望的支配下盲動或蠢動。

雖然新聞不斷報導各種詐財案件，但仍然有人因為一時的貪慾而吃虧。又如在情緒好或不好的時候，對同一個人的態度會有所不同。此外人容易在不知不覺中以偏概全，避重就輕。如一個人在生活中碰到小挫

折就說：「我不行了！我完蛋了！」偶而受到一次欺騙，就感嘆的說：「我再也不相信任何人了，你看那些小販，那些推銷員、那些醫生、那些警察等，他們都在千方百計的想要算計我。」其實，情況絕非我們所想的那樣糟。

又如一家公司的管理模式，是優是劣完全取決於自己的看法。成功時，可以說公司管理上有三大法寶：精密的工作流程、完善的員工培訓、穩定的終身僱用；但失敗後，同樣的法寶卻換了一種說法：精密的工作流程變成「官僚主義心態」，員工培訓是「對員工的洗腦」，終身僱用制成為「人力資源變動能力差」。

要去除非理性的定勢：(1)靜下心來，把所有的感情、欲望等排除於腦外。(2)藉由日記反省一日中所出現的非理性行為，並分析其原因。(3)控制怒氣，如延後發怒的時間；想發怒時，轉移注意力；想發怒時，全身放鬆，並告訴自己放鬆身心。

只有保持理性、平靜的思緒、情緒才能對現象、問題進行客觀、深入的分析探討，而得出有價值、有意義的結論。

## 5. 自我中心的定勢

人往往過於自我肯定，在對外界事物進行思考和判斷時，總是習慣以自己為中心，以自我思想觀念、價值模式、是非標準、情感傾向、審美情趣等去判斷其他的人、事、物，以致陷於偏頗，甚至還是強烈的自以為是，而否定他人的價值、輕視別人的見解，變成一種封閉、狹隘的心胸。這種自我中心的定勢，使人不能吸納新知，阻礙創造發明的進行。

如朗道是前蘇聯科學界的天才，十四歲進入大學，三十多歲就當選為蘇聯科學院的院士，他在物理學界的許多領域都有所建樹，並以超流理論獲得諾貝爾物理學獎。但他的天才，使其目空四海，過度的自負，特別是出任科學院物理學部的主任後，變得更為固執、武斷。

1956年，蘇聯物理學家沙皮羅在對介子衰變的研究中，發現了介子衰變過程中宇稱不守恆，並向朗道介紹自己的發現，但朗道卻相信自己的直覺，認為宇稱一定是守恆的，並認為凡是與他的物理直覺不合的想法，必定是錯誤的，甚至將沙皮羅的論文，若無其事的放在旁邊。但幾個月後，旅美的華人科學家楊振寧和李政道提出了沙皮羅已發現的弱相互作用下宇稱不守恆的理論，並在不久後，又由吳健雄以實驗作了證明。1957年，楊振寧、李政道因此獲得了諾貝爾物理學獎。在朗道獲知消息後，才如夢初醒的認識到自己順手擲放在一旁的是什麼。

　　要如何去除自我中心的定勢：(1)承認自己的不足。要確認無所不通、無所不曉的天才是不存在的，而古人說的：智者千慮必有一失，愚者千慮必有一得，在今天知識複雜的時代，更是如此。(2)換位思考，不從我的利益出發，而站在別人的立場，或公正的立場看問題，從細微處體察別人的需求。

　　一位母親在聖誕節帶著5歲的兒子去買禮物。大街上迴響著聖誕樂曲，櫥窗裡裝飾著彩燈，盛裝可愛的小精靈載歌載舞，商店裡五光十色的玩具琳瑯滿目。「一個5歲的孩子將會以多麼興奮的眼光欣賞這絢麗的世界啊！」母親毫不懷疑的想著。然而她絕對沒有想到，兒子緊抓著她大衣的衣角，嗚嗚的哭出聲來。母親著急的問：「怎麼了？寶貝，要是總哭個沒完，聖誕精靈可就不到我們這裡來了！」小孩繼續哭著說：「我的鞋帶開了。」

　　母親不得不在人行道上蹲下身子，幫孩子繫好鞋帶，但母親無意中抬起頭時，卻發現什麼都沒有，沒有絢麗的彩燈、沒有迷人的櫥窗、沒有聖誕禮物，也沒有裝飾豐富的玩具架……原來那些東西都太高了，孩子什麼也看不見。落在他眼裡的只是一雙雙粗大的腳和婦人們低低的裙擺，在那裡互相摩擦、碰撞。真是可怕的情景！這是這位母親第一次從5歲兒子目光的高度眺望世界。她感到異常震驚，立即起身把兒子抱了起

來。從此這位母親牢記，再也不要把自己的快樂強加給兒子。「站在孩子的立場上看待問題。」母親透過自己的親身體會認識到這一點。

因此消費者與生產者的視角也會有所不同，在研發生產、提供服務時要符合消費者的需求，而在商業競爭中，高明的競爭者都十分善於假設「我」若處於對方的境遇將會採取怎樣的行動，然後再據此制訂我方的行動計畫。

至於去除自我中心定勢的方法則有：

## 1. 去除慣性思維

慣性思維是指思維沿前一思考路徑以線型方式繼續延伸，並暫時的封閉其他的思考方向。這時候人只能在已經預設的、特定的、看不見的語境、邏輯、價值、常識中思考。

如提問：有樣東西，它毫無重量，眼睛能看見，如果將這樣東西弄到一個桶上，還能使這個桶減少分量，這是什麼東西呢？

答案是「一個洞」，但起初對這個問題百思不解的原因，不是聯想和擴散思維能力差，而是聯想的前提已經被不知不覺的預設，我們的思考只是在實體（東西）範圍內搜尋。

又如有個人橫穿馬路，雖然他身穿黑衣，當時既無路燈也沒有月亮，但司機卻看到了他，為什麼？見到黑衣、路燈、月亮這些所提供的語境，最直接的聯想便是夜晚，這正是問題所設下的陷阱，它通過語境聯想的誤導，讓思考走入黑夜，而百思難解，事實上當時為白天。

再如一個窮人在一本書裡發現了尋找「點金石」的祕密，點金石是一塊小小的石頭，它能將任何一種普通的金屬點化成純金。點金石就在黑海的海灘上，和成千上萬與它看起一樣的小石子混在一起，但祕密在於真正的點金石摸上去很溫暖，而普通的石子摸上去是冰涼的。所以，當他摸著的石子是冰涼的時候，他就把它扔到大海裡。他這樣找了一整

天，卻沒有撿到一塊是點金石的石子，然後他又這樣做了一星期，一個月，一年，三年，但他還是沒有找到點金石。然而他繼續尋找著，撿到一塊石子，是涼的，將它扔到海裡，又去撿起另一顆，還是涼的，再把它扔到海裡，又一顆……。但是有一天上午他撿起了一塊石子，而這塊石子是溫暖的，但他隨手把它扔進大海裡，因為他已形成一種習慣，把他所撿到的所有石子都扔進海裡。他已經習慣於扔石子的動作，以至於當他真正想要的點金石拿到手上後，也還是依舊把它扔到海裡。

由這三個例子，可見習慣的存在可成為一種生活的智慧，但又變成一種定勢、一種心理枷鎖，阻礙著思維的突破，以一種司空見慣的形態約束著人的思維。對慣性作一些改變，結果就會大不相同。

火車站常在雨天播音提醒旅客：「請各位旅客不要忘記自己的雨傘。」這種提醒有些俗套，聽了和沒聽一樣，人們照樣常丟掉雨傘。有一天，頭腦靈活的播音員不肯再老調重彈，於是旅客們聽到這樣的廣播：「到目前為止，本站收到遺留在火車上的雨傘已達三千多把……，請各位旅客留意。」雨天本容易使人感到煩悶，旅客聽到這樣不同以往的提醒，自然格外留心，此後，旅客遺忘的雨傘明顯的減少。

又如一家植物園曾在告示牌上寫著：「凡折花者，罰款100元。」但依然有「愛花族」我行我素。一位管理人員對這種常見的警示語大膽的進行一點改革，他寫道：「凡舉報折花者，獎金100元。」這個小小的改變使折花者望而卻步，因為過去折花只須防範管理人員，但現在變成所有的人都須防範。

以上兩例只是在語言陳述的習慣上作一點改變。如再進一步向慣性挑戰，突破常規，鳥鳴和潺潺的山間溪流聲音能賣錢嗎？如今被灌錄在光碟上，使人有傾聽大自然萬籟的耳福。又麵條最早是在家裡現做現吃，但有人挑戰規則：為什麼不能做一種可以出售的成品麵條呢？於是乾麵條就誕生了。後來又有人根據生活節奏加快用餐時間要求快速的特

點，再次向規則挑戰：為什麼不可以把麵條煮熟再賣？於是出現了速食麵。

## 2. 在變中找方法

在職場上最受歡迎的員工是在遇到困難時，總是能夠主動的尋找方法解決，而不是找藉口迴避責任，找理由為失敗辯解。而尋找方法需要富有開拓和創新的精神，在變中找方法，就像我們無法改變天氣，但可以改變自己的著裝；我們無法改變風向，但可以調整自己的風帆；我們無法改變他人，但可以改變自己的態度和行為，因此當工作中出現問題的時候，換一種方法和思路，往往問題就順利解決了。

有一家建築公司的產品不錯、銷路不錯，但產品賣出後，總是無法及時回收貨款。特別是有一位客戶，買了10萬的產品，卻總是以各種理由推拖不肯付款，公司先後派了三批員工去討帳，都拿不到貨款。最後姓黃與姓張的兩位員工再被派去收款，經過長途搭車抵達客戶所在的城鎮，然後在會客室被刁難的要求久候，最後總算見到對方公司的老闆，並且同意付款，開了一張10萬元的現金支票。為了避免夜長夢多，兩人立刻前往該城鎮的銀行兌現，卻被告知存款不足，很明顯的對方又耍了花招，給了他們一張無足夠存款兌現的支票，二人怒火之下，準備立刻找對方理論，但黃姓員工卻突然想到什麼似的，回頭與銀行職員套交情並說明情況，然後請教能否告知該老闆的帳戶內有多少存款，銀行職員回答：「帳上只有99,990元。」遇到這種情況，一般人可能就一籌莫展了，但黃姓員工臉上卻浮現笑容，填寫了存款單，在該帳戶存入10元，然後軋入10萬元的支票，圓滿達成任務。

老陳是某地具有名氣的水果大王，特別是他賣的高山蘋果色澤紅潤，味道甜美，供不應求。有一天，突如其來的冰雹把將要採摘的蘋果砸了許多傷口，這無疑是一場大災難，然而老陳沒有坐以待斃，而是積極尋找解決問題的方案，隨後大量散發這樣一則廣告傳單：「親愛的顧客，你們注

意到了嗎？在我們臉上有一道道傷疤，這是上天饋贈給我們高山蘋果的吻痕——高山常有冰雹，只有高山蘋果才有美麗的吻痕。味美香甜是我們獨特的風味，那麼請記住我們的正宗商標——吻痕！」從蘋果的角度出發，讓蘋果說話，這則廣告再一次使老陳的蘋果供不應求。

再如史蒂夫是一家藥廠的業務員，有一次搭乘飛機時遇到劫機，經過各方努力，劫機事件終於圓滿解決，就在要走出機艙的一瞬間，他突然想到：劫機是一件轟動的新聞，應該會有各媒體來採訪，為什麼不掌握機會宣傳公司的形象呢？於是，他立即從隨身箱子裡找出一張大紙，在上面書寫一行大字：「我是某藥廠的史蒂夫，我和公司的某類藥品安然無恙，非常感謝搭救我們的人。」當他拿著這張大紙一出機艙，立刻被電視臺的鏡頭捕捉住了。他立刻成了這次劫機事件的明星，多家新聞媒體爭相進行採訪報導。等他回到公司的時候，受到隆重歡迎，因為他在機場別出心裁的舉動，使公司和產品的名稱幾乎一夕間變得家喻戶曉，訂單接踵而至。董事長並當場宣布晉升他為主管營銷和公關的副總經理。

變化一下，大有不同。

## 參、創新的技巧

創新有方，如果能掌握創新的基礎理論和基本技巧，就能使個人在職場生涯中，不論在經營、管理、產品的研發生產過程都能得到最佳的表現。

### 一、檢核表法

這是由美國創造學家奧斯本所提出的一種輻射式的聯想方法。通常在考慮一個問題時，我們會先畫出一覽表，然後一一檢查，以免遺漏，這就是檢核表法。如在出國旅行前，會用這種方法作成要攜帶物品的清

單，在裝箱時再進行核對，而建立在檢核表法基礎上的創新技法，可啟發人們進行廣泛的概括性聯想，透過這些聯想產生新的推理方向和過程。其包括九個方面的提問。

## （一）能否他用

現有的物品有無其他用途？保持原狀是否能擴大用途？稍加改變是否有別的用途？現在的發明或成果是否能引入其他的創造性設想中？

如風箏是一項玩具，但尚可測量風向、傳遞軍事情報、成為聯絡標誌、做雷電實驗等。垃圾被壓縮成建築材料或重新處理成垃圾袋。木屑壓縮成防火建材。

在1900年代的初期，美國西屋公司的工程師法蘭克‧康拉德做了一臺無線接受器，接收維琴尼亞州亞歷山大海軍觀測臺計時的信號，以調整手錶的時間，後來他又自製一臺發報機，播報棒球比賽和音樂給火腿族聽。他有一個擁有唱片行的朋友問他：「無線電收音機能有其他的用途嗎？」而以免費的唱片和他交換免費的廣告。一位當地百貨公司的經理聽到廣告後，便在報紙上刊登該百貨公司有出售無線電收音機的廣告。西屋公司的副總裁戴維斯看到這則廣告，預見一大片新市場。1920年11月西屋公司取得聯邦政府核發的第一號執照。在1920年美國有五千臺收音機，1924年增至二百五十萬臺。還能做什麼用途的想法產生美國龐大的廣播事業。

## （二）能否借用

現有的事物能否借用別的經驗？能否模仿別的東西？現有的發明能否引入其他創造性設想中？

羅賓在美國擁有幾家糖果商店，但經營狀況都不理想，而在眾多糖果商店的激烈競爭下，銷售量不斷下滑，所以他整天都在思考如何讓小孩們都來購買他的「香甜」牌糖果。

有一天，羅賓看到有一群孩子玩的遊戲，立刻被吸引住。那群孩子把幾顆糖果平均放到幾個口袋裡，再由一位推選出的孩子把一顆「幸運糖」（一顆大一點的糖）放進其中某一個口袋，不讓別人看到。然後各人隨意選一個口袋，有幸拿到「幸運糖」的人，就可做皇帝，其他人就是臣民，每人要上供一顆糖。

羅賓在觀看、思索著這有趣的遊戲規則時，突然在腦中閃現一個靈感，以致欣喜若狂，經過思考後，他有了一個行銷糖果的計畫。當時，一顆糖果售價為1美分，羅賓就在部分糖果包裡包上1美分的銅幣作為「幸運品」，並在媒體上打出廣告：「打開，它就是你的！」這方法果然奏效，因為如果買到的糖包有銅幣的話，就等於免費吃一顆糖，所以孩子們紛紛都跑來買糖，羅賓把「香甜」這個名字也改為「幸運」。他除大量投入生產外，還不惜血本招募經銷商，並大作廣告，將「幸運」糖描繪成一種可以獲得幸運機會的新鮮事物，甚致還創造出一個可愛的小動物形象作為「幸運」糖的標誌。因為方法奇特新穎，「幸運」糖很快的聞名全國，銷售倍增。

## （三）能否改變

如何能改良的更好，能改良什麼？現有的事物能否在意義、顏色、聲音、味道、形狀、式樣、花式等作些改變，改變的效果如何？能改變計畫中的哪些部分？程序或銷售？

冰淇淋甜筒是改良的結果，恩斯特・漢威在1905年世界博覽會中試賣像紙一樣薄的波斯雞蛋餅，他看到有不少人走到附近的冰淇淋店，結果裝冰淇淋的盤子用完了，他就拿一些蛋餅過去，後來他把蛋餅改良成圓錐體，冷卻之後，就可以裝冰淇淋。藉著改良雞蛋餅，發明了新食品。

3M公司的便利貼上市後，因為業務員仰賴廣告和目錄介紹新產品，致沒有引起太多注意，銷售甚差。然後總經理喬・瑞梅注意到有些人喜

歡拿便利貼來玩，而且很難停下，立刻指示修改行銷策略，盡量拿免費樣品供人使用，結果便利貼成為公司的熱賣產品。

## （四）能否擴大

現有的事物能否擴大應用範圍？增加使用功能？如果加強、加高、加長、加厚、加大一些行不行？

在1920年代，喬治·古勒是美國一家雜貨與蛋糕公司分店的經理。有一天他想如果把商店盡量擴大會如何？因而提出一份計畫書，包括自助服務、全線的產品和食物，以及龐大無比的賣場，但公司老闆卻認為這種構想過於瘋狂，於是古勒離開了公司自己開店，1930年，他在牙買加開了第一家美國超級市場，取名為古勒王國，並由此建立了美國的超級市場工業。

如果聽說一杯咖啡要賣5,000日元，肯定會令人吃驚，但當聽到這樣的咖啡店竟然是消費者絡繹不絕，更會感到不可思議。但在日本東京，由森元二郎經營的咖啡店，就創造了一杯咖啡賣5,000日元的可能世界最貴的紀錄，這個昂貴的驚人價格一推出，在消費市場就傳開了，很多人認為是咖啡店想欺騙敲詐顧客。但同樣令人難以相信的是賣價如此昂貴的咖啡，老闆卻賺不到錢，因為每杯咖啡的成本太高了，首先使用的杯子是法國製造的，每個價值4,000日元，當顧客喝完後予以精美包裝送給顧客帶走；其次每杯咖啡由名師採高檔咖啡調製；最後店內裝潢豪華，服務生服務殷勤。

但出於對這杯昂貴咖啡的好奇，許多咖啡的喜好者蜂湧而至，而來過一次往往就難以忘懷店內奢華的氣氛，不但自己還會再來，並且會向親友義務宣傳，帶來更多顧客。但也許我們會懷疑，一杯5,000日元的咖啡，經常去喝不會變成月光族嗎？但這正是奧妙所在，因5,000日元一杯的咖啡只不過是用來吸引顧客的幌子，實際上店內還有許多普通價格的咖啡和飲料，而這些正是該店真正的利潤來源，大多數顧客喝的也都是

這些。且假如顧客都喝5,000元的咖啡的話,森元二郎也會遭受損失,因為這杯昂貴的咖啡並不賺錢。

再如巴西聖保羅州有一座小城,專門生產大得驚人的巨型商品:圓珠筆0.7公尺,香菸長0.3公尺,撲克牌有8開紙大,公用電話8公尺高……以致人們都把這座小城稱為巨物城。巨物城人口只有幾萬,但每年來此進貨的商人則超過十幾萬人次,小城因為生產巨物而富裕起來。這種以物體形態的巨大來吸引人的情況,所在比比皆是,如廟宇裡的巨大佛像,旅遊景點的巨大標誌,而更多的巨物則為廣告,如一只3公尺高的大皮鞋掛在鞋店大門口,一只8公尺高的大啤酒瓶立在橋頭等。

## (五)能否縮小

現有的事物能否變小、變矮、變短、變輕、變省、濃縮、分割、簡略?會有什麼後果?

豐田汽車的創辦人豐田喜一郎對美國的超級市場很感興趣,他注意到超市需要大量的食物,但因容易腐敗和空間上的考慮,不能儲存在現場,而是在一旦庫存減低的時候,工作人員立刻提醒供應商,貨品就可及時送達。豐田將這個概念運用到生產線上,不但減少資金的積壓,也省去倉庫的設立,大幅降低成本,豐田這種「零庫存」的經營理念使其能與世界各大汽車公司並駕齊驅。

又如在1947年威廉・夏克萊等人發明了超小型電晶體,使袖珍收音機到個人電腦得以量產。而數以千計的新產品出自這項構想,而且有數千種產品因小型化而獲利。

日本富士公司的銷售部長在一次同開發部長一起察看公司堆放攝影膠卷的倉庫時,說過一句荒唐話:「為什麼不在這些膠卷上裝上鏡頭和快門呢?那拍起照來不就更方便了嗎?」這只是銷售部長的一句笑談而已,但開發部長卻沒有一笑置之。他抽調了八位技術人員要求他們就此進行研究。經過一再的減少零件,最後他們把一般相機上的幾百個零件

減少到只剩下26個，幾乎真的實現了銷售部長說的：「在膠卷上裝上鏡頭和快門。」這就是「拍立得」一次性相機。這種相機上市後，很快就為旅遊者所接受，並在市場大賣。

又如美國摩根財團的創辦人摩根，原本並不富有，夫妻二人靠賣雞蛋為生，但身高體壯的摩根賣雞蛋的成績遠不如瘦小的妻小。後來摩根終於明白了原因，原來他用手掌托著雞蛋叫賣時，由於手掌太大，人們眼睛的視差害苦了摩根，他立即改變賣雞蛋的方式，把雞蛋放在一個小而淺的托盤裡，銷售情況果然好轉。

再如日本有位商人開了一家藥店，取名為「創意藥局」。一開張，就推出奇招，將當時售價為200日元的常有藥膏以80日元出售，由於價格比別的藥店低了許多，因此生意非常好，有些顧客寧願多走一些路也要到他的藥局購買。藥膏的暢銷使這位商人虧本也越來越大，但藥店很快就有了知名度。三個月後，藥局開始獲利了，而且利潤越來越大。因為前來買藥的顧客只單買藥膏的並不多，許多人會順便買一些其他藥品，而出售這些藥品是有利可圖的。靠著低價藥膏招攬客人，靠著順帶銷售其他藥品獲利，所賺遠超過所虧，不但有盈餘，還獲得客戶口碑。

## （六）能否代替

現有事物能否用其他材料、零件、原理、方法、結構、工藝、動力、設備來代替？

如下棋用的棋子，可以用木材、塑膠、石頭，也可以用玉、瓷、象牙、銅等材料。

近代外科醫學奠基人之一的十六世紀法國著名的外科醫生巴雷，年輕時也是一位理髮師。由於天姿聰穎、勤奮好學，不但理髮技術高明，外科醫療技術也進步很快，後來成為法國軍隊的一名隨軍外科醫生。在一次法德兩軍戰爭中，大批中彈的士兵需要治療。那時槍彈口徑較大，傷口很容易感染。當時巴雷採取的消毒方式是用滾開的油洗滌傷口，但

不久儲存的油用完了，一時又不可能再弄到油，經過思考，他決定冒一次險，採用一種新的消毒方式，他用雞蛋的蛋黃、玫瑰花的油，再加上松節油，混合成為一種藥膏敷在傷患的傷口上，但這種方法是否有效尚無法得知，致一夜沒睡好，第二天一大清早急忙去病房查看傷口有無發炎，結果傷口既沒有發炎，也沒有腫張，並且疼痛也明顯減輕。一種具有革新意義的新消毒方法便從此誕生，而在此後更多新的消毒技術和藥品不斷出現，外科手術的消毒方法也得到長足的進步。

## （七）能否調整

現有事物能否重新安排或調整順序？調整模式、布置、因果、關係、速度、時間、規格等會產生什麼結果？

美國在過去有許多製糖公司將方糖運送南美洲時，都會因方糖在海運途中因為受潮造成巨大損失。所以製糖公司們花了很多錢請專家研究，卻一直未能解決問題。而一個在船上工作的工人卻用最簡單的方法解決了問題：在方糖包裝盒的一個角戳一個通氣孔，這樣糖就不會在海上運輸過程中受潮了，這個方法使各製糖公司減少了幾千萬美元的損失，並且幾乎不花成本。另一方面這位工人馬上為該方法申請專利權，並賣給各製糖公司，而成為百萬富翁。

上面這個創意又啟發了一位日本人，這位日本人在想：鑽孔的方法除了用在方糖包裝盒外，應該還能用在其他方面，在研究許多東西後，終於發現：在打火機的火芯蓋上鑽一個小孔，能夠大量延長打火機用油的使用時間，靠著這個專利，這位日本人也發了財。

## （八）能否顛倒

現有的事物是否能從反方向來思考？性質、功能、上下、左右、前後、裡外、冷熱、大小、好壞、動靜、強弱、多寡、快慢、有無、增減等顛倒一下，便很可能創新發明成功。

　　有一家成立多年業績蒸蒸日上的公司，在某年的盈餘竟大幅減少。由於員工都認識到經濟的不景氣，做的比以前更賣力，但這也越發加重了董事長內心的負擔，因為馬上要過年了，照往例，年終獎金最少加發兩個月以上，多的時候，甚至再加倍。但今年最多只能發出一個月的獎金。「讓多年來已被慣壞的員工知道後，縱使員工不反彈，士氣也必定低落。」

　　總經理也愁眉哭臉的說：「這好像給孩子吃糖，每次都抓一大把，現在突然變成兩顆，小孩子一定會吵。」

　　「對了！」董事長聽到總經理說的話突然觸動靈感的說：「你使我想起小時候到店裡買糖果，總喜歡找同一個店員，因為別的店員都先抓一大把放在秤上，再一顆顆拿出來。但那位店員，則每次拿的都不足重量，然後一顆顆往上加。說實在的，最後拿到的糖果數都一樣，但我就是喜歡後者。」

　　兩天後，公司內有消息：「因為業績欠佳，年底前要裁員。」以致人心惶惶，深怕被裁的是自己。但是總經理很快的出面宣布：「公司的營運雖陷於艱困，但大家一起打拚這麼多年，公司絕不會犧牲共患難的同事，但年終獎金可能就發不出了。」聽說不裁員，人人都放下心上的大石頭，有沒有年終獎金就沒那麼重要了，並且也都作好過個窮年的心理準備。

　　除夕前一天，董事長召集各單位主管開會，幾分鐘後會議結束，各主管衝進各自的單位，興奮的喊著：「有了，還是有年終獎金，整整一個月，馬上發下來，大家可以過一個好年。」聞訊後，整個公司爆出一片歡呼！

　　又如在日本有一位顧客在商場買了一臺洗衣機，回家一試竟然沒有任何動靜，氣憤的打電話到商場抗議。商場經理接到電話，急忙趕到客戶的家，一進門便對客戶說：「恭喜您中獎了！我們商場特別準備了

一臺有瑕疵的洗衣機，作為顧客中獎的標的物。祝賀您成為幸運的中獎者！現在您可以獲得一臺全新的洗衣機，外帶30萬日元獎金。」這個顧客對飛來橫財高興極了，四處廣為宣傳。這位商場老闆的逆向思考將不利化為有利，提升了商場形象。

又如發明家把大炮的發射方向反一下，發明大炮打樁機，可以把直徑165公厘的鋼樁打入地下2.5公尺。至於把電風扇的吹風原理反一下，就成了抽風機。

## （九）能否組合

現有的事物能否組合在一起？能否依原理、方案、材料、零件、形狀、功能、目的進行組合？

如鉛筆與橡皮擦組合成橡皮擦頭的鉛筆，削鉛筆刀與小盒子組合成削鉛筆盒，又如綜合商場、量販店的陳售各種類型的商品。

可口可樂的發明也是利用組合的技法創造出來的，在1886年的一天，在阿・肯德勒的藥房裡，來了一位名叫本・巴頓的老人，聲稱願意出售一種飲料的製法，肯德勒花了500美元買下配方，這個配方就是將可口樹葉和可樂樹籽的提取物混合，並加入99.7%的水和砂糖，這就是風靡百年的可口可樂飲料。

# 二、列舉法

是將研究事物分解為各個組成部分，並嘗試以其他東西進行替代，而從中補捉到所需要達成的目標，以進行創新。

## （一）特殊列舉法

針對要創新對象的特徵詳加分析，以探討能否加以改革、創新的方法。此種事物的特性可包括：

1. 名詞特性：全體或部分的材料、性質、製造方法、操作方法等。

2. 形容詞特性：顏色、形狀、大小等。

3. 動詞特性：產品的功能，即有關機能和作用的性質。

　　如原本煮開水的水壺蓋上有蒸汽水，不但使壺柄過燙並且易傷手，而在調整後，笛音壺的蒸汽孔改在壺口。

## （二）缺點列舉法

　　針對一個事物或產品，將所有能想到的缺點都列舉出來，然後針對其中一個或數個缺點進行改革。其適用於舊產品的改善以及不夠成熟的新設計或新發明上。

　　如日本獅王牙刷公司的職員加藤信三，某天一早匆匆忙忙洗臉、刷牙時，牙齦出血了，他記得這不是第一次出血，以前刷牙時已發生過好幾次。然後他想了許多解決牙齦出血的方法：1.牙刷改用柔軟的毛。2.使用前把牙刷泡在開水裡，讓它變得柔軟一些。3.多用一點牙膏。4.慢慢刷牙。

　　後來他又想：「牙刷毛的頂端是不是像針一樣尖呢？」便用放大鏡觀察，結果發現牙刷毛頂端與他意料的相反，是四角形的。於是加藤就再進一步動腦筋：把牙刷毛的頂端磨成圓形，那麼刷牙的時候可能就不會再出血了。於是把新創意向公司提出來，公司也欣然接受。後來牙刷毛的頂端就全部都改成圓形了。獅王牙刷公司的銷路也大幅提升。

## （三）希望點列舉法

　　透過列舉事物被希望具有的特徵或功能，以尋找創新目標，並使其獲得實現的創新方法。在創新過程中可不受原事物的束縛，並且常是由無到有。

　　如電視機的發明是希望能將影像的傳播能像收音機的聲音一樣傳播。希望外出購買時不用現金，就發明了信用卡。

### 三、擴散思維

是在解決問題的思考過程中，以一問題為中心，但不拘泥於這一點，而是從現有的資料盡可能的向四面八方做輻射般的思考，探尋各種可能的答案，並允許聯想、想像的存在。擴散思維可以是空間上思維的推廣，從多方位、多角度、多層式的思維，以突破點、線、面的限制；擴散思維也可以是時間上思維的推廣，從現實、過去與未來三方面來思考問題。其可以從橫向進行，也可以是縱向的。

如1956年，日本松下電器與日本生產電器精品的大孤製造廠合資，成立了大孤電器精品公司，製造電風扇。當時，松下幸之助委任松下電器的西田千秋為總經理，自己則任顧問。大孤電器精品公司是專做電扇的，後來則開發了民用排風扇。但即使如此，產品還是顯得單一。於是西田千秋準備開發新的產品，他徵求松下的意見，松下回說：「只做風的生意就可以了。」當時松下的想法是讓松下電器的附屬公司盡可能專業化，以求產品有所突破。可是該廠電風扇的品質已非常優異，有餘力開發新的領域，儘管如此，西田得到的仍是松下否定的回答。然而西田並不因松下的回答而灰心喪志，他的思維非常機敏與靈活，緊盯住松下問：「只要是與風有關的，任何事情都可以嗎？」松下並未細想這句話的真正意思，但西田所問的是與自己的提示很吻合，所以回答說：「當然可以了。」

四、五年後，松下又到這所工廠視察，看到廠裡正在生產暖風機，便問西田：「這是電風扇嗎？」西田回說：「不是，但它和風有關，電風扇是冷風，這個則是暖風，你說過要我們做風的生意，這難道不是嗎？」後來西田千秋負責的大孤電器精品公司的「風」家族產品非常豐富，除電風扇、排風扇、暖風機、鼓風機外，還有果園和茶圃防霜用的換氣扇、培養香菇用的調溫濕換氣扇、家畜養殖業用的棚舍調溫系統。

　　西田千秋只做風的生意，就為松下公司創造一個又一個的輝煌成績。

　　又如一位高人在談到賣豆子這件事的時候，充分顯示出擴大思維的效果。

　　他說：如果豆子有銷路，直接賣了賺錢。如果豆子滯銷，有三個方法處理。

　　第一，將豆子作成豆瓣，賣豆瓣。

　　如果豆瓣賣不掉，醃了，賣豆豉；如果豆豉還賣不掉，加水發酵，改賣醬油。

　　第二，將豆子作成豆腐，賣豆腐。

　　如果豆腐不小心做硬了，改賣豆腐乾；如果豆腐不小心做稀了，改賣豆腐花；如果實在太稀了，改賣豆漿；如果豆腐銷路不好，放幾天改賣臭豆腐；如果仍賣不掉，讓其長毛徹底腐爛後，改賣豆腐乳。

　　第三，讓豆子發芽，改賣豆芽。

　　如果豆芽滯銷，再讓它長大點，改賣豆苗，如果豆苗不好賣，再讓它長大點，做盆栽賣，命名為「豆蔻年華」，到各級學校門口販售或找空地辦產品發表會，同時要記住這次賣的是文化而不是食品。如果還不好賣，建議拿到適當地點進行一次行動藝術創作，題目是「豆蔻年華的枯萎」，並記住以旁觀者的身分寫稿投報社，如果成功的話可用豆子的代價迅速成為行動藝術家，並完成另一種意義上的資本回收，同時也可賺些稿費。如果行動藝術沒人看，報紙稿費也拿不到，則趕緊找塊地，把豆苗種下去，灌溉施肥，三個月後，改成豆子再拿去賣。

　　照上述的步驟，經過幾次重複，就算沒賺到錢，卻已有了大量的豆子，想賣什麼就賣什麼。

## 四、收斂思維

收斂思維也稱為求同思維、集中思維，其思維形態是由外向內，呈收斂狀的思維方式。是在解決問題的過程中，盡可能利用已知的知識經驗，把各種訊息引到條理化的邏輯程序中，沿著單一的方向進行推演，以找到一個合乎邏輯規範的完滿的答案。它的思考方式包含分析、綜合、歸納等，它可以集中各種理論、信息、知識、方案等以提出更周詳的假設，進行比較選擇，俾找出最佳方案。

收斂思維是與擴散思維相對立的，擴散思維是圍繞一個中心問題將思維向外界發散，以尋求盡可能多的信息和答案，而收斂思維是透過對多種信息的綜合分析，集中指向一個中心問題。擴散思維呈現出思路的靈活敏捷，收斂思維則體現出思路的深入，因而擴散思維又是收斂思維的前提，因如思維的擴散性不夠，即不能收集到足夠多的信息就進行收斂思維，將因信息太少而不足以證明結論的準確性；但反之，如果思維始終維持擴散狀，沒有相應的收斂思維加以約束與綜合，則擴散將無法達到解決問題的目的。所以收斂思維與擴散思維具有互補性。

### （一）收斂思維的特點

1. 嚴謹性

以邏輯規則進行推理論證，重視因果關係，不贊成聯想、想像。

2. 單一性

在同一時間、條件下，在各種方案中只有一個是最好的。

3. 求實性

在搜集大量訊息後，經由分析、綜合等方案而獲得答案後，必須對方案進行實踐檢驗，如有不符合處，便重新對問題進行研究分析。

## （二）收斂思維能力的建立

1. 提高對周遭信息的感受力和洞察力，發現信息間的關聯性。

2. 提高對問題的分析推理能力，即邏輯思維能力的培養。

對於收斂思能的效能，有一則日本人發現中國大慶油田所在位置的事例：

中國在二十世紀六〇年代開始探勘大慶油田，當時大家都不知道油田在那裡，但日本人卻對大慶油田，瞭如指掌。

日本人首先從中國畫報刊登的鐵人王進喜的大幅相片上推斷出大慶油田在東北三省的偏北處，因為相片上的王進喜身穿大棉襖，背景是遍地積雪。接著，日本人又從另一幅工人們扛著鐵軌的照片，推斷出油田離鐵路線不遠。又從《人民日報》的一篇報導中看到一段話，即王進喜到了馬家窯，說了一聲：「好大的油海啊！我們要把中國缺油的帽子扔到太平洋裡去！」據此，日本人判斷，大慶油田的中心就在馬家窯。

大慶油田什麼時候開始產油的呢？日本人推斷是1964年，因為王進喜在這一年參加了第三屆全國人民代表大會，如果不出油，王進喜是不會當選為人大代表的。

日本人還準確推算出大慶油田油井的直徑大小和大慶油田的產量，依據的則是《人民日報》一幅鐵塔的照片和《人民日報》刊登的國務院政府工作報告，把當時公布的全國石油產量減去原來的石油產量，而推算大慶的石油年產量為3,000萬噸，這與大慶油田的實際產量相差無幾。

有了這些準確的情報，日本人迅速設計適合大慶油田開採用的石油設備。故當中國向世界各國徵求開採大慶油田的設備時，日本人順利得標。

## 五、逆向思維

逆向思維也稱反向思維，是有意識的從常規思維的反方向去思考問題、解決問題的方法。

## （一）逆向思維的特點

### 1. 普遍性

在各種領域、各種活動中都可適用，就對立的統一形式而言，相應的就存在著逆向思維的角度。如在1999年，上海的寶山港因掉頭區和部分航道太窄的限制，大型貨櫃輪無法進入，以致貨櫃量日益萎縮，各種研討會議都認為要解決這一問題難度甚高，但一位領航員利用逆向思維提出了大型貨櫃輪不用掉頭而是倒進港口的點子，這一方案不但可以免去原擴建港口費用，而且能縮短船公司的運期。

### 2. 批判性

逆向與正向是相對的，是對傳統習慣、常識經驗、權威言論的挑戰，因此面對新的問題或長期無法解決的問題，不要習慣於沿著別人或自己已長久形成的、固有的思路去思考問題，而要從對立的、完全相反的角度去思考。

法國有一對離婚的夫婦為了兩個孩子的撫養權和住宅居住權互不相讓，最後法官莊嚴的宣布判決：「鑒於父母離婚的最大受害者是孩子，為了保護兒童的合法權益，判決如下：父母歸兩個孩子所有，原住宅居住權也歸孩子所有；離異的父母定期返回孩子身邊居住，履行撫養職責，直至孩子長大成人。」同樣事件的判決，兩種完全不同的思路，這一裁決既保障受害者（孩子）的根本利益，又沒有違背父母的終極意願，同時也維護了法律的公理基礎。更特別的是顯示一個具有批判性格的法官可以多大程度的發揮自己的想像力和創造力。

### 3. 新穎性

循規蹈矩的思維或按傳統方式解決問題雖然簡單，但思路易僵化、刻板、無法擺脫習慣束縛，得到的結果只是慣見。逆向思維則能給人耳目一新的觀感。有一個常被引用的事例。有一次，保加利亞和捷克兩隊

在進行歐洲男子籃球賽的準決賽時，戰況非常激烈，距離終場前8秒時，保加利亞隊領先2分，並且是該隊底線發球，看來該隊已穩操勝算，但該隊教練卻面露憂色，這是因為在換算積分後，保加利亞隊必須贏捷克隊5分以上才能出線，但已時不我予。這時保加利亞隊突然要求暫停，在場邊集合球員面授機宜。但在球賽重新開始，保加利亞隊在底線發球傳給自己隊員後，球隊開始往中線移動，捷克隊迅速回返，但觀眾卻驚訝的看到保加利亞隊的一位球員拿到球後，突然回頭，將球跳投入己方的籃框中，裁判哨聲同時響起，球進算，2分算捷克隊的，雙方平手，加賽5分鐘，保加利亞隊最後以5分的優勢贏得比賽，也獲得了決賽權。保加利亞隊教練的奇招，完全超出大家的想像，甚至超出了比賽規則的正常思路，這就是以新觀點、新角度處理問題，產生新思維。

## （二）逆向思維的方式

1. 從現有事物的相反結構和形式設想發明，如過去大客車的引擎都放在車頭，現則放在後部的車尾。吸塵器，原來是模仿吹風機把灰塵吹到旁邊，結果塵土飛揚，吹塵不行，反過來吸塵又如何？就出現了今天的吸塵器。

2. 透過倒轉現有事物的因果關係來進行創造發明。如聲音引起振動，倒過來想，振動能否還原回聲音，愛迪生發明了留聲機。物理學家奧斯德發現電流能產生磁場的電池效應，法拉第逆向思考，那麼磁場是否也能產生電流了？結果他在1931年證實磁場也可以產生電流，這就是電磁感應原理。原子筆用久了會漏油，因為筆珠的耐磨性不夠，各廠商仍研究如何改進筆珠的用料，但與其設法提高筆珠的耐磨性，不如控制蕊油的量，在筆珠未磨損前，即將油用完。

　　所以逆向思維有助於發現處理隱蔽狀態下的事物的反面屬性，以加深對事物另一方面本質的認識，而逆向思維的求異性，能夠發現事物的差異性，現象本質中的異質，已有理論與知識的侷限性。

# 六、系統思維

　　系統思維是從事物的整體和全局出發，對系統內整體與部分、部分與部分，整體與外部環境間的相互聯繫、相互作用、相互制約的關係及其規律性、進行精確的、綜合的考察，以獲得最佳方案的思維方式。而在這種思考方式出現前，人常把事物孤立進行觀察，或者把整體事物拆開成若干部分，再以部分的性質去說明整體，這種思維方式固然有利於對事物的局部進行深入細緻的研究，但因在宏觀尺度上事物是以整體形式存在的，故對局部的研究或許可以說明某一方面的性質，但卻不能解釋事物的整體行為。而系統思維正可以將各個局部按照某種結構模式統一成一個相對全面的結論。

　　系統思維有三個特性：

## （一）整體性

　　不能只把注意力集中在單一目標上，而必須具有整體觀，否則必將顧此失彼。比如一家公司為了生產的方便，避免因待料而怠工，仍修建大倉庫，屯積大批零件材料，表面上，固然有利於生產的順利進行，但卻因投入大量的人力、財力、物力，反而影響經濟效益。

　　又如我國的中醫診病，無論病人何處痛疼，都視其身體為一整體，以「聞、看、切、問」四診法收集信息，尋根溯源，從病根上治病，並注重病人身體的調理。

## （二）辯證性

　　經由事物的聯繫和發展中進行全面的考察，故不強調個體的最佳狀態，而要求系統的最佳狀態，改善系統結構。如要求一個組織能完善的運作，絕不能孤立的處理好每個部門的問題，而要全局著眼，先改善系統結構，以帶動部門的改善，必要時甚至要犧牲部門利益而保存整體。

如下棋的時候，絕不能想一步走一步，而必須考慮到以後幾步棋的變化，必要時更要棄車保帥。

## （三）綜合性

對系統進行綜合處理，各種條件、功能、技術相互配合，以追求整體最佳功能的呈現。如在二十世紀六〇年代以前，英國泰晤士河西岸有些工廠，為了減輕汙染，用石灰水吸收廢煙氣中的二氧化硫的辦法，但卻又造成新的汙染，因為形成的硫酸鈣排入泰晤士河後，使空氣汙染變成水汙染。這就是因為只進行單項處理，而沒有進行綜合治理的結果。

在古代有一個屬於系統思維的案例：在北宋真宗時，京城汴梁的皇宮裡發生大火，燒毀幾座宮殿，皇帝除下令大臣丁謂負責修復的工作外，並限期完成。修復的工作十分艱困，要清理廢墟、挖土燒磚，還要從城外運送大批建築材料。大臣們都認為這項工程不只耗費大，也必曠日廢時。

丁謂本人也在想，修宮殿需要很多泥土和磚瓦石料，把這些東西從外地運進京城，既費時又費力，有沒有什麼好辦法呢？他終於想出一個方法：他下令工匠在大馬路上挖土，然後把土運進工地，這些土就用來修築宮殿和燒製磚瓦，同時原來的大路變成一條寬闊的深溝。然後，他令人把深溝和城外的汴水相通，使汴水流入溝內，如此一來運送其他建築材料的船隻就可以經由這條人工河直接駛到皇宮的大門口，從門口再送到工地就方便了。修復皇宮的工程進行的很快，並且比預定的時間提前完工。但在完工後剩下許多廢料，丁謂仍叫人把廢料填入溝中，使深溝又變成原來的大路。

丁謂的系統思維「一舉而三役濟」，「省費以億萬計」，而且縮短了工期。

## 七、智力激勵法

創新必須先能想到較多較好的創意、方案或點子，但個人的知識、經驗、注意力是有所侷限的，這時就要仰賴團體的智力激勵，以集思廣益。而智力激勵法就是以一種特殊會議的形式使與會者暢所欲言，以獲取集思廣益的功效。

### （一）組織形式

將人數訂在6～8人，組成分子應包括專家與非專家兩類，以確保最後的團體成績能優於個人成就。其中一人為主席，並設記錄。

### （二）會議類型

可分為開發型和設想論證型兩種，前者係為尋找一個問題的多種解答途徑，希望能獲得大量的設想，所以要選擇想像及語言表達能力較強的人參加。為了將各種設想歸納整理換成實用型方案的會議，後者則要慎選善於歸納、分析判斷者參加。

### （三）會議時間

在半小時至一小時間，因為過長易導致疲倦、鬆懈，時間緊迫的壓力，反能使人的頭腦以驚人的速度運轉。

### （四）會議地點

選擇安靜不受干擾的場所，切斷電話、謝絕訪客以防止分心。

### （五）會前準備工作

1. 會議前要設定明確主題，了解主題的現狀和發展趨勢，並將主題預先通知參加人員，預作準備。

2. 選出主持人，人選要生性樂觀，有能力控制會場且又不致專斷獨裁，並使發言避免落入單一主線太久。其除對議題需要全面了解外，同時也能掌握智力激勵法的要點與操控技巧。

3. 要求與會者具備創新的基本知識，並對與會人員進行思維柔化訓練，防止固執己見，以觸類旁通的打破常規思維，激發參與者的情緒。

## （六）會議的進行

1. 主持人。(1)預先組織、設計整個活動的流程，創造讓與會者都能盡量發言的氣氛，必要時，可指定、鼓勵不說話者發言。並隨時提醒大家專注討論議題。(2)原則上自己不提創意，但可以誘導性的意見，鼓勵與會者從會中已提出的想法中引出新點子。(3)在許多與會者爭相發言時，應該讓思考積極的人先發言，以更有效的發揮聯想能力。(4)大家發言過於龐雜時，應進行簡要整理。(5)不但要激勵成員的想法，更要記住會議的目的——是要想出解決問題的實際方案。

2. 記錄。全程錄音是最理想的，否則就必須由專人負責記錄，他必須記下所有提出的方案、點子，當多位成員同時提出幾個點子，而難於記錄時，可請主席作必要的歸納，通常記錄不參加討論。

## （七）會議紀錄

為了使與會者盡情於想像中的馳騁，會議的進行應遵循以下原則：

1. 暢所欲言。(1)讓與會者隨意思考、自由暢談、自由想像。至於想法則越新奇越好，以互相的激勵和啟發。(2)要善於從不同角度思考問題。

2. 嚴禁批評。(1)對他人提出的任何想法，都不應加以批評，縱使這些想法是幼稚的、錯誤的、荒誕的；同時也不應自我批評，這在心理上可激發每一個與會者積極的思考和發言。(2)要禁止「這行不通」，「這不符合規定」等類似用語的出現，讓每個人都能在充分放鬆的心情下，集中注意力的開拓思考的空間。(3)要避免對任何人的意見作出肯

定，以防止其他人產生被冷落的感覺，以致阻礙其思考力的發揮。(4)
評估作業應保留到活動的尾聲或另外進行。

3. 追求數量。以各種方法激勵成員盡可能的提出想法，因為只要不會立
即引來批評，人們就更容易的傾說其所思、所見。而因為想要得到一
個理想的方案，只能在眾多的方案中進行選擇，所以點子越多，選擇
的可能性就越多，最佳方案產生的機會亦相對增加。

4. 集思廣益。單憑個人的知識、經驗去苦苦思索是很難想到突出的創
意，但在小組會議中，每個成員都有自己的知識、經驗，並能從各自
不同的角度思考，而有利於相互的激勵，引發聯想，產生共振和連鎖
反應。如在稍事變通、潤飾或融合其他意見後，一個原本不盡實用的
點子，卻可變成一個令人激賞的可行之道。

## （八）歸納分類

對於會議結論出的方案，可從兩方面進行評估：一是否可行，二是
實行後是否有實際效果。對於可行又有效的方案，可以立即採用；對於
無法實行或實行後沒有效果的方案，則不予考慮，但必須對提出者作一
說明。

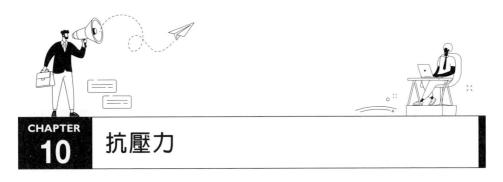

CHAPTER
10 抗壓力

## 🎯 壹、企業的生存壓力及其對員工的轉嫁

在競爭激烈的市場中，企業本身為了生存發展，面對著巨大的生存壓力，必須不斷的衝刺、創新，以更優異的產品和服務來贏取消費者的認同。

海爾集團的執行官張瑞敏提出的海爾競爭理念就是「永遠戰戰兢兢，永遠如履薄冰」。他說：「如同爬雪山，如果你堅持住，爬也就爬過去了，但一停下就會窒息倒下。如果你真想休息一下，就會被市場所淘汰。」、「我們提出來的只有創業、沒有守業，不可能守，你也守不住，企業到了守的地步，就差不多完了。」而海爾的員工從1984年開始，經過了二十多年的奮鬥，而每一位員工都仍然能感受公司在追求品質、服務及管理系統下無形的巨大壓力。一位員工形容，一進入海爾，就像進入到一個巨大的壓力鍋內，全身都有透不過氣的感覺。對此，張瑞敏表示：「要不斷給自己加壓，壓力在某種程度上就是動力。」而事實上，海爾一直處於持續變革狀態下，包括思想變革、技術變革、組織結構變革、業務流程變革等。因為企業就如同在斜坡上的球體，向下滑落是它的本性；要想使它往上移動，需要兩個作用力：一個是止動力，保證它不向下滑，這好比企業的基礎工作；一個則是拉動力，促使它往上移動，這好比企業的創新力。此二力缺一不可。止動力是企業發展的必要條件，不能保證企業在市場競爭當中一定會獲勝；創新則是企業發展的充分條件，有了止動力再有創新，就會在市場中獲勝。因此企業的

所有員工都要切記「生於憂患，死於安樂」。這種認知及海爾的管理系統，對員工來說，自會形成一種壓力。[1]

　　曾任職通用電氣公司的韋蘭奇因為危機感而特別重視市場競爭力，因此在公司裡貼了一張畫，畫上有兩隻動物，一頭是獅子一頭是鹿。獅子說：雖然我十分強壯，但是今天不努力去捕捉食物，我也會和鹿一樣。鹿則說：獅子對我而言是最大的危險，我今天不努力奔跑會被牠吃掉。這幅畫的意思是告訴員工，不管你是強者還是弱者都要努力去做。將危機感轉化為非常強烈的市場競爭意識。

　　Google公司是搜尋引擎的龍頭，而Google能獲得成功，在很大的程度上是因為它仍是所有搜尋引擎中做得最好的一個，這也是它為許多使用者優先選擇的原因。但如果出現更好的搜尋引擎，我們能抗拒誘惑而繼續使用Google嗎？Google想要在市場競爭中維持第一是困難的，正如海斯‧羅斯所說：「Google的動力源自於複雜的綜合技術，Google想要保持強大的競爭力，就必須不斷的投資、改進技術，在網路這一領域中，幾乎沒有人或公司可以長久的獲享某項專利和技術，而且成功帶來的巨大利益也必定會招致更強大的競爭者。」因而如同過河卒子，要不被淘汰出局，企業本身只有力爭上游。因為新技術，或者只是競爭對手研製的更新的技術一旦出現，Google的處境就變得岌岌可危，使用者都是聰明人，懂得使用更先進的工具，所以不論煤油燈製作得再精美、再具美感，人們都不會再去用它了。故為保持第一，Google只有不斷進步，超越所有的競爭對手，而且不僅是在搜尋引擎上，而是凡與網路有關的，都必須做到最好。[2]

　　企業的生存壓力，就變成員工的壓力，甚至企業會主動對員工施加壓力或營造員工間創造性競爭的壓力。

　　加拿大的北電網路公司，在二十世紀七〇年代後半期至八〇年代初曾任總裁的萊特認為要使事情做得有意義，就必須不斷給員工施壓，直

至他們近乎反抗。他經常讓員工處於最緊張的工作狀態，他自己不想帶著一支安逸的部隊作戰，因而在北電網路公司創造性的緊張隨處存在，有時員工向其抱怨工作太辛苦的時候，他就會說：「好吧！我會讓你少負些責任。」而在威脅要削弱抱怨員工的權力時，他們就會加倍的努力。另一方面萊特並不發號施令，而是選用最勝任工作的員工，並用尖銳的問題考驗他們，如在會議上問各有關主管：他們在做什麼、為什麼他們要這樣做，以及他們下一步打算做什麼，這種方法使下屬不斷自我審視，比起被動接受指令的員工，這種促進自我思考的員工在工作時要更有能力，因為在沒有明確的指示下，員工都感受到了工作上的壓力。有一些員工因不能適應而離開，但大部分的人則喜歡這種壓力的氣氛，想知道自己的極限在那裡，而這必須做出犧牲，如無法與妻兒外出。因為工作壓力使自己必須堅守崗位，直到工作完成，而不願因工作影響到家庭生活的就沒有必要到北電網路找工作。[3]

日本佳能公司社長酒卷九從1999年3月起就任社長的五年內，使公司利潤增加十倍，而在生產、管理系統的改造中，提出「世界第一運動」，如果員工在工作中做出很好的成績，公司就會在薪水和獎金中將員工的成績體現出來。而在員工知道這個規矩後，「世界第一運動」就會讓團隊之間發生競爭意識，並且是自發的進行正面意義的競爭。如在佳能電子中，做同系列的產品的工廠都至少分為兩個部門。即最少也有一部和二部之分。雖然合併為一部可能也會很有效率，不過因分為多個部門，工作內容相近的生產線之間就會產生競爭意識，最終全體的生產效能都會提升。因此別的工廠和部門做得好，自己一定照著做；別的部門採取新措施獲得成功，大家也自然會照著做，而原部門因新措施而取得的成功，很快為其他生產線所模仿，所以也不敢鬆懈。

在佳能公司這種良性的競爭中，自然亦存在著壓力和緊張感。酒卷九認為在全公司性的結構改造中，要讓組織內的每個人都有危機意識這一點非常重要，因為這會讓員工產生緊張感，沒有緊張感的組織不能

產生變革。在公司裡到處充滿緊張感是經營者和管理者的任務。為了加重這種緊張感，佳能公司連停車場的規則都不放過，其停車場上的汽車排列的非常整齊，所有的車都向一個方向停靠，而且都緊貼著地面上畫的線，沒有車輛是傾斜的。如果違反停車規則會受到處罰，違反三次以上的員工會被開除。因為由小見大，連停車方向都不遵守，一定也做不好產品。此外，佳能公司的停車場規則的用意，還在於形成員工的緊張感。酒卷九指出，在市中心的公司上班的人，很自然的能進行上班和下班的轉換，從家裡出發到車站，在通勤電車晃蕩一兩個小時才能到公司。在電車中，被同樣是上班族的人所包圍，一到公司就能馬上進入上班的狀態。但住的近或者在某些事業部上班的員工往往開車上班，從家裡出來時穿著工作服，開沒多久就能到工廠，而很難進行上班和下班的轉換，而停車規則就是讓他們在到達公司領域後，在停車場從車上下來的那個瞬間起，切換到工作狀態，從那個瞬間起就有緊張感。[4]

微軟公司倡導激情文化，最突出的表現就是能始終如一，高品質的完成自己的工作，更好的創造性的業績。其員工的工作雖相當富有彈性，但責任明確，每個部門、每個員工都有明確的目標和責任，而目標都必須符合「SMART」。S(Specific)：特定、範圍明確，而非廣泛。M(Measurable)：可以度量，而非模糊。A(Attainable)：可實現，而非理想化。R(Result-based)：有結果，而非行為或過程。T(Time-based)：有時間限制，而非遙遙無期。其在內部實行的晉升制度競爭非常激烈，使每個員工都有危機感和競爭意識，因為微軟的人事變動非常頻繁，升遷和淘汰頻頻發生，升遷的依據完全在於一個人的能力及是否適合工作，而不在於個人的資歷，因此一個年輕的新進者很快就能晉升主管；另一方面又採取定期淘汰的嚴酷制度，每半年考核一次，並將績效差的5%的員工淘汰出去。由於人員流動的頻繁，如果公司有空缺職位的時候就可以迅速找到合適的人選，也就是為嚴酷的優勝劣汰機制的有序進行奠下基礎。微軟公司的此種策略是把競爭機制導入激勵員工的方法中，因微

軟認為業績永遠是比出來的，而競爭則是有效的激勵手段，唯有不斷的競爭，人才可能被激發全部的潛能。微軟的這種管理文化對於不能銳意進取的人來說，自然是一種壓力。

## 貳、職場壓力

企業的生存發展，要面對激烈的市場競爭，特別是在優勝劣汰的嚴酷市場機制中，如何能持續的推出更優質的產品和服務，如何挽留住現有的客戶，如何開拓新的客戶，這種壓力就必須由企業的所有者，各級管理幹部及全體的員工共同承擔。其中的管理階層及一般員工更多的壓力，來自同儕的競爭及高品質的業務考核指標、高要求的績效考核指標，為了達成這些目標，為了不被同事比下去，有些人除忙到無暇進餐，並且連走路、坐車、睡覺的時候都在思考著與工作有關的事情。並且因為許多公司重視績效，多勞多得，以致於工作負荷大為增加，再加上辦公室複雜的人際關係、家庭因素、個人問題等，使許多人在強大緊張的壓力下感到疲勞乏力、失眠頭痛，此種狀態的持續將會影響內分泌，導致內分泌系統失調，釀成身體的疾病。故在壓力下，高血壓、動脈硬化、脂肪肝等原本老年人較易得的心臟血管疾病，現在年齡層不斷下降，致於早衰、胃腸道疾病、頸椎病等更是普遍存在，而如失眠、頭痛、視力衰退、掉髮、感冒這些看似平常的小病也多少與壓力有著直接或間接的關係。

至於在心理方面，壓力造成憂慮、挫折、失敗的創傷感，悲傷失望、心情壓抑，沒有未來的前景。那麼在工作、生活上要如何緩解壓力？

## 一、如何面對直接來自工作的壓力

人只要在社會上生存，就會有壓力存在，無論是學習上的壓力，還是工作上的壓力，都會讓人產生緊張，但這種情形人又必須面對而沒選擇的餘地。然而壓力可以化為成功的動力，首先要學會如何正確的看待壓力。中國著名的數學家華羅庚曾說：「怎樣對待壓力，是一個很重要的問題。是被壓力壓扁了呢？還是根據反作用力等於作用力這一物理法則，把壓力轉變成推動自己前進的動力呢？這就在於個人了！一壓就扁了，這不是英雄，要鄙視那種無謂的壓力，把壓力變成動力，更促使我們前進。」

因此面對壓力的時候必須要調整自己的心態，而樂觀的態度，是對抗壓力的最好方式，如人生最大的壓力來自於死亡的威脅，而一位飽受病痛折磨的女性，寫了以下的句子：

你改變不了環境，但你可以改變自己；

你改變不了事實，但你可以改變態度；

你改變不了過去，但你可以改變現在；

你不能控制他人，但你可以掌握自己；

你不能預知明天，但你可以把握今天；

你不能選擇順利，但你可以事事盡心；

你不能延伸生命的長度，但你可以決定生命的寬度；

你不能左右天氣，但你可以改變心情；

你不能選擇容貌，但你可以展現笑容。

這種對待生活的態度，使這位女性在死神的威脅下，認真快樂的生活著。

因此壓力的來臨，是自我學習成長、激發潛能、改善人際關係的契機，或者代表上司、同事的信任。因而對待工作壓力的最有效方法就是改變對工作的態度，因為對工作的態度決定了我們的工作環境和工作狀態。而我們所需要的工作態度是從工作中尋找樂趣與人生的目標、意義的實現，如果以這種積極的態度投入工作，那麼就能取得良好的效果。

就如以下的一個調查所顯示出來的意義：

為了解人們對同一件事情在態度上的差異以及這種差異的影響，一位心理學家到正在修建大教堂的建築工地作實地調查，他分別問了三個忙碌的的敲石頭工人一個相同的問題：「請問你在做什麼？」

第一位工人頭也不抬的回答：「我正在用這個沉重的鐵錘，敲碎這些該死的石頭。這些石頭非常硬，我的手都麻了，這真不是人幹的工作」。第二位工人則有氣無力的回答：「這真是一件苦差事。如果不是為了全家人的溫飽，絕不願意做這樣的粗活。」第三位工人則一臉愉快的說：「我有幸參與興建這座宏偉莊嚴的教堂，一旦完工後，將可讓許多人到這裡做禮拜。因此敲石頭的工作雖然很艱苦，但我一想起未來將有許多人在此接受上帝的愛，心中便為能從事這項有意義的工作而感恩。」

若干年後，心理學家在整理過去的調查資料時，偶而看到三個人的不同回答，這讓他心理產生強烈好奇的欲望，想去了解這三個工人現在的生活情形。結果令他意外，第一個工人現在還是一個建築工人，仍然像當時一樣做著敲石頭砌牆的工作。而在施工現場拿著圖紙的設計師竟是當年的第二位工人。至於第三位工人呢？心理學家很快的也找到他，他現在是建築公司的老闆，而前兩位工人則正是在為他工作。

為什麼產生這種結果了？因為第一位工人就事論事，只顧低頭工作不看未來，他看不到工作有什麼樂趣，做一天算一天。第二位工人把工作看成是謀生的手段，工作的意義只在換取工作以外的東西，不得不

做。但第三位工人卻從工作中透視出未來的遠景，從平凡的工作中努力積累未來成就的基石。在他手下建立起來的宏偉教堂，是他的作品、他的成就，也是他的驕傲。對這種工作者來說，工作本身就代表意義，他們對工作更投入、更積極，更會領略工作本身的樂趣，而獲得滿足感。因此在壓力來的時候，要改變自己對於工作的心態，而不是以負面的情緒和抱怨來對待壓力。

對於來自工作的壓力，可採取下列方式來獲得緩和：

### （一） 真心的喜歡自己的工作

許多人把工作視為謀生的手段，是生活中必要之惡，所以在交涉許多事項時，可以發現對方臉上都是沒有笑容的，所以我們不能說：「我要認真的工作。」而必須說：「我要真心喜歡自己的工作。」一個樂在工作的人可以產生多大的工作效率，令人難以想像。在美國一家連鎖超市的老闆，他的年紀近七十歲，資產超過十億美金，每天早上五點到公司上班，晚上十時下班，每個星期從星期一工作到星期日，終生沒休過假。我們可能會認為這種人生還有什麼樂趣？但很可能他樂在工作，因而每一天都在休假、娛樂。

### （二） 控制時間

對時間的掌控越好，所做的工作就越多，承受的壓力就變小。至於有效的時間控制的要點是多注意結果，而不是關注過程。有些人過於在乎過程的完美，其實只是浪費時間和形成對自己的壓力。如果真認為自己的時間不夠，可以考慮早半小時上班，晚半小時下班。

### （三） 控制工作的節奏

壓力可以提升人的工作效率，但過多的壓力則會對人的工作造成影響，而每個人在每一天的不同時段，精神體力的好壞會有所不同，因此要進行自我的觀測和記錄，找出高效能的時段，即生理節奏達到最高峰

的時段，來從事最重要的工作，而在效能低的時段從事次要的工作，或略事休息。

## （四） 擬訂工作日程表，包括每日的及每週的

每日的日程表，能讓人很快的完成工作，而如果缺乏日程表，對於困難或輕鬆的工作就會產生惰性，會覺得可以等空閒時再做，而當要交付任務的時候，壓力即告產生。所以必須按工作的重要性、急迫性排定先後順序，並可預先做準備。這種事先安排的工作計畫，能有效率逐一進行、逐一完成，而不至於陷入慌亂或遺漏重要的工作，能有效的消除壓力來源。

## （五） 學會擱置問題

固執於一時無法解決的難題，容易產生垂直思考的弊害。因為我們所受的教育，都使我們習慣於垂直式的思考，即是以A→B→C→D的順序依次排列下去的邏輯，結果在不知不覺間束縛了自己，但我們生活的世界不是直線的，我們親眼所見的世界，甚至沒有一樣東西可稱得上是直線的。同樣的沒有人規定我們在觀察一件事情的時候，要遵循一定的順序。至於人在實際觀察問題的時候，經常是從自己想看的部分，自己有興趣的部分看起，或是以一種在瞬間掌握整體的方式來進行，但是我們的教育方式卻教導我們適於非直線思考的大腦去進行直線式的觀察和思考，以致在思考過程中經常碰到障礙，這時候，可以暫時擱置問題，讓問題存檔於潛意識中繼續運作，而不至於縈繞在心，影響其他工作或休息，過一段時間，辦法就會悄然來臨，或從其他事物上意外的得到解決的線索。

## （六） 消除工作環境中的壓力

保持辦公空間或辦公桌的整齊清潔，而在進行每一項工作前將必要的資料、紙、筆等都準備好，不致因環境的雜亂或找不到資料而影響情緒，導致無法準時完成工作。

## 二、如何面對來自職場的壓力

除了直接來自工作本身的壓力外,作為人類社會的一分子或職場的一員,還要承受來自他人的發火、挑撥、排擠、打壓、競爭等造成的壓力。也可能來自內在自我消極暗示而自己造出來的,如「老闆對我有偏見,總是挑剔」;「同事們好像都對我有意見,眼神、表情都怪怪的」;「工作怎麼做都做不完」;「我近來身體狀況不太好,對工作有心無力」;「這份新工作比我原來的工作還糟」等。也可能在工作的壓力下或在職場中養成不健康的生活方式,直接影響到身體健康,反映到工作中的無秩序、無效率,造成新的壓力來源。

對於這些壓力,可採取下列應對方式:

### (一) 努力改變一切

確認生活中的壓力來源,然後思考是否可減輕其負面影響,改變它、拋棄它,或換個角度作分析、解釋。對於同事可建立良好的溝通模式,並能經常以換位思考站在對方的立場或上司的立場看問題,以讚美、欣賞的方式予以面對。

### (二) 保持積極態度

將難題用一兩句話寫在紙上,這可以緩和緊張,確定問題的大小,再思索問題產生的原因,可供解決問題的材料和助力,並盡可能以客觀立場列出所有可能的解決方案,並選擇最佳者付諸實行,因為自己已盡了最大的努力,這可以消除對該問題的擔心。

另一方面要去除負面思考習慣,因為負面思考會造成只想起負面經驗,易於焦慮而陷入惡性循環的情緒低潮中,而無論是憤怒、不滿或抱怨等等都不能改變事實。

## （三） 學習放鬆自己

如果是在辦公室工作，每隔一個小時，可站起來或坐在椅子上活動一下，鬆弛緊張的肌肉和心情。在完成一項重要工作時，可略作休息，或喝杯熱茶、咖啡。在假日的時候，要遠離壓力，盡可能從事那些能讓自己愉快、全身心投入，忘掉所有煩惱的活動，如登山、旅遊、垂釣、種植花草、學習某種技藝等。此外可泡熱水澡或改善睡眠環境。

## （四） 經常鍛鍊身體

經常鍛鍊身體可以減輕壓力，但應該要選擇自己認為比較有趣的活動，因為讓自己感覺到辛苦或枯燥的運動往往達不到減壓的效果。比較容易進行的運動方式，如散步就是最方便實用的運動，每天散步半小時，就提供了足夠維持一個人健康的活動量。進行了舒適輕鬆的散步，不但可以增強心肺和呼吸系統，也可以讓頭腦清醒和緩和疼痛。其次可以養成不搭電梯的習慣或以自行車代替汽車作為通勤的工具。

# 三、如何面對憂慮

憂慮是現代人的通病，使人不能在現實的生活中調適自我，而以持久的心情抑鬱為特點。其往往是在職場因工作或人際關係的嚴重挫折，而逐步退到自己的小天地進行逃避。記憶中滿是失敗和痛苦，而那些曾經認為是成就或成功的事情，則變成一文不值。內心滿是鬱悶、孤寂、淒涼和悲哀，感到事事不如意，似乎與世隔絕，喪失了對外界和人際關係的興趣，悶悶不樂、沮喪和愁容不展、情緒不穩、處世悲觀，並對人、事常出現錯誤、片面、不合理的認知方式和觀念，導致消極的思想。

要去除憂慮，可以採取以下的方式：

## （一）從最壞的地方開始想

開利是冷氣機的發明者，他年輕的時候在紐約州水牛城水牛鋼鐵公司做事，有一次奉派前往位在密蘇里州水晶城的匹茲堡玻璃公司安裝一部瓦斯清潔機，其功能是清除瓦斯裡的雜質，使瓦斯燃燒時不至於傷到引擎。這種清除雜質的方法是一種新方法，以前只試過一次，而二者情況很不相同。但在安裝時卻出現很多事先沒想到的困難，經過一番調整，機器可以使用了，可是效果卻無法達到公司的保證。對於自己的失敗，開利非常吃驚，感覺像是頭部被人重擊，整個胃和肚子都開始扭痛，有好一陣子無法入睡。最後，他想到憂慮並不能解決問題，於是想到一個不需要憂慮就可以解決問題的方法，結果非常有效，而這個反憂慮的方法，他在生活中一直沿用著，並且每個人都能有效的運用。其分為三個步驟，他說：

「第一步，我毫不害怕而誠懇的分析整個情況，然後找出萬一失敗後可能發生的最壞情況是什麼。沒有人會把我關起來，或者把我槍斃，這一點可以確定。但很可能我會丟掉工作，也可能公司會把整個機器拆掉，使投下去的兩萬美元泡湯。

第二步，找出可能發生的最壞情況之後，我就讓自己在必要的時候能夠接受它。我對自己說，這次的失敗，在公司裡的紀錄上會是一個很大的汙點，可能我會因此而丟掉工作，但即使果真如此，我還是可以找到另外一份工作，當然，事情也可能比這更糟。至於公司方面也知道我們現在是在試驗一種清除瓦斯雜質的新方法，如果這種實驗要花費兩萬美元，他們還付得起。公司可以把這筆錢算在研究費用上，因為這只是一個實驗。發現可能發生的最壞情況，並讓自己能夠接受之後，有一件非常重要的事情發生了。我馬上輕鬆下來，感受到幾天以來所沒有經歷過的一份平靜。

第三步，從這以後，我就平靜的把我的時間和精力拿來試著改善我在心裡上已經接受的那種最壞情況。我努力找出一些辦法，讓我能減少我們目前面臨的兩萬美元損失。我做了幾次實驗，最後發現，如果公司再多花五千元，加裝一些設備，我們的問題就可以解決。並且這樣做的話，公司不但沒有損失兩萬美元，反而賺了一萬五千美元。」

所以開利認為當時他如果一直擔心下去的話，恐怕再也不可能做到這一點。因為憂慮的最大壞處，就是會毀掉我們集中精神的能力。在我們憂慮的時候，我們的思想會到處亂轉，而喪失所有作決定的能力。然而，當我們強迫自己面對最壞的情況，並在精神上先接受它之後，我們就能夠衡量所有可能的情形，使我們處在一個可以集中精力解決問題的地位。

為什麼開利的方法如此的有效呢？因為我們不再因為憂慮而盲目的胡思亂想，而是把雙腳穩穩站在地面，因在接受最壞的情況後，就不會再損失什麼，一切可以重新開始。

## （二） 作有興趣的事

一個人在作有興趣之事時，很少會感到疲倦。如一個女孩在晚上下班回到家後，覺得精疲力竭、頭疼、背也痛，疲倦得不想吃飯就上床睡覺。經過母親再三的督促，才坐在飯桌上，有一口沒一口的吃著，這時電話鈴聲響了，是她男朋友打來的，請她出去跳舞，這時，她的精神來了，衝到房間穿上喜歡的衣服，一直跳到半夜二點才回家，不但不疲倦，反而興奮的睡不著。由此例來看這位女孩在八個小時前回家的時候，看起來精神和體力都已精疲力竭，但是否真的那樣疲倦了？顯然她的疲倦來自於對工作的厭煩，甚至覺得生活都無趣。而跳舞是她的興趣，厭煩、疲倦感都消失了。

同樣的，在工作中挖掘興趣，就能樂以忘憂。很多人把工作看成是一種痛苦的事，因為沒有多少人認為自己的工作正好是自己的興趣所

在，況且在工作或工作環境中還有許多不如人意的事情。即使對工作有興趣但隨著時間的推移，當工作被附加了生活、金錢、名利、厭煩等東西時，快樂也就不復存在，取而代之的就是憂慮、悲嘆。

一個人能否在工作中找出些樂趣，完全在於從事工作的人，而不在於工作本身，因此治癒憂慮的最好方法就是培養快樂的心情。但很可能我們就是不喜歡自己的工作，無論如何強迫自己，也無法把枯燥乏味的工作變得有樂趣一點，但如果假裝對工作有興趣，就能使興趣成真，也可以減少憂慮。如一家石油公司的女打字員，每個月她都要做一件最沒意思的工作，即填寫石油銷售報表。為了提高工作情緒，她想出一個辦法：每天跟自己競賽。她先統計出上午打印的數量，然後爭取在下午打破紀錄；再統計第一天的打印數量，爭取在第二天打破紀錄，結果，她的打字速度快速增加，並且趕走煩悶帶來的疲勞。這種頗有意思的競賽讓她體會到了工作的快樂。

同樣的，一個人假裝快樂，就能獲得真正的快樂，使憂慮終歸消失。譬如在走路的時候，不再是低頭躞步，而是抬頭挺胸、昂首闊步，心境在一瞬間就能有所轉換。如一位憂慮很久的人，在走路時堅持想著：「我是快樂的，世界待我是很好的。」結果驚奇的發覺自己似乎被高舉起來了；他的態度變得更加奮發，他的腳步更輕了，他有著在空中行走的感覺。

## （三） 以行動驅除憂慮

邱吉爾在第二次大戰期間，身為英國首相，當有人問他是否為太重的責任而憂慮時，他回答說：「我太忙了，沒有時間去憂慮。」汽車自動點火器的發明者柯特林曾窮得用穀倉做實驗室，家裡的開銷則依靠他妻子教鋼琴賺來的1,500美元，最後甚至用自己的人壽保險作抵押借了500美元。有人曾問他妻子，在那段時間裡，她是否會感到憂慮，她回答說：「是的，我憂慮擔心的睡不好，可是我先生一點也不擔心，他整天

埋首在工作裡，沒有時間去憂慮。」因此，工作所帶來的忙碌是針對憂慮最好的治劑。再看如下的例子：第二次大戰時，有一對夫婦在珍珠港事變後，他們的獨子被征召入伍，那位母親為了獨子憂慮得幾乎身心俱疲，獨子在哪裡？他安全嗎？他是不是在作戰？他會不會受傷？陣亡？最後她克服憂慮的方式是：「保持忙碌。」她首先將女傭辭退，親自作家事以保持忙碌，但效果不大，因為問題在於「我可以機械而毫不用心的做家事，所以在我整理床鋪與洗碗筷的時候，仍然照常憂慮。我了解到我需要一種每天每小時身心都忙碌的工作，所以我去一家大百貨公司，作售貨員。」結果她立刻發現隨時在忙這忙那的，顧客擁過來圍繞著她問價錢、問顏色、問尺寸。除了手邊的工作外，絕沒有多餘的時間想別的事情；在夜暮低垂的時候，除了想躺到床上使兩條發痛的腿好好休息外，再也沒有精力去想別的事情。回到家裡，吃完晚餐，倒在床上便進入夢鄉。她既沒有時間也沒有精神去憂慮了。

所以對多數人來說，在集中精神工作或為工作而忙碌的時候，不會有憂慮的問題。但是在空閒，憂慮可能就暗中來襲，我們有了時間思考：「老闆、上司、同事說的那句話是否有針對性，到底是什麼意思？」、「為什麼老張晉升了，自己卻仍留原職，同事們對我這個失敗者都露出同情的眼神，背後不知道怎麼說？」甚至一切都順利的時候，也會坐立不安，甚至因為不知道將發生什麼事情而憂慮。

因此，在空閒、假日的時候，也應該安排豐富多彩的各種娛樂、旅遊活動或對各種技藝的學習。

## （四） 保持臉部的微笑

在因憂慮而情緒不佳的時候，立刻在臉上堆滿笑容，是改變情緒最快的方法。我們臉上的肌肉如果習慣呈現出沮喪、膽怯、失望、無奈的表現，那麼就將以這些負面的牽動方式控制我們的情緒，而深陷憂慮中，但若能經常保持微笑，則反過來，可以養成快樂的心情。

### （五） 養成放下的習慣

　　境遇不造人，是人造境遇，憂慮的人容易將思維編入既存的框架裡：「命中注定」、「難以改變」等，但每個人都是自己心態的主人，也是自己所面臨境遇的主人。

　　一位老和尚帶著年輕的徒弟匆匆趕路，在到河邊的時候，看到一位端莊美貌的姑娘站在河邊，原本打算涉水而過，卻不料因昨日大雨使溪水上漲，以致困在河邊，一籌莫展。老和尚了解姑娘的處境，便建議姑娘趴在他的背上，背負其渡河。過河後，姑娘道謝後便離開了。老和尚和徒弟繼續往前走了一段路後，年輕的徒弟終於忍不住滿心疑惑，開口問道：「師父，我們出家人一向四大皆空，需守五戒，尤其是這色戒……。」老和尚笑問：「你認為我背負那位姑娘過河的事做得不對？」徒弟說：「這，男女授受不親……。」老和尚回說：「我背負姑娘過河後在岸邊就把她放下，任其離開了。但是你到了此刻，卻還不願把她從心頭放下來，讓其離開。」

　　就如同這個故事所顯示的，心裡糾纏的憂慮，讓人停留原地，造成苦惱，也因而容易使得思考圍繞在許多細枝末節的紛擾中。因此要學習放下心中讓自己憂慮、困擾的問題。

## 四、如何面對失敗

　　失敗是造成壓力、憂慮的原因之一，且人在遭受失敗的時候，各種思想、情緒上的打擊會接踵而至，其主要包括：

### （一） 震驚

　　對於失敗的出現感覺突然、難以置信，往往會以驚疑的口氣表示：「真沒有預料到會有這樣的結果。」會認為自己過去做的都是對的，現在卻變成這樣，覺得委屈而不可理解。

## （二） 恐懼

會產生各種顧慮，如別人問起時如何解釋？追究責任怎麼辦？公司的損失有多大？以後在公司怎麼待下去？其擔心失敗可能會造成的不利影響，整日提心吊膽。

## （三） 憤怒

認為自己受到不公平的對待，或諉過於環境或某人。跟著便是對環境或他人產生忌恨、責怪，甚至報復的心理。有些人向別人訴說自己的委屈。有些人不怪別人而是情緒化的自責，忌恨自己。

## （四） 羞恥

擔心別人的看法，怕被瞧不起，怕在公司丟面子。

## （五） 絕望

無法擺脫情緒上的憂慮又覺得失敗難以挽回，而這種想法不斷糾葛的結果，就會產生絕望的心理，自尊心和自信心嚴重受挫，認為生活的意義和目標都已喪失。

至於失敗的發生，可能因為工作場所的人際關係欠佳導致的阻力、缺乏足夠的行動力、應變能力差、目標過高、條件能力欠缺或公司的環境與主觀條件不合等等。

但失敗能使人真實的認清自己，進行自我檢討，真正的改進和提高自我，因為失敗說明過去所遵循的習慣模式是不當的，可以找出新的價值觀、方向、目標、態度和方法；可以學會如何面對困難、打擊、觀察別人，如何選擇機會，使自己更堅強。

更重要的是要認清造成失敗的原因，才可以避免重蹈覆轍。愛迪生曾指出：「失敗與成功對我來說有相同的價值，只有在我知道做不好一件事情的所有方法之後，我才能明白它的正確方法是什麼。」所以失敗

就像是數學的刪除法一樣,刪除所有的不可能後,剩下的就是可能。因
而對一個懂得自我檢討、自我充實、自我惕勵的人來說,失敗就是下次
成功的契機。

### 注釋

▲註¹ 胡泳、秦邵斐,《張瑞敏管理日誌》（北京:中信出版社,2008年8月）,
頁25-26。

▲註² 王甜甜譯（Neil Taylor原著）,《Google品牌戰略》（北京:中信出版
社,2007年5月）,頁151-152。

▲註³ 許峰、鄭眞譯（Larry Macdonald原著）,《北電網路:創新和理念造就網
路巨人》（北京:機械工業出版社,2004年10月）,頁23-25。

▲註⁴ 楊洁譯（酒卷九原著）,《佳能細胞式生產方式》（北京:東方出版社,
2006年10月）,頁45-47。

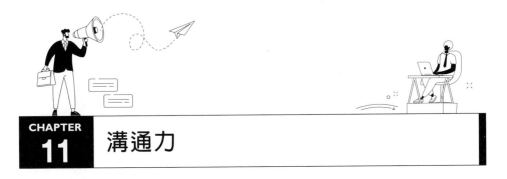

CHAPTER
**11**

# 溝通力

　　在職場中的每個人都必須隨時與別人進行溝通，但如何才能有效溝通？如何進行上級、部屬及同事間的溝通？如何提升溝通能力？這些不但涉及融洽人際關係的維持，更影響到從事工作的熱情及提升團隊工作的效率。而一個企業組織內部如何建構管道來進行公領域的溝通，則不但涉及管理層的氣度與眼光、管理的方式，更決定企業在激烈競爭市場的存活率。

## ◎ 壹、企業內部的溝通與開放式管理

　　企業內部溝通主要是企業高層（代表企業）與管理幹部、員工間相互的溝通。

　　企業內部無論是人際關係的建立或團隊協作精神的培育，都依賴良好而融洽的人際溝通，但過去的管理方式著重縱向的溝通，其係一種由上而下帶有權威性的接受式的服從，並透過一套剛性、嚴格的職能等級制度與相應的行為規範以保證此種溝通的穩定性和有效性，在溝通的過程中並沒有考慮到情感、思想等人性因素，人只是組織機械信息的發送器和接受器。

　　但在今天盛行的人本管理觀下的溝通，則著重企業中人與人間思想和情感的交流，特別是管理者和員工間思想和情感的交流，並以此作為企業得以健康發展的關鍵。「因為，人與人之間（特別是管理者與員工之間）溝通的效果直接影響到企業中的人際關係（特別是企業與員工之

間的關係）及團隊協作精神，進而通過員工的情緒、態度及工作的積極性、主動性與創造性而最終影響企業效率。」因此，成功的企業都非常重視內部的人際溝通，以了解員工的需求，他們對公司、業務、產品、研發與客戶的觀察、意見和心得，用積極的傾聽、滿足、接納來激發員工工作的積極性。

以人為本的溝通，必須要管理幹部在內心能真誠平等的尊重員工，從而建立親密關係，如日本管理層為了加強與員工的溝通，有許多主管幾乎每天晚上都和年輕的職員一起聚餐、聊天，直到深夜。新力的盛田昭夫經常穿著員工制服在下班後到廠房裡與員工聊天。對於員工來說，管理者能叫出自己的名字，能親切的和自己打招呼，能發現自己的優點和長處，能看到自己的工作成績並予以表揚鼓勵，能關心自己的家庭，都會感到振奮，而加倍努力回報公司。如在海爾公司，從1990年3月開始，每週六公司都要專門為這一週過生日的員工舉辦生日午宴。餐廳服務人員端來了啤酒，張瑞敏一一送到大家手中，舉起酒杯說：「和家裡人一起過生日很快樂，但是和同事們一起過生日，更別有一番樂趣。我代表公司向各位表示祝賀，祝大家生日快樂！」有的員工坐得稍遠，張瑞敏走過去和他們碰杯暢飲，並一同唱生日快樂歌，然後大家一起吃蛋糕吃壽麵，一塊話家常，年輕的員工感到非常開心的說：「這頓生日飯比在家吃得還高興！」而每到年三十張瑞敏一定和各單位員工同吃年飯，大年初一又與員工同慶新春，晚上又親自去車站為奔赴各地市場的員工送行。

在以「對員工尊重」為前提下的溝通，就是開放式的溝通，過去的命令和訓斥被關心和傾聽所取代，管理的過程就是溝通的過程，管理者除了要向部屬傳達公司的決定和自己的意志外，還要徵詢員工對其本身工作與公司的看法與要求，讓部屬參與管理的決策過程，使部屬在管理活動中占據相當的地位，以共同完成任務或企業的價值觀。

# 一、開放式管理的舉例

## （一）思科公司的開放式溝通

　　曾任思科公司總裁的錢伯斯認為要確定公司能跟得上市場的快速變化，能有效利用公司中的所有資源，公司內部就必須要有志同道合的友誼及和諧關係。而確保每個人都能團結一心的最佳方法中，最重要的就是讓公司內部的溝通管道盡可能的保持開放，大家都能坦誠的溝通。因此，錢伯斯總是鼓勵和他接觸的每一個人誠實的告訴他思科目前的狀況。在各種會議上，錢伯斯都會問：「我們怎樣才能做得更好？」這個問題的提出，讓許多聞者覺得訝異，但錢伯斯是認真的，他說他不想遭遇到措手不及的打擊。而他的追求坦率，也往往能得到坦率的回報，高級管理人員會給他施加壓力，讓他向某些方向前進，員工也會這樣做，特別是錢伯斯會定期的出現在高級管理人員和員工的面前，因此直接向首席執行長提出自己的問題是一件容易的事。

　　錢伯斯認為，開放式的溝通原則並不僅意味著高階管理人員和員工能輕鬆的和他討論問題，同時也意味著他可以不必經過公司中一層層的龐大體制，就能輕而易舉的直接深入了解公司內部的各種問題。且他發現站在幾百名、幾千名員工面前，用語言讓他們迅速了解思科，這種方法具有重大的價值。每個月，錢伯斯都會為在當月過生日的員工主持一次生日聚會，這種聚會開始實行的時候，只是聯絡感情的小型聚會，但到2000年秋季時，每一次的生日聚會，都會有大約400名員工聚集在思科的禮堂，這些參加生日聚會的人中並不包括副總裁和總監級人員，原因是如果這些高層人員不在場的話，錢伯斯就能聽到更坦率的意見，在這些活動中，錢伯斯約用一小時進行演講，然後使用90分鐘回答員工的問題。另外一年有四次，錢伯斯會出現在公司的大型會議上，直接面對幾千名員工講話，此外同時還有許許多多的員工在場外透過網路觀看會議情況。最後錢伯斯也利用開放式的溝通方法與公司的高階管理人員

──160名副總裁進行一對一的溝通，並在每星期五邀請一批副總裁們到公司總部辦公室外的大堂裡共進午餐。[1]

## （二）惠普公司的開放式管理

惠普的開放式管理是要確保提出問題的管理人員或員工不會給自身招致不利的後果，它是建立在信任、誠實和理解的基礎上，並創造一種環境，使員工感到可以自由表達他們的思想、意見和問題。

在惠普，員工的問題不論是個人的還是與工作有關的，開放式管理都鼓勵他們向一位合適的經理或他們的頂頭上司討論，但如果這位員工不願意和這位上司談，則可越級找較高一級的經理討論。而惠普公司發現，人們是願意提出他們可能存在的問題或關心的問題，而經理們通常也能夠很快的找出令人滿意的解決辦法；而管理階層也能明白，利用開放式管理政策暢所欲言的員工是不能受到報復或其他任何不利影響的。開放式管理也能體現出管理階層的平易近人、坦誠、爽快，甚至最高層的負責人休利特和帕卡德也都各自參加同員工的溝通工作。而惠普公司的每個人包括最高主管，都是在沒有隔間、沒有門戶的大辦公室工作，雖然其缺點是會受干擾，但是惠普公司卻發現這種作法的好處遠大於壞處，因為其鼓勵並保證溝通交流不僅是自上而下的，而且是自下而上的。

在惠普公司還曾有一個奇特之處，即在公司成立後的前十八年，沒有設立人事部門，這不是因對人事部門的設立有何反感，而是因為強調管理人員和雇員間的關係，他們必須接近屬下，敏感的對待他們所關心的問題，但設立人事部門可能排斥或干擾經理和員工之間的親密關係。所以，當1957年惠普設立人事部門時，總裁休威特特別確定它的作用和職責；應該是支持管理人員，而不是取代管理人員。

惠普公司隨著不斷發展，它的組織系統也在不斷變動，但惠普只是把它當作對公司組織結構提供一般性的指導，而不是惠普人用來進行溝

通的管道，因為惠普希望它的員工能以一種較為簡單和直線的方式進行彼此的溝通，為了做好工作，每個人可以隨意找自己認為恰當的人去了解情況。[2]

## （三）英特爾公司的開放式溝通

在英特爾，開放式的溝通為其重要管理特色之一。其溝通模式，有自上而下的，也有自下而上的。管理階層會透過網路，向全球員工介紹公司最新發展的業務，同時也會透過聊天室與員工進行互動的溝通，回答員工所提出的各種問題。每季公司都會定期出版員工簡報，讓員工及時了解最新情況。

英特爾的溝通形式主要有三：1.一對一的溝通，即公司與員工之間就工作期望與要求進行溝通，這種面談通常經由員工會議的形式進行，並由員工制定會議議程及會議議題。英特爾中國區總裁陳偉錠曾表示這種溝通方式能鼓勵員工把自己的意見說出來。可以了解員工，了解員工對工作是否開心、快樂，對公司是否滿意，這對公司的管理階層尤其重要。陳偉錠並指出，他自己每天至少會收到四個一對一溝通的要求，並且大都會滿足這種要求，所以他有40%的工作時間都花在這種與員工的溝通中。2.定期的調查、討論，甚至以建設性的對抗方式來討論對公司是否滿意的話題。3.管理調查系統，對員工調查的目的，有時是針對對上級是否滿意；有時是針對一些內部服務性部門，如人力資源部門、IT支持部門、公司的後勤部門等，這些部門會定期發調查問卷給員工，讓所有員工為他們打分數。[3]

除了上述的溝通形式外，在英特爾還有三種重要的會議類型，也能促進有效的開放溝通。1.部門會議。只要問題牽涉到兩個部屬以上，就應該由部門會議進行討論，因此是由主管及其部屬參與的會議，並提供同事間互相交流的機會。英特爾要求與會人員在事先應該知道將要討論的事項，以便作好準備。此外部門會議還保留一些開放時間，讓與會者盡

量發言、交流互動，也可以談一些工作上的枝節問題，甚至提出一些還未成型的提案，如果主管認為可行，就列入下一次會議的議程中。這種會議的進行主要在於自由討論，避免變成主管的「一言堂」。同時，經由部門會議，主管可以了解部屬間的互動關係，並幫助這種關係的正面發展；在會議的衝突或意見交流中了解部門發生的事情及其始末緣由，同事間也可因此加深相互認識。2.一對一會談。通常是主管與部屬兩人所召開的兩人會議，目的在於互通信息和學習。經過對特定事項的討論，上司可將其技能和經驗傳授給部屬，並可建議部屬切入問題的方式，而部屬也能就工作的進度及問題提出說明。3.營運檢討會議。目的是讓因組織關係而沒有機會開部門會議或一對一會議的人員，也有機會彼此學習和分享經驗。管理幹部可以向其他不是直接監督人的管理者陳述自己的工作，並與公司其他同事相互交流，也可經由其他人的陳述中認識、了解其他問題。在會議過程中，經驗不豐富的管理者可以從資深同事的意見、批評或建議中獲益；而資深的管理者也可更深入細節，對問題有更多認識。[4]

## （四）星巴克的公共論壇

公開的溝通方式是星巴克公司原則的一部分，其方式是舉行公開論壇，告訴員工公司最近發生的大事，解釋財務狀況，允許員工向高級管理層提問，搜集建議，討論從工作環境到營銷策略的各種問題。

曾任星巴克執行副總裁的霍華德‧畢哈在《星巴克──一切與咖啡無關》這本書裡根據個人的親身經驗談論了「公開論壇」的進行過程。他表示利用公共論壇，可以應對各種情況變化，並提出一些重要的議題。當然，其中也會有衝突或潛在的矛盾，例如員工們雖然不贊成某些事，卻又經常不願意把意見說出來，於是常可以看到某個問題提出後，全場鴉雀無聲，因為他們認為如果提出意見就是在挑戰公司領導階層的權威，但最後還是有人會發言。於是他學會提出問題後就不再說話，讓

一切順其自然，過一、二分鐘後就會有人站起來發言，一旦有人發表自己的意見，局面就打開了，整個會議室就變得活躍起來。他認為這才是真正有助於論壇的發展，如果對保持安靜沒有耐心，這一切就不會發生。

有一次他決定在星巴克當時用的飲品調味料外再增加一種新的調味料，但此一提議卻受到許多分店經理的強烈反對，他們認為這會使分店的營運增加負荷，會使準備飲品的工作帶來更大的困難，因為客人越來越多，咖啡師根本忙不過來。為此，星巴克特別舉辦了一次公共論壇。他說：「不錯，我已經聽說有許多人不贊同增加幾種調味料，現在，我們好好進行討論一番吧！」其實，在私下談話中，他已清楚有哪些人不同意這個提議，所以他緊接著就說：「嗯，吉姆，你不喜歡這個提議，請告訴我，你為什麼認為我們不該這樣做。」在認真聽完吉姆的話後，霍華德告訴他已明白他的意思。然後，他又向另一人說：「瑪麗，你也不喜歡這個提議，告訴我，是為什麼？」

隨著時間的流逝，會逐漸意識到：努力傾聽，允許員工在公開場合表達自己的觀點而不需擔心打擊報復或是遭人輕視，這些都能有效的幫企業解決發展中的問題。最後，推出新調味料的計畫雖未贏得員工們百分之百的支持，但在大家間形成一個共識：先在一些新開張的分店試試新的調味料，看看顧客的反應如何。這種方式，創造了一種能讓員工參與、暢所欲言，同時仍然可以保留管理階層的意見，因而計畫中的方案可以繼續推行，而大家也都知道了這個方案是怎麼回事。

所以公開論壇成為星巴克的一種生活方式，它使新的創意不斷出現，而員工們不好的感覺也得到宣洩。所以，只要出現狀況，都會開會，進行坦率的討論，沒有絲毫的顧慮。這種強調傾聽和公開的企業文化，已成為星巴克成長發展的重要力量來源。[5]

### （五）摩托羅拉公司的門戶開放

在摩托羅拉的每一位高級管理人員都被要求與基層的技術員形成介於同事和兄妹之間的關係——在人格上保持平等地位。因為「對人保持不變的尊重」是公司的個性，而最能體現這點的就是門戶開放(Open Door)，所有管理者辦公室的門都是絕對敞開的，任何員工在任何時候都可以直接推門進去，與任何級別的上司平等交流。每個季度第一個月的1～21日，中層幹部都要和自己的部屬及自己的主管進行一次關於職業發展的對話，回答：「你在過去三個月裡受到尊重了嗎？」之類的六個問題。此外摩托羅拉的管理階層還為每一個下級被管理者準備了十一種門戶開放式表達意見和發洩抱怨的途徑。

1. I Recommend（我建議）：以書面形式提出對公司各方面的意見和建議，全面參與公司管理。

2. Speak Out（暢所欲言）：是一種保密的雙向溝通管道。如果員工對真實的問題進行評論或投訴，應訴人必須在三天之內對以匿名形式提出的投訴信給予答覆，整理完畢後由第三者按投訴人要求的方式反饋給本人，全過程必須在九天內完成。

3. G. M. Dialogue（總經理座談會）：每週四召開的座談會，大部分問題可以答覆，七日內對有關問題的處理結果予以反饋。

4. Newspaper and Magazines（報紙與雜誌）：摩托羅拉替公司內部的報紙起名「大家庭」，內部有線電視臺叫「大家庭電視臺」。

5. DBS（每日簡報）：方便快捷的了解公司和部門的重要事件和通知。

6. Townhall Meeting（員工大會）：由經理直接傳達公司的重要信息，有問必答。

7. Education Day（教育者）：每年重溫公司文化、歷史、理念和有關規定。

8. Notice Board（公告欄）。

9. Hot Line（熱線電話）：當員工遇到任何問題時都可以向這個電話反映，晝夜均有人值守。

10. ESC（職工委員會）：職工委員會是員工與管理階層直接溝通的另一管道，委員會主席由員工關係部門經理兼任。

11. Mail Box（信箱）：當員工的意見嘗試以上管道，仍然無法得到充分、及時和公正的解決時，可以直接寫信給此信箱，由人力資源部門最高主管親自掌握。

　　摩托羅拉公司這種上級與下級間全方位的溝通對話、信息交流及信息反饋，不但消除所有的抱怨，並且形成集體共識。[6]

## 二、管理階層的溝通態度

　　管理階層與員工溝通的目的，是要使員工受到感染和激勵以形成共同目標並產生所期望的結果的行動。而溝通本身則是一種過程，通過這個過程，信息和理解可以在一方和另一方之間傳遞，管理階層和員工間的溝通亦屬如此。但為達到開放式管理或開放式溝通的目的，管理階層在與部屬溝通的過程中，必須遵循以下幾項基本原則，因為溝通不只是上級講下級聽這樣簡單的事情而已。

### （一）與部屬平等相處，即能尊重自己的部屬

　　管理階層是權力的擁有者，在有些場合，出於職責或工作需要，確實可以強調自己的職級，以利於充分發揮權力的職能作用。但是，作為上司絕不能因自己擁有一定的權力就處處高人一等，擺著臉孔出現，給人以面目可憎的感覺。所以上司必須使用平民化的言行，對人隨和、親切。而不要自抬身價，自樹藩籬，否則就沒有管道能讓自己了解在員工、部門、公司所發生和面臨的任何問題。

## （二）傾聽的素養

許多管理階層，特別是缺乏素養的管理者認為管理是由上而下的信息傳達，員工只能被動的服從、接受，因而造成員工內心的抗拒、反抗、敵視或消極的怠惰。而具有民主素養的管理者則都已認識到重要的信息傳達是由下而上的，因為基層員工或實際執行者是最了解及發掘問題者。但是管理者不只是要聽，更要積極、誠摯的去傾聽、去聽清、聽懂進而理解對方的意思，才能為良好的溝通打下基礎。因此傾聽的有效性取決於掌握和詮釋話語信息真實含義的技巧，唯有這樣，管理者的反應才是正確的。

傾聽需要集中注意力。有些人把注意力集中在構想自己接下來要說什麼，而不是集中在部屬對他們說什麼，這樣無法建立彼此的互信，因為當你談話時我專心傾聽，你會喜歡我；當我講話時你專心傾聽，我會喜歡你。因此一位好的主管會把注意力全部都集中在談話主題的信息上，而不會在與採購部門談話時考慮一個與其業務不相干的問題。應機智靈活並全神貫注的傾聽，迅速理解後進行理性的歸納和衡量，預測還會說些什麼。

## （三）認知溝通是雙向的

溝通的過程必須有信息的發送者、接收者及反饋過程才能完成。因而溝通絕不是一個人講一個人聽，所以主管要講，更要聽對方講，大家真誠的說出自己心中的看法，才能真正發現問題及存在問題的原因，或者是認知上的差距及溝通不良造成的誤解，也才能為解決問題或形成共識奠定基礎，所以主管自己絕不能不停的講話或打斷部屬的講話。

## （四）真正的了解部屬，而不是把自己的觀點強加給部屬

每個人因本身定位、經歷、環境的不同，對事情的看法不可能完全一致，因此應換位思考，多從部屬的角度出發考慮問題，多了解下屬的

看法和建議，從其講話或行為的動機、出發點去考量，才能真正理解部屬，得出的結論才能更切實際，溝通才會進行的順利有效。

## （五）有寬宏氣度及幽默感

對於員工的建議，雖不滿意，但不宜進行批評或否定，而應善加誘導。日本松下電器的創辦人松下幸之助，有一次對公司的一位經理說：「我每天要做許多決定，並且要批准他人的很多決定。實際上只有40%的決策是我真正認同的，餘下的60%是我有所保留的或者是我覺得還過得去的。」經理聽後覺得很訝異，松下不同意的事，為何不一口否決就行了。松下繼續說：「你不可以對任何事都說『不』，對於那些你認為過得去的計畫，你可以在實行過程中指導他們，使他們重新回到你所預期的軌道。我想一個領導人有時應該接受他不喜歡的事，因為任何人都不喜歡被否定。」

軍隊中的上下級關係是最分明的，有一次，一位上校到連隊觀察，在與士兵談天時，一名士兵見他長得又矮又胖，便冒失的說：「上校，你又胖又矮，我們這些戰士誰都能同你比個高低。」這原本是一句玩笑話，雖然帶有挖苦的意味，但又是士兵願意接近上司的表示。如果上校惱羞成怒，定會將官兵關係弄僵，也顯得有失上司的風度；但不作任何表示，也未免過於隨和。於是上校笑嘻嘻的說：「比高低我不怕，但必須是躺著比。」這是很幽默的回答，一下子融洽了官兵之間的關係，這位上校也因此在士兵心中留下可親可敬的形象。

## （六）表現誠意

曾任美國通用電氣公司(GE)總裁的韋蘭奇認為與員工溝通是進行思想交流、增加信任、推動組織發展的最佳形式和途徑，而在通用上下，包括他的司機、祕書及員工都親切的叫他杰克，且他最擅長的就是提起筆來寫便條，以便條與員工溝通的方式具有很大的影響力，這些便條在組織趨向於無紙化的電子網路時代給人一種親切感和自然感。

松下幸之助與員工的溝通方式之一，也是愛給員工寫信，述說所見所感。如有一封信的內容是松下在美國出差的時候，按照他的習慣，不論是到哪個國家都要盡量在日本餐館用餐，因為，他一看到穿和服的服務員、聽到日本音樂，就覺得是一大享受，因此也毫不例外的到日本餐館用餐，但當他端起飯碗吃第一口的時候，大吃一驚，出了一身冷汗。因為，他居然吃到了在日本國內都沒有吃到過的好米飯。松下想日本是吃米的、產米的國家，美國是吃麵包的國家，現在居然美國產的米比日本的還要好！此時，他立刻想到電視機，也許美國電視機現在已超越我們，而我們還不知道，這是多麼可怕的事情？松下在信末告誡全體員工：「員工們，我們可要警惕啊！」

以上是松下幸之助每月寫給員工一封信中的一封內容，這種信通常是隨薪資袋一起發放到員工手裡。員工們也都習慣在拿到薪資袋後，不是先數錢，而是先看松下說了些什麼。甚至員工還把每月的這封信拿回家，唸給家人聽，在生動感人之處，員工的家人都不禁落下淚來。松下幾十年如一日的每月給員工寫封信，而且專寫這個月自己周圍的事和自己的感想，這也是《松下全集》的內容。松下幸之助就是用這種方式與員工溝通，而員工說：「我們一年也許只和松下見一次面，但總覺得，他就在我們中間。」

## （七）注意身體語言中的手勢

在身體語言中，最不引人注意卻又最具威力的指示信息之一就是手勢。上級在向部屬傳達指示的時候，常會輔以手勢，而不同的手勢會表達不同的效果。手勢有三種情況：一是掌心向上，這種手勢不帶任何強制性、威脅性，但對民主意識較強的人來說，具有極大的感召力；二是掌心向下，這是一種強制性的指示信號，會使人產生抵觸情緒，但是部屬一般也能接受，因為上級的身分、職位賦與他這種手勢的使用權；三是握緊手掌並伸出食指，這是一種威脅性的手勢，不僅帶有強制性，還

具有威脅性,如交通警察向駕駛人這樣一揮手,駕駛就會聽話的將車開到路邊,因不理會後果會更嚴重。因而作為管理層要想自己的指示被員工心悅誠服的接受,就應多使用第一種手勢,而避免使用第三種手勢。

## 貳、與上級和同事的溝通

### 一、與上級的溝通

與上級的溝通要講究方法和技巧,以保持良好的上下級關係,避免因溝通不良產生誤會,引起工作上的困擾。此外要避免人云亦云,要學會發出自己的聲音,因為經常別人說什麼自己也說什麼,那麼在辦公室裡就很容易被忽視,所以要有自己的頭腦,不管在公司的職位如何,基於公司利益的考量,應該真誠的說出自己的看法。與上司的溝通要注意溝通的因素與態度。

### (一)有效溝通的六個因素

#### 1. 適當的時機

建議或與上級溝通可選擇上午十點左右,此時上級可能剛作完上午的工作,此時提出問題或建議,比較容易引起關注。另外,不論任何時間,當上級心情不好的時候,最好不要打擾。

#### 2. 適合的地點

上級的辦公室是最好的討論地點。如果上級到你的座位有事討論,或剛好在走道或電梯間相遇,上級對你的工作表示感興趣時,也可當場進行溝通。

#### 3. 靈活運用事實根據

建議或提案,一定要有足夠的說服力,多用事實或數據。

### 4. 預測質疑、準備答案

如果事先毫無準備，則成功機會較低，同時還給上級不好印象。所以應事先對上級可能提出的疑慮，進行思考和準備。

### 5. 突出重點，簡明扼要

了解上級最關心的問題，再想清楚自己最想解決的問題，在與上級交談時，要先說清楚重點，簡明扼要，因為上級的時間難以把握。

至於在完成上級交付任務後，向上級進行必要的工作小結，更是不可少的業務程序，工作匯報可採取書面或口頭的，但要掌握以下技巧：(1)理清思路。對工作過程進行反思，對於先後順序，詳略內容都要理出一個比較清晰的思路；特別在匯報重大問題前，要在腦海中把問題以提綱條列方式，記在心中，必要時也可寫在紙上，作為匯報時的備忘錄。(2)突出重點。上級聽取匯報或看匯報材料，所關心的根本問題，是對工作中的重點問題處理結果如何。所以下屬在匯報時，交談的重點事項、關鍵問題只談一件，最多不超過三件。這不但能使上級理清思路，迅速決斷，也可表現出自己的能力和效率。(3)刪繁就簡。把不必要的語詞予以刪除，避免予人思路混亂之感，至於在以口頭形式的匯報時，必須掌握住上級問什麼答什麼的原則，不做無謂的延伸或借題發揮。上級只問結果，就不需敘述經過。因為對上級不感興趣的事，多加描述，徒增反感。(4)恭請上級指教。上級聽完匯報，有些評斷會直接說出，但也可能放在心中不講，所以要採取真誠的態度徵求上級的意見。

### 6. 尊重上級的決定

無論自己的建議如何完美，都應給上級思考的時間，即使最後被上級否定而不接納，也應該感謝上級聽取自己的意見或建議。

事實上，有心的上級都希望部屬來詢問，這表示部屬眼裡有上級，看重上級的決定，另一方面也表示部屬在工作上有不明之處，而上級能夠回答，才能減少錯誤，上級也才能放心。

## （二）有效溝通的態度

### 1. 尊重而不吹捧

在組織裡，下級尊重上級的職位與權位是基本組織原則，但不能上級做錯了，還假裝歡笑、卑躬屈膝，違背原則說些假話，或者是討好上級，隨便的奉承。

### 2. 請示而不依賴

作為下屬，在自己的職權範圍內應主動積極、勇於創新，而不可事事請示，給予上級沒有主見、能力一般的印象，而需要作重大決定的時候則要請示上級，但因一般上級所指示的工作方針、要求一般都比較籠統，因此必須在領會這些方針、計畫的基礎上，結合實際情況，創造性的開展工作。

### 3. 主動而不越位

在與上級的相處中，特別在工作中要認清自己的職位，否則即使為上級出了力，也會遭到反感甚至排擠。所以應該站在自己職位的立場，積極主動，勇於提出自己的意見供主管參考，而不唯唯諾諾，但上級永遠是決策者和命令的下達者，無論自己有多大的把握相信自己的判斷力，無論代替上級決定的事情有多細微，都不能忽略「上司同意」這個關鍵步驟。因而在上司面前決不能說：「我決定如何如何」，如果想要得出某種決定，一定要採用引導的方式，讓上級自己說出來。

至於要防止越權發生的情況有幾種：(1)表態的越位：表態要同身分密切相關，對帶有實質問題的表態，應該有上級的授權或徵詢，而不應上級既沒有表態也沒有授權，卻搶先表態，使上級陷於被動而喧賓奪主。(2)決策的越位：許多企業，員工可參與決策的過程，提出意見，但最後該做什麼樣的決策，還是有限制的，如果是該由上級做的決策，由部屬代勞了，無視上級的存在，必招上級的敵視。(3)工作越位：工作按

照職責加以劃分，對於上級適合做的工作，不要搶著做。(4)場合的越位：在一些公開場合，應當適時的突出上級，不能界線不分。

## 4. 自信而不自負

與人交談時，一個人的語言和身體語言所傳達的訊息各占約50%，故作為部屬如果對自己的計畫和建議充滿信心，則在面對上級的時候，就會表現自然、大方、自信，而感染上級。而與上級溝通的時候，絕不能爭占上風，為標榜自己而刻意貶低別人，所以要先把自己放在旁邊，當表達不滿的時候，要記取一條基本原則，即所說的話對「事」不對「人」。

## 5. 面對上級的批評

作為部屬，在很多情況下，會受到來自上級的批評，如自己處理事情時造成錯誤、受到汙蔑、上級不了解情況或心情不好、看不慣你，都可能嚐到上級的批評。此時，不論何種原因受到批評，都應遵循以下的原則：(1)認真傾聽、讓上級把話說完，同時注意自己的動作表情，不要讓上級感覺到你不想繼續聽下去，如果批評不當，可以進行必要的解釋，但對於枝微末節或無法弄清楚的問題，最好保持沉默。(2)接納批評的誠意，不論上級的批評是否合理，在口頭至少應表示肯定。如果上級的批評係出於誠意，你的態度會使他感到欣慰和滿足，他的態度會趨向緩和；如果上級是另有目的，則你的禮貌和涵養，會使他因心虛感到不自然，由此也可觀察到上級是善意還是惡意的，但絕不能指出或暗示上級的批評是出於不良動機，而使隔閡、誤解加深。(3)退後一步，讓上級說的更清楚，即盡量誘導上級說出批評你的理由，以了解上級的真正動機和事情真相，俾找到有效解決問題的方法。(4)不要頂撞上級，是對上級的尊重，即使上級的批評是錯誤的，也應給予他一種虛心、沒脾氣、值得信賴的印象，而不能動不動就牢騷滿腹。

## 6. 拒絕上級的理由

當上級意見不正確，需要拒絕的時候，一定要提出充足的理由。(1)態度要明確。雖然最終目的是要拒絕上級的不當指示，但不能直接說出「行」或「不行」，要持有一種保留的態度以免引起上級的不快，如說：「這個問題很重要，請讓我有多些時間思考，再向您說明或報告。」這種模糊的態度，是爭取緩衝時間，以便進一步思考或溝通。(2)善於辯解和找理由。讓上級了解不是推諉責任，而是以推動工作為前提，故主動說明原因，提供訊息，說明不能夠做的理由。講話時要口齒清楚、態度明朗，因如語調低沉、態度畏縮，會被以為在找藉口。(3)拒絕的最終結果還是要尊重上級的決定。如果上級的計畫是絕對行不通的，仍然要服從其最終的決定，因為最終要負責的是上級，而自己仍然極力反對是行不通的。如果計畫的執行，極大的機率會失敗，並造成重大損失，則在提出自己見解的時候，應讓上級感覺你是為了公司利益而著想，然後去執行，但對上級的計畫或決策設法作一些修正或變更，以減輕其損失，這雖可能引起上級的誤會，但在公司整體利益考量下或事實出現在眼前時，仍然會獲得其好感。[7]

## 二、與同事的溝通

同事間要建立良好融洽的人際關係，必須學會溝通，進行恰當的對話。

## （一）不忘問好

早上同事碰面的一聲：「早上好！」代表對別人一天的祝福；下班的時候說聲：「再見」，表示了友善的態度，許多的不愉快很可能就此煙消雲散。日本佳能公司的社長酒卷九，剛上任的時候，就發現許多員工怎麼連問好都不會，他說完「你好」後，連回應都沒有。但在組織中對話是不可少的，為了讓每個人都意識到這個問題，他逢人就問：「你為什麼不向公司裡的人問好？」大多數的人都回答不出來。不過在酒卷

九堅持不懈的追問下，也開始有人接受，並作出反應。其中有位管理幹部每天早上7點15分，就站在工廠的一處玄關處，向每個來上班的員工低頭問候，開始大家都很驚訝的走過，在沒有打招呼的地方聽到有人問好，很多人一下都反應不過來，大多數人都是條件反射式的還禮，或是很小聲的回應。這位幹部一天又一天的堅持問「早上好」，慢慢的，開始有員工先主動的向他招呼說：「您早」。一個月後大家就都能很自然的向別人問好了。雖然只是一個不足道的行為而已，但由此帶來的交流改善卻是事實，互相問候會讓談話的機會增加，人和人的壁壘、部門與部門間的壁壘崩潰，對工作有益的信息開始流動起來。

所以相互的問候，不但可以去除隔閡，融洽人際關係，更可以帶動工作的熱情。

## （二）重視團隊精神

一滴水只有溶入大海，才永遠不會乾枯，同樣的一個員工只有把自己溶入整個組織中，才能充分發揮自己的才能。特別是現代社會一切以分工為原則，如果在職場中，只工作不知道合作，也不與同事有密切的交流，這樣的人要單打獨鬥的把自己的事業推向頂峰是不可能的，或許在費了許多力氣才在工作上有所突破的時候，別人早已攻頂。一個蘋果加一個蘋果等於二個蘋果，但一個人的能力加另一個人的能力，它的結果一定大於二。因此對企業來說，一個人的成功不是真正的成功，團隊的成功才是真正的成功。

在團隊裡，要積極樂觀、平等友善、信守承諾、增加接觸、接受批評、對人寬容以建立互助的平臺，而絕不能在言談上：1.認為自己擁有比周圍多數同事高的學歷或專業知識，取得過一定的成績，並經常以此沾沾自喜，認為高人一等。2.喜歡獨來獨往，沒什麼朋友，話也不多，但講話時總帶著驕傲。3.提出自己的見解和看法後，絕不容許別人修改，如果自己的意見被採用，則更形驕傲，如不被採用，則充滿不平之氣，認為

其他人的意見和計畫都是平庸或錯誤的，不屑一顧。4.很少與人交流，對別人的善意、惡意一概不接受。

## （三）讚美同事

肯定同事，即使與工作無關，也能製造與建立良好友誼的契機。所以要仔細的觀察同事的得意面，如穿衣品味、愛好興趣、工作態度、辦事效率甚至其健康狀態，哪怕是一句不經意的話，也能表明對對方的關心，所以在發現別人長處時，就要大膽的告訴對方。讚美要誠懇大方，要真誠不虛偽，因為一次的虛偽就將難以挽回信譽，因此要掌握讚美的原則：1.誠心誠意，因為有值得讚美的地方而讚美，表示對對方的欽佩和羨慕。2.恰如其分，如別人取得某種成就，讚美其「真不容易」，對方會高興你是肯定他做出別人做不出的成績，但如果說：「這是一件劃時代的成就」，對方就會認為你不夠誠意或別有用心。3.避免碰觸一些禁忌，這種讚美會使雙方都陷入尷尬，或使被讚美者感到言不符實，致使同事間發生誤解。4.背後讚美，當面讚美雖然需要，但背後讚美更屬必要，因為不為人知的讚美，往往出於真心而不含條件，在傳到被讚美者的時候，其效果遠大於當面的讚美。5.小事也讚美，小事情容易為人忽略，但即使是一點點的進步或優點，也是值得讚美的，對方的自信也會因此受到鼓勵。

## （四）避開隱私

在與同事相處的過程中，要維持良好的人際關係，才能心情舒暢，有利於工作的進行與個人的身心健康。反之，則造成情緒的緊張、心中的鬱悶。導致與同事關係的不融洽，除了重大問題上的矛盾和直接的利害衝突外，平時不注意自己的言行細節也是原因之一，因為在辦公室的聊天文化中，總是會論及別人的隱私，往往一句話像潑出的水一樣，無法收回，甚至經過有心人的穿鑿附會、捕風捉影，對別人的身心造成重大的傷害，以致朋友變仇人。

因而要避免在辦公室內或與同事間談論別人的隱私，其方式：1.不可在談話中有意無意的打聽別人的隱私。2.有人向你說別人隱私的時候，就像保守自己的祕密一樣，不可作傳聲筒，並且不要相信這片面之詞，更不需記在腦中。3.在聽到同事正談論別人隱私的時候，離開現場或專注自己的工作。4.不可知道別人的隱私就大肆宣揚。

同樣的也不要與同事談論自己的隱私，所謂逢人只說三分話，這不是狡猾、不誠實，因為對方是否為可盡言的人，必須慎重考量，避免自己的隱私，變成他與別人的話題。

## （五）不過分的炫耀自己

許多人總是喜歡在別人面前炫耀自己的得意之事，認為這樣就會讓別人看重自己、欽佩自己，但事實上：1.同事並不願意聽你的得意之事，因為你的得意襯托出別人的無能，甚至認為你的炫耀就是在嘲笑他，而產生被比下去的感覺，特別是對失意的人來說，更覺惱火。2.炫耀自己的成就和好運，甚或目空一切，擺出大人物的架勢，令人作嘔。3.人的潛意識深處都是爭強好勝的，因此同事們也有很多事情要吹噓，因為把自己的成就說出來，總是比聽別人的吹噓更令自己興奮，所以要養成習慣做一位傾聽者，分享別人的得意之事。

其次，要避免自己一個人喋喋不休，說個沒完沒了，對這種人，大家都會認為是痛苦的來源，避而遠之。要切記溝通、交流是雙向的。

## （六）尊重同事

每一個生命個體都充滿神聖的尊嚴，每一個生命都是宇宙間獨一無二的個體，都值得被尊重。但想要被他人尊重，要先尊重他人的道理，人人知道，卻不見得每個人都會去做。有位嬌生公司的業務員有個客戶是藥品雜貨店，每次他到這家藥店的時候，總要跟櫃臺人員寒暄幾句，然後才去見店主。有一天，他到這家藥店去時，店主突然告訴他以後不

用來了，他的店不想再賣嬌生公司的產品，這位業務員只好離開。離開後開著車子繞了一段時間後，最後決定回到店裡，把情況弄清楚。走進店裡，他照常和櫃臺人員打招呼，然後去見店主，結果卻發現店主見到他很高興，並歡迎他回來，並且比平常多訂了一倍的貨。業務員覺得很驚訝，不知道發生了什麼事，這時，店主指著櫃臺人員中負責賣飲料的男孩說：「在你離開後，賣飲料的男孩走過來告訴我，說你是到店裡來的業務員中，唯一會和他打招呼的人。他告訴我，如果有什麼人值得做生意的話，就應該是你，我同意這個看法，所以我決定繼續購買你的商品並且數量要比以前多一倍。」業務員聽後說：「我永遠不會忘記，關心、重視每一個人是我們必須具備的服務品質。」

如這個例子所顯示的，在職場能尊重每一位同事，就能贏得更多的友誼，帶來更多成功的機會。

為表達對別人的尊重，就要真誠的關心同事，不隨意的批評同事，更重要的是對方講話時不要隨便插嘴，因為有些人總是在別人談論某事的時候，突然插進來，讓人不得不息鼓而退，他不會管別人在說什麼，而將話題轉移到自己感興趣的方面，或有時把別人的結論代為說出，以此得意洋洋，這些都會讓人生厭，也是不尊重別人的表現。

## 參、職場中溝通的注意事項

### 一、微　笑

當我們看到一張笑臉的時候，我們的大腦神經就會受到指示，然後指揮面部肌肉展示微笑，因而會以微笑回饋對方，但在這回報式的微笑背後，有著更深一層的意義，即我們以微笑告訴對方，我們體會到了幸福，而這是一個良性溝通快樂的過程。所以在職場中，懂得微笑價值的人，在人際交往中能獲得極大的效果，因為所有的人都希望用微笑去迎

接他，而不是橫眉豎目和冷漠。微笑是最能表示友好的無聲語言，使人感到溫暖、親切和愉快，能為溝通帶來融洽平和的氣氛。

微笑對於消弭同事間的隔閡、對立的關係，可由以下來自戰時兩個對立士兵的故事得到啟發。安東尼有一段不尋常的經歷，他是優秀的飛行員，曾在參加西班牙內戰時對抗法西斯，不幸被俘入獄。在獄中，安東尼翻遍口袋找到一根香菸，但卻沒有火柴。而看守看起來卻像是兇神惡煞。最後，安東尼鼓起勇氣向他借火。看守打量了他一會，沒有表情的把火柴遞向他。安東尼事後回憶說：「當他幫我點火時，眼光無意中與我的眼神接觸了，這時候我下意識的朝著他微笑。我不知道自己為何會有這種反應，但在這一剎那，這抹微笑打破了我們心靈之間的隔閡。受到我的感染，他的嘴角也不自覺的露出微笑，我知道他原無此意。他點完後並沒有立刻離開，兩眼盯著我看，臉上仍然帶著微笑。我也持續以微笑回應，彷彿他是一個朋友。他看我的眼神也少了當初的兇氣。『你有小孩嗎？』他開口問道。『有，你看。』我拿出皮夾，手忙腳亂的翻出了全家福照片。他也掏出照片，並且開始講述他對家人的期望與計畫。此時我的眼中充滿淚水，我說我害怕再也見不到家人，我怕沒有機會看到孩子長大……。他聽了以後流下兩行眼淚。突然，他打開牢門，悄悄帶我從後面的小路逃離監獄。他示意我盡快離去，之後便轉身走了，不曾留下一句話。」由此可見，在恰當的時候、恰當的場合，一個簡單的微笑可以創造奇蹟，一個簡單的微笑可以使陷入僵局的事情豁然開朗，使人與人間心心相通，相互產生好感，並且影響著自己和別人的情緒。

在面對顧客的時候，特別是找碴的顧客，微笑一樣能使問題得到圓滿的解決。如以下的故事：

顧客高聲的喊著：「服務生，你過來！」然後用手指指著桌面前的杯子，滿臉怒氣的說：「看看！你們的牛奶是壞的，把我的一杯紅茶都糟蹋了！」

「真對不起！」女服務員賠不是的微笑說：「我立刻給您換一杯。」新紅茶很快就準備好了，跟前一杯一模一樣，旁邊放著新鮮的檸檬和牛奶，女服務員輕輕放在顧客面前，又輕聲的說：「我是不是能建議您，如果放檸檬就不要加牛奶，因為有時候檸檬會造成牛奶結塊。」她的嘴角自始至終都掛著微笑。顧客的臉一下紅了，匆匆喝完茶離開。

有人笑問女服務員：「明明是他土，你為什麼不直說？」她回答說：「正因為他粗魯，所以要用微笑對待；正因為道理一說就明白，所以用不著大聲。理不直的人，常用氣壯來壓人；理直的人，要用氣和來交朋友！」

客人們聽後，對餐廳增加了好感，常來消費，每次見到這位女服務員，都想起她「理直氣和」的說詞，也親自看到這句話多麼正確，因為後來就常看到那位曾經粗魯的客人，和顏悅色、輕聲細語的與女服務員寒暄。

由這個例子可以發現微笑的魅力，當向別人表示善意和友好時，彼此就容易建立信任，而且也容易達到目標，得到想要的。

但是微笑不只限於面對面的溝通，甚至在打電話的時候，雖然對方看不到你，但是你的聲音卻可以把你的形象傳遞過去。譬如，對方打電話來的時候，聲音充滿著「愉悅和喜氣」，幾乎是用興奮的心情說話，這時雖然看不到對方的臉，但似乎可以感受到對方是態度友好、嘴角上揚、面帶微笑的對我們講電話。相反的，對方的口氣冷淡、心不在焉的講話，我們也能很容易的分辨，聽了也會覺得很不愉快。

美國聯合航空公司宣稱，他們的天空是一個友善的天空、微笑的天空。但他們的微笑不僅是在天空，而是從地面便開始了。有一位叫珍妮的小姐去參加公司的招聘，她並沒有特別的關係，但最後被錄取了，原因是她臉上總是帶著微笑。面試的時候，珍妮有點驚訝，因為面試官講話時，總是故意把身體轉過去背著她，但這並不是面試官不懂禮貌，而

是在體會珍妮的微笑，因為珍妮應聘的職位是透過電話工作的，處理有關預訂、取消、更換或確定飛機航行班次的事情。而在告知珍妮被錄用時，主試者笑著對她說：「小姐，你被錄取了，你最大的資本是你臉上的微笑，你要在將來的工作中充分運用它，讓每一位顧客都能從電話中體會出你的微笑。」雖然沒有多少人會看見她的微笑，但他們透過電話可以知道珍妮的微笑伴隨著他們。

因而在職場中不論對上級、同事、部屬、客戶均應隨時保持微笑，同時也讓自己有一個愉快的心情上班。

微笑雖然簡單，卻必須恰到好處，因為經常出現的問題是笑過頭，嘴張得太大，給人傻笑或誇張的感覺，其次就是皮笑肉不笑，看了讓人反感。所以在交談中能夠以完全平等的態度對待對方，尊重對方的感情、人格和自尊心，這時的微笑就是真誠的，具有強大的凝聚力和感染力。否則，微笑就是虛假的，所得到的就是反感和離心力。

## 二、眼　神

眼睛是心靈的窗戶，它可以透露出人的內心世界，人的一切情緒、態度和感情的變化，都可以從眼睛裡顯示出來，另外，人對自己的語言可以做到隨意控制，可以為了適應特定的情境而口是心非，但對自己的眼神卻很難隨意控制。

伊蓮娜是公司的人事經理，受邀參加一家世界知名公司的人際關係培訓班結業典禮。她計畫在了解講師的素質後再決定自己是否也要參加培訓。在現場，看著那些結業的學員用被強化訓練出來的積極熱情的語言，興奮的報告各自的體會，而那位主講老師坐在一旁，臉上始終帶著一個定格的笑容，但是伊蓮娜總覺得有些什麼使她困惑，她無法捉摸那笑容的背後，到底是真誠還是客套，無法相信那張臉的誠意，更無法被那個標準的肌肉造型的笑容感染。典禮結束後，伊蓮娜走向那位講師做

自我介紹，在他們握手的那一瞬間，伊蓮娜與講師的眼神直視，伊蓮娜這才明白，原來困惑她的就是講師的那雙眼睛。她形容那雙眼睛：「看起來很陰沉、高深莫測、虛實不定。那雙眼睛對我並沒有興趣，它只是漠然的在我身上掃了一遍，這雙眼睛與他的微笑是那樣不和諧，在這雙眼睛裡沒有一絲笑意和溫暖。我的困惑終於解除了，原來他的笑是強化培訓出來的職業笑容，但其實他的內心並沒有笑，這些全部透過眼睛表現出來。眼睛是心靈的窗口，一個只有臉上微笑，心靈卻沒有微笑的人會是一位優秀的人際關係講師嗎？他陰鬱的眼神似乎在向我告白：『我的主人是個非常虛偽的人，他的內心沒有善良的陽光。』」因此伊蓮娜後來也沒有參加這家公司的培訓班。

當對方凝視你的時候，並不代表他對你特別關心，因如細微觀察就會發現他目光空洞，對你視而不見；如眼睛顯然木然無神，眼睛幾乎都不眨，似乎在發呆，這表示對方已恍惚而心不在焉。在人極度興奮激動時，他的瞳孔就會擴大到正常大小的四倍，反之，某種憤怒或消極的情緒能使瞳孔縮小。視線的移動、方向、集中程度都會表達不同的心理狀態。有經驗的店主，可以根據對方眼神顯示出對貨物是否有興趣的跡象，決定開價的高低；警察可在百貨公司人潮裡，準確的抓出扒手，所憑的也是對眼睛的觀察，因一般顧客的眼睛通常只注意商品，但扒手的眼睛卻總在顧客的身上巡視；從眼神可了解對方是友善還是敵視、是鎮靜還是慌亂、是全神貫注還是三心二意。甚至眼神對溝通過程還可以產生組織、控制、啟發、鼓勵等作用。如想要中斷談話時，可以有意的把眼光稍微轉向他處；當對方緘默不語的時候，不要再注視著對方，以免加劇尷尬局面；談得很投入時，不要東張西望，使對方誤以為你已厭煩。正視對方，表明對對方的尊重；斜視對方，表示對對方的輕視；看的次數多，表明對對方的好感和重視；看的次數很少或不屑一顧，表明對對方的反感和輕視；眼睛眨動的次數多，表示喜悅和歡樂，也可以表示疑問或生氣；眼睛眨動的次數少甚至凝視不動，表示驚奇、恐懼和憂

傷；如果不敢直視對方，也可能是因為害羞，可能有什麼事不願讓對方知道；如果懷有敵意的雙方互相緊盯著，其中一方突然把眼光移向別處，則意味著退縮和膽怯。如果談判時對方不停的轉動眼球，就要提防在打什麼主意；如果是頻繁而急促的眨眼，也許是表示羞愧、內疚，但也可能在撒謊。

因此，人們很多信息與情感的交流都是經由眼神傳達的，故在職場中應該善加利用眼睛。

1. 目光直接接觸表示對對方的注意，使溝通成為完全連續的過程。語言的溝通，在一定的時間，只能有一個人說，另一個人必須聽，如果聽的一方不能給予有效的反饋，那說話的人就變成無聊的自言自語，人際溝通就會出現困難。聽的一方提供反饋的最有效途徑，除了微笑、點頭外，就是與說者保持一定的目光接觸，顯示自己正在傾聽對方的說話，使原本說聽、聽說的間斷溝通過程成為完全的連續過程，信息的發送與接受在溝通的任何一方都同時發生，使得雙方都主動介入人際溝通過程。

2. 目光接觸可以實現各種情感交流，這種情感交流是多面向的。如用目光接觸交流好感、接納；用眼神交流愉快、高興、激動、幸福的感受；用眼神傳送失落、挫折、悲傷、絕望，也可以用眼神顯示程度不同的驚奇、拒絕、厭惡、恐懼。

3. 目光接觸直接調整和控制溝通者間的相互作用程度，而目光接觸的次數和每次接觸所維持的時間，是溝通信息量的最重要指標。人都需要在關聯程度不同的人之間保持適度的相互作用，相互作用的過多或過少，或溝通信息量的過多或過少，都會引起不良後果，而調整和控制溝通相互作用程度的最有效途徑，就是改變目光接觸的次數和每一次目光接觸的保持時間。如果目光接觸的次數越多，每一次保持的時間越長，即表示溝通者彼此的接納程度越高，關係越密切。但如試圖

捕捉別人的目光，並試圖長時間凝視，則意味著對別人的侵犯。在美國加州，一位名叫拉爾的警察被七名女同事向法院投訴，說拉爾的眼睛不停的盯著她們，使她們感到不舒服。拉爾則辯護說：他從未調戲或觸摸過女同事。但加州上訴法院判定，拉爾惱人的凝視習慣是淫褻的，拉爾應被革職。

4. 目光接觸可以傳送肯定或否定、提醒、監督等信息。目前在顯示肯定或否定意義的同時，常還伴隨著點頭或搖頭。因如只是單純的頭部運動是很難表示明確意義的，單純的點頭或搖頭，對方會以為你是在作頭部運動，而只有在目光接觸的支持下，點頭或搖頭動作才表示你對一件事情的肯定或否定。[8]

## 三、手　勢

　　在人際交往中，會用手勢傳達不同的信息，如友好、自信、專橫等，如擺手表示制止或否定，手外推表示拒絕，雙手外攤表示無可奈何，雙臂外展表示阻擋，搔頭皮或脖子表示困惑，搓手或拽衣領表示緊張，拍腦部表示自責，聳肩表示不以為然或無可奈何。

　　按作用不同，手勢可分為以下四種：

### （一）情緒性手勢

　　用以表達思想情感。如高興時拍手、悲痛時捶胸、憤怒時揮舞拳頭、悔恨時敲打前額、猶豫時摸鼻子、急躁時雙手相搓。而用手摸後腦表示尷尬、為難或不好意思；雙手叉腰表示挑戰、示威、自豪；雙手攤開表示真誠、坦然或無可奈何；揚起手掌用力往下砍或往外推常表示堅決果斷的態度、決心或強調某一說法。情緒性手勢是內在情感和態度的自然流露，與呈現的情緒相結合，鮮明具體。

### （二）表意性手勢

用手勢表明具體內容，表達特定含義。這些手勢的意義大多已約定俗成。如：招手，表示讓對方過來；搖手，表示不要或禁止；豎起大姆指，其餘四指自然彎曲，表示強大、肯定、讚美、第一等意；伸小指，起餘四指彎曲合攏，表示精細、微小或蔑視對方；食指伸出，其餘四指彎曲併攏，用來指人物、事物、方向，或者表示觀點、肯定；食指、中指分開，其餘三指彎曲，表示勝利的含義；用手拍肩膀，表示擔負工作、責任和使命的意思；用手指自己的胸口，表示談論的是自己或跟自己有關的事物。

### （三）象形性手勢

用手掌來模擬形狀物，例如說東西很大時，用雙手合成一個大圓；說某人個子矮時手掌往下一壓等。象形性手勢能使表達的內容更形象化、更生動。

### （四）象徵性手勢

用手勢表達某一抽象的事物或概念。如五掌併攏、手掌挺直，像斧頭般用力劈下，表示果斷、堅決、排除之意；雙手握拳，用力向上揮動，表示成功、興奮之意；手舉過頭揮動，表示興奮、致意；雙手同時揮動，表示熱情致意。

每個人在說話時或多或少都會伴隨使用手勢，而透過對手勢的認知，除了掌握對方的語意外，更能了解對方的情緒、態度。甚至可以反映出一個人的性格、修養。如在握手時，應由上級、主人先伸出右手，下級、賓客才能伸出右手與其相握，握手力度與時間長短要適中，這是禮貌、熱情、友善和誠懇的表示；握手用力太輕與時間太短，被認為是冷淡、不夠熱情；用力太重、握著不放，顯得粗魯無禮。而用單手或雙手握，意涵又不同。

又如上級講話時，將手掌用力往下一砍，表示他已決斷或在特別強調自己說的某句話。當你講話時，對方以手在桌上叩出單調的節奏或用筆桿敲打桌面，而不中途停止，這表示對方對你的話題已感厭煩，而自己也要避免出現此種舉動。總之手勢運用要得當，要防止手勢動作泛濫，甚至輕佻，更要糾正用手玩弄扣子或用手不斷撫摸茶杯、玩弄筆桿，或老是重複同一動作，或用手指著對方的不良習慣。

## 四、坐　姿

身體的其他姿勢也同樣傳遞出不同的信息，如要注意自己的坐姿，同時也要留意別人的坐姿，因為從別人的坐姿中可以得到很多暗示。如兩腿分開顯示出穩定和自信；兩腿交叉則顯得害羞、膽怯或不熱情、不融洽；而併攏雙腿的姿勢則顯得過於正經、嚴肅和拘謹，如立正般的正襟危坐，雖顯得慎重其事，卻讓人緊張、壓抑，自己也會感到不舒服。

如在與客戶談生意時，當對方坐在椅子前端，腳尖踮起，呈現一種殷切的姿態，這就是願意合作，產生了積極情緒的表示，此時如善加利用，交易即可談成。至於蹺著一雙腿的人則往往缺乏誠意，甚至有些敵意，故如本身有這種習慣，應該改掉。如果在上司面前，則欠身坐而不是靠後坐在椅子上，對別人有禮貌就不能比別人更舒適自在。

## 五、表　情

不同的面部表現出不同的信息，點頭表示同意，搖頭表示否定，昂首表示驕傲，低頭表示沮喪，側首表示不服，咬脣表示堅決，撇嘴表示藐視，嘴角上揚表示愉快，嘴色向下表示敵意，張嘴露齒表示憤怒，神采飛揚表示得意，目瞪口呆表示驚訝等。

某公司要招聘一位市場部門的經理，一張履歷表吸引了總經理的目光，對方是國立大學的碩士，有相關理論著述，且在二家大企業任過職，有一定的資歷。但面試後，竟然沒有被錄用。總經理事後說，那次

面試是他親自主持的，他發現對方有個特點，就是不管什麼時候都緊鎖雙眉，不會微笑，顯示出沉悶的樣子。這種表情的人是典型不善於做溝通工作的，但作為市場部門的負責人，溝通原本就是工作的重要內容，因此最後那位碩士沒有獲得錄用。

## 六、幽　默

幽默不只能消除煩惱、增添快樂、活躍氣氛，還能化解尷尬、衝突，更能說服別人、取得共識。它能表現說話者的風度、修養，並贏得別人的敬重和接納。

幽默的表達，就性質言，有滑稽的、荒謬的、協調的、出人意料之外的，還有戲謔、詼諧、反諷、挖苦等，但在職場中，幽默要考慮場合和對象。

約翰和同事在討論賽馬時，因購買對象不同而意見相持不下，眼看就要爆發口舌之爭，這時約翰假裝懊惱的說：「拜託別再提賽馬這件事了，那是我的一大憾事。」同事問：「你是否輸了很多？」約翰答：「不是，我根本沒有輸，因為我好不容易選中一匹馬時，才發現口袋裡的錢不是該給老婆的，就是該給岳母的，只好眼睜睜的看著那匹想買的馬替別人贏錢了。」一場爭執就此平息。

華倫是一位有幽默感的警官，星期日，在市區的一個路口，有抗議者正發表演講：「如今的政治過於腐敗，我們應把眾議院和參議院統統給燒了！」由於他的煽動演說，行人越聚越多，堵塞了交通，警察趕到時秩序早已無法維持，這時華倫警官急中生智喊著說：「同意燒參議院的站到左邊，同意燒眾議院的站到右邊。」人群頓時分開，道路恢復暢通。

邱吉爾在擔任國會議員時，有位女同僚十分囂張，有一天，居然在議席上指著邱吉爾說：「假如我是你老婆，一定在你咖啡裡下毒。」此

話一出，全場屏息，卻見邱吉爾幽默的笑答：「假如你是我老婆，我一定一飲而盡。」結果，全場人士及那位女議員都哄堂大笑，寓諷於答，立刻化為祥和。

個子矮小的戴萊娜在電器工廠擔任業務經理，和她打交道的工程師、技師和工人們全是男性。因為上級讓她負責控制成本，廠內所有的支出都需她同意，這使得戴萊娜變得不受歡迎，連不苟言笑的總工程師對她也頗有怨言，每次討論預算都鬧得不歡而散，甚至當面罵她無能、傲慢、愚不可及。戴萊娜雖然總是堅持原則、堅不讓步，但總是在這種不愉快的環境中工作也讓她心煩不已。這時，她依稀想起在電視臺默劇回顧展中看到的喜劇片段，決定照著做看看。她找人弄來一張大約18吋高的凳子——圖書館中用來從書架上取書的高腳凳。只要有怒氣沖沖的不速之客闖進她的辦公室，她就會站起來，平靜的推開身後的椅子，繞過辦公桌，爬上那張高腳凳，兩手垂在身旁，伸著頭，鼻子對鼻子但神情毫無威脅之意的看著那個大喊大叫的人，惹得對方哈哈大笑的把本來想興師問罪的文件遞給她，心平氣和的坐下來解決問題。兩個星期後，她終於能夠將高腳凳改放到辦公室的角落裡，以提醒同事，小女人一樣可以發威。

在職場中，一位管理幹部，適當運用幽默，就能表現大度，就能和同事和下屬保持良好的互動關係。不過，幽默雖然使人發笑或會心一笑，但其內容應該高雅，並顧及場合及對方的個人狀況，因平時和熟悉的同事開玩笑可以拉近彼此的距離、增進感情，但不要拿同事的缺點、不足或隱私開玩笑，你以為是幽默、無傷大雅，但卻會讓對方覺得你在冷嘲熱諷，如果對方又是比較敏感的人，會因一句無心之言觸怒對方，不但毀了友誼，並使同事關係變得緊張。其次不能總是在同事面前開玩笑，否則將很難掌握幽默的尺度，而顯得不夠莊重，失去同事的尊重，而在上級面前則顯得不夠成熟、踏實，而難託付重任。

## 📁 注釋

▲註¹ 王雪平譯（Robert Slater原著），《思科風暴》（北京：中信出版社，2003年11月），頁174-177。

▲註² 康毅仁譯（斯蒂芬・狄福原著），《惠普之道》（哈爾濱：哈爾濱出版社，2004年7月），頁116-118。

▲註³ 黎曉珍、左慧著，《英特爾芯片攻略》（廣州：南方日報出版社，2005年4月），頁198-199。

▲註⁴ 黎曉珍、左慧著，《英特爾芯片攻略》（廣州：南方日報出版社，2005年4月），頁118-121。

▲註⁵ 徐思源譯（霍華德・畢哈及珍妮・哥德斯坦原著），《星巴克——一切與咖啡無關》（北京：中信出版社，2008年8月），頁97-99。

▲註⁶ 宿春禮、邢群麟，《世界500強面試成功指南》（北京：中國和平出版社，2006年9月），頁280-281。

▲註⁷ (1)鄒曉春，《溝通能力培訓全案》（北京：人民郵電出版社，2008年8月），頁122-123。(2)趙一，《說話的藝術》（哈爾濱：黑龍江科學技術出版社，2007年11月），頁240-253。

▲註⁸ 金盛華、楊志芳、趙凱，《溝通人生》（臺北：新雨出版社，1994年1月），頁78-82。

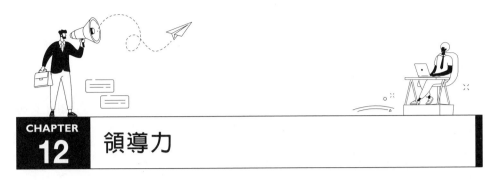

CHAPTER
12　領導力

　　領導力的傳統觀念是自上而下的指揮控制方式，但在今日複雜的社會環境與快速變化的社會需求下，靠領導人個人的條件與經驗要事事獨自決策、擘畫，其困難度是倍增的，這時團隊與基層員工共同參與的重要性相對增加，這是把員工當作組織的重要資產，而不只是把資本支出和自動化作為提高生產效率的主要原因。而能把員工視為伙伴，待之以禮，也必然能從員工獲得回報。

　　約翰是一家貨運公司舊金山分站的營業部主任，這個分站在舊金山全區中各方面的表現都欠佳，唯獨在虧損上是一枝獨秀，約翰對這種情況非常的憂心，於是找一些卡車司機們談談，結果司機們說：「我們喜歡當卡車司機，而且也有信心把工作做好，可是從來沒有上級來找過我們，讓我們幫忙解決運輸路線的安排問題，也從來沒有人讓我們覺得自己對公司的營運有什麼重要性。」約翰聽完司機們的抱怨後，採取的第一個步驟，就是保證每天早上當司機們來上班的時候，他們的卡車已加滿油、暖好車，並且洗乾淨，就等著他們出車。約翰希望這樣做能使司機們對工作有一種緊迫感，其次，約翰給每位司機一些公司的帽子和廣告小冊子，讓司機們自行斟酌，認為哪些客戶合適，就分發些給他們。

　　但最重要的是按公司規定，本地貨運全是由工長負責安排路線，但通常都不甚理想，約翰於是指示司機們把貨運單隔兩三張就留下一張，先不排好路線，這樣當倉儲人員問起對路線安排有無意見時，他們就可以體面的表達意見。沒隔多久，約翰驚訝的發現，營業轉虧為盈了，並且再也沒接到客戶的抱怨電話。至於業務員也察覺到司機們招攬到的客

戶比他們還要多，所以有些業務員決定跟著司機們出車，看看他們是怎麼做到的。

約翰負責的分站連續幾個月都賺了錢，但好景不長，當約翰的上司看到發生的事情，認為不該給司機們太多的機動權後，公司公布了一套監控制度，要求每位司機要就每個工作日、每十五分鐘的工作都要做匯報，結果分站又開始虧損，客戶們的抱怨電話又變多了。

這個例子說明領導者必須認識到要能尊重員工的主人翁意識，因當員工認識到他們的努力能夠發揮效果，他們是組織中不可缺少的環節時，就會積極投入工作，而更進一步的策略則是讓員工與企業共擔風險、共享利潤。更重要的是：基層員工是最了解實情及問題的人。

領導者應該能夠掌握四種技巧：思考（確定目標，設計行動方案），激勵（鼓勵大家群策群力朝既定方向努力，並給予行動上的配合），動員（讓所有相關人員都樂於支持所作的決定，並盡自己應盡的責任），授權（建立相關體系保持企業的運作發展壯大）。但在本章中，就以下主題探討領導人在與人的關係上應具備的幾項能力。其中所舉人物雖均為企業最高領導階層，但他們的認知、態度、做法亦可為其他領導階層的借鑑，並為一般員工充實自我條件及行為的參考。

## 壹、領導人應具督導自己品德的能力

如同在本書第四章所談到的美國摩托羅拉公司認為一個人如果品德不好，即使能力再強、績效再高，也不會獲得錄用，因為品德好的人，有是非善惡的明確標準，有強烈的責任心和良好的職業操守。但不只是一般員工，而一個領導人更需要良好的品德，因為員工在履行自己的職責時，會按領導人的道德標準行事，所以領導者本身在言行上應作一典範，能做到言行一致。

　　如宜家傢俱公司創辦人坎普拉德生性節約的精神,在公司裡也顯現無遺的要求所有員工都奉行節儉的傳統。在宜家公司,所有的管理層或出差人員,在需要搭乘飛機的時候,都必須坐經濟艙,而他自己也堅決不坐商務艙出差,而在不得不預定更貴的機票時,就會顯現惱怒。有一次,宜家公司的一位員工按照約定找他核對帳目時,坎普拉德臨時取消會面,原因是為了趕在規定日期前用完手中航空公司的累積飛行里程優惠。有一次,當他拖著旅行箱,踏上由哥本哈根到哈姆貝克的火車時,部屬們在愣了一下後上前幫忙時,為坎普拉德所婉拒,他不想讓自己與眾不同。他自己開著舊富豪汽車,老年後因為可使用老人優惠卡,而喜歡搭乘公共汽車、地鐵。坎普拉德把節儉當成自己的一種自律,他認為,節約應該是宜家公司全體員工從上到下奉行的一種美德,而他自己無論是作為公司的創始人還是決策者,雖然有了大量的財富,為公司的發展立下功勞,不過自己仍然是公司的員工,因此,自己必須隨時遵守公司的規定。這顯示坎普拉德嚴以律己、以身作則的做人原則,與其他奢華的富豪們相比,更能獲得員工的尊重。[1]

　　曾任美國思科公司總裁、董事長的錢伯斯設法使信任、公平、正直成為思科公司企業文化中的一部分,而他自己曾自豪提到自己說,在他的生命中,從來沒有任何人對他費用報銷提出過質疑,他說:「我盡量要讓自己成為這個產業中在道德和為人處世方面的一個模範。例如,我要在個人費用的報銷方面做到一清二白,因為從道德的角度看我們就應該這麼做。此外,大多數的時候,當一個人利用別人時,雖然他們沒有因此遭到質疑,但是人們已經對他們形成一種負面的看法。」[2]至於錢伯斯對節儉要求的對象也不只是員工,1991年,錢伯斯加入思科出任副總裁不久,填寫了他的第一張費用報銷單據,以報銷自己在舊金山機場停車的臨時停車費,但當時的總裁兼執行長摩格奇在他的報銷單上寫了一段批評,說他自己通常會把車停放在長期停車場,因為那裡一天的費用比臨時停車場少兩美元。錢伯斯對此感到有些困惑,因為如把車停在長

期停車場可能要多花半小時的時間，但他也領會到這樣的訊息：不僅要像花自己的錢那樣花公司的錢，而且也不要製造會讓公司陷入麻煩的高額費用支出比率。

## 貳、領導人的工作是發掘人才

松下幸之助認為：「管理不是管物，而是開發人才」。所以領導人最主要的工作，就是為組織發掘人才。

曾任美國通用電氣公司董事長的韋蘭奇曾說：「我所能做的一切，就在於把寶押在我們所選擇的人才身上。」這才能使公司永續經營。韋蘭奇個人在通用的經歷正顯示他的上級對這方面工作的做法和努力付出的認同。

在1960年時，韋蘭奇以工程師的身分進入公司，年薪10,500美元，因為表現不錯，他的上級給他調薪1,000美元，但不久他卻發現辦公室裡四個人的薪水是完全一樣的，這對工作努力的韋蘭奇變成一種諷刺，他認為自己應得到更多，於是找上級理論，但卻無任何結果，故有另謀他就的念頭，另一方面也因為當初進入通用，是認為自己是最適合開發新產品的人選，而充滿無限的期望，現在卻看不到希望何在。他透過報紙的人事廣告找到一家開設在芝加哥的國際礦物及化學公司。但韋蘭奇的計畫離職，卻使他的直屬上級經理古托夫大為著急，因為他深知韋蘭奇的才能，而再隔兩天，同事們就要為韋蘭奇舉辦歡送會了。古托夫當晚就邀請韋蘭奇夫婦共進晚餐，苦勸韋蘭奇一定要留下來，古托夫誠懇的說：「相信我，只要我在公司，你就可以試著利用公司的優勢來工作，至於那些不合理的事，你不要去理會就是了。」韋蘭奇回以：「那麼，你就要接受考驗了。」古托夫回答：「只要把你留下來，我願意接受考驗。」古托夫雖然用了四個小時，卻未能挽回韋蘭奇求去之心。但古托夫不甘心，在回家的途中，把車停在高速公路的公共電話旁，雖然此時

已經是清晨一點，但繼續對韋蘭奇進行遊說，他說：「雖然錢不是主要原因，但我幫你爭取，在原本調薪的1,000元外，再調整2,000美元。」第二天，韋蘭奇在出席為他舉行的歡送會上，決定留在通用，接受人生中的考驗。而經理古托夫則說：「這是我人生中的一次成功的推銷工作，因為我把對公司有用的人留了下來。」

十二年後，韋蘭奇在個人年度績效報告中寫下個人的長期目標——成為通用電氣公司的執行長。1981年，年僅45歲的韋蘭奇成為通用最年輕的董事長兼執行長，當年，通用公司的銷售額250億美元，獲利15億美元，市值在全美上市公司中僅排名第十，但在1998年時，通用銷售1,005億美元，獲利93億美元，市值約4,500億美元位居世界第二。此外，他把一家歷史悠久、體態臃腫的公司，轉變成一個富有朝氣活力、善於變中求勝，深具發展潛力的世界性公司。於此，不得不佩服古托夫的識人。

韋蘭奇得以出任通用電氣公司的董事長，一展長才，又顯示其前任董事長雷吉‧瓊斯的識人、用人。瓊斯在挑選繼任人選時，最不平凡的地方，在於一開始就決定要挑選的是位與自己風格不一樣的繼任者，能夠領導通用公司進行改革，因繼任者若僅是前任的拷貝，則已顯組織龐大、動作遲緩的公司無疑將失去活力。對於繼任者，瓊斯的腦海中並沒有預定人選，而要求人事部門提供一份包括96位候選人的名單，經過篩選，候選人數縮減至19人，此時，瓊斯發現名單上少了一個應該有的人，即負責塑料部門的韋蘭奇。人事部門認為韋蘭奇喜好特立獨行，並且只有三十九歲，十年後再考慮也不晚。但瓊斯命令將韋蘭奇的名字補入候選人名單。再次篩選後，剩下的候選人減到11人，韋蘭奇名列其中。1978年1月，瓊斯開始面試計畫，每當一位候選人走進他的辦公室後，瓊斯就會問：「你和我現在乘坐公司的飛機旅行，如這架飛機墜毀了，那麼誰該繼任通用公司的董事長？」多數人對問題表現的不知所措，但每位候選人都被要求提出3位董事長候選人的名字。從這樣的談話中，瓊斯了解到許多有關候選人對其他候選人的看法及合作的可能性。

當時韋蘭奇也寫下了三位董事長候選人的名字，其中包括後來在董事會成為合作者的胡德、柏林蓋姆和他自己，當瓊斯問三個人中誰最有資格時，韋蘭奇脫口而出：「這還需要問嗎？當然是我。」他似乎忘了自己在此假設問題中已墜機遇難了。

三個月後，瓊斯把候選人減至八人，並再次分別約見他們，進行第二輪的面試，這次的問題改為：「你我同乘一架飛機，但飛機墜毀後，我死了，而你倖免於難，你認為該由誰來做公司的董事長？」並要求每人列出三位候選人，自己則可列入其中。結果令瓊斯興奮的是，他最中意的三名候選人：韋蘭奇、胡德和柏林蓋姆，各自在3名董事長候選人名單中包括另外兩人，最後韋蘭奇入選。

瓊斯尋找繼任人選時，就任董事長才三年，然後花了七年的時間選出了韋蘭奇。而韋蘭奇在自己退休前五年，也開始對繼任人選進行培訓及測驗的工作。

發掘人才就要不嫉妒、埋沒人才，而衷心的為公司的利益發展考慮，去除私心。

美國王安實驗研究公司的失敗，就是不能慎選領導人的結果。美籍華人王安在1951年創辦了公司，憑著自己適應能力強、果斷、自信等品行，並善於經營，所以公司獲得迅速發展。

王安的口號是：「發現需求、滿足需求」，這使得他本人成為享譽國際的「電腦大王」。而在王安壯年時期，有一批志同道合者與他共同打拚，也是他成功的主因之一。

但王安後來卻執意把公司大權交給長子王列，而不管他是否具備足夠的才能或在這方面的培養。1986年11月，王列被父親委任為公司總裁，此舉使數名隨王安多年的部屬憤而辭職，使公司管理層元氣大傷。王列表現平庸，令董事會大失所望，公司財務惡化。後在1989年終委任著名管理專家出任總裁，但對行業涉獵不深，最後因產品缺乏競爭力，業績、財務的惡化，只得申請破產。

　　所以領導者必須勇於承擔用人的責任，使最合適的人處在最合適的位置上。

## 參、領導人的工作是要培養人才

　　中國的聯想集團創辦人柳傳志認為：辦公就是辦人，並以「小公司做事，大公司做人」，因為做事的公司做不大，人才是利潤最高的商品，能夠經營好人才的企業是最終的贏家。所以一般企業習慣以衡量業績表現的方式和水平來評價員工做得好不好，但柳傳志習慣以處理問題的方式和水平來評斷人的可塑性，認為人的素質是選拔人才的重要標準，而所謂素質包括：1.良好的道德修養；2.出色的專業修養；3.敬業的職業態度；4.危機意識；5.競爭意識；6.合作與互補意識；7.善於學習、總結。至於其培養的過程，則應注意：1.培養機會對能力水平的要求與接受任務者現有能力的把握，如果事情對能力的要求低於接受任務者現有能力水平，則不利於他才能的成長。如果事情對能力的要求太高於接受任務者現有能力，不僅任務本身無法達成，也會挫折人才的信心。故企業在培養人才，安排職位時，必須有助跑幾步才能摸到的估計，從而有利於人才自信心的建立和才能的成長。2.企業必須具有給各類人才不斷提供做事機會的能力，因人才的成長是一個動態發展的過程，人的能力的增長與人不斷需要更新、更高的做事機會，兩者間有著一種必然的聯繫。因此，企業就必須有能力、有條件為日益成長的人才提高施展身手的舞臺。這既是對人才再培養的過程，又是留住人才的必要條件。

　　柳傳志除重視人才的選拔外，在幹部中特別重視培養領軍人才，所謂領軍人才，是指不論把他放在哪裡，大到整個行業領域，小到一個具體任務，只要把必須的條件都給他，他就都能夠把事情辦好，而在物色領軍人物時，需要具備以下幾種能力。

## 一、有獨當一面的能力

首先要熟悉業務。其次，有很強的人際關係能力、協調能力，知道如何激勵、影響別人，控制局面。最後，有戰略能力，能站高一點往前看，而不是只低頭看腳底，只看到眼前的一點事。

## 二、有帶隊的能力

具有領袖風範，在品德、才能方面有極高的信譽，個人的管理不是靠權力或是權威，是靠智慧和才能。

## 三、要切實做到將上進心轉變成事業心

做事的時候習慣於先實現自己的目標和利益，然後才是集體利益的人，便是只有上進心沒有事業心的人，而聯想在尋找領導人時，一直選擇那些把事業看的很重的人。

## 四、要有人事並重的管理風格

讓一群人用統一的步調前進，而只看重人不看重事，會造成人事鬥爭；只看重事而不看重人，則是頭腦簡單的表現。

## 五、明白管理就是責任

聯想所有的資源都是圍繞著用戶、客戶和市場進行組織的，所以在任何一個環節上，領軍人物都有責任和任務。責任就是把這筆生意做成，任務就是把這個月、這個季的任務完成。這是所有的經理在管理工作中都將面臨的問題，首先明確自己的責任和任務。[3]

海爾集團的執行長張瑞敏在選拔幹部及用人上，強調：「人才，是企業競爭的根本優勢。人可以認識物、創造物，只要為他製造了條件，他就能適應變化，保持進步，成為取之不盡、用之不竭的資源。有了人才，資本才得以向事業集中，企業在競爭中才能取得優勝。」所以在人

才的選拔，幹部的任用上，張瑞敏強調「賽馬而不相馬」。海爾的一名員工對此有所體會的說：「相馬」的機制中，千里馬的命運掌握在別人的手裡，十分被動，很可能一生碌碌無為。而賽馬徹底改變了千里馬的被動命運，充分顯示其自身的價值，不必再寄託於是否有伯樂的出現，而是將命運的韁繩緊緊掌握在自己手中。

張瑞敏又提出：「人人是人才」的用人觀念，堅持用競爭的辦法選拔人才，在「賽馬場上挑駿馬」，實行管理人員公開招聘，每個月由管理部門公布一次管理工作的職缺和招聘條件，經過嚴格實績考核，筆試面試，使「人盡其才、才盡其用」。而到底是不是千里馬，要在市場這個大競技場上見分曉。跑在前面的人有危機感，才能保持自己的競技狀態，而跑在後面的人又想超越前面的人，所以才會加倍努力。

至於賽馬機制具體包含三個原則：一是公平競爭，認人惟賢；二是職適其能，人盡其才；三是合理流動，動態管理。所以賽馬而不相馬，其核心就是在實踐中比較才能和業績來發現人才，而不是由領導發現人才，避免黑箱作業。故在海爾，如張瑞敏之言：「已經搭建好舞臺，建了一個賽馬場，每個人都有參與競爭的機會，通過競爭體現自身的價值。」[4]

## 肆、領導人要具有平等意識及尊重員工

頭銜和寬大的辦公室，都會在團隊和個人間造成精神和心理上的隔閡，只有和諧及平等對待，才能維持企業的持續發展，這也是對人渴望平等、受尊重的實踐。要做到此一地步，就要領導人具有平等意識及尊重部屬的態度。而只有部屬有最佳表現時，領導者才有隨之而來的績效。

如在本書第六章所提到的韓國三星航空公司的經理李大原，將自己的座位安排在門口旁邊，以為一線員工創造更好的工作環境。事實上，

空間在工作過程和員工對公司或領導人認同感上都有關鍵性的作用。傳統公司裡職級越高者的辦公室樓層越高、面積越大、窗戶越大，但最好的辦公室空間應是有利於展開團隊工作的地方，並且空間顯示出來的平等和簡單性勝過任何東西。「大家真的是伙伴？」使今天許多公司都打破了辦公室等級化的做法，而這往往是由最高領導層的總裁或執行長做出決策。

惠普公司幾十年來對空間採取一種人人平等的辦法，幾乎沒有人擁有一間辦公室。亞馬遜網路書店創辦人貝佐斯的辦公室並不比助手大。思科公司的錢伯斯則盡可能的縮小自己與低職員工間的距離，所以給自己安排一間並不張揚的小辦公室，他的辦公室後面緊鄰著一間同樣小的會議室；在同一樓層中，有些低職位員工的座位是臨窗的，而高級管理人員的辦公室卻都不是臨窗的；有些副總裁和總監還要共用會議室。思科的一位分析師曾說自己的辦公室都比錢伯斯大，但自己僅是一個分析師，而錢伯斯卻帶領著四萬名員工，他辦公室的空間是4公尺乘4公尺。

惠普公司是創辦人惠萊特和普克德在車庫開始創業的，幾個人在一起同心協力，融洽合作，而為保持和發揚這種「團隊合作精神」，在惠普上下間融洽的管理關係上，除了少數會議室外，各級管理階層都沒有單獨的辦公室，各部門的全體職員，都在一個大辦公室辦公，以利於營造上下級間融洽合作的氣氛，此外，包括董事長、總裁、部門經理在內的各級領導人，均直呼姓名，以營造平等、親切的氛圍。

另惠普創立於1938年，在開始展業期間，有一批政府的軍事訂單上門，大家均異常高興，但惠萊特卻說：「我們不接這批貨。」大家驚訝的問：「為什麼？這批訂單的利潤很高啊！」惠萊特堅持的說：「我知道，但不接就是不接。」大家聽後都覺得無法理解，但普克德卻明白創業伙伴的心思：接下訂單後，因公司現有人力不足，就要臨時增僱12個人，但交貨後就要立刻裁減12人，這不符合他們「決不輕易辭退」的用人原則。惠萊特和普克德二人看重每一位員工，所以公司對員工實施「一經僱用，決

不輕易辭退」的用人原則，而不能只看公司眼前的利益，卻不考慮員工的價值。所以要讓每一個員工都能感受到自己是重要的。

日本新力公司的創辦人盛田昭夫認為在日本的企業中，大家對每件事都有一種連帶責任，共同的使命感和利益一致化觀念將每個人都聯結在一起，因此在發生錯誤的時候，不能追究某一個人的責任，而是大家一起來承擔錯誤，同心協力找出發生錯誤的原因，從中吸取教訓，這使員工更緊密的結合在一起，但如果針對當事人予以重罰，除了令全體員工不寒而慄外，又有何效果？

所以盛田昭夫反對因員工犯錯即予以解僱的做法。他認為，如果犯錯者是已工作多年的職員，那不是抹殺了他過去對公司所作出的貢獻？如果犯錯的是新進員工，那不是有可能葬送了極有創造潛力的人才，所以誰犯錯就解僱誰的做法只會讓公司蒙受更大的損失。但如查明原因，那就可以避免重蹈覆轍，因此盛田昭夫承認自己也曾犯過許多的小錯誤，如在對彩色映像管試製開發時，就曾犯過嚴重的錯誤決策，使公司蒙受損失。因此，他常對員工們說：「只要你認為是正確的，就大膽去做，即使失敗，也一定要從中學到一些東西，使自己絕不再犯第二次同樣的錯誤。」

基於這種認識，盛田昭夫認為企業在決定錄用某位員工的時候，應該十分慎重，而一旦僱用後，企業經營者就有責任自己承擔各種可能的風險，所以一旦經營不善時，就沒有理由將受僱者裁掉，讓其生活發生問題。因而新力公司在聘用員工時非常慎重，會告知對方：公司是一個命運共同體，萬一遇上困難時，公司寧願犧牲自己的利益也要全力維護他們，但同時也要求他們與公司共患難，必要時接受停薪或停發獎金，而不是當公司不景氣的時候，就進行裁員。

能將員工看做是公司寶貴的資產，如果想到員工的生計與前途，就是把每一位員工都視為「人」的尊重，而不只是公司生產、牟利的工具。

## 伍、領導人必須能與員工溝通、聆聽建議

　　企業文化的核心是真正做到「以人為本」，企業領導人應該尊重員工的想法、聽取員工的不同聲音，接受新思想帶來的衝擊，這樣才能讓企業永保活力，才能不斷激發員工的創造力，同時也能培養員工未來擔任管理幹部的能力。

　　英特爾公司是一家快速成長的公司，全世界有85%的電腦都安裝了英特爾的處理器，但曾任總裁的安迪・葛洛夫卻深具憂患意識，這也是對於危機的預防方式，通過懷疑來檢視公司的運轉是否順暢、競爭對手的作為等。並且每一天，葛洛夫都要花許多時間，聽生產人員和銷售人員的匯報，以便能從中發現細小的問題，並消滅於萌芽階段。他認為企業在繁榮之中往往孕育著毀滅自己的種子，而這些種子有時只有在第一線工作的員工才能發現，基層員工對企業所面臨問題的敏感度，往往超過身處高層的領導經理。所以在英特爾公司的各級主管與員工間彼此經常性的互相交流，涉及重大決策，都先在基層徵詢意見，即採取參與式決策。首先邀請相關的管理人員、技術人員甚至普通員工，就某一議題進行自由討論，並要求每一參與者都要陳述自己的立場，以最大的可能展現民主的特色，匯聚眾人的智慧。決策的領導人則在旁聆聽，等待討論進行到一定程度後，不同的意見和觀點已得到充分的撞擊火花後，領導人再根據自己的判斷進行選擇和決策。此外，任何人只要認為自己有好的建議或發現問題，都可以向各級管理者或執行長當面提出，因沒有領導人能保證自己永遠不會犯錯或不碰到問題，而只有鼓勵員工誠實面對，才能解決問題。

　　微軟的比爾・蓋茲也指出管理者所要做的是掌控全局、高瞻遠矚，而不只是關注具體的枝微末節。所以領導人的工作只是告訴部屬去做什麼事，至於具體的做法則放手讓部屬去思考，而切忌獨斷專行，無論大小事，都要自己說了才算。因為一個被剝奪了思考能力的員工，事實上變成一個單純的體力勞動者，而不再是公司具有發展力的寶貴資源。故

領導人具體的工作是要促使部屬思考如何去努力做好並完成任務，而不是代替員工去想，因為一個人的能力是有限的，故只有大家的群策群力才是巨大的，所以只按個人的意願去做集體的大事，通常具有局限性。因此，一個好的領導人必須知道如何激發員工的能力，促使他們提出好的構想，在某些具體實作過程中，讓其充分發揮自己的思考才能，給予思考的機會。

戴爾電腦公司的邁克・戴爾則善於把握所有員工的偶發性靈感，甚至創造機會挖掘員工的靈感，並把其中最好的、有用的進一步開拓擴展。如能把一個企業所有員工的靈感都匯集起來，將會形成多麼巨大的力量？如何挖掘員工靈感的方式有：1.參與員工的活動。參加員工科技、產品、採購方面的會議或其他活動，留心觀察他們的各種想法，收集與公司有關的經驗和智慧。2.到處閒逛。不事先計畫，隨便出現在公司的各種場合，聽到員工出於直覺的想法。3.了解外界。透過網路了解別人的真實想法，了解外界對公司的看法，了解外面環境和形勢的變化，即時反應外界訊息到企業中，同時也擴展員工的思維。4.參與招聘。與員工從一開始就建立長期的溝通，並關心員工成長，了解他們的所想所思，建立良好的感情基礎。

曾任通用電氣公司董事長的韋蘭奇則認為解決問題的關鍵，在於讓公司的全體員工都能向本部門的經理們提出與其工作有關的問題，所以應該創造出一種氣氛，任何人都可以在遇到問題時直接與能夠解決問題的人直接對話，因為單依靠自身的力量是無法解決具體問題的，因而業務主管必須能和員工站在一起傾聽他們的意見，這也是主管權力的一種下放。但韋蘭奇也注意到經理們會擔心放權的過程，會導致個人權力的變小，故指出：「如果你控制兩個人，僅讓這兩個人去做你讓他們做的，那麼我會開除你而留下其餘兩個人。因為既然有三個人，我就想要三種想法。我更願意從三種想法裡進行選擇，這就是通用的基本思路。」即必須把員工看作部門不可缺少的一部分，這樣做的話，會使員

工變得更積極而盡責，至少積極的員工則會更有主動性和生產效率，因為給予員工參與感和一定的權力會使他們覺得對公司來說，他們具有重要性，能夠滿足其被需要和受重視的感覺。所以韋蘭奇在通用推動「群策群力」的管理模式，使包括自己在內的全體員工通過集體住宿訓練，提出各自困難，集思廣益，尋求共同的解決意見。其最終目的是讓各部門的各層級員工都能直接參與確定公司的目標、決策和成果。所以過去只被要求貢獻時間和雙手的人，開始感受到他們的大腦和觀點也開始受到重視；而各級主管在聽取員工想法的過程中，也認識到越是接近實際工作的人越看得清楚，許多原已存在的問題，即可當場解決。

美國的思科公司認為公司要快速發展，要準確的跟上市場的快速變化，能最佳的運用公司的所有資源，公司內部就一定要有志同道合的友誼及和諧關係，而要確保每人都能團結一心的最佳方法之一，就是讓公司內部的溝通管道盡可能的開放，經由開放式的溝通進行坦誠的討論。故曾任思科總裁的錢伯斯鼓勵和他接觸的每一個人誠實的告訴他公司的目前狀況，在對外和對內的會議上，錢伯斯總是會問：「我們怎樣才能做得更好？」由於錢伯斯會定期的出現在高級管理人員和員工面前，因此直接向公司最高級領導人提出自己的問題是一件相對容易的事。如每個月，錢伯斯都會為當月過生日的員工主持一次慶生聚會，這種聚會開始的時候，只是聯絡感情的小聚會，但到2000年秋季的時候，每一次舉行生日聚會時，都會大約有400名員工聚集在公司的禮堂中，但參加生日聚會的人中並不包括思科的副總裁和總監級人員，這是因為這些人不在場的話，錢伯斯就能聽到更坦率的意見。通常在這種活動中，錢伯斯會用一個小時進行講演，然後用90分鐘回答員工提出的問題。又如思科公司有160位副總裁，但錢伯斯定期設法與他們進行一對一的溝通，而每個星期五則會邀請一批副總裁到他在公司總部辦公室外的大廳共進午餐。

江口克彥在《松下人才學》這本書裡指出松下幸之助收攬人心的方法就是傾聽部屬的心聲。部屬是具有自主性思考的人，所以善於傾聽

的主管，都是認為部屬有其自主性思考的人；而對部屬來說，主管願意聽自己的意見，是一件值得高興的事，並因而充滿信心，願意再去思考一些新的問題，然後再次提案，這會使其視野擴大，想法逐漸深入，並充滿信心的開始工作，相反的，如果主管不能傾聽或接受部屬意見，部屬就會想：「說什麼也沒有用」，而不願再提出建議或花時間去思考問題，只被動的等待主管交代，如此不但無法培養部屬，也無法使職場充滿活力。此外主管也絕不能說：「說那些是沒用的」、「這辦法不行」、「沒有時間」，而要讓部屬將建議內容說明，並對其提議的勇氣與態度表示嘉許。如其意見不當或不可行，也要誠懇的傾聽，並表示理解，雖不能採納，也要對其提議表示感謝，並希望繼續提供意見。這種方式讓員工知道他們的建議得到公司的認真研究，而對工作發生興趣，對自己工作考慮的更多，並總是設法改進自己的工作。另一方面，員工的建議，也是主管收集信息的管道。

松下幸之助在傾聽他人意見時有一個特點，就是特別重視與自己有不同意見的人或部屬。因為這具有兩種意義：1.讓反對自己的人能了解他的想法，而變成支持他的人；2.可以了解自己未發現的問題，並由對方的談話中獲取資訊。所以在松下公司裡，他非常重視反對自己的人，及向他提出批評和勸告的人，而因為松下的回應態度，這些批評和反對的人後來往往對別人說：「松下幸之助先生是個好人。」而成為他的支持者。因此一個領導人不但不應該排斥那些令人討厭的部屬，相反的更應該仔細的傾聽那些與自己立場不同、意見不同，經常反抗自己的部屬之意見，並且視情況進一步採用他們的意見，是非常重要的。[5]

故松下認為在面對不同意見時，應有以下的態度。

## 一、歡迎不同的意見

因為有些自己沒有想到的地方，有人提出，就應該心存感激，有不同意見可避免自己出現重大錯誤的機會。

## 二、不要相信直覺的印象

當有人提出不同意見時，第一個自然反應就是自衛，但反擊或否定對方，可能是最差勁的面對方式。

## 三、控制自己的脾氣

因為可以根據一個人在什麼情況下會發脾氣，而測知這個人的度量和成就有多大。

## 四、讓反對者有說話的機會

讓對方把話說完，不要抗拒、防護或辯護，不然的話，只會增加雙方溝通的障礙。所以要設法搭建溝通的橋梁，而不是加深誤會。

## 五、尋找同意的地方

在聽完反對者的陳述後，首先找出自己同意的地方。

## 六、要誠實

承認自己的錯誤或道歉，這有助於解除反對者的武裝或防衛。

## 七、同意仔細考慮反對者的意見

因為反對者提出的意見可能是對的，故同意考慮他的意見是比較明智的作法，並且讓對方感受到是出自於真心，而不要等到反對者對你說：「我們早就告訴你了！但你就是不聽。」

## 八、讓雙方都有時間把問題考慮清楚

而可以告訴對方：讓我再考慮一下，再作決定，或把問題研究一下。

## 🎯 陸、領導人能誘導員工的創新潛力

在激烈競爭的市場中，企業不創新就滅亡；任何組織不創新求變，最多只能維持現狀；個人不能具備創新的意識，在工作上絕不可能有所突破，而組織、企業的創新也因此變成不可能。因此，領導人如何親自或透過組織引導員工創造潛能的開發，就變成當務之急。

英特爾公司的創辦人戈登・摩爾於1965年的某天在離開研究室的時候，拿了一把尺和一張紙，畫了一張草圖，縱軸代表不斷發展的芯片，橫軸為時間，結果發現芯片的發展有規律的呈現幾何增長，此即摩爾定律。因此，摩爾斷定集成電路上的晶體數量即集成度每增加一倍，其價格則降一半。摩爾定律所代表的就是一種不斷創新的精神，而只要有一家公司採用了英特爾的技術實現了轉變，其他公司就不得不緊隨，經由此一效用，英特爾掌握技術核心，就能獲取巨大利潤。所以英特爾公司便以各種途徑建立學習型組織，充分發揮員工的創造性思維能力。如一位員工對一份計畫沒有把握，跑去與上級討論，通常上級都會鼓勵他勇於嘗試，而不是被否定，除鼓勵其為得到好的結果去冒險外，並會通過評估去降低員工冒險的風險，最後員工經過努力，沒有達到預期的目標，不但不會受到處罰，反而會鼓勵其承擔嘗試的勇氣。

聯想集團的內部，創新成為一種精神和行為。創辦人柳傳志在創業不久後，總結經驗強調：不重過程重結果，不重苦勞重功勞，因惟創新才能生存，所以要的不是苦幹而是巧幹，各級幹部員工不能拘泥於各種框框，不能固步自封、僵化、教條，而要根據現實和環境變化，大膽突破和超越，能夠不斷的推陳出新。在思路上要求大膽假設，在操作上要求小心求證；創新不是盲動，而是在充分討論後的果敢行動。當你做的工作超出了客戶（包括公司內部客戶）的滿意，就表示已有所創新了。

所以一個領導人應能誘導、鼓勵員工勇於創新，並提供創新的環境，他扮演著關鍵的角色。

美國IBM公司有一位高階主管，曾因在創新過程中出現嚴重失誤而造成一千萬美元的損失，所以這位主管的心裡非常緊張，也有許多人向董事長小沃森建議將之革職，但董事長卻認為一時的失敗是創新精神的副產品，如果繼續給他機會，則他的進取心和才智的發揮有可能超過未受過挫折的人，因挫折對於有進取心的人來說是一劑最有效的激勵劑。第二天，董事長將這位主管叫到辦公室，告知他調任同等重要的新職，這位主管驚訝的問：「為什麼沒有把我開除或降職？」董事長說：「如果那樣做，不是在你身上白花了一千萬元的學費。」

美國惠普公司有一位富有創造精神的員工熱情的向創辦人惠萊特提出一種新想法，惠萊特立刻戴上一頂「熱情」的帽子，認真的傾聽、仔細的了解有關細節，努力去理解員工的想法，並在適當的地方表示驚訝、表示讚賞，同時提出一些十分溫和的問題。事後即刻將該想法送交相關部門進行認真討論、仔細研究。幾天後，他再次與該提出創新的員工針對該想法進行討論，這次惠萊特戴的是「詢問」的帽子，提出一些非常尖銳的問題，對其想法進行深入、徹底的探討，有問有答，研究的非常仔細，但並未做出決定。不久後，惠萊特戴上「決定」的帽子，再次會見這位創新的員工，在嚴格的邏輯推理和技術的依據下，作出最後判斷，對部屬的提議作出結論。經由以上的過程，即使最後的決定是否決了員工的創意或研發項目，但卻已充分顯示對創新者的賞識、尊重和鼓勵，給予創新的成就滿足感。在這種作法逐步得到員工間的認同和採納時，就成為惠普公司鼓勵和保障創新的企業文化。

領導人對創新的基本態度，不論對自己或對部屬，應：1.把學習視為一種必需品，而非奢侈品。在商業快速變動時，一不小心就會落後於市場，今日的領導者必須有求知若渴的心。2.研究明確的對象，以求得隱而未現的解決方案。如果想解決客戶的問題，就直接向顧客詢問他們希望見到的解決辦法，這種解決問題的「同理心」，可以得到創新的方法。3.如果失敗也可以創造學習的機會，就要樂於接受，而維持現狀也許沒有任何風險，但也絕不會產生利潤。4.不斷提問，即使看起來沒有問題的事

物也提問，因沒有比這更好的進步方法。不要掩蓋壞消息，不要不願意接受困難的問題。時間即是一切，越早動手處理這個議題，越能迅速解決問題。

至於領導者本身應具備三個條件（能力）：

## 一、發現問題，確立創新目標

對現狀或傳統作法產生不滿意，因實際狀態與其期望狀態存有落差，實際狀態表現為落後、保守或品質差。如果領導人有強烈改變現狀的願望、有強烈發現問題的動機，經由調查研究，初步分析，確定切實可行的創新目標，這是領導人創新能力的基本要求。

## 二、選擇創新的突破點，進行創新規劃

1. 從解決員工議論最多、最關心、影響最大的問題著手。任何一件事情的變化和發展都可能受到員工的極大關注，特別是和員工切身利益有關的事，所以要尋求員工的理解和配合。

2. 找出問題的關鍵點。在一個部門的眾多工作中，必定會有一個對全局產生決定性影響的工作，領導人的責任，就在於能準確的抓住每一時期的中心工作和問題，使工作向既定目標前進。

3. 從關鍵的環節著手。工作上出現的問題往往非常複雜，富有創造力的領導人應正視事實，冷靜分析。有些事情表面看起來未必是大事，卻可能是實現整個過程中的關鍵環節。

4. 高層領導人不可能同時對各單位的各種問題都進行詳盡的指導，故要從問題最多的單位著手，以其方法供其他單位參考。最後在選擇突破點後可以進行創新的規劃。

### 三、創新實踐

在以上的兩個階段找出創新目標，創新規劃後，領導人要組織員工，進行創新的團體活動，並在實踐過程中，接受各種建設性的批評、建議，進行不斷的修正。

至於對於部屬是否具有創新力或對於創新力的培養、形成，可進行以下的觀察和培養：1.是否主動好奇，對任何事物都有強烈的好奇心，積極進取。2.具敏銳的洞察力。能從平凡的事物中找出問題的關鍵。3.豐厚的想像力、聯想力。4.變通性，能進行多路思維，舉一反三。5.獨創性。能擺說傳統觀念，不人云亦云，勇於捨舊求新。6.獨立性。不輕易附合，喜歡抽象思考，對未來有較高的理想，不拘小節。7.自信心。不因別人的反對而改變信念，深信自己所從事工作的價值。8.勇氣和毅力。在碰到挫折、打擊的時候，能鍥而不捨。9.嚴密性。能深思熟慮，不疏忽細節。10.流暢的表達。不需要繁瑣的語言，就能將複雜的事物或觀念作清楚的表達。

## 柒、領導人應具備的其他條件

### 一、充實的學識能力

有敏銳的觀察力及良好的思考判斷能力，並且具備創新能力，不墨守成規，不斷改進工作方法。能廣泛閱讀關於特定管理方法和問題的書籍，並且不只閱讀關於自己所從事行業和專業的書籍，也要閱讀行業和專業以外的書籍，以拓展知識的廣度及獲得觸類旁通的靈感。

### 二、設立長短期目標

具有探索達到目標的新視野，並能向員工闡釋準確而具體的目標，讓其了解這些目標對員工、部門和公司的重要意義。對於目標、計畫的

實踐具有一貫性，如改變方向，能給員工一個有說服力的理由，並解釋清楚。

## 三、非智力因素

有高度的事業心和強烈的進取心，有廣泛的興趣，了解相關事件的動向，並有穩定、樂觀的情緒和堅強的意志力。有較強的工作能力和組織能力，能帶動集體協作，樂於接納各種意見，具有敏捷、堅毅、決斷的力量。

## 四、合理用人

知人必須做到不以表面的印象斷人，不能以貌取人，不能以個人好惡為標準，不能以一時一事作結論。用人時應就事擇人，就能授職，用其長而避其短，充分信任，實行授權，用人唯賢而不唯親，並可經由多重管道選用人才，如鼓勵自我推薦、內部招募等，並使人才在不同部門流動，以培養承擔更大責任的能力。

## 五、掌握激勵原則

為部屬提供挑戰性的工作，提供完成工作的相關訊息，聽取部屬意見，建立溝通機制與管道，祝賀表揚部屬的成就。聆聽員工的傾訴，了解他們關心什麼？與部屬進行誠懇交談，讓他們了解你關心什麼？能把員工建議納入改進計畫，如果無法直接接受某項建議，可以間接採用，並表彰提出建議的員工，當部屬不能按時完成工作時，能略加寬容，並向上級說情。

## 六、對待部屬的態度

因寬容而對部屬關懷、愛護、體諒，具有同理心，待人處事做到謙遜、謹慎、主動承擔而不推諉到部屬身上。待人公平、公開、公正，

而不循私護短，或排斥不喜歡的人。學會傾聽、整合別人的意見。知道每一個部屬家庭、興趣、生活上的基本資訊。與員工分享想法，提供建議，但不要告訴員工具體怎樣做。當部屬的某些需求要由高層管理人員決定時，充當他們的代言人。對於破壞權威和工作流程的行為，要直接回應，但要避免衝突的發生，如果部屬不願改進可坦誠平和的邀請對方到適宜地點，一起進行討論，找出彼此同意的解決方法。

## 七、批評部屬時

批評要正確合理，表揚要公開。批評私下為之，要適度，根據對象選擇批評方式，對事不對人，不要拿不同人的行為相互比較，盡量一次只提一件事。不利用批評發洩心中的不滿，不要太冗長，避免譏諷，盡量採取開脫式或商量式的批評。

## 八、幫助部屬進行職業生涯規畫

### 注釋

▲註1 劉祥亞編著，《宜家之父─英格瓦・坎普拉德》（青島：青島出版社，2009年2月第二版），頁166-167。

▲註2 王雪平譯（Robert Stater原著），《思科風暴》（北京：中信出版社，2003年11月第一版），頁183。

▲註3 呂達編著，《巔峰管理─柳傳志和張瑞敏的成功之道》（北京：世界知識出版社，2003年1月第一版），頁127-129。

▲註4 呂達編著，《巔峰管理─柳傳志和張瑞敏的成功之道》（北京：世界知識出版社，2003年1月第一版），頁130-133。

▲註5 林忠發譯（江口克彥原著），《松下人才學：培育人才的十二個觀點》（臺北：麥田出版股份有限公司，1999年7月二版一刷），頁122-129。

# 執行力

　　任何決策的落實、創新的實踐、例行的工作，都要依靠具體的執行來達成。故執行是向著一個目標，執著的行動並達到結果的行為與能力，而執行力就是行為的強度和持續性，能力就是要具備的知識與專業技巧。

　　日本保險業的推銷之神原一平打算拜訪某家公司的總經理，但總經理工作繁忙，不但不易接近，就是連見一面都很困難。原一平經過一番考慮後，決心進行直接拜訪，在抵達該公司後向祕書說：「您好，我是原一平，想拜訪總經理，請您通報一下，只要幾分鐘的時間。」祕書在走進總經理的辦公室出來後回說：「很抱歉，我們總經理不在，你有時間再來吧！」原一平走到公司門外問旁邊的警衛：「先生，車庫裡那輛車好漂亮，請問，是老闆的座車嗎？」警衛回答：「是的。」很顯然，剛剛那位祕書說謊，不讓他見總經理，而謊稱總經理不在。因此原一平決定在車庫等，直到這位總經理出現。但原一平靠在車庫的鐵門旁，竟不知不覺睡著了，正在此時，有人打開鐵門，他嚇了一跳，回過神的時候，那部豪華轎車載著總經理揚長而去。

　　第二天，原一平又去見祕書，但祕書還是說總經理不在。他知道無法硬闖，決定採取「守株待兔」的方法，靜靜的站在車庫出口等總經理的出現。一個小時、二個小時、六個小時過去了，他繼續等待著，最後終於等到總經理的豪華轎車出現，他一個箭步跑過去抓著車窗，另一隻手則拿著名片，說：「總經理，您好，請原諒我的魯莽行為，不過我已拜訪您幾次，但每次都不讓我進去，在不得已的情況下，我才用這種方式來拜見

您，請您多多包涵。」總經理連忙叫司機停車，打開車門請原一平上車。這位總經理非常欣賞原一平的這種精神，拍著他的肩膀說：「如果我公司的職員都像你這樣就好了。」總經理不但接受訪談，還投了保。

原一平的成功，在於他有非常明確、堅定的目標，再加上不畏挫折、勇於行動的毅力，並且還有一個進行的計畫或方法。

## 壹、執行的意義

執行的本身，具有三點含義：一、執行貫穿於組織經營的全部過程，包括制定策略、人員配置、執行營運的三個核心環節。二、執行是一套系統化的流程，包括：1.對方法和目標的討論、置疑、實施及責任的具體落實。2.對組織所面臨的環境做出假設、對組織能力進行評估，將規劃與實際營運的相關人員進行組合，並對這些人員及其所在的部門進行協調。3.隨著環境的變化提出因應變革的假設及提高組織能力的對策。三、執行是組織所有成員的工作。執行是上至最高領導者，下至守衛、清潔工都應該從事的工作，其中領導層不只是從事高瞻遠矚的謀略和構思，也不只是從事決策，而是要親身融入組織具體的運作中，帶領自己的團隊將計畫與目標落實，其他所有的員工也必須各負其責，各盡其職。[1]

在以下美國可口可樂贊助奧運的例子中，可思考公司中的每個人，對贊助案的執行，要扮演的角色。

可口可樂公司在多年對體育與音樂活動贊助的過程中，逐漸形成一套完整的贊助實施步驟。這些步驟是：

### 一、確認贊助權利

在選定贊助對象後，不會只簡單的接受主辦單位已準備好的贊助協議，因他們執行的是能帶動品牌銷售的思維，所以一定要與主辦單位就

整個贊助活動的具體細節進行協商確認，並確定雙方的權利和義務後，才會正式簽約。

## 二、制定贊助活動的完整計畫

著眼全球市場，因地制宜，綜合考慮各種市場情況和具體特點，然後在舉辦單位所提供的贊助權利內容的基礎上，詳細制訂出一套可讓公司所有通路共同執行的贊助活動的完整計畫，以盡可能的利用所擁有的贊助權。

## 三、設計執行策略

計畫的目的是為順利進行，故要制定詳盡的執行策略，如：定點銷售活動、關於電視廣告的運動及服務顧客的方式等。這份執行策略還要包括：如何利用贊助去影響消費者，並促進銷售的各種方案，和其他的一些促銷方式。事實上，當獲取贊助權，公司每花1美元的同時，就已準備再多支出8到10元於其他的促銷方式上，這可以發揮贊助的最大效用。

## 四、爭取內部共識與支持

制定計畫和執行策略後，能得到內部成員的認同是確保其順利執行的必要條件。所以負責人還要向內部高層解釋贊助活動的意義、價值何在？以及能為公司帶來的影響和相關效應，以取得他們的共識和一致性。這可以消除阻力，又能從公司內部獲得更多的資源和支持，並能取得一些修正建議。

## 五、修正策略

在初步溝通後，根據各方修正意見進一步修改和完善這些計畫和執行策略。

## 六、主辦單位協調

與主辦單位進行商討協調，在獲得主辦單位同意後才能正式開始實行。

## 七、規劃廣告宣傳活動

如果沒有成功的廣告宣傳活動，則整個贊助活動都可能功敗垂成，所以要針對整個廣告宣傳提出一套完整詳盡的規劃，並在公司品牌與活動之間找到恰當的聯繫方法，使之成為有助於推銷公司產品的可行方案。

## 八、正式推出執行

在上述可口可樂公司的事例中，可以看到完整執行的過程，以下我們再看一位領導人執行職務時的作為。[2]

曾任通用汽車公司總裁及董事長的斯隆，在加入通用公司後，為了重建通用公司，在紐約的辦公室，整個白天都在工作，甚至在晚餐後還要再工作一段時間。他很少午休，並通常是在辦公桌或者其他工作的地方吃午餐（他經常帶著一塊用蠟紙包著的三明治上班，這也成了他以後的習慣）。他每兩週就要乘火車去一趟底特律。在當地，除了工作外很少作別的事情，並且為了提高留在當地時的辦事效率，斯隆在新建成的通用汽車公司的大樓裡設了一個小臥室。每天晚上都較早的就寢，以便在第二天能保持充沛的體力。他耐心的向通用公司的同事們解釋說：「沒有辛勤的工作，我們無論有多大的才能，將一事無成，並且除此，沒有任何捷徑。」這也就是他花費大量時間進行管理的原因。

斯隆長時間貫注工作的另一原因，是因為他相信，最重要的決策必須建立在所有可得的相關事實的基礎上，並且必須得到所有相關人員的接受。在他年老的時候，在洛克菲勒中心30號幾乎未經裝飾的辦公室

裡，牆上掛著一塊匾額，上面刻著他在通用汽車公司時期一位老同事的話：「如果不知道技術事實的話，一個人就不能做出最佳的決策。」而斯隆就是如此不斷的搜集事實。在紐約時，他整天都在閱讀報告，在不閱讀或者撰寫報告的時候，他就一定是在會議上聽取其他人提供基於他們自己閱讀或者撰寫的報告而得到的訊息。1921年時，斯隆用了許多時間獨自或與別人合作，試圖找到如何獲得以事實為依據的合適報告，以使他和其他的管理階層能夠作出適當的決策。至於直覺、本能反應、感覺，這些在公司的決策過程中是不存在的。

斯隆曾說：「我想如果工業界知道我們在作出管理決策之前是怎樣看待事實的，必然會大吃一驚，因為我們不避繁瑣、不吝時間的努力獲取事實，並將這些事實有建設性的、戲劇性的呈現在需要作出決策的管理人員或團體面前。」而在擁有相關的事實之後，理性的心必然就會對最佳的行動路線達成一致意見，從而投身團隊去實施決策，而團隊的目標是以公司的獲利能力為前提。

所以斯隆認為他的工作就是掌握能夠使他管理人員、財務、機器以及市場的信息，並據以重組公司結構，重新思考公司的戰略。

## 貳、執行力來自明確的目標

在承擔一項任務後，在腦海中就必須有非常明確的目標：努力的方向，最後的成果。這個明確的目標，可以使人集中精力完成某項任務，並排除外部的干擾，抑制不必要的活動；其次，明確的目標可以強化人的自制力，而在自制力的調節下，人能夠選擇正確的活動動機，調整行動計畫，同時理智的克制自己的欲望，分別以輕、重、緩、急去安排自己的工作，調整自己的行為。

明確的目標所以能產生執行力，可對照以下二則事例。

其一，1952年7月4日清晨，美國加州海岸籠罩在濃霧中，一位三十四歲的婦女弗羅倫絲‧查德威克從加州外海卡塔林娜島開始向加州海岸游去。由於海水很涼，她凍得全身發抖；而霧又很大，她幾乎都看不到護送自己的船隻。15個小時後，她又累又餓，凍得全身發麻，她認為再也游不動了，就叫人把她拉上船，這時候她的教練和母親在船上對她喊著說：離岸邊很近了，不要放棄，但是查德威克往加州海岸望過去，除了濃霧之外，什麼都看不到，於是堅持把她拉上船，但事實上當時她的位置距離加州海岸只有半英里，所以令她半途而廢的既不是疲勞，也不是寒冷，而是因為在濃霧中看不到目標。兩個月後，在一個晴朗的日子裡，查德威克成功的游過了卡塔林納海峽，她不但是第一個游過該海峽的女性，並且比男性的紀錄還快了兩個小時。

其二，海爾集團OEC管理法的基本核心就是「日事日畢，日清日高」。所以每個員工對每項工作都能自我設定目標、自我發展、自我約束，並實現良性循環。而該集團洗衣機海外產品經理崔淑立則將日清日高管理法創造性的轉化為「夜半日清」。崔淑立剛接手美國市場時，同事們都說：「要拿下美國的A客戶非常困難。」因為前面幾任的產品經理對客戶都無法有所作為，以致業績平平。但崔淑立不信爭取不到A客戶的訂單。有天，崔淑立剛上班就看到A客戶寄來的要求設計洗衣機新外觀的郵件，因為時差為12小時，此時剛好是美國的晚上。崔淑立很後悔，如果能即時回覆，客戶就不用再等到第二天了。從這一天開始，崔淑立決定以後晚上過了11點再下班，這就表示可以在美國當地下午的時間處理完客戶的要求。

3天過去了，「夜半日清」讓崔淑立與客戶能及時進行溝通，研發部門很快完成了新外觀洗衣機的設計圖，就在決定把圖樣寄給客戶時，崔淑立認為還必須配上整部洗衣機的圖樣，以利客戶確認。當她逼著同事完成「日清」——整理出整機外觀圖並寄給客戶時，已經是晚上12點了。大約清晨1點，崔淑立回到家裡，立刻打開電腦。當她看到A客戶

的回覆：「產品非常有吸引力，這就是美國人喜歡的。」崔淑立高興的睡意全消，為自己的「夜半日清」產生效果而興奮不已。在樣品機製造過程中，崔淑立常常在半夜起床打開電腦看郵件，可以回覆的就即時回覆。A客戶完全被崔淑立的這種精神打動，推進的速度更快了。不久，A客戶的第一批訂單終於敲定。

在第二個事例中，可以看到市場沒有變、客戶沒有變、目標沒有變（打進美國市場）、拿大訂單的難度也沒變，改變的只是崔淑立的執行力。事實上，她可以把問題推給時差，但她接受任務，只識目標，不說理由，堅持「有時差，也要日清」。

在第一個事例中，可以看到地點、條件、能力也沒有變，唯一的差別是查德威克第一次泳渡海峽的時候，因為濃霧而看不到目標（海岸）的情況下，失去信心，選擇了放棄。但在二個月後的晴朗日子裡，因為海岸的歷歷在目，而獲得成功。

## 一、明確的目標帶來品質的要求

俗語說：「生於憂患，死於安樂」，所以在達成目標的過程中要具有憂患意識，而在執行任何任務時，都務必竭盡全力，不滿足於尚可的工作表現，要做到最好的，才能成為公司不可或缺的員工。當然一個人不可能做到完美無缺，但是在不斷增強自己能力、提升自己各種條件的同時，對自己的要求標準會越來越高，從合格邁向卓越。

美國有一家公司在韓國訂購一批價格昂貴的玻璃杯，為了確保品質，美國公司派了一位人員前往督導，他發現生產的玻璃杯品質都是世界第一流的，幾乎完美無缺，該工廠的自我要求比自己的公司還嚴格，實在沒什麼好挑剔的。有一天，他無意間來到生產的廠房，發現工人們正從生產線上挑出一些杯子放在旁邊，他上前仔細觀察一下，發現兩種杯子沒有什麼差別，就好奇的問：「挑出來的杯子要做什麼？」工人一

邊工作一邊回答說：「這些是不合格的次級品。」他不解的問：「可是我並沒有發現它們和其他的杯子有什麼不同啊！」

工人拿起一個杯子說：「你自己看，這裡多了一個小氣泡，這說明杯子在吹製的過程滲進了空氣。」他回說：「可是那不影響使用啊？」工人很自然的回答說：「我們既然工作，就一定要做到最好，任何的缺點，哪怕是客戶看不出來，對我們來說，也是不允許的。」他問：「這些次級品的杯子，一個能賣多少錢？」工人回說：「10美分左右吧！」

當天晚上，這位美國公司的員工寄了封電報向總公司匯報說：「一個完全合乎我們檢驗標準，價值五美元的杯子，在這裡卻在無人監督下被工人用幾近苛刻的標準挑選出來，只賣10美分，這樣的工人堪稱職場典範，這樣的企業還有什麼不可信任的？我建議公司與該企業簽訂長期的供銷合同，而我也沒有必要留在這裡了。」

但是如在執行的過程中，總是為自己工作的不完善找理由、找藉口，久而久之就變成惡性循環，甚至拖延、畏難。

心理學有所謂的「破窗效應」，其意是指任何一種不良現象的存在，都在傳遞著一種信息，這種信息會導致不良現象的無限擴展。美國史丹佛大學的心理學家菲利普·辛巴杜做了這樣的一個實驗，他找來兩輛一模一樣的汽車，分別停放在一個中產階級的社區和一個雜亂的社區，並把停放在後者的汽車車牌摘掉並打開天窗，結果一天之內那輛車就被偷走了。而擺放在中產階級社區的那部車過了一星期仍然完好無損。後來，心理學家自己用錘子把車窗玻璃敲了個大洞，結果幾個小時後，車子不見了。這證實不良現象的存在會導致不良效果的無限擴展。

因此，在執行過程中要進行預防性管理，要避免不想要的結果出現，就要在事先採取一些具體行動，當問題發生前就要做好預防準備，並主動找出可能存在的問題予以解決，而不是坐令問題的發生、存在、惡化。並且對工作本身積極、主動可形成良性循環。

## 二、確定完成的期限

在確定目標、擬定計畫、步驟後，要立刻付諸行動，並訂下完成的期限，因為沒有期限即無法衡量進度和結果。比爾‧蓋茲曾說：「過去，只有適者能夠生存；今天，只有最快處理完事物的能夠生存。」所以對一位高效率的工作者來說，最佳完成工作的日期是昨天。也就是為工作訂出較短的時間，盡快完成任務，而避免拖得太長產生惰性，另一面也可以克服人拖延的習慣。

設定最後期限，可以提高工作效率，因為人往往會在面對一項工作或任務時，遲遲不肯開始著手工作，能拖就拖，直到拖到實在不能再拖的時候，才會努力去完成它，每個人在生活上都在重複著這種心理狀態，做著類似的事情。

對此，心理學家在一所小學作了以下的實驗，說明設定期限的重要性。該實驗是要求一班小學生閱讀一篇課文，第一次閱讀時，老師規定學生要在5分鐘內完成閱讀，結果全班所有的學生都在5分鐘的時間內完成；第二次閱讀時，老師規定學生在8分鐘之內讀完即可，結果所有的學生都是用了8分鐘才完成閱讀，沒有一個學生是在5分鐘左右讀完的，這個實驗就反映了「期限」對人的行動所發生的作用。

## 參、找出問題、用對方法

一個人的成功，經常並不是看他的勤奮和努力，而在於是否能發現問題，並迅速的找到解決問題的方法，因為方法得當，即使問題再棘手，也有解決的可能。相反的如沒有合適的方法，一味勤奮做事，只是浪費時間和資源，而不會獲得美好的結果，所以很多員工績效不理想並不是因為他們不勤勞、不積極，而是因為沒有找到正確的方法。

如一位取得國外金融財務相關學位的碩士，任職於知名的證券公司，但三年後，他仍然只是一名普通的職員，其中問題的關鍵就在他的工作方法上。對於每一次上級交付的任務，他都會投入全部的熱情和專注，他會找到所有需要的數據進行分析，然後進行繁複的統計工作。每一天他都在不停的做著統計和分析，碰到複雜的數據時，非要弄個清楚，這種勤奮刻苦的精神是很可貴的，但他似乎陷入為分析而分析的陷阱中，不能自拔，隨著時間的過去，卻始終沒有一個具體可行的方法。因為他沒認識清楚工作不同於學術研究，勤奮篤實固然沒錯，但探究「為什麼」遠不如「什麼對目前的工作有益」更重要。所以花費大量的時間和精力，卻沒有獲得應有的效果。

　　所以在面對任務、工作的時候要化繁為簡來提高執行的效果，對此可參考借用十四世紀英國數學家威廉所提出的「奧卡姆剃刀定律」，他在《箴言書注》一書中曾說：「勿浪費較多東西，去做用較少的東西同樣可以做好的事情。」其意思為：在我們做過的事情中，可能大部分都是無意義的，而隱藏在事物中的一小部分才是有意義的，所以複雜的事情往往可以經最簡單的途徑來解決，做事要找到關鍵，即最佳、最好、最重要的事情去加以發揮，並放棄那些次要的、複雜的、相對不重要的事情。

　　崔西是美國著名的行銷大師，他曾與一家大型公司合作過。該公司設定了一個目標：在推出新產品的第一年裡實現100萬件的銷售量。該公司最優秀的銷售精英們召開了連續8個小時的群策會議後，得出了幾十種實現100萬件銷售量的不同方案，每一種方案的複雜程度都不同。這時，崔西建議他們在這個問題上應用奧卡姆剃刀原理。他說：「為什麼你們只想著通過這麼多不同的管道，向這麼多不同的客戶銷售數目不等的新產品，卻不選擇通過一次交易向一家大公司或買主銷售100萬件新產品呢？」崔西說完後，整個房間內鴉雀無聲，有些人看著崔西的表現，就像在看著一個瘋子。然後有人說話了：「我知道一家公司，這種產品可

以成為他們送給客戶很好的禮物，而他們有幾百萬客戶。」最後，根據這一想法，他們得到一筆100萬件新產品的訂單，他們第一年的目標便實現了。

所以不論在執行過程中遇到何種困難或問題，都應該思考：什麼是解決這個問題或實現這個目標最簡單、最直接的方法。

## 肆、讓自我處於強迫狀態

在日常生活中，應在身心兩方面學習放鬆，就像蓄電池一般不斷的充電，在需要時全部發揮出來。但要分別的是，放鬆狀態不等於毫不在乎，因為放鬆太過就會產生負面影響。因此人在面對重大事件前需要適度的緊張，大腦才能在緊張的情緒中，保持生機和活力，使工作目標能順利的達成。這就如同鯰魚效應的事例中所顯示的。

挪威人在飲食上有個習慣，喜歡吃活的沙丁魚。因此，在市場上活沙丁魚比死沙丁魚的價格要貴許多，但因沙丁魚是一種不易活的魚類，所以儘管魚販們想盡各種方法讓沙丁魚活著，然大部分的沙丁魚都死於運送途中。可是有一位船長找到解決問題的方法，他在裝滿沙丁魚的魚槽裡，放進一條以沙丁魚為主要食物的鯰魚，這時沙丁魚群見到鯰魚後十分緊張，在魚槽裡不停的四處逃避，加速游動，而這正是沙丁魚能夠活著的祕密。

因此，許多人的工作表現平庸，就是對環境有太多安逸的感覺，滿足現狀，不想有所改變，但在工作上有所表現的人，則都是經常讓自己處於一個適度的忙碌、緊張狀態中，在對外來各種信息的刺激下，就會產生高度的敏感性，腎上腺會因此分泌出大量的激素，使人產生能量和動力。

除了給自己緊迫感、危機感外，還要讓自己有意識的處在強迫狀態中，不完成任務、不達成目標，絕不停止。

強迫狀態是精神病學的名詞，係指某種思想、某種懷疑、某種情緒、一句諺語、一個詞句或一個旋律及伴隨而來的某一動作等，總是頑固的盤據在病人的意識中，產生焦慮、不安。當事人為了擺脫強迫現象的痛苦和折磨，在潛意識中為自己規定了必須執行的整套習慣性動作，然後病人就能暫時擺脫強迫現象，而得以安心，但不久後，這種強迫現象又會再度發生。所以強迫狀態的特點在於它的固執性和恆定性，當事人雖想盡一切辦法要擺脫，但無濟於事。

譬如，有些患者內心有一種不可抗拒的意向，要去數一數他能看到的一切物件，如路邊的電線桿、路上的行人、皮包裡的錢等，都作著毫無必要、毫無意義的頑強重複計算。懷疑門鎖、瓦斯開關未關好，而重複進行檢查。而嚴重程度未達精神病人的一般正常人，在日常生活上也會發生過類似的經驗。

但我們可進一步將精神病學中的強迫狀態引入創造心理學中，因為所謂大科學家、大藝術家和大思想家等幾乎沒有例外的都是受到強迫性意向趨使的人，意向的強弱決定成就的大小。英國的數學家、天文學家哈密爾頓也是受到強迫意向趨使的人，因為他的「計算癖」頗近於精神病患。他發現了四元數的運算方式，發現的過程是：他長年的處在一種強迫狀態中，他的行為引起妻兒的關心，經常在早餐的時候，孩子們問他：「父親，您的問題解決了嗎？」他總是回答：「沒有。」後來他回憶問題解決的過程：「明天是四元數十五歲生日了。一八四三年十月十六日，當我偕同哈密爾頓夫人步行去都柏林途經布洛瀚橋的時候，它們就來到了人間；或者換言之，它們就呱呱落地，發育成熟了。這也就是說：此時此地我感到是 $i$、$j$、$k$ 之間的基本方程。……我感到問題就在那一時刻解決了，智力該喘口氣了，它已經糾纏了我至少十五年之

久。」這就是一種典型的強迫狀態，因為意向的頑強和恆定，在時間上持續了十五年之久。而哈密爾頓與一般精神病患的不同處，在於後者的行為出於無意識。

所以當一個人承擔和執行重大計畫、任務的時候，可以自己對自己施加壓力，造成一種緊迫感、使命感，讓自己在任務達成前處在一種創造性的強迫狀態中，恆定的向一個目標前進。

## 伍、執行力來自身心的健康

保持身心健康是每一位身處職場的人都必須重視的習慣，因為充沛的體力和旺盛的精神是成就任何事業的先決條件，自然也是執行任何任務、計畫、設計研發工作的必要充分條件，以發揮最高的工作效率。

### 一、合理的飲食

每天的食物中，醣、蛋白質、脂肪、礦物質、維生素等人體所必需的營養物質，一樣也不能欠缺，同時還必須克服兩種不良的飲食傾向：一是食物營養和熱量過剩，二是為了某種目的而節食，以致食物中某些營養素和熱量不足。此外，應注意以下事項：

1. 脂肪類不可多食或不食。脂肪類是大腦活動所必需，如缺乏將影響大腦正常的思維功能，但若食用過多，則會使人產生欲昏睡的感覺，而且長期積累會因過剩而肥胖。

2. 維生素均衡，不可缺乏。經常使用電腦者容易眼睛疲勞、視力下降，而維生素A可預防視力減弱，故可多吃魚、豬肝、韭菜、胡蘿蔔、茄子等富有維生素A的食物。常處於辦公室的人，曬太陽的機會比較少，易缺乏維生素D，需多食魚類、蛋黃、花生油、魚肝油等含有維生素D的食物。當在職場承受巨大心理壓力時，維生素C的消耗量將顯著增加，故要多吃蔬菜、水果。

3. 補充鈣。在工作中為避免上火、發怒、爭吵等情緒激動，可多吃牛奶、優酪乳、魚乾、骨頭湯等，因為鈣具有防止攻擊性和破壞性行為發生的鎮靜作用。

4. 利用鹼性食物的抗疲勞作用。高度的體力活動後，人體內新陳代謝的產物棗乳酸、丙酮就會蓄積過多，造成人體體液呈偏酸性，使人有疲勞感，為了維持體液的酸鹼平衡，可多吃西瓜、桃、李、杏、荔枝、櫻桃、草莓等水果的鹼性食物。

5. 現代人外食過多，但往往那些食物的碳水化合物過高，而維生素和礦物質含量則相對不足，故平時應多吃一些瓜果蔬菜及豆製品、海帶、紫菜等。

6. 適時適度補充水分。人體大部分由水組成，成年人占體重的 60%~70%，故對人體的健康影響很大。因此：(1)不要等口渴時才喝水，因當口渴時，表示體內水分已失去平衡，所以要養成定時喝水的習慣；(2)不要一次快速喝大量的水造成胃腸和腎臟負擔；(3)喝水以喝溫開水為宜，因為它的表面張力、密度、導電率等生理特性都比較接近人體細胞內的水，很容易被人體利用；此外，亦可飲用礦泉水（內含人體所需的金屬離子，如鈣、鎂、鉀等）或電解水。

## 二、有恆的運動

適量的運動，不但能維持健康，並能增加體能儲存，準備處理困難的工作或新的任務，這是因為：1.運動能使人精力充沛，從容應付日常工作。2.運動能使人處事樂觀、態度積極。3.運動促進睡眠，利於休息。4.運動能增強應變能力，適應各種環境變化。5.運動能提高免疫力。6.運動能使四肢靈活，無疼痛。7.運動能使反應靈敏。

所以應該堅持每天鍛鍊身體，並且可選擇最簡單、最不花費金錢的方式，如每天散步半個小時，一個星期只要三天，就能提供足夠一個人

維持健康的活動量。當然最好的運動是會流汗的有氧運動，因此可選擇每天快走半小時，盡量不搭電梯改走樓梯，或住家與上班地點不遠時改騎自行車或步行上班，假日則可去郊外健行或爬山，這不僅可以增強心肺和呼吸系統，也可以讓頭腦清醒和緩解疼痛，並且提供和大自然接觸的機會，感受季節的變化。

## 三、學會主動休息

多數人在深覺疲勞不堪時才休息，但正確的作法應該是主動休息，在不疲勞時也能休息片刻，這是預防疲勞、保持精力旺盛的有效方法。因為人體持續工作越久或強度越大，疲勞的程度就越重，消除疲勞的時間就越長。這是因人疲勞的產生有一定的物質基礎，即人體在新陳代謝的過程中，產生的二氧化碳、乳酸、非蛋白氮等累積到一定程度時，人就會感到疲勞。雖然人體內也有能消除、轉化這些引起疲勞物質的機制，但有一限度，即必須在疲勞物質的數量在一定標準下時可以很快的被消除，但當其數量達到某一程度時，消除疲勞的時間大為延長，並且造成無精打采、無法專心又易引起疾病的發生。

所以人在未感到疲勞時就主動休息，效果會更好，如軍隊行軍時，每隔50分鐘就休息10分鐘，行軍的速度不但加快並更持久。其方式可有：1.參加重要活動前，先短暫休息。2.每天睡足7～8小時，星期天則徹底放鬆休息，為下週的忙碌工作打好基礎。3.做好整天的工作安排，除工作、進餐及睡眠外，明訂一天內的休息次數、時間、方式，除非必要，不輕易改變或取消。4.做好工間休息，如每小時休息5分鐘，站起來走動一下，去茶水間泡杯咖啡或倒杯茶，或做幾個深呼吸。

## 四、按生理時鐘作息

生理時鐘是體內各種器官所固有的生理規律，人體內的生物鐘約有100多種，在大腦的統一指揮下協調各器官的功能，並且規範著人的活

動，因此人需要按自身的生理時鐘來安排生活作息，如晚上10點上床，早晨6點起床，7點早餐，9～11點精力充沛，記憶力強，是工作或學習的好時段。中午12點進午餐，下午1～3點體溫下降，荷爾蒙分泌減少，人需要放鬆，可午睡20分鐘，下午3～5點是另一個精神與體力的高峰期，6點左右吃晚餐，7～9點記憶力強，是一天當中第三個工作或學習的黃金時段，而10點又到上床入睡的時候。但如果一天中，晚上熬夜，中午不休息，三餐不定時，則將整天昏昏沉沉，疲憊不堪。所以希望身體健康，具有工作效率，就要養成按生理時鐘作息的好習慣。

## 五、保持樂觀心態

工作上處處都有不盡如人意的地方，而失望、焦慮、恐懼、精神沮喪等也可使人精力衰竭，因此要養成坦然面對現實，調整自己的心態。

1. 面對壓力。來自工作的壓力，會讓人精神緊張，但又不能不去面對。但長時間的飽受壓力下，工作效率就會開始下降，停滯於目前的狀態而不能有所突破，情緒易陷於暴躁、悲觀，人際關係則可能變得緊張，身體變得易疲勞、失眠，最後影響內泌系統失調，釀成更大、更多的疾病。因此當心理和身體因為壓力而出現某些不正常症狀時，可向專家進行諮商輔導，或經由某些手段進行自我減壓，如不要在家裡或工作時間外繼續工作，不要急於求成，重新檢討對工作的期望、熱情和目標；分清事情的輕重緩急，敢於和善於捨棄，要在適當的時候說：「不」；要善於授權或求助他人；要改變自己可以勝任一切、完成一切的想法；多運動，多培養興趣及養成微笑的習慣。最後以樂觀的態度對待壓力，將其變成驅策個人前進的動力。

2. 面對恐懼。對於失敗的可能發生或對自己的缺乏信心，會產生焦慮不安或憂慮，但恐懼是一種心理現象，是一種幻想中的怪物，而真實的情況絕不如我們擔心中的嚴重。要克服恐懼：

(1) 進行自我激勵。不斷在內心對自己說：沒有什麼可恐懼的，自己一定能做到、做好，就能鼓舞自己作出抉擇並採取行動。

(2) 用事實克服恐懼。許多事情在沒有做的時候，常會感到恐懼，但一旦行動後，恐懼就消失了，而如果最後成功了，就能夠建立起信心。

(3) 想像事情最壞的結果，如果連最壞的結果都可以承受，就沒有必要再恐懼下去。

## 注釋

▲註¹ 參邢群麟、李衛平編著，《執行》（北京：中國廣播電視出版社，2006年12月第一版），頁29-31。

▲註² 參楊春偉、徐苑琳編著，《全球飲料龍頭：可口可樂》（上海：上海財經大學出版社，2007年4月第一版），頁63-65。

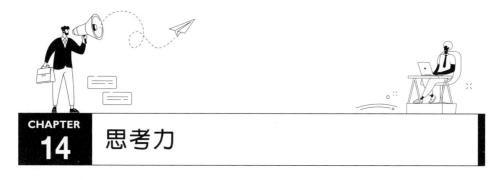

　　正確的思考可以提升人的工作效能、人際關係與生活品質。而正確的思考流程包括以下四個部分：

1. 發現問題。是在思考過程中是最困難的，因為在未找到、提出問題前，既不知道要尋找什麼方法、途徑，更不可能解決「問題」。

2. 分析情況。在找出問題後，必須收集各種有關的訊息，分析探討問題的各不同層面。

3. 尋找可行的解決方案。不要只尋找一個方案，以免在其失敗或受挫折時，缺少替代方案；至於在採用現有方案時，要考慮到環境、條件有無差異。

4. 科學驗證。必須對找到的可行方案進行檢驗和證明，是否確能解決提出的問題。

## 壹、找出與解決問題

　　比爾・蓋茲指出：「通向最高管理階層最快的捷徑，是主動承擔別人都不願意接手的工作，並在其中展現你出色的創造力和解決問題的能力。」這就像楊基寬先生所說的；問題在哪裡，你的價值就在哪裡，擁抱問題與付出就是鼎立職場最好的兩個方法。

　　解決問題前必須要先對問題進行正確的界定，弄清楚「問題到底是什麼？」否則，只是膚淺、表面的去解決問題，是沒有實效的。

　　如生產運動鞋的愛迪達公司在1927年時，因為訂單的大量湧入，工廠忙不過來，但雖然招進大批製鞋工人，仍然無法應付生產需要，只好召集員工開會研究對策，這時一位叫傑克的員工舉手發言：「我認為，公司的根本問題不是再找更多的製鞋工人，因為不用這麼多人也能解決問題。因為真正的問題是提高生產量，而增加工人只是手段之一。」

　　大家聽了，只覺傑克說的不著邊際，但老闆阿迪‧達斯勒卻鼓勵他繼續說下去，傑克低聲的說：「我們可以用機器來製鞋。」大家從沒聽過可用機器製鞋的，況且也沒有這種機器。但傑克的話卻電擊了達斯勒，他說：「傑克的話指出了我們一個思考的盲點，我們一直認為我們的問題是招進更多的技工，但傑克卻讓我們看到真正的問題是要提高生產效率，儘管他不會製造機器，但他的思考方向很重要，發給獎金500馬克。」並立刻由專家組成團隊著手研製生產鞋子的機器。四個月後，機器做出來了，愛迪達公司也成為世界知名的運動鞋大廠。

　　若干年後，達斯勒在自傳寫道：「這位員工是值得感謝的，他使我明白一個非常重要的概念：遇到難題時，首先要對問題進行界定。如果不是這位員工指出公司的根本問題是提高生產效率而不是招募更多工人，那我的公司就不會獲得這樣的發展。」

　　這說明界定問題是解決問題的前提。

## 一、何謂問題

　　問題是由三個部分所組成。

1. 問題的初始狀態。是已知的關於問題條件的敘述，問題產生的原因。如：汽車有避震系統、椅子也有彈簧，但行駛在顛簸路段，仍然有不舒適感。

2. 問題的目標狀態。增加乘坐的舒適性，不受車身震動干擾。

3. 差距。是問題的給定目標與初始狀態間直接或間接的距離，其必須經過一定的思考活動和具體措施，才能達到目標。即由當前目標向目標狀態轉化的一系列的奮鬥。如為減低車身震動可改進底盤及避震器。

## 二、提出問題

提出問題及形成問題，是在過去的經驗或直覺分析的基礎上，對問題情境的認知，以發現或組織問題的過程。

為提出有價值的問題，在醞釀、思考問題時可參用以下的思考技巧：

### （一）列舉思考

利用缺點列舉法分析事實，發現缺點並找出可能克服或改進的方法。

利用希望點列舉法提出對事物的希望或理想，將問題的目的聚合成為焦點進行考慮。

利用特性列舉法將對象分析成各組成部分，找出其特性與功能特徵，以研究對應的可行性及替代方案。

### （二）收斂思考

在眾多的問題中，根據客觀環境、現有條件及其所具價值、重要性的高低，找出關鍵問題，以追求最好的結果。

其對問題的選擇原則包括：對問題的熟悉度、重要性、緊迫性，並排除自己能力或目前無法處理的問題。

此外，在個人能力的提升上，要增強對問題的敏感性，保持好奇心與提高觀察力，抓住經驗事實與既有理論的矛盾、抓住規律性的不良現象（如不良品）等。

## 三、確定問題

對問題的目標要求進行分析，找出問題的實質目標，並經由對目標要求進行分析，轉化要求。

## 四、解決問題

對需要解決的問題進行整體性思考，分析其結構，如何表達到合理化或優質化，或以改變規則的方法解決問題。

## 五、評價問題

對解決的方案要評估其有效性、合理性、可行性。

在產品的技術性評價方面，要評價方案在技術上的先進性和可行性，如可靠行、有效性、保養維修的難易、操作的便利性和能源消耗等。此時也可就幾個方案以具體指標進行對比分析。

在經濟效益的評價方面，要考慮成本、利潤、市場需要、回收期、生產條件等。

（以上參考張子睿，《創造性解決問題》，中國水利水電出版社，頁144～153。）

如在甲地的一些工廠排放汙水，使河川受到嚴重汙染，也使當地居民生活受到威脅，不斷向環保單位進行舉發。於是地方政府決定針對工廠隨意排放汙水問題採取對策。

首先對這些工廠進行罰款，但汙水仍繼續流入河川，於是強制這些工廠必須在廠內設置汙水處理系統，使問題得到解決，但卻發現汙水仍不斷流進河川，特別是有些工廠為節省採購汙水處理設備的費用，埋設暗管繼續排放。最後地方政府立法規定工廠的水源輸入口，必須在其本身汙水輸出口的下游，這項規定立刻使問題從根本上獲得解決，因為工廠排出的是汙水，則輸入的也將是汙水。

同樣在人際關係陷於緊張時，也可依此找出問題關鍵點，予以化解。

## 貳、簡單思考

在西元十四世紀時，奧卡姆的威廉(William of Occam)提出一個重要的概念：「如無必要，勿增實體。」其意指：只承認一個確實存在的事物，凡干擾這一具體存在的空洞概念都是無用的空言，應將其取消。因而此概念的運用，是捨棄一切複雜的表象，直指問題的本質，而切勿將問題複雜化。

在音響開機後，卻發現毫無反應，我們的第一個動作是檢查電源接頭，而不是將音響拆開檢查。美國太空總署曾公開徵求供太空人在太空中使用的書寫工具，當然這種筆要能適應在太空艙中的一些使用狀況，如：必要時能讓筆嘴向上書寫，要幾乎能永遠不需補充墨水或油墨，必須在真空環境中使用。

消息傳開後，各種出奇的設計方案蜂擁而至，但來自德國的一封信上卻只寫著幾個字：「試過鉛筆沒有。」

因而許多問題往往可經由最簡單的途徑予以解決，但我們接受的知識越多，就越容易將問題往複雜的方向思考；心中告訴自己問題有多困難，多麼難以解決，於是不斷尋找各種複雜的方法試圖解決問題，但又無法找到正確方法，於是更堅信問題的困難度，解決的方法一定是更高深的，此時往往忽略簡單方法的存在。

據說，有一位科學家帶著自己的研究成果請教愛因斯坦，愛因斯坦隨意看了最後的結論方式，說：「這個結果不對，你的計算有問題。」這位科學家聽後不高興的說：「你根本連計算過程都沒有看，為什麼就說結果不對呢？」愛因斯坦笑著回答：「如果是對的，那一定是簡單的，是美的，因為自然界的本來面目就是這樣的。你的論文結論太複雜

了，一定是哪裡出了問題。」於是這位科學家半信半疑的仔細檢查自己的推論過程，果然結論不對。

古希臘時代，在朱比特神廟裡，有一個著名的「戈底烏斯繩結」，當人們看到這個繩結把牛軛繫在轅車上的技巧時，都為之驚嘆。而據當地流傳的神諭說：能解開繩結的人，就能成為亞細亞之王。但卻始終無人解開過繩結，因為根本找不到繩結的頭在哪裡。有一天，當亞歷山大攻下戈底烏斯城時，到了朱比特神廟，在將繩結仔細的研究一番後，拿起配劍，將繩結劈成兩半。亞歷山大避免嘗試用複雜的方法解決問題，而是用一個簡單的動作，揮劍一砍，複雜的問題就解決了。

這種簡單思維在職場中的運用效果如何？

有一家日用品公司換了一條新的生產線，將生產出來的香皂自動包裝置入香皂盒中，但卻接連接到客戶的投訴：買回家使用時卻發現香皂盒是空的，裡面沒有香皂。這引起公司的重視，立刻著手解決問題。一開始準備以人工在包裝線的終端進行檢查，但因缺乏效率被否決。最後該公司在一個由自動化、機械、電機等專家組成的小組進行專業的研究後，在包裝線的終端開發、裝置全自動化的X光透視檢查機，透視檢查等待裝箱的香皂盒，如果是空的就用機械手臂取走。

同樣的問題，也發生在另外一家小公司，結果該公司的工人申購了一臺強力的工業用電扇，放在包裝線的尾端吹香皂盒，如果是空的，立刻被吹走。

第一家公司組合了各種專家，將問題複雜化，花了鉅額的費用；但第二家公司不需要考慮任何技術問題，花小錢，買了臺工業用電扇，問題也同樣解決了。

這說明高深的學問、專業的技術、過多的思考，往往使問題複雜化了，畫地自限自己的思考範圍，使一件簡單的事情變成複雜化，複雜的

思路不但不利於問題的解決，反而使解決問題的人陷入複雜的陷阱中，但事實上許多問題的解決是不需要複雜的研究過程或複雜的思考。

世界著名的建築大師格羅培斯設計的迪士尼樂園經歷三年的施工，即將正式開放對外營運，然而園區內連結各景點的路線要如何規劃，格羅培斯卻傷透腦筋，特別是人正在巴黎參加活動的他接到美國國內施工部門的催促電話時，更加心煩，因為對路徑的安排，已經修改四、五十次，卻始終還不能滿意。

有一天，他搭車經過法國南部鄉間，因當地是葡萄盛產區，到處都是葡萄園，一路上看到許多葡萄農把摘下的葡萄在路邊叫賣，卻乏人問津。但當車子進入一處小山谷時，卻發現附近停了許多車輛。原來這是一處無人看管的葡萄園，主人是位老太太，因年紀大了無法料理，所以想出一個方法：只要遊客在路邊的箱子裡投下五法郎就可以入園摘一籃葡萄。結果生意非常好。這種給人自由、任其選擇的做法，使格羅培斯受到啟發，在買了一籃葡萄後，立刻折返巴黎，致電施工部門，在樂園的所有空地撒上草種提前開放，不久草長出來了，而在提前開放的半年期間，草地被遊客走出了許多或寬或窄，渾然天成的路徑。然後格羅培斯叫施工部門照著這些路徑鋪設園區道路。1971年，在倫敦舉行的國際園林建築藝術研討會，將迪士尼樂園的路徑設計評為世界最佳設計。

因此在面對、思考、解決問題的時候，過於追求全面、完美的時候，往往變成畫蛇添足，這時候要保留必要的部分，去掉不適宜的累贅，在工作時不要只想面面俱到，而是要掌握問題的關鍵，並善於運用自己掌握的的能力。同樣在人與人的交往時，也應掌握簡單化的原則。簡單的思考方式和視角往往是成功做人做事的原則。

譬如誠實是最簡單的，但很多人在求職的時候往往不能保持真實的自己，不能以真面目示人，不能完全坦誠，而給面試官一些認為他想要的東西，而犯下錯誤。

人與人間經常發生爭論，不但影響情緒、工作，甚至破壞人際關係，但爭論本身是否有無必要性，則可簡單試問自己：1.這次爭論的意義，如果是一些根本不相關的小事情，還是避免爭論為佳；2.此次爭論的起因是基於理智或是情緒上（虛榮心、表現慾等）？如是屬於情緒上的，則不須繼續爭論；3.對方對自己是否有深刻的成見？如果是的話，無非使情形更加惡化；4.自己在爭論中究竟可以得到什麼？又可以證明自己的什麼？此時可以發現許多爭論既無必要又無意義，只是造成人際關係的緊張和裂痕。

## 參、換位思考

換位思考是設身處地將自己擺放在對方的位置，用對方的視角看事情。

某天有一位年輕的員工找到美國鋼鐵公司的老闆卡耐基，表示因為家鄉的房屋進行拆遷，所以妻子和小孩失去住處，必須請假回家作一安頓，但因當時公司業務繁忙，人手不足，卡耐基不想讓他請假，就說了一番「個人的事再大也是小事，公司的事再小也是大事」等道理來安撫他，沒想到這位年輕的員工竟然急哭了，並且憤怒的說：「在你們眼裡是小事，可是對我來說卻是天大的事，我的妻子和子女都沒安憩之處了，你還讓我安心的工作。」卡耐基為這番話受到震撼，立刻向這位員工道歉，不但准其請假，還親自到其家中探望。

一位企業所有者或管理幹部，能站在部屬的角度，急其所急，解決部屬問題，就是在進行換位思考。

### 一、老闆與員工心態的互為換位

104人力銀行董事長楊基寬先生曾給上班族六個字的建議，要能做到「員工身，老闆心」，即用老闆的視角看問題，無論在任何地方，都不

要只把自己看成是公司的一名員工，而是把自己視為公司的主人，因為只有能以老闆的心態來對待公司，才能像老闆一樣熱愛公司、熱愛自己的工作，對公司品質精益求精，而成為一個快樂、負責、值得信任的員工。同樣當自己身為老闆的時候，也希望自己的部屬都是這樣的員工。

以老闆的心態工作就是一種換位，假設你是老闆，你對自己今天所完成的工作是否滿意？你對公司面臨的銷售下滑有何方法可以改善？如何掌握市場的脈動。但是要以老闆的心態工作，首先要端正自己的心態，認清：

1. 個人利益與公司利益緊密結合在一起，只有企業發展壯大，員工的個人利益才有可靠的保證。

2. 員工個人才華的有效發揮，與老闆及上司的支持是分不開的，員工只有在企業中找到自己做事的工作平臺，才能最大可能的施展所學與所長。

3. 員工個人事業的發展也無法離開老闆，如果員工處處從老闆的角度為其著想，在工作上竭盡所能，就有可能在個人事業的發展上有所成就。

而在相反的另一端的老闆也需換位思考的表現對部屬的關心與重視，如一家日本公司實施：員工的妻子過生日時，員工可以享有給薪假的一天，以陪伴愛妻共度是日，而員工本人過生日時，亦享有相同福祉，以便夫妻共度美好的一天。如臺灣一家公司每月給予員工情緒假四小時，在員工受到客人刁難、或感到壓力時，即可請假外出散心，再回公司工作。

此外，上司應時常與員工溝通交流，關心他們的生活狀況，設身處地為部屬著想，對生活較為困難的個人或家庭情況有所了解，如部屬生病時，即時前往探視，並減輕其工作負擔，使其得到充分療養，當部屬家庭遭遇不幸事故，要及時伸出援手，或由公司出面。

而一位成功的企業家，只有讓員工認識到自己的存在價值及充滿自信後，才有可能與員工產生內心的共鳴。

日本東芝公司的創辦人土光敏夫在七十多歲時，仍然走遍各地的公司或工廠，即使是星期天，也要上工廠與保全人員和值班員工親切交談，而建立與員工深摯的感情，他曾說：「我非常喜歡和員工交往，聊天，因為從中我可以聽到許多具有創造性的言辭，使自己受惠良多。」

有一次，土光敏夫在前往東京一處工廠時，在半途遇到大雨，到了工廠，下車後不撐雨傘的站在雨中與員工們講話，並反覆強調「人是最寶貴」的道理。員工們在感動下將土光敏夫圍住，仔細聆聽著他的每一句話，而熱情的語言將大家的心連在一起，忘記了自己是站在傾盆大雨中，而激動得淚水則從土光敏夫和員工們的眼眶裡流了出來。

講完話後，土光敏夫早已是落湯雞了。當他要來乘車離開時，員工們圍住他的座車，拍著車窗喊著：「社長，保重身體別感冒了。您放心吧！我們一定會努力工作。」面對這一切的土光敏夫情不自禁的淚流滿面，深深的為員工的真誠與為公司打拼的精神所感動，加深了自己對公司的責任感及熱愛自己員工的心。

老闆的成功是要與員工站在一起，進行心靈的交流，尊重愛護員工，謀取他們的福利，而非只為自己打算。

## 二、每人都希望得到尊重、關懷

喬‧吉拉德認為他的成功在於投入專注與熱情。一般人認為對工作應該要百分之百的付出，但吉拉德卻認為這是誰都可以做到的，所以他認為要成功，應當要付出140％，才是成功的保證。140％的付出，就是在工作中要付出專注、細心及對人的尊重。

如在銷售過程中客戶需要的並不僅僅是商品本身，更重要的是一種滿足感，是希望通過商品和服務而得到解決問題的方法及獲得一種愉

快的感覺，從而獲得心理上的滿足，得到別人的重視，因而在換位思考下：

有一位中年婦女走進吉拉德的辦公室，在閒談中，她告訴吉拉德想買一輛白色的福特轎車，就像她表姐開的那輛一樣，但對面福特汽車的業務員讓她一小時候再過去，所以她就先到通用汽車這邊看看，並表示這輛車是買給自己的生日禮物，今天是她五十五生日。

吉拉德一邊說：「夫人，生日快樂」，並請她進來看看，接著出去做了點交代，隨後回來對她說：「夫人，您喜歡白色的轎車，而您現在既然有些時間，我能給您介紹一下我們的雙門式轎車？也是白色的。」

當他們正交談的時候，女祕書走過來遞給吉拉德一束玫瑰花，吉拉德接過花後送給那位女士說：「夫人，祝您生日快樂。」

女士於是受到感動，眼眶潮濕著說：「已經很久沒有人送我生日禮物了。」並表示：「剛才那位福特汽車的業務員一定是看我開輛舊車，所以認為我買不起新車，因而我剛要看車時，他卻說要去收一筆車款，所以我就到你這裡看看以打發時間。其實，我只是想買一輛白色的轎車，因為表姐的車是福特的，所以也想買福特車，現在想想，未必一定要買福特的。」

最後，女士在吉拉德這裡買了一輛雪佛蘭，並開了一張全額支票。但在整個過程中，吉拉德從未出現勸其放棄福特而購買雪佛蘭的用語，但因吉拉德對她的關心使她感覺到自己受到重視，滿足了她當時的心理狀態：很久沒有在生日當天收到禮物了。於是她放棄原來的購車計畫，而轉買吉拉德銷售的汽車。

同樣在與同事交往時，許多人習慣將自己的意見或想法強加到別人身上，並認為是解決問題最好的方法，但因為未站在對方的立場思考，往往使對方感覺受到壓迫、不被尊重，而導致對你的反感，因此在與同事討論問題時，不要自己先決定標準和結論，而應該先站在對方的立場

思考問題，詢問對方對這件事的看法及他認為應如何解決問題，這樣反而容易讓對方接受自己的觀點。並且如能站在對方的立場思考問題，就能產生共同語言。

人與人間情感的溝通，是使交往得以維持並趨於密切的重要條件。首先，對同一事物或同類事物具有相仿的態度和體驗，使彼此在態度和內心的體驗上產生共鳴，即找到共同語言。其次，在共鳴下，雙方情緒互相影響。所以當對方對某一事物表露出一種情感傾向時，就要對其所說的事表達同樣的感受，情感上的交流就開始產生，良好人際關係得以建立。

## 三、熟記別人的名字

在人際交往中，如果某一位自己並不太熟悉的人叫出自己的名字，就會產生一種親切感和知己感；相反的已見過幾次面，對方卻叫不出自己的名字，就會產生一種疏遠的感覺。這是因為記住別人的名字，並輕易的叫出來，等同於給別人一個巧妙而有效的讚美，因為每個人都把名字看得非常重要，因而甚至願意花錢請作家寫傳記，花錢從事公共建築而以己名稱之或立碑記之。

所以許多人一聲奮鬥努力都是為了出名，因此人對姓名的愛猶如對生命的愛，故叫出客戶的姓名，是縮小人際距離最簡單有效的方法，如果記性較差、接觸的人又太多時，就要依靠卡片，將每一人或客戶的資料都寫在卡片上，以便隨時取用。

如在日本鹿兒島溫泉旅館到處都是，但遊客總是喜歡投宿G旅館，因其除了提供無微不至的服務外，當旅客初抵旅館時，服務員列隊、微笑、點頭、彎腰：「陳先生，歡迎光臨本店。」當客人離開時，從老闆到接待人員都在門廳站著說：「再見，陳夫人，一路平安。」更令人出乎意料之外的是，即使你只住過一天，但在第二次投宿的時候，從老闆到員工都能叫出客人的姓名。

至於名片是人的一種自我延伸，當對方遞上名片的時候，要恭敬的接過來，過目後，慎重的放進皮夾內，而絕不能隨便亂置，因為對名片的不敬，就是對對方的不敬。

甲公司總經理決定向乙公司購買400萬日圓的辦公傢俱，但乙公司負責人也想一併銷售甲公司即將落成的員工宿舍所需要的設備，於是帶了大批資料，擺滿桌子供總經理參考。當時總經理正有事，就讓祕書請這位負責人等一下，但等了許久後，這位負責人不耐的收起資料，表示改天再來拜訪。這時總經理突然發現負責人在收東西時，不小心將自己的名片掉在地上，並且走時，不小心又踩了一腳。就因為這一小小的失誤，乙公司的負責人失去這筆生意，因為這個失誤是個不可原諒的失誤，因為如前所述，名片是人的一種延伸，而這個失誤就是對這位總經理的不敬。

除了叫出別人的名字外，也可利用卡片收集對方有關資訊，如家中情況，個人個性、興趣、嗜好、學經歷、工作狀況等，在交流中對這些能作妥適運用，必能獲得對方好感，甚至對方的回報。

## 肆、系統思考

系統思考也稱整體思考，是從事物的整體和全局出發，對系統內整體和部分、部分與部分、整體與外部環境間的相互聯繫、相互作用、相互制約的關係及其規律性，進行精確的、綜合的考察，以獲得最佳方案的思考方法。

因而系統思考，是讓人看見整體的訓練，讓人看到相互關聯的非單一事物，看見漸漸變化的形態，而非瞬間即逝的一幕，它可以使人敏銳的預見到事物的微小變化之走向及衍生的問題，而及早制訂出相應的對策。

如諸葛亮認為制定正確的謀略，必須要先深入分析了解敵我雙方的強弱及優劣，故「古之善鬥者，必先探敵情而後圖之。」而一個好的將

領必須做到「善知敵之形勢，善知進退之道，善知國之虛實，善知天時人事，善知山川險阻。」即對敵我雙方的虛實、強弱、天時、地利、人事都要有充分的認識，此即是系統思考。

## 一、系統思考具有三個特性

1. 整體性。不能只把注意力集中在單一目標上，而必須具有整體觀。

　　如中醫的看病，就從整體性著眼，認為人體是由各個器官和部位組成的一個系統，人體的各個器官和部位都不是獨立存在的，而是有緊密的關聯，所以無論病人什麼地方不舒服，都要把人體當作一個整體，用「聞、看、切、問」四診法收集訊息，尋根溯源，可能是頭痛醫腳，腳痛醫頭，以從根本上把病治好。

　　又如一家企業為了預防缺料或原料價格上漲，花錢購地，蓋大倉庫屯集原物料，但卻積壓大筆資金，致周轉不靈使公司經營陷入困境。又如我國政府在一、二十年前盲目擴充高等教育，卻未考量出生率的走向問題及社會對基層技術人力的需求，造成教育資源的嚴重浪費與基層人力的不足，甚至是德育、智育的淪喪。

2. 辯證性。在事物的聯繫與發展中進行全面的考察，因此不強調個體的最佳狀態，而是要求系統的最佳狀態，改善系統結構。

　　如一家公司的正式組織關係是由一群人正式的、有意形成的職務和職位結構而成，管理者要根據工作的需要，對組織結構進行精心設計，明訂每一職位的任務、權力、責任和相互關係及溝通管道，使員工在實現目標的過程中，能發揮出比單獨個人更大的力量。而當某一部門積弊太深需要改革時，不能只孤立的處理該部門的問題而要站在公司的高度，綜覽全局，改善公司內部系統結構，以帶動部門的改革，必要時要捨棄部門利益而保持整體利益。

3. 綜合性。對系統進行綜合處理，各種條件、功能、技術相互配合，以追求整體的最佳功能呈現。

在古代曾有「田忌賽馬」的故事。孫臏是戰國時一位著名的軍事家，而齊國的大臣田忌喜歡與貴族們打賭賽馬，但每賭必輸。有一天，孫臏對田忌說：「您儘管下注，我保證您一定贏。」

賽馬時，孫臏教田忌用自己的上等馬和別人的中等馬比賽，用自己的中等馬和別人的下等馬比賽，最後再用自己的下等馬和別人的上等馬比賽，結果三場比賽，田忌勝了兩場。

孫臏所以能讓田忌妥操勝算，即在於將個賽馬活動作為一個系統來處理，而且將系統要素進行優化組合。因為以下等馬和別人的上等馬比雖然非輸不可，但另外兩場比賽，卻是兩場都贏。

同樣的在企業中，如何對人員的職位、工作做合理分配，使人盡其才，讓每個人都能做其適任的工作，將每個人的工作效能結合在一起，以推動企業的成長。但如企業對員工沒有做到優化組合，不能讓正確的人做正確的事，其工作績效必大受影響，所以Google規定主管不能禁止員工在部門間自由流動。

而一個人也必須按照生理時鐘及身心狀況對時間的運用與工作項目進行最佳的連接。

## 二、將目標進行切割

實現大目標比較困難，實現小目標比較容易，因此必須將目標進行切割，如果切割後的小目標仍然無法達成時，再進行切割。以確保經由每一個小目標的達成來實現最後的大目標。

如一個人一天寫1,000字，三年之後，就能完成一部百萬字的小說。

在1984年於東京舉行的國際馬拉松比賽中，日本選手山田本一獲得第一名，但山田本一在過去參加的比賽並未獲得過好名次，然而兩年後，在義大利國際馬拉松比賽中又獲得第一名。大家都很好奇，他是怎麼做到的。原來過去的比賽一開始，他就全力衝向四十公里外的終點，但跑了二十、三十公里，就因沒有力氣而放棄了。後來，他改變策略，每次比賽前，都先坐車把比賽路線仔細觀察一番，並將沿途的明顯的標記下來，如第一個五公里處有一座教堂、第二個五公里處有一個噴水池……，而在比賽開始後，全力衝向第一個目標，然後再衝向第二個、第三個目標，結果整個賽程，就在分解成幾個小目標下輕易的跑完全程。

　　所以每一個人可以擬定每日、每星期、每月的目標。如一位業務員，決定一年內要特訪500個新顧客，則扣掉假日，如一年有250天工作日，實際每天只要拜訪兩個顧客，並且是上、下午各一個。這就消除了起始對無法達成目標的恐慌。

## 三、系統思維的基本思路

1. 問題現狀的說明。弄清楚待解決問題的目標和本質及除去不必要的目標。

2. 弄清問題的關聯因素。擴大思考範圍，盡可能收集各種設想和方案，特別是收集一些獨特的方案，並弄清楚和改善有關的關聯性，再進行論證。

3. 構建體系。將能達到目的所有方案分類整理，並將所有有實用價值的方案系統化，探討將方案具體化的所有限制條件，及實現課題要具備的相關條件和達到目標的情況，研究的方法及可行性。

4. 將方案具體化。對問題改善工作進行實施。

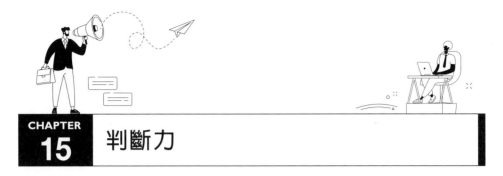

## CHAPTER 15 判斷力

在職場中，隨時都必須對人、事的關係作出判斷，甚至必須在急促間即決即斷。判斷的品質、對錯可以決定人際關際的好壞，工作成績的優劣、事業的成敗等。

日本明治保險公司的業務員原一平，有一天前往一家雜貨店，店老闆是他最近承攬到的新客戶，由於已成為客戶，而且是第二次拜訪，因此態度上比較隨便、鬆懈，連帽子都戴歪了。他一邊說晚安，一邊拉開門。應聲出來的是老闆的兒子，小老闆一見原一平，就生氣的喊著：「你這是什麼態度，懂不懂禮貌，歪戴著帽子跟我說話。我是信任明治保險，也信任你，因此才投保的。沒想到我所信賴公司的員工，竟然這麼隨便、失禮。」

聽完這段話的原一平雙腿一屈，立刻跪在地上，自責的說：「唉！實在太慚愧了，因為您已經投保了，所以把您當作自己人，以致過於隨便，請您原諒我。」並且繼續磕頭道歉的說：「我的態度實在太輕率了，不過我是帶著向親人請教的心情來拜望您的，絕對沒有輕視的意思，所以請您原諒我好嗎？這一切都是我的錯，請您息怒跟我握手好嗎？」

小老闆此刻突然轉怒為笑的說：「嗯，不要老跪在地上，站起來吧！其實我大聲的指責您也有些失態。」並握住原一平的手說：「慚愧啊！真是失禮。」

結果兩人越談越投機，最後小老闆說：「我對您大發脾氣，實在是太過分了些，我看就這樣吧！上次我不是投保了五千元嗎？那就增加到三萬元好了。」

## 壹、判斷與判斷力的意義

判斷是一種智慧性的思考，同時也是一種可實踐性的思考，即思考是與行動直接連結，並在行動前完成的目的性思考。

判斷力則是進行思考活動的能力，需借助分析、演繹、聯想、類比、歸納或創意等思維能力。

有兩位朋友赴埃及旅行的時候，甲在旅館休息，乙獨自散步街頭，結果看到有位老婦人身邊放著一隻黑色的玩具貓，標價500美元，老婦人表示這隻玩具貓是祖傳寶物，現因小孩急需醫療費用，才不得已求售。乙聽後用手一拿玩具貓，感覺貓身很重，看起來像是用黑鐵鑄成的，但一對貓眼則是大顆的珍珠。於是表示願用300美元購買兩隻貓眼。老婦人同意了。

乙興高采烈的回去對甲表示只花了300美元就買到兩顆大珍珠，太合算了，甲聽後驚異的說：這兩顆大珍珠，少說也價值1,000美元，老婦人還在那裡嗎？乙回答說：「她還坐在那裡，想賣掉那隻沒有眼睛的黑鐵貓。」

甲聽後，立刻跑出去用200美元，把黑鐵貓買回來，乙見狀後嘲笑的說：「你竟真的用200美元買了隻黑鐵貓？」

甲像沒有聽到乙的嘲弄一樣，坐下來仔細端詳著手上的貓，突然拿起小刀刮鐵貓的腳，當黑漆脫落後，露出了黃金，甲高聲的大喊：「正如我所料，這貓是純金的。」並對乙說：「你分析判斷事情不夠全面深入，你想想看，這隻玩具貓是老婦人的傳家寶，貓的眼珠既然是用珍珠

作成的，那貓的身體會是由不值錢的黑鐵鑄成的嗎？」因為當年鑄造這隻金貓的主人，怕金身暴露，引起不必要的事端，便將貓身厚厚漆了一層黑漆，儼然如同一隻鐵貓。

人在進行判斷時，需要避免受到思維定勢的影響，因為一旦形成思維定勢，就會習慣性的順著定勢的思維模式思考問題，既不想轉向，也不想更換角度（參看本書第九章（四）去除思維定勢）。其次人的判斷受到認知的影響，而人的認知活動，恰又含有影響作出正確判斷的不利因素，即：

1. 只看到曾經經歷過的東西。無論是採用猜測、推理或歸納，對事物規律性的認知都是根據認知主體已有的經驗和知識而對訊息進行解釋的過程，即認知的結果只是來自認知主體既有經驗和知識所劃下界限的搜索空間或其邊緣延伸地區，對於腦中沒有的知識、經驗，看到了也沒有用途。

2. 不願看到的總是看不到。每個人每天都要接收眾多的訊息，但人對絕大多數的訊息實際上都視若無睹，因為人只會注意和其需要有關的或期待著願意看到的，對事務發展及環境變化的關注亦是如此，譬如某些重大變化會使人在以往經驗中所累積的經驗優勢喪失，或所擁有的知識不再是成功的決定性因素，以至於在情感上很難接受，因而對那些否定看法或者是不支持既有觀點的訊息就會有意的加以曲解、規避，甚或視而不見，衷心只想注意和保留那些能夠支持其態度和信念的訊息。

3. 只能記住符合人們對未來看法的東西。人的大腦總是在不斷的試圖解釋未來，都在不自覺的為將來制定行動計畫和程序表，即人有一種「對未來的記憶」，在大腦的想象中不斷的形成和優化中，它經由人的語言能力即理解能力將大腦中氾濫的訊息、形象和知覺進行分類整理，而影響對事物規律和本質的認知，即人會依著自己的目標去描

述、理解，而去除不相關的訊息。所以人之視某種事物為有意義的、保留對該事務的記憶，是因其與既有的對未來的記憶有關。

4. 認知結果受歸屬群體的影響。每個人都有歸屬感的需要，希望被自己的團體所接納。因此對團體看法不一致、甚至懷疑、指責群體所持有共同觀點的人，群體成員就會通過冷淡、排斥等方法對其直接施加壓力；相對的那些持有懷疑或不同看法的人，一方面會經由保持沉默，甚或降低自己看法的重要性，力求避免與團體觀點的不一致，另一方面在「少數服從多數」的慣性下，有些人會對自己的認知結果產生懷疑或否定，然後就會接受團體的共同觀點。[1]

這些在認知過程的特點，都將進一步影響到我們對人、事、物的判斷，因此為了能作出較佳的判斷除了邏輯思維的訓練外，也必須掌握擴散、聯想、類比、垂直、逆向思維的技巧，並且體認自我與環境在不斷變化的事實，而讓自己的認知、思考、判斷的內容與方式也能與時俱進。許多企業在全球壯大的過程中，往往採多角化經營，產品亦多樣化，以切入各市場，但瑞士的羅技電子起始只是依靠生產滑鼠和鍵盤進入電腦週邊設備的行業。滑鼠和鍵盤是電腦最基本也是不能少的配件，但同時也是價錢較低、獲利較少的配件，因此電腦業的大廠對此無利益可圖的配件生產自然沒有興趣，然而羅技公司卻在此發現一個機會，並作出逆向思維的判斷，從此步向滑鼠和鍵盤生產的專業化道路，不斷在該行業深耕，而成為最大的滑鼠和鍵盤的供應商。

又如美國著名的傢俱商尼·科爾斯，有一天家裡突然失火，幾乎一切都被燒光，只有一些粗壯的松木傢俱，外部燒焦但內裡卻仍然殘存良好，一般人可能在懊惱中將這些殘存的松木傢俱連同其他廢物一併清理掉，但科爾斯卻經過聯想、逆向思維，從焦木中發現商機，因為焦木所顯示出來的舊紋理和特殊的質樸感，使他產生了靈感，作出了判斷，如製造出以突出表現木紋為特點的仿古傢俱，必然具有賣點。於是用玻璃片刮去廢木上的沉灰，再使用細砂紙磨到光滑，再塗上一層清漆，便能

使廢木顯現出古樸、典雅、莊重的光澤和清晰的木材紋路，因而，它製造的仿古典木質傢俱大賣。

## 貳、掌握時間及其變化的判斷

即掌握對自己有利的時間作妥善運用，以產生最大的效果，但一般人對時間所採取的態度，大略可分為下列三種：

1. 對時間漫不經心。經常遲到，不遵守約定時間，常因閒聊忘記時間，做事缺少計畫。

2. 單一主義。對時間的判斷過於單純，如認為：「任何事都必須盡快解決」；「任何事都必須小心仔細的進行，才能做到完美。」；「絕對不可浪費時間。」；「時間要有計畫的運用。」但時間具有多樣性，而不只是單純的東西，如上述的各種敘述都包括在內，因此單一性的時間判斷無法做出彈性的應對，並可能導致判斷錯誤的可能性，如「立即行動」與「慢工出細活」的兩種判斷都是正確的選擇，但如單一的偏於其中任何一個，則可能導致草率或錯失良好機會。

3. 被時間所束。每天的活動，一律以時間來支配，但如把時間看作「時鐘時間」，只不過是可測度的物理時間，而並不能完全代表「時間」的意涵，因時間還帶有「生活時間」的特質，如同樣的八小時上班時間，有人打混摸魚，有人興致高昂的工作，有人專注於與客戶聯繫，其充實度完全不同。

因此良好的時間判斷也需具有彈性以因應各種不同的情況，如有時要求盡可能產生結果，但並不要求太高的品質；有時卻要犧牲時間，即付出更多的時間以追求高品質。（袁美範譯，中川昌彥著《判斷力》，故鄉出版社有限公司，1987年4年15日出版，頁86～88。）

至於在時間的具體判斷上：

1. 時間利用的關鍵在於順序，如當眾多美食在前時，總是先盡情享受，然後再吃白飯或麵包。因此要把要事放在第一位，並養成此一良好習慣。

伯利恆鋼鐵公司的總裁為了改善自己和公司的效率低落問題而求助於效率專家：如何在短時間內能作完更多工作。

專家授予錦囊：「我只要十分鐘，就可以教會你最少能提高50%效率的方法。首先把自己明天必須要做的重要工作寫下來，然後逐一審視，按其重要性編上號碼，再將最重要的排在第一位，其餘的則再按序排列。此後早上開始工作，立刻從第一順位工作做起，一直到第一項工作做完為止，然後再以同樣方法做第二、第三項工作，直到下班為止，即使是花了一整天的時間卻只完成第一項工作也沒有關係，只要能認定它是最重要的工作，就要堅持作下去。在你自己對這種方法所發生的效果、成績確信不疑時，就叫公司的員工也採用相同的工作方式。這方法用多久都沒有關係，但在你確認是有效時，就你所認為應有的價值，開張支票給我。」

伯利恆鋼鐵公司的總裁後來依照此方法，果具效果，就寄了一張25,000元的支票給這位專家。後來在這位總裁的堅持下，公司的業績獲得快速成長，他並常對朋友說：「要事第一，與各種高深複雜的方法相比較，是我學到的最簡單最有益的事情，我和公司的員工自此都堅持先做好最重要的事，這是公司多年來最有價值的一筆投資。」

但在職場上，許多人總是忙著零碎的事、上級交辦的事、同事拜託的事，而使重要的事被迫拖延，因此在日常工作中，一定要注意區分輕重緩急，集中心力在最重要的事情上，第一優先就是第一優先，而不論第二優先如何急迫，在第一優先的工作未完成前，絕不從事第二優先工作，因為只有專注一件事，才能將事情做到最好。

2. 「到此為止」的原則。如每次與客戶或朋友相約後，對方總是姍姍來遲，而影響到自己的工作，這時可利用「到此為止」的原則，再等十分鐘。為公事而煩惱、憂慮時，可到此為止，然後心平氣和的透過思考，尋找解決問題的方案。

3. 環境、市場隨著時間不斷的反應變化、消費者需求也在變化中，因此，企業要獲得生存或鼎立職場，就要快速識別市場變化，以由人作出迅速反應，研發、生產新產品，進入新市場或捨棄原有產品、市場。

　　如隨著環境的變化，企業的原有核心技術能力將會出現不適應的現象。半導體的內存技術是英特爾公司發明的，在二十世紀的七〇年代，其在內存記憶體晶片的市占率接近90%，但到八〇年代，日本廠商在日本政府的扶植下進行低價促銷，英特爾雖作了許多努力，卻無法與日貨抗爭。至於在微處理器市場的競爭也十分激烈，在1980年起亦遭遇到日立及摩托羅拉兩家公司的搶奪市場，致公司連續六季虧損，其DEAM的價格已低於成本，公司內部對於是否放棄英特爾代表性產品的內存記憶體的生產猶豫不決，因為公司40%的營業額及100%的利潤來自微處理器，但80%的研發費用都花在內存技術上。大家都知道這些策略的失調，但對內存記憶體產品卻又難以割捨，最後葛洛夫在1985年10月宣布放棄記憶體業務，而專注於微處理器，並在記者會上宣布：「這是很難作出的決定，我們一直希望能重振往日雄風，可現在不得不承認我們輸了這場戰爭。但相對而言，這可能也是最好的決定。此後我們將集中全力發展處理器業務，並可望成為推動個人電腦工業前進的最大動力，現在投入正是時機。」而經過不斷的創新、升級，到1992年，處理器業務的擴展，使英特爾再度成為世界上最大的半導體公司，遠遠超過日本同行，並且經過技術的不斷改進達到控制價格的目的。

　　英特爾捨棄了拖累公司發展但又令人難捨的內存記憶體業務，終使公司重新發展壯大。

因此，任何企業的內在要素和外部環境條件都會產生變化，因而企業內的人員就要採取依勢而行的應變策略，否則只知提高生產效率，卻忽視市場變化，最後必將導致失敗。特別是當所有人員，對自家產品、消費者的認知變成定勢思維時，更將無法偵知外在環境的變化，而作出即時的權變。

亨利‧福特將汽車的基本要素訂為：品質可靠、操作簡單、安全舒適、價格便宜的交通工具，讓每個平民家庭都買得起。為此，福特發明了被稱為「裝在輪子上的黑色長匣」的T型車，並創造出革命性的流水型生產線及標準化的大批量生產，這使得T型車的售價降到360美元，市場占有率48%，這使福特汽車公司獲得巨大成功。

但通用汽車公司的董事長斯隆卻敏銳的覺察到質量更好、功能多樣的汽車將成為大眾市場的潮流而取代低價位只具基本功能的汽車，所以消費者對汽車產品的要求會是舒適、方便、功能和外觀，並加上分期付款，二手車折扣銷售、封閉型車身與年度新車等新要素，於是針對福特汽車單一車型大量生產所產生的價格優勢，改採用多品牌、多款式的產品特色化策略，使得福特的市占率快速下滑，雖然福特以降價應戰，卻無力挽回劣勢。

福特的失策，是因為定勢的相信單一車種、大批量、精密分工、生產線所帶來的低價，能使每個人都買得起T型車，並隨著銷售量增加，利潤也隨之上漲，卻未注意到T型車的低價實用可以滿足低所得時代的需要。然而，進入1920年代，作為代步需要的T型車市場需求已趨飽和，而隨著所得的提高，大眾對汽車的需求開始轉向舒適化、個性化、多樣化。

亨利‧福特因為無法體會到時間環境、市場變化的訊息，即時作出變革的判斷，終導至公司的市占率，在1925年時只剩25%。

## ◎ 參、掌握訊息、正確判斷

今天在展開任何工作之前，都必須及時的、準確的掌握充分的訊息作為判斷的基礎，如在制定產品行銷計畫時，必須了解行業特別是競爭對手的動態、市場現況及發展趨勢，時代潮流，消費者喜好的變化；至於在公司的內部也要充分了解公司的政策，上司、同事的生活、情緒變化等，一方面可取得優勢的績效，另一方面則可維持良好人際關係。

因而充分的訊息收集、消化，進而作出正確及時的判斷，首先要善於捕捉有用訊息，即注意收集、發現和開發訊息；其次，對人、事、物要保持敏感性，以贏得主動；其三，要培養搜集資訊的好習慣，如：1.主動關心訊息，並盡可能親身經歷或親眼所見，以獲得第一手資料，但要善於判斷其價值及真假。2.建立個人的訊息網路，如朋友、同學、同事及各種因教育訓練或業務接觸的同行。3.善於聆聽情報，如對喜歡主動提供資訊的人，不論說得有無價值，都要聽完，否則這種主動型的訊息散播者，就不會再向你提供任何訊息。4.不要隨便散播所得的訊息，尤其是當對方告訴你要保密的時候。

在充斥的訊息中，要判斷出其價值性及有用性，然後採取行動，必要時也可進行逆向思維。

A公司與B公司都是製鞋公司，彼此競爭激烈，到處尋找新市場。A公司首先聽說在赤道附近有一小島，島上有不少的居民，於是派遣業務員到該島開拓市場。很快的B公司聽說後，也立刻派出業務員趕赴該島。

兩公司的業務員抵達後，發現該島相當封閉，世代捕魚為生，衣著簡樸，幾乎全是赤腳，只有在礁石上採集海蠣的人，才在腳上綁著海草。這些居民好奇的看著兩位業務員腳上穿著的鞋子，不知其為何物、有何用途。

A公司的業務員看到這種情況，內心想：這裡的人根本沒有穿鞋的習慣，也不知鞋子為何物，怎麼可能開拓市場？即乘船離開海島，並在給公司的書面報告寫道：島上沒有人穿鞋，因此鞋在當地沒有市場。

　　但B公司的業務員卻判斷這裡是一個極有利的待開發市場，正因為沒有人穿鞋，所以潛在市場很大。於是留下來，與當地居民交朋友，逐一告訴他們穿鞋的好處，讓居民認識穿鞋的舒適、安全性。他又發現島上居民因為一直未穿鞋，以致腳型與一般人有些區別，於是請公司設計出適合居民們穿的鞋子，並且取得極佳的業績。

　　在此例中，可看到兩個業務員，面對同一市場、同樣的訊息，其解讀的不同，作出了截然不同的判斷。

　　日本曾有位叫古川久好的企業家，原本是一家公司的小職員。有一天在報紙上看到一條介紹美國商店經營的報導，其中提到了自動販賣機：「美國各地都大量採用自動販賣機銷售商品，這種自動販賣機不需人看顧，一天24小時隨時提供商品服務，並且在任何地方皆可營業，因為此種設備的便利性，很快的為消費者接受，並將為更多的企業採用及普及化。」

　　古川久好看到這則訊息，判斷出：「日本目前還沒有一家公司經營自動販賣機業務，但將來必會邁入自動販賣機時代，況且這種生意很適合沒有多少資金的人。因而何不趁此時機走到別人前面，經營這項新行業，至於販賣的產品，應是一些較新奇的東西。」

　　於是古川久好向親戚們借錢，一共籌到30萬日元，購買了20臺自動販賣機，分別放置在酒吧、劇院、車站等一些公共場所、販賣些日用百貨、飲料、報紙、雜誌等，開始了他的自動販賣機事業。而人們第一次看到販賣機的時候覺得很新奇，只要在投幣口投入硬幣，想要的東西就會在出口出現。

古川久好將第一個月賺的100萬日元立刻用來購買更多的販賣機，經過持續的循環擴充，到第五個月時，不但還清借款，還淨賺2,000萬日元。

這時許多人看到自動販賣機很賺錢，也開始想投入這個行業，這時古川久好根據對這新的市場訊息的判斷，立刻決定開辦公司，研發生產迷你型自動販賣機，並大獲成功。

## 肆、如何讓客戶覺得自己重要的判斷

希望自己成為偉人是推動自我努力的動力；而渴望得到別人的重視，則是人類的一種本能，更存在於消費者的心理中，而業務員或銷售員若能滿足對方的此種心理，可以刺激對方的購買欲望。同樣的在公司內能讓上級、同事、部屬感覺到他對你的重要性，必然能增進彼此良好的人際關係。而這都依賴於判斷如何在某一點、某一事上，採取何種作為，達到此一目的。

小王和小張是同一家公司的業務員，銷售同一產品，並相繼拜訪同一客戶。小王進行推銷時，一直很專業的介紹自己的產品，但卻無法被客戶接受。但小張卻大部分時間都在與客戶聊天，並不時向客戶請教一些問題，並表示感謝，而對產品的介紹只是略微帶過，結果客戶卻當場與小張訂立契約。

此中的關鍵即在於小王一直不停的介紹自己的產品，卻忽略對客戶的尊重和感謝；但小張陪客戶聊客戶有興趣的事（當一個話題交談三、四句後，發現客人不感興趣時，就要立刻更換話題，直到找到客戶有興趣的事，也因此必須進行廣泛的閱讀），並不時的請教和感謝，讓客戶得到足夠的被重視感，使客戶內心希望受到重視的心理得到滿足，自然會在感情上認同小張而同意交易。

這裡的判斷，是如何讓客戶得到受尊重的滿足感，以下觀看史上最偉大的推銷員喬‧吉拉德是如何對客戶提供細膩的服務細節，而為自己贏得更多的客戶。

　　吉拉德在銷售生涯中的核心判斷：即「服務是在銷售之後」。良好的服務事實上是對客戶的尊重，讓客戶感覺到在購車交易完成後，自己仍然持續受到重視和關心，問題能得到最好的解決，這反過來使客戶主動為他介紹了更多的客戶。

　　如客戶新車出了問題需要維修時，吉拉德就會叮嚀維修部門的同仁，如果這輛車是他賣的，一定要立刻通知他，他會馬上趕到設法安撫客人，並誠懇的告訴客戶一定會請維修人員將工作做好，並讓客戶對車子的每個小地方都滿意。吉拉德這樣做的原因是：沒有成功的維修服務，就沒有成功的推銷，所以客戶如果仍然覺得有嚴重問題時，他的責任就是與客戶站在一起，要維修廠進行更仔細的檢測。

　　至於在車子交車後，如果客戶沒有任何訊息，他就會主動打電話給客戶，詢問車輛的使用情況，或親自拜訪客戶，沒有任何問題後才會離開。如車輛仍在保固期間，則會提醒客戶在此期間，車輛回公司檢修是免費的。

　　吉拉德的成功就是將客戶當成自己的朋友，客戶的事就是自己的事，使客戶因為受到重視而感動，為他介紹了更多客戶。

　　至如在對客戶是否決定購買的決策之觀察上，必須能再針對客戶的類型作出判斷，然後針對不同類型做出不同對策，如在百貨公司內出現的消費者，可分為二種類型。

1. 直接購買性客戶。事先已決定購買何種物品及願意付出多少價格，所以在走入店內後，不會左顧右盼，而是直接走向某一專櫃或商品，這時銷售員只需主動招呼即可。

2. 選擇性購買的顧客。其購物目的並不明確，可能只是閒逛，因此必須觀察其身體動作及面部表現，判斷其心理變化，以掌握接近、說服的最佳時機，如：(1)顧客持續注視同一件商品時，可從正面或側面接近客戶，並表示：「這件款式或產品設計的很不錯，用料很好」，以引發話題。(2)顧客用手觸摸或拿在手上翻看時，即表示對該商品有興趣，可從側面靠近並親切打招呼或作商品介紹。(3)一直注視商品的顧客開始抬頭四望，意味著想向店員詢問該商品有關訊息，此時可進行招呼。(4)顧客在店內走動瀏覽商品時，突然腳步停下來，可能是找到東西了，此時可進行招呼。(5)當銷售員與顧客眼光接觸時，輕聲說：歡迎光臨，然後等待下一次打招呼的機會。

　　而對顧客行為的所有反應的判斷，都在於對客戶的尊重，使其獲得適宜的被尊重感。

## ◎ 伍、身體語言的認知與判斷

　　身體語言是一些不經意的動作，但在仔細觀察下，可以洞察別人的心意、情緒，而作出相應的判斷及反應。故對別人身體語言含意的判斷，在職場生涯中具有相當積極的意義。

## 一、眼神

　　眼神在人際交往中可能是最準確的訊息傳達訊號，正如孟子所說：「觀其眸子，人焉廋哉？」一個人的德性、情緒、態度常會由眼神中流露出來。如閃躲自己目光的人，可能缺乏自信心，不僅有自卑感，而且性格軟弱，一般比較為人拘謹。

1. 與人談話時，對方會習慣性的閉起眼睛不看自己，或者是用眼光不停的上下打量自己，而令人產生不舒適的感覺，這代表此人對自己不感興趣或輕視，甚至自認高人一等。

2. 用斜視的眼光看著自己,這種眼神具有三種意涵:(1)表示對自己說的話很感興趣,有時還可能揚起眉毛或露出微笑。(2)對自己說的話有些疑惑,或是在需要作出決定時又存在著很多不確定因素的存在,此時除斜視外並上拱起眉毛,其意為:你說的是真的?或尚無法作出決定。(3)對自己有意見或對方自我感覺良好,除故意斜視外,同時將嘴角向下。

3. 延長眨眼的時間。一般眨眼的頻率是一分鐘一至三次,每次閉眼的時間為十分之一秒。但在特殊情況下,為了特定的目的或表達特殊的情緒,可以故意延長眨眼時間。(1)在心理壓力增大時,如怕謊言被對方揭穿時。所以除非已成習慣性外,當對方總是不斷眨眼,說話也結巴不順的時候,就需要注意對方說話內容的真實性。(2)意味著對自己失去興趣或感到厭煩;或對方自覺高人一等,想經由眨眼時間的延長,阻止自己進入他的視線中,甚至把自己從他的視線中驅除出去,直到自己察覺為止。(3)有權勢地位的人用這種方式,想看出沒有地位和權勢者的卑微和弱小。(4)如果是老闆或上級的眼睛不斷的開閉,這顯示他可能對自己的回答不滿意,此時要調整說話方式和態度。

4. 凝視。是否能用凝視的眼光看著對方的臉部能影響雙方交流、溝通的結果。(1)社交性凝視,當視線落在對方眼睛水平線下方嘴部間,不會讓對方產生壓力或不舒適的感覺,因此有利於在親切、友好的氣氛下進行交流。(2)控制性凝視,凝視範圍主要集中的在對方前額的三角地帶,這會形成緊張、嚴肅的氣氛,甚致形成壓迫,而能掌控談話的主導權,其往往出現在上下關係或彼此較量的對方間。

5. 其他。(1)視線左右晃動不停,表示正在冥思苦想。(2)視界大幅擴大,視線變化突然明顯時,顯示內心不安或恐懼。(3)談話時,目光突然朝下,顯示此人已進入沉思狀態。(4)視線不停移動,並有規律性的眨眼,表示思考已有頭緒。(5)當對方發現你在注意他時,便立刻移開視線,是自卑的表示。(6)當對方講話時,如眼神注視你時,表示說話

內容為其所強調，而希望你能即時作出回應。(7)對方斜眼看你時，是表示對你有興趣，但又不想被你識破。

## 二、鼻

鼻子的動作頗為細微，但也能表現出一個人的心理變化。如在談話中，(1)仰著臉，用鼻孔朝著對方，顯示藐視對方、輕視別人或反感的情緒。(2)摸著鼻子作出沉思狀，表示正在思考方法或尋得權宜之計解決當下問題。(3)用手摀著鼻子或摸鼻子，或用鼻孔對人，顯示接受請求的可能性不高或拒絕的表示。(4)不斷摸鼻子，並不停的交換身體姿勢或用手拍打東西，表示想盡快結束話題。

## 三、嘴

嘴不但是忙碌於傳遞語言訊息的器官，也是臉上最富有表情的部位。

1. 嘴抿成一字形。往往在需要作重大決定或在事態緊急的情況下出現這種嘴形，並且也代表個性較堅強，一旦經由深思熟慮下定決心後，就會一往直前。

2. 偶爾會用手摀住嘴的人，容易害羞、沉默少話，性格保守內向，不喜歡在別人面前暴露自己的真實感覺。有時候此種動作的出現，是意識到自己剛說了錯誤的話或做了錯誤的動作。

3. 用牙齒咬嘴脣，包括上牙齒咬下嘴脣或下牙齒咬上嘴脣，以及雙脣緊閉，其表示在聚精會神的聆聽對方講話並揣摩其含義，並經由分析作出判斷。

4. 嘴角上揚，則顯示此人性格外向，善於交際，不記仇。

5. 高昂下巴，表示此人有極強的優越感和自尊心，不認為自己會犯錯，甚至常強詞奪理。另一方面拒絕承認別人的成就，以維持自己的面子。

6. 收縮下巴，此種人膽小怕事，總是小心仔細的作好手上的工作，但因此變成保守與固步自封，以致不擅於接納他人，或常因不信任而拒人於門外。

## 四、說話

說話的目的不僅在於表達思想，更希望獲得別人的接受，因而從一個人說話的聲調、語速、語態上，可了解其心態、情緒、性格，而據以應對。

1. 聲調聲音的柔和或沉重，給予人的感覺是截然不同的，它表現出人的性格。

   (1) 高亢尖銳的聲音。這種人通常較神經質，對環境的反應強烈，不善向人低頭，說話時滔滔不絕的發表己見，因此只要謙虛的聽其發言而不反駁，即能使其感到滿足、高興。

   (2) 溫和沉穩的聲音，這種人做事總是慢條斯理，富同情心而不會坐視有困難者不理。交往開始時或許難以交往，但卻忠實可靠。女性則屬內向，能顧及周圍而控制自己情緒；男性則較老實，但可能固執已意而不妥協。

   (3) 沙啞聲。具有開拓力，能引導他人，不畏失敗。如為男性缺點為易自以為是，對不重要的事輕忽；女性則外表雖顯柔弱卻具強烈性格，一般對人有禮，卻不顯露真意。

   (4) 粗而沉重的聲音，這種人樂善好施，喜當領導者，感情脆弱但又富正義感，經常出現爭吵或果斷的舉動，卻又在事後悔恨。

2. 語速語速是長期形成的性格，有些人慢性子，說話慢慢吞吞；有人急性子，說話如連珠炮，不容別人插嘴。因而在職場可經由別人語速的變化，來解讀其心理變化。

(1) 如一個伶牙俐齒、滔滔不絕的人，突然變得吞吞吐吐、反應遲鈍，即表示有事瞞著別人或因作了些心虛的事。

(2) 一個平常慢條斯理的人，面對對其不利的話語時，突然用快於平時的語速大聲反駁，可能這些話語都是無端生有的，但如此人支吾半天，講不出話來，則很有可能這些不利的話都是事實。

(3) 一個語速很快或一般的人，突然放慢速度，一定是在強調什麼事而想吸引他人的注意。

(4) 面對對手的見解或逼人的語勢，變成沉默不語，或支吾其辭，或說話遲鈍時，很可能是產生畏怯心理、對自己沒有信心，或被對手擊中要害，無法反駁。

3. 聲音大小

(1) 大聲講話不停、聲調明快的人，性格外向，希望得到充分理解，重視人際關係並擅長社交。當想法被對方接受時，聲音就會變得更大，並充滿信心。這種人因為會直率說出自己想法，要求別人接受，而變成自我主義者。

(2) 聲音小的人，多半性格內向，說話時壓抑感情，不會全部說出內心真正想法，也缺乏影響力。

4. 說話時的身體語言

(1) 說話時不斷點頭或搖頭的人。前者似乎明白、認同他人的看法，但這種人往往輕忽大意，表面上看什麼事都能獨立承擔，但承諾往往做不到，或覺得不符合自己的做事方法，最後出現一個差勁的結果。後者則表現對別人的不尊重，可能因自視甚高。對這種人，除非自己比他更強，否則不要寄以希望。這種人如碰到重大挫折，很容易一蹶不起。

(2) 說話時不斷摸頭髮的人，愛恨分明、善於思考、做事細緻，重視過程而不在於事情的結果。

(3) 說話時喜歡抖動腿的人，通常自私，少顧別人感受，凡事從自我利益出發，對別人吝嗇，對自己卻很大方。這種人善於思考，也給朋友提出一些出人意外的建議。

(4) 談話時盯住對方的人。這種人有某種優勢，支配慾又很強，只要有機會，就會表現自己，常常我行我素，不喜受束縛，但在確定目標後就會戮力以赴。

## 五、笑容

笑可以傳達人類的所有情感，有時亦代表一種智慧或人生的境界。如微笑在生活中最常見的，可以表述謝意、歉意或友好等諸種意涵。

1. 有些平時較沉默寡言或木訥的人，在遇到某些高興或好笑事情時，常大笑不止，這種人其實往往是外冷內熱者。其平日與人交往，往往不夠主動、熱情，致令人難以接近，但在一旦正式交往後，卻是非常看重友情。

2. 有些人常捧腹大笑者，通常性格正直，不會違背自己良心作出不利別人的事，也不會屈服於外來壓力。在待人處事方面，則寬容大度，既不會因為自己有所成就而沾沾自喜，也不會因別人有所成就而嫉妒中傷。

3. 有些喜歡用手捂住嘴笑的人，通常性格較內向、害羞，特別是在陌生環境或與陌生人在一起時更是經常如此。但這種人雖較內向，但與人交往能以誠相待，唯不輕易向人傾訴心聲，而是自己獨自面對壓力、挫折、失敗。

4. 有些人總是會偷偷的笑，並且笑聲較低也較短，這種人性格較保守、傳統、拘謹，對自己要求較高，甚至會因為目標的沒有達成而悶悶不樂。但對朋友比較大方。

5. 有些人時斷時續的笑，而讓人聽起來覺得怪異。這種人大多性格冷淡，比較現實、勢利，看重金錢和物質，除非絕對必要，不會為別人付出，因此人際關係較差，但善於洞察人心，揣摩別人想法，爭取有利於己的機會。

6. 笑也是一個人在面對悲憤、憤怒、絕望、無奈時的情緒表現。譬如一個人在憤怒到極點時，可能不會立刻發作，而是在臉上露出微笑，甚至態度謙恭，但事實上此人已是身在怒氣即將爆發的火山口邊緣，這就像是喜極而泣的道理一樣。

## 六、識別小人的判斷

在職場中，最需要警惕的就是小人，但小人卻又經常以精美的糖衣進行自我包裝。這種人往往虛偽奸詐，使人誤以其為好人或君子。

小人在道德上往往欠缺社會責任，只圖私利的滿足而罔顧大局或別人利益的損傷。因此為避免在不知的情況下得罪小人或被小人算計，必須要能分辨出小人的存在。

如何分辨出小人？因為小人不擇手段的追求個人目的，為人憎惡，但又善於偽裝、迷惑人心，因而要認出小人，就要注意某個人的言行舉止、喜怒好惡的最終目的，是否皆在追逐個人利益為標準、而進行觀察。

1. 喜歡造謠生事、挑撥離間，破壞同事情誼，從中圖取利益。

2. 對人陽奉陰違，表面是一套，背裡又是一套，只說不做，或答應後做的卻是不同的事，總之絕不能讓自己吃虧。

3. 喜歡攀附權貴，只要誰得勢或手中掌握利益，就和誰接近；但對失勢者或無權無勢者，絕無好臉色，絕不示好。

4. 喜歡落井下石，藉此可標榜自己有先見之明，另一方面也討好上級。

5. 喜歡利用別人，或是慫恿別人出頭，出了事，則把責任推給對方。

由前述可看見小人還是不重情義及原則的，一旦得勢，就露出洋洋得意、喜不自勝的醜態，而看不起比不上他的人。對於小人固然不便直接得罪，但仍然需在職場有所防患及技巧性的反擊，以使其有所知難，避免自己繼續蒙受損害。

在對小人的態度和方法上，可參考如下做法：

1. 盡量不要得罪小人，或和其有金錢來往，更不要對他有所虧欠，而為其挾住咽喉，要求回報。

2. 要警惕小人在需要你、利用你、討好你時的甜言密語的誘惑，更不要誤以對方是知己，因為在不需要你時，就可能反臉不認人，甚至為了要再討好第三者、第四者，而在背後攻擊、誹謗你。

3. 和小人交往時要特別小心，千萬不能將自己的隱私、工作上的牢騷和不滿、對別人的批評和不滿，以小人作為傾訴的對象，以防有一天在利害衝突時成為小人利用攻擊或報復你的完整資訊。因此不論是好事、壞事，都要小心謹慎，不該說的絕不說。

4. 小人對人、對事都只看是否帶來利益，而不重視長期的友情和事業，甚致為滿足個人的名利欲望不惜任何代價，這時可利用小人欲望的不斷膨脹，給予小利小惠，有時對自己反可形成一種助力，當然對付小人最好的方式是找出其弱點、缺點，或反過來為其吹捧，當其因過度自信而無法達成工作或犯錯時，自陷於不利處境。

## 七、對謊言的判斷

在職場中弄虛作假的事是難以避免的，它可能出自利害關係，也可能是為自我防衛，但卻使受騙者蒙受損害或心理上的創傷，因此如何判斷出對方是否為謊言，甚或進一步發掘其背後隱藏的真正企圖實為必要，但許多人編造出的謊言是那樣的有條理，講述的時候是那樣真摯誠懇的唱作俱佳，其表演的天分，讓人根本就難以分辨出哪些為真、哪些為假，直到受害時為止。

對以下幾種人的言行，應首先加以留心：

1. 虛榮心太重的人，只注重外表的服飾、他人的評價，並喜歡追逐時尚，對各種吃的、穿的、開的、玩的等等聊起來是頭頭是道。這種人太注重及渴望外在的東西、企盼藉此得到別人的掌聲，但在憑自己實力無法達到目的時，撒謊就可能成為他們有利的工具。

2. 自卑感太重的人，能敏銳的感覺到自己有許多不如別人的地方，但又不甘心現在的處境，總覺得自己應該有更好的表現、更好的待遇，得到更多的尊重和承認。於是出自自卑心理的反抗，自卑者多半會以謊言來調適自己在生活中及在他人眼中的位置和形象。

3. 太要強的人，事事要強，時時要強，隨時隨地都想高人一等，但在現實生活中，每個人受到天賦、出身、教養、身體狀況等各種因素影響，要想總是高人一等，實為困難，或在失敗後，又不願坦然面對，這時就會編織理由為自己找退路，如虛構成功的情境蒙騙他人。

4. 過度以自我為中心的人，在各種場合總是只顧講自己的不凡際遇，甚至得意忘形的出現誇張的表情；有時又會陷於憂鬱的不停講述自己的煩惱、病痛多麼嚴重。因為凡事以自我為中心，容易與人衝突、爭吵，總是按自己的理解、標準要求別人，以致牢騷滿腹，對什麼都看不慣。

至於人在說謊時，因為一般人很難控制下意識的動作，所以縱使說的是天衣無縫，然而他的身體語言，卻會告訴別人：「我在說謊。」

對於說謊時的身體語言的觀察，可透過下列途徑。

## 1. 用手摀嘴

小孩子在說謊後，會立刻用手摀住嘴，這是因為在潛意識中想要制止其說謊，但在小孩變成大人後，這種用手摀住嘴的動作會慢慢變得較為隱蔽，如只用二、三根手指摀住嘴，或將手掌握成拳頭放在嘴上，甚

至藉著咳嗽的動作以掩飾摀嘴的動作，因此在看到別人與自己說話時，不斷出現上述舉動時，極可能在說謊。當自己在說謊時，如對方出現以上行為，即表示對方已知你在說謊。

## 2. 揉眼睛

小孩子在看到極其不願意看到的事物時，會用手把眼睛摀起來，這是因為在內心不安的情況下所做出的舉動，但在人成年後，摀眼睛的動作變成較隱藏式的揉眼睛，此因其內心不想讓自己看到自己的欺騙或不好的東西；其次，則為不想在說謊時與對方的眼神接觸，以免因心虛而被對方察覺，所以此時也可能會眼神游離，常看地板或天花板。

## 3. 用手撫摸耳朵

小孩子在受到父母親大聲責備時，會用雙手掩住耳朵，而在成年說謊時怕受到責備或被發現時，下意識的就會用手搓耳朵、拉耳朵、拉耳垂、摩擦耳背。

## 4. 觸摸鼻子

在鼻子下沿用手輕輕撫摸幾下，或很快而不易察覺的觸摸一下鼻子。這是因為人在說謊時，身體會釋出一種叫「兒茶酚胺」的物質，使鼻子內部組織膨脹，再加上心理壓力的增加導致血壓上升，亦使鼻子膨脹，其末梢神經就會有輕微刺痛。這時用手快速的觸摸鼻子，這與鼻子真正發癢時，用手揉鼻子的動作是不同的。

## 5. 拉衣領

當說話者感覺對方在懷疑時，升高的血壓會讓脖子持續冒汗，此時會覺得是衣領使他出汗的，就會拉拉衣領通風，讓自己冷靜一下。

## 6. 抓脖子

在說謊時，面部和頭部的一些敏感組織會產生輕微的刺痛，因此說謊者會用手去抓、去搓脖子感覺到疼痛的部位，並通常在五次左右，所

以當一個人一邊說同意、一邊又在用手抓脖子時，就表示他所說的同意並不是其內心真正的意思。

## 7. 微笑

當一個人在說謊時，即使臉上帶著微笑，但在仔細觀察分辨下，其與真正發自內心的笑是不同的，因發自內心的笑時，其眼睛周圍會有皺紋，具有感染他人的力量；但說謊者的笑，則不會出現面部肌肉的配合，感覺不但生硬，眼睛沒有笑意，並且還經常是眼睛、面部表情、肢體動作和口的動作不一致的情形，同時假笑的時間通常較長。

## 8. 視線

在談話時，對方的眼神閃爍不定，一旦接觸自己的視線，立刻就會把眼神移開，雖然可能是因為性格上恐懼與別人視線相對，但更多的是因為心中有愧，或不願被人看到他內心隱藏著的說謊的祕密。但一個人說話時直視著對方的眼睛，未必就沒有說謊，因為他可能很高明的製造假象，讓你相信他說的是真的。

因此要知道對方有無說謊，還要多觀察其聲音的變化、瞳孔放大的變化、眼神的變化、面部肌肉的變化、臉頰有無發紅或不斷眨眼等。

### 📎 注釋

▲註[1] 胥文宏，《下雨之前帶上傘》，2007年8月第一版，機械工業出版社，頁 93-95。

# CHAPTER 16 掌握細節

　　老子曾說：「天下大事，必做於細。」人生當中會碰到的大事不多，但細節小事，卻每天都不間斷的發生，而能認真的做好幾件小事，就會有一個美好的人生。同樣的，在職場中能關注小事，也會產生令人想不到的結果。

　　在1972年，美國氣象學家愛德華・羅倫茲在華盛頓的美國科學發展學會上發表一篇演說，其意指：一隻亞馬遜河流域熱帶雨林中的蝴蝶，偶而搧動幾下翅膀，兩個星期後，可能在美國得克薩斯州引起一場龍捲風。因為蝴蝶翅膀的搧動，導致其身邊的空氣系統發生變化，引起微弱氣流的產生；而微弱氣流的產生，又會引起它四周空氣或其他系統產生相應的變化，由此引起連鎖反應，最終導致天氣系統的巨大變化。

　　所以過去，人們認為層次越高，就越需要抓大放小，把精力和時間放在做大事和要事上，不做瑣屑的雜務，但蝴蝶效應卻告訴我們，小事一樣可以導致大的後果，小變化可引起大變化，故在職場中如能合理運用蝴蝶效應，往往小事能立功。

　　莉娜在一家業績良好的金融機構裡擔任經理助理，有一天，她的老闆在無意中發現，她告訴部門裡其他員工，所有的紙都要兩面用完才能扔掉。有的同事認為莉娜很吝嗇、管太多，並且嘲笑她連一張紙都要做文章，她的解釋是：「讓所有的員工知道這樣做可以使公司減少支出，相對的使利潤增加，這是很重要的。」我們可以由此想像今後莉娜在老闆眼中的地位，因雖然是一張紙，但長年累月的累積起來就是一筆不小的支出。

所以不要小看做小事，不要討厭做小事，人人應該從小事做起，一心一意的做事。這裡所講的事，有大事，也有小事，所謂大事小事，只是相對而言。很多時候，小事不一定就真的小，大事不一定就真的大，關鍵在做事者的認知能力。那些一心想做大事的人，常常對小事嗤之以鼻、不屑一顧，但小事都做不好的人，大事是很難成功的。

在本章則主要討論在職場的人際交往過程中，如何獲得、建立良好的關係，而避免不必要的錯誤產生的一些項目及作法。

## 壹、掌握形象

個人的形象，影響個人的前途與人際交往，所以充實的內在能力固然重要，然而鮮明的專業形象也極具助力。

### 一、穿著的服裝風格與公司的文化氣息保持一致，以融入公司的文化

如在銀行、保險或製造業工作時，公司氣氛就會較保守，此時若穿著走在流行前端的服飾，就會與整個氛圍格格不入。除考慮行業特點外，公司的管理風格、規模大小、員工年齡等因素也會影響公司文化氣氛的形成。此外，還要觀察上司、同事的穿著習慣。並且剛離開學校進入職場的年輕人，不要為了怕老氣而堅持學生時代的清純造型，讓人感覺無法託付重任。尤其是初進公司的前幾個月更需注意，在這段時間裡，大家都在觀察你、看著你的表現，這時如被人錯誤的定了型，以後要改變就不容易了。

最後，自己的穿著要突出自己的特色。因成功的專業外表是要突出自己，多挖掘自己的特點，而不是看誰身上穿的服飾好看，然後把自己複製成與對方一模一樣。所以要清楚自己的著裝想要透露出什麼樣的訊息，必要時也可請教專家的意見。

　　在實際選擇穿著的時候，要根據自己的體型選擇服裝款式，並且要注意服裝顏色的選擇，因色調不單是構成服裝美的重要因素之一，不同的色彩還能引起人不同的聯想，產生不同的心理感受，而在現實生活中，一個人對服飾色彩的選擇一般是由人的自身性格、生活經歷、經濟狀況、性格氣質、愛好興趣決定的，沒有必要做刻意的要求，但在某些交際場所，則要進行衣物、飾物方面的搭配，又如在個人方面也可利用穿著服飾的色彩來改變自己的個性、心境。

　　不同的顏色會帶給人不同的心情，一般情況下，紅色表示快樂、熱情，它使人情緒熱烈、飽滿，激發愛的情感；黃色表示快樂、明亮，使人興高采烈，充滿喜悅；綠色表示和平，使人的心理有安定、恬靜、溫和之感；藍色給人安靜、涼爽、舒服之感，使人心胸開朗；灰色使人感到鬱悶、空虛；黑色使人感到莊嚴、沮喪和悲哀；白色使人有素雅、純潔、輕快之感。這些不同的色彩，協調搭配的原則是同類色相配或近似色相配，這讓人看來醒目，與眾不同。因此不同的色彩搭配法，產生的效果會截然不同，所以應該根據不同場合的需要，選擇適當的色彩和搭配方法。

## 二、在工作場所，在人際交往時，要注意自己的儀容

　　注意儀容也是一種細節，它反映著一個人的修養。儀容是指人的外觀、外貌，容易引起別人的關注，並影響到別人對我們的最初印象和評價。

　　社會心理學家曾做過一個實驗，讓一個三十一歲的男士在好幾個地方違反交通號誌穿越馬路。在一半的時間中，他穿著一套燙得很平整的西裝、繫著領帶；而在另一半的時間中，他則穿著牛仔襯衫、勞工工作褲。然後研究者從遠處觀察，統計在街角等著過馬路的人中跟隨他穿過馬路的人數，結果當他穿著西裝違規穿越時，跟在他身後匯入馬路交通

中的人簡直成群結隊。這例子說明人們本能的以外表來判斷、衡量一個人的出身和地位，而由這個判斷決定人們對你的態度，甚至是配合度。

雖然先天的外貌出生時已被判定，但可依照個人的條件，進行必要的修飾，如經過化妝、服飾、外形設計等方式，創造屬於自己的儀表美。特別是一個人經過日常的言談舉止、待人接物，形成一種獨特而穩定的氣質美。而一個人如沒有道德、情操、智慧、志向、風度等內在美為基礎，那再好的先天條件、再精心的打扮，也會變成一種膚淺、流俗的美，為人厭嫌。

因此，要有為人喜歡的儀表，不只在外表上下功夫，還要進行自我內在的改革，改變生活方式、睡眠充足、多讀書、多欣賞藝術、多思考、對生活樂觀進取、心地善良、關心別人、自我規律，則表現於外的氣質，自然讓人親近。

## 三、注意自己的身體語言

在不同的場合，要讓自己的形象和行為與場合和身分相稱，勿讓不拘小節的習性所破壞，因此要注意自己的身體語言。

有一位年輕人到一家大公司應聘，在做自我介紹的時候，身體鬆垮的斜立者，並且右腿還不斷抖動。面試官請他坐下後，他一會蹺起二郎腿，一會兒又向前伸腳，身體傾斜在椅背上。面試結束後，面試官告訴他很遺憾公司不能錄用他，因為他的這些「現場秀」無法讓別人產生好感。這個例子說明姿勢是雅俗表現和顯露的標尺，良好的姿勢形成優美高雅的儀態。

### （一）手

與人交談的時候，不要用手掩住嘴或鼻、不停的撫弄頭髮，使手指關節發出聲響、敲打桌面、玩弄接到手的名片或雙手忙個不停等給人不安穩的現象。

## （二） 腳

坐時神經質的不斷搖動、往前伸腳、習慣的地抖腿，將兩手夾在大腿中間和墊在大腿下、大腿撇開呈現大字型。站著時緊張的踮起後腳跟的動作，不只不禮貌，有時也製造緊張氣氛。在參加會議的時候或大家坐著談話時，不要當眾雙腿抖動，這種小動作雖無傷大雅，但因雙腿不斷抖動，令對方視線覺得不舒服，也會給人以情緒不穩的感覺，這是失禮的。

## （三） 背

老年人駝背是正常的，但年輕人要盡量避免。應挺直腰桿與人交談或站立、行走。

## （四） 眼睛

目光驚慌，在該正視時，卻把眼光移看，這都表示缺乏自信、藏著不可告人的祕密，容易使人起反感。但直盯著對方講話，又會讓對方產生壓迫感，引起不滿。因此只要安祥的注視對方眼睛的部位即可。

## （五） 表情

毫無表情或者死板的、不悅的、冷漠的、無生氣的表情，會讓對方留下壞的印象，所以要使說話生動吸引對方，最好能有生動活潑的表情。

## （六） 動作

手足無措、動作慌張，表示缺乏自信。動作遲鈍、不知所措，會讓人感覺沒有精神。昂首闊步、動作敏捷、有生氣的交談、走路，使氣氛開朗，讓人感覺健康、精神煥發。而人常依態度被評價。

## 貳、注意微笑

俗語說：「沉默是金，笑是銀。」微笑是人的寶貴財富，是自信的動力，也是禮貌的象徵，人們往往根據你的微笑來獲取你的印象，從而決定對你要辦的事情的態度或對你言行的反應，甚至「一笑泯恩仇」。

有一位推銷員去拜訪一位有購買意願的客戶，最後卻失敗而歸，而更讓人沮喪的是，這時，一位客戶打回訪電話，本來是準備訂購產品的，結果卻被推銷員沒好氣的回話給弄僵了。經理在了解這些情況後，微笑的對推銷員說：「為什麼不再去拜訪一次？記往微笑能帶來神奇，即使在接聽電話的時候，也要讓對方能感受到你的微笑。」結果，他臉上呈現出的快樂，謙遜的微笑感染了客戶，爽快的簽訂了合約。

幾年以前，在美國底律市的哥堡大廳舉辦了一場盛大的游艇展售會，在展售會場上人們可以選購各種船隻，從小帆船到豪華遊艇都可買到。在展售期間，有一家公司的一筆大生意跑掉了，而另一家遊艇公司卻用微笑把顧客挽留下來。

當時有一位來自中東某產油國的富翁，他站在一艘展售的大遊艇旁對站在他面前的推銷員說：「我想買這艘船。」這對推銷員來說，自然是求之不得的好事。那位推銷員很恭敬的接待富翁，只是他臉上冷冰冰的，沒有笑容。這位富翁看著這位推銷員沒有笑容的臉走開了。

富翁繼續參觀，到了下一艘陳列的船前時，這次他受到一位年輕推銷員的熱情招待。這位推銷員臉上掛滿了歡迎的笑容，使富翁有賓至如歸的感覺。所以，他又一次說：「我想買艘遊艇。」這位推銷員臉上帶著微笑說：「沒問題，我會為您介紹我們的產品。」他只這樣簡單的回答，但這富翁卻當下繳了訂金，並且對這位推銷員說：「我喜歡人們表現出一種非常喜歡我的樣子，現在你已經用微笑向我表現出來了，在這次展售會上，你是唯一讓我感到我是受歡迎的人。」

第二天，這位富翁帶著一張銀行開出的支票，購買了一艘價值2,000萬美元的豪華遊艇。一個微笑可以創造奇蹟。

所以在現實的職場上，一個人對我們面無表情、冷若冰霜；另一個人對我們滿面笑容、溫暖如春，而二人同時向我們請教一個工作上的問題，我們會樂意為誰解說？顯然對後者會毫不猶豫的知無不言、言無不盡，而對前者態度，可能就恰好相反。

所以微笑是無聲的語言，表示的是一種寬容、一種接納，也是心地善良、待人友好的表現，如「你好」、「我喜歡你」、「你使我感到愉快」、「我非常高興見到你」、「我很滿意你」等含義。因此，含蓄的微笑往往比口若懸河的人更容易獲得信任，並產生良好的互動；面對別人挑釁，只要微笑冷靜，就能化解敵意、怒意；面對陌生人，微笑就能縮短距離，消除陌生或不安感。並且記住要他人微笑，就要自己先微笑。

日本保險業的推銷之神原一平指出自己領悟笑的重要性與練習笑的過程。原一平在二十五歲當實習推銷員的時候又矮又瘦，實在欠缺吸引力，但他苦練笑容，並且獲得成功，被日本人譽為「值百萬美金的笑」。

原一平為什麼要練習笑呢？他指出笑容是與人交流的最好方式，對於推銷工作更是重要。他在日常觀察中指出，一個人在發怒之後，必須以笑來中和一下，如果只怒而不笑的話，那麼這個人的情緒必會失去平衡，呈現一種焦躁不安的情況，而難以與人相處。因此作為推銷這個特殊的職業，一定要學會使人歡迎的笑容才行。他並總結出笑容在推銷活動中有九大作用：笑容是傳達愛意給對方的捷徑；笑具有傳染性，你的笑容可以引起對方笑並使對方愉快；可以輕易的消除二人之間嚴重的隔閡，使對方心扉大開；笑容是建立信賴關係的第一步，它會創造出心靈之友；笑容可以激發工作熱情，創造工作成績；笑容可以消除自己的自

卑感，彌補自己的不足；如能將各種笑容擁為己有，瞭如指掌，就能洞察對方的心靈；笑容能增進健康，增強活動能力。他認為嬰兒般天真無邪的笑容是最具魅力的。

原一平練習的步驟是：1.首先檢查自己含義不同的三十九種笑容，列出各種笑容要表達的心情與意義，然後對著鏡子反覆練習，直到鏡中出現所需要的笑容為止。2.假設各種場合與心理，自己面對鏡子，練習各種笑，因為笑必須從全身發出，才會產出強大的感染力，所以他買了一個能照全身的特大鏡子，每天利用空閒時間，不分晝夜的練習，他的笑才達到爐火純青的地步，並且終於得到世界上最迷人、最美、最令人陶醉的嬰兒般的笑容，甚至到年過古稀時，他依然保持這種天真無邪的笑容，散發著誘人的魅力，令人如沐春風。

在做微笑練習時可像原一平一樣自己對著鏡子練習，也可兩人一組，彼此觀察、討論。在初步練習時，可注意口腔開到什麼程度為宜；嘴脣呈什麼形態，圓的還是扁的；嘴角是平拉還是上提。在動作要領方面，口腔打開到不露或剛露齒縫的程度，嘴脣呈扁形，嘴角微微上翹。

喬・吉拉德則建議，當你不想笑的時候就笑，因為這是最難做到的，但不論心裡多麼沉重，多麼哀傷憂鬱，都不讓別人知道，而把煩惱留給自己。

## 參、傾聽的藝術

人與人交往的時候，只有尊敬對方，交際活動才能順利進行，如果總是壓制對方，強迫對方服從自己，對方不久就會產生敵對情緒，因此在交際溝通的過程中應努力讓對方感到交際的主角是他。實際上，所有人在心裡都重視自己，喜歡談論自己，喜歡別人聽他講，而不是聽別人講。

　　有一家公司的主管參加了有關人際關係方面的訓練課程後才發現，他所以在公司內不受歡迎，不是他說得不好，而是他說得太多，他不願意傾聽別人說話，生怕自己處於下風。他決定按照訓練的要求，在交談中多聽別人講話，試著運用傾聽的技巧。一開始，他很不習慣，只是強迫自己去做，慢慢的他發現了傾聽的好處，並且也漸漸學會一些傾聽的技巧，這對他深具鼓舞。以後，每當他發現有人在談論什麼話題的時候，他就會不聲不響的湊過去，認真聽他們說，並努力融入他們的話題。有時候，他會想一些容易回答的問題去引起他們談話的興趣。結果，他驚訝的發現，同事們果然改變了對他的態度，開始慢慢喜歡與他交談了。事實上，在交談的時候，盡可能讓別人談他們感興趣的話題，是在鼓勵對方說話，也是對對方的一種尊敬。

　　最懂得傾聽的人，是最有人緣的人，要真正掌握傾聽的藝術，首先要了解的五種連續的層次：1.第一個層次是完全不用心傾聽，心不在焉，只沉迷在自己的世界，而忽視了對方。2.第二個層次是假裝在傾聽，可能會用身體語言假裝在聽，甚至重複對方的語句作為回應。3.第三個層次是選擇的傾聽，但是過分沉迷於自己所喜歡的話題，只留心傾聽自己有興趣的部分。4.第四個層次是留意的傾聽，全心全意的專心傾聽要花不少精力，可惜始終從自己的角度出發。5.第五個層次是運用同理心傾聽，而放下自己的觀點，進入他人的角度和心靈。

　　有效運用同理心傾聽的時候可遵循以下的步驟：1.重複句子。2.重整內容，即把別人的字句意思用新的字句來說，但必須忠於原意。3.反映感受，諸如痛苦、挫折、快樂、安慰等，重視運用肢體語言，需設身處地，站在對方的立場。4.重整內容和反映感受。5.保持靜默，對方可以感受到你和他在一起。當你有信心使他感到被了解，而你也知道他了解，才採取這種作法。

在傾聽別人講話時的具體作法則可注意以下幾點：

1. 在專注的聆聽對方說話時，口中不時的回應：「我了解、感謝你的建議、謝謝你的寶貴建議、說得太好了！」或發出讚嘆聲，或誘導對方繼續發揮，對方一定非常開心，因為對方已經感受到一股被尊重、接納、認同的喜悅。

2. 傾聽時，肢體語言的表達很重要，雙眼不要緊盯著對方的眼睛不放，這會使對方產生緊張，而只要看著對方的下巴到眉心的區域即可，然後不時點頭微笑，並作適當回應即可，因如沒有回應的舉動，對方可能會認為你只是在敷衍他。

3. 如果不喜歡聽，或沒有時間聽，應明確告知對方，不要不好意思講，又不好意思離開，然後很不舒服的坐在那裡心裡著急，或煩躁的應付、駁斥。

4. 如果時間有限，對方卻偏離了主題，說得太遠了，可以將其引回到主題，然後找機會提出：「我們共同想辦法處理」之類的建設性語言，以增加彼此的熱絡感。

5. 如不贊同對方意見時，最好不要阻止對方說話，因這不會產生好效果。並且當對方還有很多意見要發表的時候，他通常是不會注意你的。所以要做的是稍作忍耐，認真聽對方說話，在溝通中做到「聽聽別人怎麼說」的原則。

以下的真實故事具體表現了傾聽溝通的效果。

喬治‧伊斯曼發明了感光膠卷使電影得以誕生，也因此累積了大筆財富，但伊斯曼成功後開始回饋社會，辦了一所音樂學校與一座戲院。當時紐約一家生產座椅的公司總經理亞當斯想要得到兩座大樓座椅的訂單，他和負責大樓的建築師通了電話，約定時間，拜會伊斯曼先生。第二天亞當斯與建築師碰面後，建築師好心的跟他說：「伊斯曼先生是個

大忙人，進去後有話就說，說完就出來。如果你耽擱的時間超過五分鐘，就不要想取得這筆生意了。」

當亞當斯走進伊斯曼辦公室的時候，他心裡也打算就這麼做，但伊斯曼先生正處理著一些事情。過了一會，伊斯曼抬起頭說：「早安！先生，有事嗎？」建築師先為兩人彼此作了引見，然後，亞當斯滿臉誠意的說：「伊斯曼先生，在等待你的時候，我正在欣賞著您的辦公室，如果我也能有一間這樣的辦公室，那麼即使一天工作十二個小時也不會在乎。您知道，我是從事房子內部裝飾工作的，但我要承認我從來沒看過比這一間更好的辦公室。」

伊斯曼回答：「你提醒我記起一樣我差一點忘掉的東西，這間辦公室很漂亮是吧！當初剛建好的時候，我也以它為傲。可是現在工作過於忙碌，幾乎都沒再好好看看它了。」亞當斯用手摸了椅背說：「我想這是用英國櫟木做的吧！英國的櫟木和義大利櫟木有點不大一樣。」伊斯曼答道：「不錯，這是從英國進口的櫟木，是一位朋友專門為我挑選的。」

接下來，伊斯曼帶著亞當斯參觀房間的每一角落，並指出當時設計、施工的時候，他在什麼地方提供了一些意見，作了一些改變。然後打開一個玻璃櫃的門，取出了他的第一卷膠片，並向亞當斯講述他早年的貧困生活和創業的艱辛過程。他的母親在旅館裡，整天伏在地上拖洗地板，為了不讓母親辛勞至死，他立志要發財致富。他如何在實驗室裡進行化學試驗，有時連續24小時沒有上床，只偶而小睡片刻。亞當斯一邊聽著，有時點頭，有時發出驚嘆聲。

當亞當斯走進伊斯曼先生辦公室前，被告知停留的時間不要超過五分鐘，但現在一個小時、二個小時過去了。伊斯曼繼續說著：「我最後一次去日本的時候買了幾張木椅子回來，放在玻璃日光室裡，但陽光使椅子褪了色，所以不久前的星期天，我買了罐油漆動手把它重新油漆了

一遍，你想看看我油漆的手藝嗎？好吧！上我家去，一起吃個午餐，飯後我讓你看看這些椅子。」每把椅子的價格不到1.5美元，但億萬富翁伊斯曼親自動手油漆了它們。對於伊斯曼引以為榮的手藝，亞當斯自然大加讚賞。最後亞當斯自然取得訂單，也變成伊斯曼的好友。

專心傾聽別人的講話與適度的讚美能產生意想不到的美好結局。

## ◎ 肆、拒絕的技巧

每個人都有得到別人理解和幫助的需要，同時也常常會收到來自別人的同樣請求，但在現實生活中，誰也無法做到有求必應，特別是在職場中，當上級或同事請求你做一件你做不到的事，或極不想做的事情，或不恰當的事情時，你要如何做出回應？

拒絕他人，是極易傷感情的事，因為被人拒絕是許多人內心難以接受的難堪，特別是事先在內心經過一番掙扎，終於鼓起勇氣，卻被拒絕了，很可能多年的同事情誼就此付諸東流。也可能過去受過同事的照顧；或想著魚幫水，水幫魚，也許有一天有所求同事；或礙於情面，很多人因為難於拒絕別人的要求，於是連自己做不到的事情也答應下來，結果使對方的期待落空，因此破壞了彼此間的友誼。但若對別人的請求不願意接受，卻又不好意思說不，就會使自己陷入非常為難的處境，或者違心的答應後，心裡卻覺得彆扭、氣憤，像是被逼迫的答應，做得心不甘、情不願，甚至根本不動手，準備失信於人，這些也都將破壞同事關係。

所以當同事有所要求的時候，凡是正當、合理，可以做得到的事應該爽快的答應，而要拒絕的話，就要講求拒絕的技巧。

美國總統富蘭克林‧羅斯福在出任總統前曾經在海軍部擔任要職，有一次，他的一位好友向他打聽海軍在加勒比海一個小島上建立潛艇基

地的計畫，羅斯福神祕的向四周看了看，壓低聲音問道：「你能保密嗎？」朋友說：「當然能。」羅斯福微笑的看著朋友說：「那麼，我也能。」一陣哈哈大笑後，朋友明白羅斯福的意思，不再追問了。

在以上的事例中，可以發現羅斯福的回應方式具有輕鬆幽默的情趣，在朋友面前堅持不能洩漏軍事機密的立場，又沒有使朋友難堪，取得很好的效果。

以下敘述幾種拒絕的方式：

## 一、以非個人的原因作藉口

拒絕別人，最困難的就是在不便說出真實的原因時又找不到可信而合理的藉口，則不妨在別人的身上動動腦，比如藉口家人方面的原因。如同事邀請你到他家裡打牌或聚餐，而實在不想去時，可回以：「我太太今晚有事，所以小孩補完習後，要去接他回家。」或「我在家裡是妻管嚴，這個星期已一次晚歸，別害我了。」這樣一來，不去，是要接小孩或妻子的因素，並不是你個人不想去，因為問題不在你，同事們自然只好作罷，不再勸說。

## 二、利用語氣的轉折

不便正面拒絕時可以採取迂迴的方式，善於利用語氣的轉折──絕不會答應，但也不致撕破臉。如先向對方表示同情，或給予讚美，然後再提出理由，加以拒絕。由於先前對方心理上已因為你的同情而對你產生好感，所以對你的拒絕也能以「可以諒解」的態度接受。如同事向你借錢，但因金額較大而考慮不借的時候，可委婉的說：「我知道你有需要，我真的很願意幫你的忙，但碰巧手頭不方便，真是不好意思，希望您能夠諒解。」這表現了對同事的體恤之情，也不致影響到雙方的關係。

### 三、幽默的回絕

　　幽默的回絕，是在一笑中讓對方明白你的隱喻，知難而退。如小張親切的向小李打招呼說：「你怎麼了？看起來這麼沒精神。」小李答：「是啊！最近為了還債到處籌錢，弄得是身心疲憊，晚上煩惱睡不著覺。你能不能幫幫忙？」小張回答：「當然好啊！明天我就把家裡還有的特效安眠藥帶給你。」

　　又如作家錢鍾書在電話裡對想拜訪他的英國女士說：「假如你吃了個雞蛋覺得不錯，又何必認識那隻下蛋的母雞呢？」用下蛋的母雞比喻自己，不但巧妙生動，並且幽默風趣的拒絕了採訪。

### 四、迴避主要問題

　　通過迴避主要問題，而將話題引向細枝末節。如小張向小珠表示好感，且進而求婚，但小珠無此意願，如一本正經的說理，二人如何的不適合，小張當然聽不進去，問題始終沒有解決；當面拒絕，又恐傷害小張。所以小珠把「A和B的婚事」這具體的要求，故意引向「一般的婚姻」問題上去。

　　小珠：「被你求婚，我很高興，不過我認為結婚這件事不能太沉溺於感情。」

　　小張：「不，我很冷靜，我都想清楚了。」

　　小珠：「我不是這個意思，我是想好好和你談一談我對婚姻的看法？」

　　小張：「好啊。」

　　小珠：「婚姻到底是怎麼一回事？為什麼要有婚姻……。」

　　小珠在把小張誘入抽象的談話，可以把內容層次不斷提高。這樣把話越扯越抽象、越扯越遠，在不知不覺中，小張就被小珠巧妙拒絕了。

## 五、敷衍式的拒絕

敷衍是在不便明言拒絕的情況下，含糊其詞的回絕。《莊子》一書記載，有一次莊子家裡沒有餘糧了，只好去向監河侯借貸，但監河侯說：「好！再過一段時間，等我去收租，收齊了，就借你三百金子。」監河侯的話就是敷衍式的拒絕，不說不借，也不說馬上借，而是說等過一段時間收了租再借（但到時借不借再說）。莊子聽後已經很明白借不到米，但又不能翻臉，因為監河侯又沒有說不借。

另一種敷衍式的拒絕方法就是答非所問的裝糊塗，給對方以暗示，如對方問：「這件事您能不能幫忙？」回以「我明天要去臺北出差。」答非所問，但對方從你的話語中可以感受到，他不會得到你的幫助，從而收回自己的請求。

## 六、以身體語言拒絕

要開口拒絕別人並不容易，雖然事先經過幾次在心裡的演練，但一旦直接面對對方的神情時又難以啟齒，這時就可以使用肢體語言，如搖頭代表否定，故別人一看你搖頭，就會明白你的意思。另外微笑中斷也是一種拒絕的暗示，因突然中斷笑容，就暗示著無法認同和拒絕，類似的肢體語言還包括：採取身體傾斜的姿勢、目光游移不定、頻頻看錶、心不在焉……但要避免傷了對方的自尊心。

## 七、推拖法

如果已經答應的事情，自應全力以赴，不該再有拖延。但對於尚未回答的請求暫時不予答覆，或遲遲沒答覆，只一再表示還需要多研究、多觀察、多考慮。則對方就會察覺到：你是不太願意答應的。

## 八、剖析利害，以理服人

許多人不明白事情的利害關係，更有人為了眼前的小利，不顧後果，最後受害的還是自己，所以眼光要長遠，當對方的請求確實不適合自己的時候，哪怕對方是關係再好的同事或對方態度的誠懇，也不能支支吾吾、半推半就，而應向對方說明事理、剖析利害，讓對方打消念頭。如本身為監工或採購人員，而同事代廠商邀約吃飯時。

## 九、截斷對方的說話

對於對方的說話意旨，心中有數，所以在對方還沒有說出或還沒說完某個意思時，即搶先做出回答。為什麼不等對方說清楚才回答？這有兩個原因：1.等對方把話都說出來，就會洩漏某種祕密或底牌，難以收拾。2.全部聽完後再回答，會變成被動，不好回應。因此考慮到對方要問什麼，而在他問話未說完前，就迅速按另外的思路作回答，一是可以轉移其他在場者的注意力，二是讓對方領悟，改換話題，避免因說破而造成尷尬場面或其他不良後果。

如小張與小珠是同事，小張急於向小珠表白態度，但小珠認為不要說破，保持純真的同事情誼較好，因此：

小張：「我想問你，你是不是喜歡……」

小珠：「我喜歡你借給我的那本公共關係的書籍。我已看兩遍了。」

小張：「你看不出來我喜歡……」

小珠：「我知道你也喜歡公共關係學，以後我們一起多交換學習心得吧！」

小張：「你有沒有……」

小珠：「有啊！互相切磋，向你請教，我早就有這個想法。」

小珠的三個斷答，使小張明白了她的想法，不必再問了。這比讓小張說完之後才當面拒絕的做法，效果要好多了。斷答要才思敏捷，口語技巧嫻熟，有時要幾次斷答才能奏效。

不論採取何種方式拒絕的時候，都應面帶微笑、態度莊重，讓對方能感受到你對他的尊重和禮貌，適當時機也可幫對方出一些主意或建議，或提供一些別的求助線索，這樣就能免除對方的誤解，因為你已盡力了。

## 伍、為客戶建立客戶卡

所有成功的推銷員都非常注重客戶資料的建立，而這種習慣，也可在職場中養成對上司、同事或部屬建立個人的檔案，以掌握對方的興趣、背景資訊等以建立良好的人際互動關係。

列入金氏紀錄的史上最偉大的推銷員喬‧吉拉德認為推銷員應該像一臺機器，具有錄音機和電腦的功能，在和顧客的交往過程中，將顧客所說的有用資訊都記錄下來，從中把握一些有用的資料。他說：「在建立自己的卡片檔案時，你要記下有關顧客和潛在顧客的所有資料，他們的孩子、嗜好、學歷、職務、成就、旅行過的地方、年齡、文化背景及其他任何與他們有關的事情，這些都是有用的推銷情報。所有這些資料都可以幫助你接近顧客，使你能夠有效的跟顧客討論問題，談論他們感興趣的話題；有了這些資料，你就會知道他們喜歡什麼，不喜歡什麼，你就可以讓他們高談闊論，興高采烈、手舞足蹈……只要你有辦法使顧客心情舒暢，他們不會讓你大失所望。」[1] 所以不論推銷任何東西，最有效的辦法就是讓顧客相信——真心相信——你喜歡他、關心他。因此吉拉德為所有的客戶建立檔案，同時對於自己工作中的優點與不足，也應該詳細的進行整理，這樣堅持下去，在以後的推銷過程中也可以避免許多令人難堪的場面。

日本在保險業有推銷之神美譽的原一平，前後工作了五十年，平均每個月用1,000張名片，五十年下來，原一平累積的準客戶已達28,000個以上，他把這些準客戶按照成交的可能性，從A到F分級歸類，建立自己的準客戶卡。

「A」　級是在投保邊緣的準客戶，這一級準客戶只要經過他的奉勸，隨時都會投保。一個準客戶要從「F」級晉升到「A」級，大多數都要經歷數月或數年。

「B」　級是因某種因素而不能立刻投保的準客戶，但這一級準客戶，只要稍加時日，都會晉升至「A」級。

「C」　級準客戶與「A」級相同，原本都屬隨時會投保的準客戶，但因健康上的原因暫時被公司拒保者。

「D」　級準客戶健康沒有問題，不過經濟狀況不太穩定，由於人壽保險屬長期性的契約，保費必須長期繳納，若收入不穩定，要長期支付保費就成問題。對此顧客則有待他們經濟狀況改善後再說。

「E」　級準客戶對保險的認識還不夠，他與準客戶之問題還有一段距離，必須再下功夫深入調查，不過，原一平有把握在一年之內，就能將他們提升至「A」級。

「F」　級準客戶包含兩種，第一類是在一年之內很難升等級者，第二類是僅止於調查階段。針對第一類「F」級準客戶，只能根據情況，再做調查或繼續拜訪，以求能逐漸晉升等級。至於第二類「F」級準客戶，他們很可能富有、健康，但由於還在進行調查工作，所以尚未正式訪問，這些人很可能在面談之後，立即晉升到「A」級。

　　上述不論哪一級的準客戶，只要一有接觸，原一平就立即把資料詳細記在準客戶卡上，如：1.與客戶交往的情況：時間、地點、談話內容、

感想等。2.若不能晤談，把原因詳細記下。3.將為準客戶所做的服務。4.訪問情況的紀錄，回想當時交談情形與對方的反應，然後邊想邊反省，並做下列兩件事：1.檢查一下準客戶卡的內容，加以修正或補充。2.改進自己的姿態，以便能更接近準客戶。

因此，從準客戶卡上，不但要看到準客戶的全部情況，也要看出自己在這次推銷行動中的全部紀錄，然後反省、檢討、修正，再擬訂下一次的推銷策略。[2]

由吉拉德及原一平的例子中，為顧客建立客戶卡或個人檔案，而在上門探訪客戶、寄發宣傳資料或邀請函，以至於最終確定推銷方式與推銷策略都離不開其中的訊息。

至於企業本身也可經由員工對客戶建立客戶卡，其可包括以下內容：顧客名稱或姓名、購買決策人、顧客的等級、顧客的地址及電話、顧客的需求狀況、顧客的財務狀況、顧客的經營狀況、顧客的採購狀況、顧客的信用狀況、顧客的對外關係狀況、業務聯絡人、建卡人和建卡日期、客戶卡統一編號、備註及其他有關項目。在管理上則要注意是否在訪問客戶後立刻填寫、填寫是否完整、是否正確與充分利用。

## 🎯 陸、重視服務

對於從事服務者來說，優良的服務就是優良的推銷，但服務內容不是在任何情況下都是整齊劃一的，服務不存在一個標準的模式。不同的顧客、不同的消費目的、不同的消費時間與不同的消費地點，顧客對服務的要求是有區別的。如同一個游泳池就分早、中、晚三批不同的服務對象。同是游泳，晨泳的人的目的在於鍛鍊身體，下午主要用於訓練運動員，傍晚戲水的人目的在於娛樂休閒。所以，早晨游泳池的服務主要是提供水面及淋浴設施就能滿足晨泳者的需要。下午參加訓練的運動員

除這兩項外，可能希望水面牽起索道，比較適合比賽的要求。傍晚休閒的人可能注重寄存衣物、更換衣服的設施及救生措施等。

至於，不同的經營方式所提供的服務內容也不同，如有自助餐廳，就不需要有專人替消費者點菜或送茶水；在量販店、超商不像在百貨公司一樣，需要服務員招呼。

但對服務有共同的要求，就是提高品質，這就必須重視細節。如一家汽車公司的業務員在客戶領取新車的時候，都會花三、四個小時詳盡的向客戶演示汽車的操作，因為公司要求所有的業務員都必須介紹各個細節問題，包括一些小事物，如如何幫水箱加水，怎樣找到保險絲，如何使用千斤頂等。

美國著名汽車推銷高手喬‧吉拉德，從1963到1977年，共賣出13,001輛汽車，並且全部是零售，他本人有一句名言：「我相信推銷活動真正的開始在成交之後，而不是之前。」因為推銷實為一個連續的過程，成交即是本次推銷活動的結束，但又是下次推銷活動的開始，因為如在成交後能繼續關心顧客，就能使客戶越來越多。因此，吉拉德坦言他的成功祕訣就是每個月要寄出13,000張卡片，並且為每位客戶建立檔案，而在客戶尚未踏出店門之前，他的兒子已經寫好「銘謝惠顧」的短信。

吉拉德每個月都會寄給客戶一封不同格式、顏色信封的信，這樣就不會像一般的廣告信件，在沒有被拆開前，就被扔進垃圾箱。一月份的信是祝賀新年的，一開始就寫道：「我喜歡你！」接著寫道：「祝你新年快樂。吉拉德敬賀。」二月份會寄一張：「華盛頓誕辰紀念日快樂」的卡片。三月則是祝賀聖帕特里克日。凡是向吉拉德買過車子的人，都會收到他的賀卡。吉拉德自豪的說：「我給所有的顧客都建立檔案，我會根據他們的興趣和愛好的不同，分別寄給他們不同的卡片。而且，給同一客戶寄的卡片中，也絕不會有雷同的卡片。」而顧客們也都很喜歡

這些卡片，同時也就記住了吉拉德的名字。吉拉德通過些細緻的工作，贏取了良好的口碑和眾多回頭客，並且很多顧客還介紹自己的親友向吉拉德買車子。

吉拉德的成功，在於細節上下功夫，哪一個業務員會每個月寄一張卡片向顧客表示祝賀、問候，並且同一個顧客收到的卡片都不會雷同。

人對自己的名字是最感興趣，對自己的名字都看得很重，從內心裡都非常希望別人記住自己的名字，並在見面時親切的叫出來。如果你忘了他的名字，他就會感到你對他的輕視，以致對你的信任、態度有所不同。所以，記住對方的名字雖是小事一件，但能否作到，帶來的效果卻大不一樣。

原一平指出姓名，雖是一個人的符號，但更是人的生命的延伸。許多人一生奮鬥都是為了成功出名，所以人對姓名的愛猶如愛自己的生命。如果你想運用別人的力量來幫助自己，首先要記住他的姓名。記住顧客的姓名非常重要，也是縮短與客戶的距離最簡單、最迅速的方法。而如果記憶不好，可依靠客戶卡，把每一個客戶的一切資料都記錄在卡片上，對工作的進行就會大有助益。

原一平談到在日本的鹿兒島溫泉勝地，旅館隨處皆是，但人們卻總是喜歡投宿A旅館，並且不管是旅遊旺季還是淡季，A旅館總是門庭若市，其生意經及迎客和送客的態度就是與別人不一樣，總是能給客戶一種特別的感覺。

在A旅館裡，服務員總是把每一位客戶的皮鞋擦得乾淨光亮，而且當服務臺知道你今天要外出後，就會把你的皮鞋送到房間，放上紙條「已擦過」，鞋子旁邊還放一張「天氣預報」。所以，當客人一面穿鞋一面計畫當天的活動安排時，看到當天的天氣預報，心中一定會非常高興，就像母親送你出門時總不忘說聲「路上小心啊！」、「今天會下雨，帶上雨傘吧！」客人怎能不暖在心頭。

　　當客人到旅館的時候，服務員列隊對你微笑、點頭、彎腰：「桂子小姐，歡迎你再次光臨本店。」當你離開旅館時，從老闆到職員，都在大廳門口處站著說：「再見，史密斯先生，一路平安。」、「再見，查理夫人，歡迎下次再來。」態度親切得甚至超過歡迎顧客到來時。

　　更讓人驚異的是：凡是在A旅館住宿過的，哪怕是只住一晚，當你一個月後，第二次投宿的時候，從老闆到普通職員，都能叫出客人的姓名：「史密斯先生，好久不見了，請！請！」、「查理夫人，再一次見到您非常高興，請！請！」好像是他們多年的老主顧。而世界上最美妙的聲音不是動聽的音樂，不是風吹落葉的沙沙聲，而是從別人嘴裡叫出自己的名字。

　　有效的服務從記住客戶的姓名開始。

### 注釋

▲註¹ 李津編著，《喬‧吉拉德》（北京：中央編譯出版社，2009年1月第二次印刷），頁21-22。

▲註² 李津編著，《喬‧吉拉德》（北京：中央編譯出版社，2009年1月第二次印刷），頁155-158。

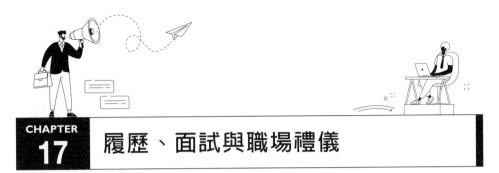

# CHAPTER 17　履歷、面試與職場禮儀

## 🎯 壹、履歷與面試

### 一、如何尋找職業

一個人選擇什麼樣的職業，常與個人的興趣、愛好、性格、能力有關，但客觀的職場生態也產生決定性的作用。

#### （一）個人的興趣與能力

做自己有興趣的工作才能把事情做到最好，而很多人就是因為興趣與職業的不同，而換工作，因而當興趣與職業矛盾時，是選擇職業與選擇興趣，就必須從中作一選擇，或因職業的條件優厚，而為職業培養自己的興趣。在能力方面，要擁有滿足職位、職能需要的最基本的專業能力，其次是在職場要具備的通用職業能力：團隊精神、敬業精神、溝通技巧、抗壓力等。

而為了解個人職涯規劃和興趣與現有能力的相關性，可在校內接受職涯測驗，結合職業興趣探索及職能診斷，以貼近產業需求的職能為依據，增加自己對職場的了解，並透過職能自我評估，規劃自我能力養成計畫，針對能力缺口進行學習，以具備正確職場職能，提高個人競爭力。

## （二）外在環境的因素

　　從求學階段，父母就會給予子女各種建議，如就讀科系、在家鄉發展或去外地工作等。此外政府的產業政策、各行業的發展情況、工作待遇、晉升的可能性、是否週休二日等同樣影響著職業選擇。

## （三）正確的擇業態度

1. 先就業再擇業，對畢業後進入職場第一個工作不該有太多的要求，而是盡可能的觀察、學習經驗，觀察職場生態，以做出下一步的正確判斷。

2. 為了面對職場中的競爭和自我發展的需求，已就業決不是可以自我滿足的狀況，而是要養成終生學習的觀念，因為知識信息的千變萬化，所以在進入職場後仍然要不斷學習新的知識、參加講習培訓或補習進修，此外更要培養自己的創造力、抗壓力、決策力、執行力、社交力及實際操作能力、應變力，以俾鼎立職場。

　　提升個人的競爭力之所以重要，是因為如從事的是技術較低的工作、重複性較高的工作、僅掌握單一技能的職位或所有技術已呈落後時，在職場被取代的可能性會大幅提升。

## 二、履歷

　　是將自己與應聘職位密切相關的資料進行分析、整理並清晰簡要表達出來的求職書面資料，其目的在於行銷自己，爭取面試的機會，有機會面試，才會有機會錄取。

　　內容可包括1.個人基本資料，如：姓名、性別、出生日期、婚姻狀況、住址、聯繫方式及應徵職位。2.教育背景，從國中到最高學歷的學校、科系、主要課程及參加過的補習教育或職業訓練。3.工作經驗，所有經歷過的工作，所負的職責與工作性質。4.補充事項，如愛好、專長及所有成就或證照等。

　　在學校教育中所學的某些課程與應徵工作有關，而對獲得工作有所助益，可將這些課程較詳細的列舉，並簡述內容及自己的領悟、體會，如自己有特殊的專長有助工作者也可列入。

　　在工作經驗項目中，剛離開校門的大學畢業生大都沒有正職工作經驗，則可強調在學期間所接受教育課程或活動與應聘工作直接有關者，其所獲得的心得，此外應將實習寫進履歷，因為實習期間的工作性質與內容與職場中的多種職務都很相似。

　　此外，接受過的補習教育，如補多益、電腦或已有證照，甚至個人對該職場所熟知的最新趨勢或技術也可寫出。

　　總之，簡歷的撰寫要簡明扼要，並顯示出對應徵工作職位的基本認知和熱情。避免打字或語法錯誤，並且最重要的是要考慮個人能力與職務要求的條件，如落差太大，就無寄出履歷的必要。

## 三、面試的作用

　　面試是由面試官對應徵者的詢問和觀察為主要手段，以確定應徵者是否具備在該職位上取得良好績效所必需的知識、能力及經驗，並對其履歷所寫的資料作一檢驗。

## （一）面試的作用

1. 可以彌補筆試的不足，筆試只能知道一個人的知識水準，而一個人的口才、儀態、反映的品性卻無法觀察到。

2. 評估應徵者的能力，是否能作好眼前或未來的工作。

3. 評估應徵者對公司的企業文化、工作環境、人際關係是否能適應。

4. 讓與會者了解公司情況，應徵職位應具備的條件、能力、工作要求，使不適合的主動退出。

5. 爭取真正的優秀人才，經由對公司制度的介紹讓優秀者能了解公司的晉升管道、加薪制度、員工福利、教育培訓、配股分紅、退休計畫、公司贏得的榮譽等。

6. 完成對應徵者的評估，決定是否錄用。

## （二）面試的形式

### 1. 個人面試

由一位面試官與應徵者單獨面談，負責全部面試過程；或是由兩位以上的面試官同時參與面試過程，輪流提問。

### 2. 集體面試

面試官同時對多位應聘者進行面試，面試官擬出題目，由應徵者共同討論、尋找答案，藉由這種方式可觀察每位應徵者的組織領導能力、性格特徵、洞察和控制環境能力、分析解決問題能力、人際溝通能力、競爭及創新能力等，以找出最佳人選。

## （三）面試可獲得下列資訊

1. 經由儀表風度，如舉止動作、衣物整潔等，了解其能否自律與是否具有責任心、是否具有抗壓力、有信心。

2. 經由問題的回答，觀察是否能將觀點完整有序的說出、是否針對問題回答，以了解其表達能力的準確性、邏輯性、完整性及是否具有感染力，或是迴避某些問題。

3. 觀察應聘者的反應和應變能力，對面試官提出的問題是否正確理解，並能很快的做出正確回答，對突然提出的某一類問題也能快速敏捷的作出回應。

4. 自我情緒控制能力，對社會新鮮人來說，面試自然會產生高度的緊張，此時態度是否鎮靜、臉上是否始終面達微笑，專心聆聽問題並從容回答，縱然遭遇挫折，仍然勇敢的完成面試過程。

5. 應徵的動機，對哪一類工作感興趣，有何期望，公司能否提供讓其滿意的條件。

## 四、如何參加面試

### （一）面試的準備工作

1. 求職者可能寄出多份履歷表應徵不同公司的不同職位，因此應在各保留檔案上註明哪一家公司應聘何種職位，避免在面試時，弄不清楚應聘職位，而出現錯誤的回答。

2. 收集應聘公司的相關資訊，如最基本的產品、服務類型，市場概況及趨勢、工作性質與公司文化等。

3. 備妥相關資料，如多備一份履歷、學經歷證明、重要證照、專利或發明獎證書、文具等。

4. 準備面試時穿著的服裝，如時間充裕可在上下班時間至該公司附近了解該公司員工的著裝習慣。

　　至於一般的穿著，男士可穿黑色、灰色、深藍色的西裝，給人穩重、可靠、忠誠、幹練的印象，襯衫則為白色或淺藍色，並結深色領帶及深色襪子，皮鞋要擦亮，頭髮要乾淨、自然。女士則穿著兩件式套裝或套裙並搭配合適襯衫，鞋子的顏色、款式與服裝搭配，最好穿著中跟鞋，減少首飾或過多的小飾品，皮包或手提包應顯現端莊大方，勿過於花俏或顯示其價不凡。

5. 面試前的心理準備。大學畢業生在離開校門後要通過競爭謀取職業，成功的關鍵在於自己的才能及臨場狀況。而要克服自己的緊張與焦慮，就要對自己進行積極的自我暗示，多給自己積極、客觀的評價，以充滿自信、反應敏捷。或想像面試時可能面對考官的嚴肅神態、詰難或自己突然忘詞，就要暗示自己：沉著、冷靜，並做深呼吸來消除緊張情緒。

6. 面試前的自己提問。面試通常包括自我介紹、回答問題、應聘者提問三個部分。事先要準備、複習自我介紹的內容，其次要了解應徵職位，並提問自己：該職位是否合適自己、對該職位是否有興趣、對該職為你自己如何定位、自己的競爭優勢和劣勢是什麼？

## （二）面試的細節

1. 聽清楚面試官的問題、評語或感受。一般人通常喜歡別人聽自己說話，遠勝於自己聽別人說話，因此可經由回答問題，複述、回應面試官說過的話，以獲取他的好感。並且在回答問題時要牢記：說服對方僱用你的最好方法，就是在對方的問話中找到他在你身上所期望的東西，並予以滿意的答案。

2. 顯示與公司文化的相同點，及認同公司的價值觀。對相關訊息可在面試前經由網路或學長學姐處進行了解。並找出自己能夠貢獻和成長的地方，做為自己為何想進這家公司的動機。

3. 推銷自己的優勢，具有雇主需要的條件，包括學歷、經驗、創意等綜合素質，並將自己的技能與一般人做比較，特別是將自己的優點與工作績效作連結，增加被僱用的理由。

4. 注重面試禮儀。任何可能時都要說謝謝，不要逃避目光的接觸，在態度上要自信與謙虛並存，對於不熟悉或不知道的問題，可以坦白說出，並誠懇的表示自己可努力學習來取得此項技能。

## （三）面試時的語言

語言是表達思想、相互溝通的工具，因而在面試時更形重要。

1. 語言要求，除簡明扼要、用詞得當、言之有物外，在說話方式上，要發音清晰，語調得體（不同語調可以表達不同感情和效果），聲音自然，音量適中，語速適宜。

2. 語言的使用上，要避免用語過多重複，不斷出現疊句；同一用語使用過於頻繁或避免出現口頭禪或粗話。

## （四）面試時的身體語言

自己的一言一行都可能引起別人的注意，而面試官一舉一動，亦可能具有意涵。因此在面試時要注意身體動作所流露出來的意義。

1. 眼神的交流，籠統的看著面試官眼睛與鼻梁中間的位置，目光交視的時候不要逃避，反給人心虛的感覺；看著面試官時，不要死盯著對方，給人不舒服的感覺。

2. 手勢。適當的運用手勢可加強語氣或引起對方注意，但手勢不可太多致分散對方注意力。手上不要玩紙、筆，或不斷摸頭髮、耳朵顯得不專心和緊張。

3. 坐姿。坐下後，上身保持挺直，略向前傾，頭部端正，目光平視面試官，腰背不要靠椅背坐，但也不宜坐得太少，一般坐滿椅子的三分之二，兩手手掌心向下，疊放在雙腿上，小腿與地面垂直，雙腳平放地面。

4. 握手。當面試官與自己握手時，在其將手伸過來後要握住它，略微用力，擺動兩三下，雙眼直視對方。

5. 臉上始終面帶真誠的微笑，放慢回答速度，控制好情緒。

## （五）薪資問題

在面試時，會談起薪資問題，一般大公司在招聘人才時會說明薪資範圍，因已建立起固定的薪資制度，起薪幅度變化不大，只要覺得可以接受即可，除非自己具有特殊專業技術，可以再進行討價。

如果你真的很想進入一家公司，獲取工作經驗是你的主要目的，則可明言薪資不是考慮的主要問題，而是來學習更多的經驗，為公司作出更多的貢獻。

如果面試官詢問你現職的薪資，要謹慎回答，因為它顯示了你的身價，而不願給予更高薪資，這時可參照以下的回答方式：我現在的薪資多少並不重要，因為公司可以觀察我的專業能力及貢獻度，是否能滿足公司的要求。

可以事先了解該行業，職位的一般薪資水準，職缺狀況，該公司的調薪情況和福利制度提出一個薪資幅度，如面試官提出的薪資合理即可接受。

## （六）前一工作離職原因

當面試官詢問離開前一份工作或為何要換工作時，可回答：個人職涯的規劃；或想學到更多的經驗和知識，讓自己能保持成長的空間，也能對公司有所貢獻。

絕不能1.歸責上司和同事，這表示你無法處理好人際關係；2.歸責於壓力大或競爭激烈，因現代企業在徵人時，通常都要求具有抗壓性，而一位優秀的員工原本就應在競爭的環境下有所表現。

## （七）問到缺點

可誠實回答數項不致在未來造成工作上重大損害的項目，並說明自己正在改進中，並可舉出事例、經驗分享，如個性要求完善、害羞內向、欠缺經驗等。

## （八）未來職涯規劃

與在公司未來成長空間及能否成為公司的中堅幹部有關，並顯示在職務上是否有充分的動力。可顯示自己能與同事團隊合作，大家一起成長，並願意承擔更大的責任，也能對公司做出更多的貢獻。

## 五、面試後

在面試後，寫一份感謝函，信的開頭提及自己的姓名、基本資料、應徵職位、面試時間，並感謝面試官所給予的面試機會，以加深自己在面試人員心中的印象。

感謝函最好在上午十時到十一時寄出，因為面試人員此刻上午工作剛到一段落，打開電腦看信件的可能性較高，內容可補強面試時的疏誤、沒有回答的問題，並強調自己在職位上願與公司一起努力。

## 貳、職場禮儀

### 一、辦公室禮儀

#### （一）辦公桌禮儀

辦公室是人的第二個家，每位在職者每天約有七、八個小時是待在辦公室內的（現場技術人員，業務、服務業等除外），而辦公桌就是自己的地盤、打拚的戰場，要保持整潔。

1. 辦公桌上的文件避免因堆積而影響工作效率，故要分類歸檔，對無用或過期文件檔案則按公司規定或請教上司後予以銷毀。

2. 辦公桌上的文具，如鉛筆、原子筆、夾子、修正液、尺、便條紙，可放在筆筒或鉛筆盒內，以方便取用。在上司有所指示或與客人的交談重點可隨時摘要記下，多餘文具則可放置抽屜內。

3. 電腦。在公司上網時，不要查看與公事無關的資訊，或從事個人工作，或上網聊天、打電玩。螢幕及鍵盤、滑鼠要定期擦拭以保衛生清潔。

4. 下班時，將桌面清理乾淨。

## （二）電話使用禮儀

### 1. 關掉手機

在辦公室裡或會議室裡最好關掉手機或改為震動模式，不讓手機鈴聲影響到自己或同事的工作，或打斷上司和自己的談話。如有人找的話，可打辦公室電話。

在使用手機時，如在共用辦公室接打電話，可走到門外，但不要過於大聲。在打重要電話時，最好使用市內電話，以防周圍雜音干擾，或信號中斷，留下不好印象。

### 2. 接聽電話

在電話鈴響三聲內接聽電話，先問好，然後報出服務單位，應認真傾聽對方講話，並暫時放下手邊工作，不要與他人交談。如正從事重要的工作，可致歉後，另行約定通話時間，或在工作完成後，立即打給對方。

### 3. 打電話

打電話前應作好準備，如在紙上列出對方姓名、電話號碼、談話主題及順序與預期目的，如事先有約定時間，應按時撥打電話。公事撥打電話給對方應在上班時間，至於中午休息時間或假日打電話討論公事皆不適宜。

### 4. 掛電話

在接聽電話時，對方還沒有說再見就掛上電話是不禮貌的行為，令人產生不良印象，甚至影響與客戶的溝通與交流。究竟是由電話的哪一方先掛斷電話？一般是由打電話的一方先掛斷電話，表示聯絡事項已交代、處理完畢，若對方為上司或重要客戶的高階主管，為表示尊重，不論是打電話或接電話的情況下，都應確定對方已掛斷電話後，再放回電話。

### 5. 打電話時的聲音

電話主要是靠聲音傳達訊息，所以要靠聲音來傳達自己的態度與熱忱，讓對方在聲音裡聽出你友善的微笑。其次說電話時聲音較平時說話時稍高，盡量說清楚，在重要的語句上可使用重音，以避免語氣平淡使對方注意力分散，在態度上則要不卑不亢。

## （三）會議禮儀

會議在事前要進行充分的準備，並備妥相關用品，如筆電、投影機、資料、茶水等，至在會議禮儀方面：

1. 一般參與人員，應準時出席，最好提前二、三分鐘抵達會場，衣著整潔。

當上司或同事發言時，要專注的聆聽，不要插話，有疑問要在對方話發言結束或主席詢問有無意見時再提出。自己發言時要先舉手獲得主席同意，聲音要洪亮，以便與會者都能清楚的聽到。

在別人發言時或會議中不要講悄悄話、打瞌睡或玩手機。沒有特殊原因不要中途離席，否則要徵求主席同意。

會議如事先有安排座位，應按座位入座，如未按安排座位，則可參考與會者和自己的職位，選擇靠近主席或門邊的座位。

2. 不要談論與會議無關的話題，雖然傳聞、軼事等與會議無關的話題能引起大家高昂的興致，但卻會離會議主題越來越遠。

此外，在會議中不要藉著發言突顯自己的才能或見解的高明，特別是這種發言偏離主題時，可能造成與會者的反感。

3. 會議要切記可以不同意別人的觀點，但要尊重別人說話的權利，問題討論應對事不對人，不能利用會議時間發洩個人不滿情緒或進行自衛式的攻擊。

4. 養成作紀錄的習慣，將上司的發言指示，或會議討論中與自己或自己部門有關的內容記載於筆記本，以作事後參考、檢討之用。

5. 關掉手機或設定成留言模式。

## （四）名片使用禮儀

名片如同一張簡單的履歷表，在遞送名片時，也是在告訴對方自己的姓名、服務單位、職稱、地址、聯絡方式等基本資料，以便進一步或隨時保持聯繫之用，此外，也可為任職機構進行宣傳。

對於所收取的別人名片，可在名片上註記可供參考的資料，如收受時間、地點，或在談話中所獲得的資訊：性別、年齡、特徵、專長、興趣等，供下次晤談或電話聯繫時的參考。

1. 平時將名片準備好，放置在口袋、名片夾或皮夾內，勿與其他雜物混在一起，避免在取用時，造成不需要的慌亂現象，給人沒有效率的印象。

2. 遞交名片的時機，應選在剛見面或別人替雙方介紹時，或是在分手時，用雙手的拇指和食指執名片的兩角，文字正面朝向對方，面帶微笑，並可附帶寒暄，如「請多多指教」、「很高興認識您」、「幸會」等。

3. 接收名片時，應用雙手而避免使用單手，如正忙著工作，也應先表歉意的用右手接受，並將名片仔細看一遍後，再收入皮夾或口袋，以示尊重。如對方名字較複雜或有無法確認發音者，可以禮貌的請教對方，以防止下一次見面時讀錯名字或說錯音。

4. 遞送名片的順序。地位低的人應先遞給地位高的人，男性先遞給女性。但如不清楚彼此地位高低，則不必分先後順序。在職場中，女性亦可先遞名片給男性，如女性業務員在拜訪客戶時。

5. 對方有多人時，則先遞給職位較高或年齡較長者，如分不清職位高低或年齡大小時，則按照座次或位置由近及遠的逐一遞送。如自己一方有多人時，則讓職位高的人先遞送名片。

## （五）客人接送禮儀

對客人的接待是職場中最基本也是最重要的工作項目，不但可以實現良好的溝通交流，並且有助於目標工作的達成。

1. 對於由外地來訪問、洽談事務或參加會議的客人，應事先了解是否需要派人迎接，在接到客人後，先予問候，簡單自我介紹及遞上名片，然後先送至旅館或直接前往公司。

2. 如事先預知有重要貴客來訪，親自或委由接待人員在門口迎接，陪同走向晤談或會議地點時，要請客人走在自己的右邊，然後並排前進。在走廊行走時，要走在客人左前方幾步，上樓梯時，應回頭用手示意，並表示：「請由這裡走。」在搭乘電梯時，應先進電梯按住開門鍵，並請客人進入，離開時，則先請客人出電梯。

3. 送茶水時，用雙手端茶杯，或用左手拿托盤，右手拿茶杯，由客人右後方送上，並先客後主，如來客有多位，則先送職位最高者或按座位順序依次送上。

4. 談話開始時，可先寒暄兩三句，如過去不相識，可用二、三十秒，對自己先作簡單介紹，再詢問對方意圖，在交談中應專心聆聽並保持微笑，詢答皆保持誠懇態度，不自吹自擂，也不做出過度承諾。

5. 在客人離開時，不要客人說一句：「請留步。」就不送了，而是要送出一段距離，等客人身影消失後，再返回辦公室。

## 二、與上司相處的禮儀

1. 勿在同事面前議論上司。當聽到同事在議論上司時，要盡量迴避對上司的議論，如迫不得已要作評價或說明時，要點到為止，不應為怕同事嘲弄或孤立，而加油添醋或主動挑起話題貶低上司，更不能在事後到處散布或以訛傳訛。

2. 受到上司批評的時候，要表現出誠懇的態度，如上級批評內容屬實，從批評中讓自己學到些什麼，並感謝上司的指正，如上司的指責不實或屬誤會，應在上司說完冷靜後，或另擇適宜時地對上級作解釋說明，避免因上司的誤解陷自己於不利，但絕不該在上司說話中進行反駁或頂撞，特別是在公開場合，導致雙方都無法下臺。

3. 尊重上司的決定權。上司的能力不一定比下屬強，但這並不能改變上司與部屬間的從屬關係，而上司永遠是決策者和命令的下達者。所以無論自己有多大的把握相信自己的判斷力，無論代替上司決定的事情多麼細微，都不能忽略上司同意這一關鍵步驟。

   有些上司會下放權限，把自己職責範圍內的一些工作交給信賴的部屬去做，此時，作為下屬要全力以赴，並在工作完成後，即時向上司報告。

4. 主動與上司溝通交流，特別是在人群中，上司落單的時候。在交談過程中，要有足夠的耐心聽取上司的觀點和想法，而不是只顧陳述自己的看法，更千萬不要利用溝通的機會標榜自己，而貶低、攻擊同事。

   與上司談話時，能讓上司感受到你的誠意，並使自己的溝通風格與上司的溝通風格趨於一致，並針對上司喜歡的話題進行，必然受到上司的歡迎。

## 三、與同事相處的禮儀

1. 不討論同事的隱私。職場是一個小社會，是各種訊息的集散地，而同事在一起不可能只談公事，難免論些私人間的事，如說的是別人的好話自然是不會產生不良後果，但卻可能是無意、有意的傷害別人的閒話，再加上豐富的想像力與二手傳播，就變成散播於公司的流言，這時，絕不要加油添醋參與討論，僅可在臉上保持微笑，表示有興趣、同意或無意見。

   因此，在職場要公私分明，只談公事，莫談私事，對別人的私生活盡量少知道，別人不說更不要主動探聽，如果不巧的知道別人的祕密，則要守口如瓶。有人認為自己只是想了解別人，對自己的事絕不會說出，但談論中一定會說到自己，所以嚴守自己隱私的方法就是不要探聽別人的隱私。

2. 拒絕不合理要求。在職場因為怕破壞與同事的情誼，多數人都怕或不願意拒絕別人的要求而勉強答應接受自己無法做到或不願做的事情，結果事後在內心卻累積了許多怨氣，使自己感覺痛苦，最後影響到雙方的交往，而在沒有做到時，更破壞了彼此的友誼。

   因此對同事的請求，在自己考慮各種因素確實不願接受或無法實現時，要明確告訴對方自己的理由，真誠、清楚的把自己的難處和苦衷告訴對方，同時表達出自己的歉意。此外拒絕時，要果斷、及時、明確、避免產生不必要的誤解，讓對方覺得還有希望。至於在語氣上含蓄委婉，並保持溫和和友善的表情。

   如同事的要求是借貸金錢，可先考慮其日常生活用錢習慣、過往借還情況及信譽，如皆為正面的可助其解燃眉之急，如答案皆為否，則可考慮彼此交情，如為同一辦公室同事酌情幫忙，如為其他部門同事，則可委婉拒絕。

3. 信守承諾。做不到的事不答應，答應的事一定要做到，就算再困難的事也不負所託。因為你在答應後，對方就把希望放在你的身上，而自己不再繼續努力，最後發現你沒做，導致對方的工作無法交代或問題無法解決、處理，此時必然造成同事友情的變質。

4. 彌補錯誤。當同事間的關係因衝突而陷入緊張的時候，要以開闊的心胸，去寬容他人；以真誠的道歉，去感動他人，或用幽默化解尷尬。同事間的真誠相待，可以營造和諧氣氛，增加工作上的助力。

5. 團隊合作。在專業分工日趨勢細密、技術發展日新月益的今天，一個只知工作而不知與人合作，或與同事交流的人，想單憑個人努力以達事業高峰是不可能的事，但如果把自己和別人的能力結合起來，就會取得更大的成就，因此是否具有團隊合作精神，直接影響工作績效。因而要避免：(1)認為自己的專業較同事高出一等而沾沾自喜。(2)喜歡獨來獨往，孤芳自賞。(3)對於自己的想法，不容許別人更改，如被採用則更形高傲，如未採用，則內心憤怒不平，認為別人看法都是平庸、錯誤的。(4)缺乏與同事交流，不參加同事聚會。

　　員工的自信、謙虛、善於溝通、具有團隊精神才是公司內部所需要的。

6. 不打小報告。勿向上司報告同事的不是，或訴說對同事不利的言辭。

7. 不要出現尖酸刻薄的言辭，和別人爭執時不留餘地的挖人隱私、冷嘲熱諷，讓別人自尊心受損、顏面盡失。而這種尖酸刻薄、得理不饒人的離譜行為，在公司內只能讓人敬而遠之，有一天自己出差錯時，必慘遭落井下石。

## 四、面對客戶投訴的禮儀

### （一）客戶的投訴主要分為產品、服務兩部分

服務的投訴往往涉及工作人員在提供服務過程中欠缺職場禮儀的態度問題，即不能做到「以客為尊」的要求，特別是在服務業，如：

1. 只顧自己聊天，不理客人，或接待客人速度過慢，甚至後來的客人已得到接待，但先到的仍無人招呼，或服務人員只忙著招呼「貴客」，使客人內心認為自己受到差別待遇，而氣憤不平。

2. 緊隨客人，一味鼓動客人購買，形成客人心理壓力，客人不買時，就板起臉，對衣著普通的客人，或在語言或行為上表現出「買不起就別看」的羞辱。

3. 在客人挑選商品時，表現出不耐煩，甚或冷嘲熱諷，甚至與客人發生爭吵。

### （二）處理客戶投訴的基本禮儀

1. 耐心應對客戶的投訴。仔細聆聽客戶問題，讓他發洩怒氣，而不要急於解釋，插嘴打斷，並向他表明已明白他的問題，有不懂的地方要問清楚，並對帶給客人的不便進行道歉和承認，以給客人一個好印象。

2. 詳詢客人有關事件過程或產品使用問題，弄清楚客人想得到什麼結果。是品質問題、送貨延遲或服務態度等，並判定其投訴是否合理，對於不合理的投訴，必須採用婉轉方式答覆客人，以取得其諒解。解釋要簡潔、不找藉口。

3. 當客人對產品或服務進行投訴表達不滿時，不論是否有道理，絕不能直接的進行反駁，因為爭執只能造成心理上的對立與溝通障礙，而要用同理心認同對方，並徵求客戶解決的辦法，讓客人主動參與解決問題，讓他感覺受到重視，問題的處理就易於進行。

4. 對投訴的處理要迅速。客戶對許多問題都會要求公司盡快處理，因此最快的處理方式比任何處理方式都更能獲得客戶的好感，並贏得客戶的諒解。如對服務上的缺失立刻查明向客戶道歉，甚至登門拜訪；如屬於產品品質上的問題，查明屬實後，如為個別的立刻檢修、更換，如屬大批量的要公布真相、道歉，回收產品或免費更換零件，以防客戶向媒體投訴或在網路散布，對公司商譽造成重大傷害。

客戶對服務或產品的投訴，固然可以立即採取處理方法以降低對公司的負面影響，但如一家公司經常犯這種錯誤，即表示其整個生產、管理制度出了問題。

## （三）處理電話投訴的禮儀

因為不是面對面的接觸，所以客服人員對客人的反應和關心只能經由音調、音量、聲音高低和用詞來表達出其真誠的、和悅的、專注的、耐心的、明快的、在意的態度，而有助於溝通、化解問題。

其要點，在於：

1. 要防止在聲音上給人不禮貌的印象，如壓抑的笑聲或輕佻的語氣，致使客人發生誤解，使問題變得更加複雜。

2. 除了自己的聲音外，要避免周圍的談話聲或笑聲傳入電話中，使客人產生不受尊重的感覺。

3. 站在客戶立場看問題，體諒用戶，絕不能因為客人的激動情緒，而出現失禮或和客人爭吵的事情。

4. 接到投訴電話，要做好相關紀錄，如尚需後續處理，要能查詢進度，並在事後，再致電客人，並對造成的困擾表達歉意及詢問是否尚有別的問題。

## （四）處理郵寄投訴的禮儀

在回覆客人投訴郵件時，需掌握以下要點：

1. 及時回覆，如在處理中，也讓客人知道，這樣能讓客人安心，並且也有受到關懷、尊重的意涵。

2. 表達方式要淺顯易懂，用詞要讓人有親切、受關注的感覺。

3. 因為郵件具有確定性、證據性，寫作時不宜草率，必要時，可與相關部門員工進行商討、請益。

其內容要：

1. 承認公司的錯誤，誠懇向客戶道歉。

2. 尊重客戶的抱怨，承認客戶是對的。

3. 找出解決問題方法。

4. 向客戶致謝，因為他的投訴，讓公司有機會發現問題，並尋求改進。

# 附錄：東京電力公司的服務規範

## 1. 服務規範的基礎

在競爭時代，公司是被客戶選擇的，力求給客戶提供高水平的服務，做到熱心服務。

窗口接電話的態度？接待人員的態度不能不好。應給予客戶好的印象、形象。

熱心為客戶服務，包括工作人員的服務和態度。服務、態度對於客戶來說是服務人員的基本要求。

(1) 服裝和外表。有「服裝可以展現人的魅力」之說。不整潔、不正規的服裝讓人的心情不好，會給客戶帶來不愉快的感覺。相反，如果服裝乾淨整潔，服裝正規，態度恭敬，會給客人好的印象。

為了讓大家檢查自己服裝應注意的地方，有空時在鏡子前檢查自己的外表。

(2) 態度和行為：

① 工作中的態度：正確、敏捷的工作，需要正確的態度和姿勢，在坐椅上應坐姿端正注意力集中；不要用手肘托著腮幫子；不嚴謹的態度和姿勢容易讓人鬆弛，引發事故發生；在公司中，即使是同事之間，任性、嘔氣會給周圍的人帶來不快，也對自己身體不好。

② 正確的姿勢：站的時候，挺胸、下巴輕抬；減少肩的力；手腕自然下垂；手指併攏；腳尖微開、腳跟併攏。

坐的時候，在椅子上，椅背和人的背後要有一點空隙；在沙發上，要輕輕的坐（背要挺直）；上身要完全伸直；雙腳併攏；男性膝蓋不能分開；女性膝蓋、腳尖、腳跟恰好併攏，椅子很低的時候，雙腳向左或向右稍微傾斜。

(3) 敬禮的方式。點頭敬禮、鞠躬因場所不同而要有區別，應與對方視線一致時進行。

點頭：上半身向前傾斜輕輕的敬禮(15°)；注意不要讓脊背呈圓形；在走廊、樓梯、電梯中要向上司和前輩、客戶行點頭禮。

敬禮：首先要注意姿勢，應讓對方看得見自己的臉，深深敬禮(30°)；感謝時或訪問結束時要敬禮。

深鞠躬：深鞠躬敬禮(45°)；表達強烈的感激之情或道歉時要敬禮。例如，下電梯時，遇見客戶同行時。

(4) 回應別人的的寒暄。工作場所的規則是首先要保持好的人際關係，互相問候，在任何場所互致問候要表現出自己有誠意，對別人以誠相待。

本公司的問候語活動：

早上好！

**謝謝！**

失禮了！

對不起！

當別人喊你的名字時，要大聲的說「是」，給別人以回答：「是」使人感到有幹勁；「是」使氣氛嚴肅。

## 2. 會話的方式

對客戶的會話態度對提高公司服務質量很重要。在理解客戶說話含義時，要持有「我是公司的代表」的心境。另外，為了工作場所的工作順利進行，自己的傳達內容使對方明白很重要。無論何時何地，誰的講話都要正確傳達，應以身作則，說話不能失禮。

(1) 會話的基本要求：

① 發音清晰。談話時，發音清晰是很重要的。不論是多麼正規的談話，如果聲音不清晰，對方就不能了解。發音清晰，使對方有一種友好的感覺。

② 邊觀察對方反應邊說話。即使是相同的語言，意思也會有所不同。通過表情來確定對方的反應，以便繼續談話。

③ 不只是說話的一方，對方的話也要傾聽。如果只顧自己講話，會給對方不好的印象。以禮相待，說話時讓對方先講，先聽別人說話。

④ 不要中途打斷別人的話。打斷別人的話是非常失德，即使有話想說，也應等對方說話告一段落之後再說。例如，來電話的客戶，先講住所、姓名，如擋住對方說話而問「有什麼事」則會使客戶不高興，有時會引起談話夭折。

⑤ 用謙虛的態度傾聽。通常談話時，對待客人的不滿和批評，應站在對方的立場去聽取。

⑥ 「搭腔」和「聽」的使用效果。「搭腔」和「聽」對流暢、有節奏的交談很重要，用「等等」、「如此」之類的語言來領會對方說話的含義，互相確認談話內容。

⑦ 公司內外的語言不能混用。公司內的語言，為了聯絡方便可以簡單使用，但是公司外的人不一定能夠理解。必須注意公司內外語言的替換使用。

⑧ 重要事情要具體確認。特別重要的、不明確的、很麻煩的事情或需要澄清的事情要具體確認，關於財物、時間的具體數字要確認。

(2) 自我介紹。對初次見面的人做自我介紹，要給人誠實、深刻、鮮明的印象，自我介紹很重要。

自我介紹的方法：公司名稱、工作任務和自己的名字；公司外的人可遞送名片；根據當時情況介紹自己的簡歷；自我介紹時應給對方留下一個好印象。

(3) 敬語的規範：

① 種類：尊敬語：對於對方的人和事，為了表示尊敬而使用的敬語。比如，對客人說「這很好」；知道後就說「承蒙告之」；「那是客人的行李」。

謙讓語：和自己有關的事件、事物，使用表示謙讓的語言，總之和尊敬語氣形成對比。比如，「我一定遵守邀請」；「明天給您送來」；「我會前去拜訪」。

　　禮貌語：為了向對方表示禮貌，使用的語言常用或接待客人時常用尊稱。

② 形式。敬語的形式分為敬語和特定語兩種。敬語分為尊敬語、謙讓語，特定語分為尊敬語、謙讓語、禮貌語、美化語。

3. 接待和訪問的規範

(1) 接待的規範：

① 接待的基本要求：

其一，接待者是公司的代表。對於客人的接待是不分職業、職位、性別、年齡的，公司成員不管在什麼時候、什麼地方都要有良好的素質。客戶是否滿意，對於公司的信用和印象都會有很大的影響。

其二，接待時要站在客人的立場上。接待首先要先弄清楚客戶來訪的目的，然後站在客戶的立場熱情的接待。

其三，做好接待工作要具有豐富的知識。有「知識就是力量」的說法，擁有豐富的專業知識，對搞好接待客戶的工作是很重要的。熟悉公司的事務，有些事情立刻進行處理。

其四，接待的基本態度。「迎三步，送三步。」在公司內，和客人要保持一定的距離。要滿足客人的要求。事情做完後，對客人說「謝謝」，並在離三步的距離之內向客人敬禮，不要讓客人有被忽視的感覺。

其五，接待時不要有差錯。對於不同的客人要用不同的接待方式。

其六，在客人面前不要高聲喧譁。在客人面前不要大聲笑，不要講閒話。例如，在服務臺，當客人的面吃點心、談笑會引起客人的不愉快，對客戶不能採取隨便態度。

② 在服務臺的接待。在服務臺接待客人要熱情，即使是很忙的時候，接待客人也要比自己的工作重要。對客人要笑臉相迎；接待時應站起來，不要坐著；要先向客人問好；不能做主時，應和上司商量。

③ 介紹的方法：一邊走一邊介紹：在客人面前走（2～3步之內），要和客人的步伐一致；在拐角處停下來，向客人指示方向；指示方向時不能用手指，要用手掌。

④ 乘電梯時。下電梯時應他人優先，等人全部下來後，再向客人領路。乘電梯時，自己先上，輕輕按住門，再請客人乘坐；下電梯時，讓客人先下電梯，輕輕按住門，確認客人是否已下電梯後，自己再下電梯。

⑤ 接待客人的方式：開門時，向客人行禮作介紹，並說：「請進」。（外開門）讓客人先進，自己再進。（內開門）自己先進，再請客人進。

進了接待室後，向客人行禮並說：「請進」。出去時，行禮，並說「請慢點」。

接待室的檢查要點：地面有無垃圾；菸灰缸、香菸、火柴等是否放整齊；鐘錶位置是否合適；桌、書架是否乾淨；桌、書架位置是否合適；空調是否調好；客人走後茶杯菸頭收拾沒有。

⑥ 關於茶的知識：

倒茶時的方法：一般是每杯茶倒水十分之七左右，遠距離時每杯到水十分之六，做好到的準備，溫度是80°C～90°C左右；提前燒好開水，煎茶80°C，3分鐘後茶水可送出；盡快為好。因為90°C的茶水，6～7分鐘後會變為60°C，一般5分鐘之內將茶水送出。5分鐘之內給客人送茶。

送茶時的方法：進入接待室後，雙手與胸平齊托茶盤，然後輕放在桌子上，雙手一杯一杯遞給客人；遞茶時，先給客人，再給公司的陪同人員，陪同人員中按職位高低分送；從座位後面走，走時向客人打招呼；客人很多時，兩個人以上接待；茶要一杯一杯送，盡可能小心輕放；座位很多時，送茶時按職務高低分送；茶杯要正面對客人，茶杯不正對客人是很失禮的；為了不讓桌子或文件被水打濕，茶杯和茶盤要配好，特別是遠距離遞送茶時，如果配得好就很方便。

⑦ 咖啡、紅茶及其他：杯子放在客人的左邊（歐式）或放在客人的右邊（美式），一般採用歐式；糖用糖壺裝出，有牛奶之類的盤子上要放好匙子，如果檸檬和牛奶分放兩個盤子時，匙子放在檸檬這邊；送茶和蛋糕時，先把蛋糕送到客人的左邊，再把茶放右邊；杯子應有杯墊，杯與杯墊分別送出，先將杯墊放在客人右邊，再將杯子放在杯墊上；盤中放好蛋糕的墊紙，如盤中放有叉子時，備用乾淨的擦叉子用紙；少數客人喝紅茶時會要檸檬和牛奶。

⑧ 關於打掃：客人走後迅速打掃；如果時間很長，一小時過後，宜從上席座位開始做清理。

⑨ 送客：

送客時要敬禮，以表示感謝的心情，一直送到看不見客人為止。車─見不到為止，或者轉方向為止；門─出門為止；用電腦工作時，離電腦三步，或者送出門。

(2) 訪問時：

① 訪問的基本要求：訪問時要先預約。

一般用電話預約：初次訪問，與祕書同行為好。

遵守訪問時間，於預約時間五分鐘前到；如果遲到了，提前用電話與對方聯絡，讓對方知道。

重點：客人不在現場時，放有第二天還有拜訪的提示，第二天工作時不要忘記這件事。如果公司休假，有客戶等著接待，也應遵守時間，如不遵守時間會給客戶造成麻煩，失去對公司的信賴。

整理服裝和外表：訪問時事先要檢查自己的服裝；服裝、鞋子、髮型請參照前面提到的要求。

② 訪問客人的家：攜帶工作證和名片；到客人的家時禮貌的向主人問好；進入客人的家以後，向客戶介紹公司的有關事情的內容，讓客戶了解情況。

③ 訪問別的公司時，按以下事項進行：自己的公司名稱和姓名；對方的公司名稱和姓名；訪問有沒有預約。

④ 被接待的人：跟在接待人的後面走；進出、乘電梯時要打招呼；如果接待人是女性，上樓梯時不要緊跟在後面；即使知道地點，也不要自己去，應跟在接待人的後面；進接待室時，請站在門口等待指示。

⑤ 在接待室的規範：在接待室，坐在被指定的座位，特別是當沒有指示時，就坐在離門最近的椅子旁；對接待人員要有禮貌，對方來了以後首先打招呼，訪問完成後要留出一點時間向對方致謝；初次見面時，要拿出自己的名片介紹自己；大致告訴對方要談的事情的內容和所需時間，待協商好後再入正題；邊聽邊記筆記；資料等要向對方說明；沒有交談、不記筆記的時候，手放在膝蓋上；重複筆記的要領，進行確認；必要時預約下次的訪問。

⑥ 退出時：做好整理，不要忘記東西；向對方致謝後方可離開位子；不要忘記向接待人行禮。

(3) 名片的規範：

① 在接待處遞送名片：遞名片時，用雙手遞接名片；看名片時要確定姓名；拿名片的手不要放在腰以下；不要忘記簡單的寒暄。

接過名片後：確定姓名正確的讀法；在客人面前不讀名片也可，不要自己隨意判斷稱號，以防弄錯了名片。

② 交換名片時：交換名片時，初次見面可站立著進行交換名片；訪問方從下屬先遞送名片；如果名片遞送緩慢，說「對不起」為好。遞名片時，不要放在對方的桌子上。

(4) 座位的順序：

① 在接待室：在接待室和會議室中，同常離入口最遠的位子是上席；在接待室內，長椅子是客人用，有扶手的椅子是公司用，歐美國家則習慣相反；在事務所內，離事務設備最遠的位子是上席。

② 乘車、其他場合：

乘車：乘車時，司機的後面是上席，接著是車窗旁是次座，中間是第三個座位；四人乘車時，司機座位的旁邊是第四個座位；五個人乘車時，司機座位的旁邊是第五個座位，車窗邊是第四個座位。

列車：順著列車行駛方向的座位，靠窗的是上席，接著是第五座、第三座；對面則是次座、第六座、第四座；坐飛機席位相同。

電梯：在電梯中，從入口左邊內側是上席，旁邊是次席，第三位是右前，上席的旁邊是第四位。

4. 電話

(1) 接電話很重要。接電話時不僅只是傳達聲音，還必須判斷客人的表情和感情。接電話的好與壞對公司評論有影響，接電話時要意識到自己是代表公司，請大家處理好。

(2) 接電話的基本要求：

① 禮儀的規範。說話時，不管什麼人都不能失禮，一定要有禮貌。雖然只是打電話，態度也要有禮貌。

② 通話要簡潔：寒暄時盡量簡潔；事先歸納要點。

③ 言語要清楚：發音要清晰，特別是尾音；用親切簡明的語言；語速不要太快或太慢，溫和的、生動的說；注意自己的措辭。

(3) 接電話：

① 電話鈴一響就接電話。不要讓電話連響三次以上，如果響了三次以上接電話時要說「對不起」。

② 準備做電話紀錄。應隨時準備好筆和紙，一接電話馬上進行紀錄，「謝謝，這是東京電力」。別忘記了先說「非常感謝」；上午十點之前，說「早上好」也很合適。

③ 接電話時：先報自己這邊的單位名稱；確認對方的公司名和姓名；寒暄。

④ 洽談文件時：必須記筆記；筆記內容須確認。

⑤ 商量完文件後：內容確定後，公司名稱和參加人員姓名一同確認，商談文件時占地場所應同時確認；商談完成後相互寒暄：「非常感謝」、「承蒙關照」、「對不起」必須對方先掛電話；即使錯打進了電話也要有禮貌。「對不起，電話號碼對嗎？」公司內外電話同樣對待。

(4) 打電話：

① 準備：預先確認對方的電話號碼和姓名；文件的題目、內容及說話順序簡單的記下來；備齊必要的文件和資料。

② 正確的打電話。確認好電話號碼，不要弄錯。

③ 對方在時：首先自報姓名，再確認通話對方。「我是東京電力，請問ｘｘｘ在嗎？」不要忘記寒暄，例如，「經常麻煩您了」；總結要領，通話簡明。

④ 對方不在時：過一會兒再打或拜託別人轉告；在打電話時，確認對方回來的時間，然後再打電話；拜託別人轉告時，不要弄錯，並確認通話對方。

⑤ 電話中斷時：不管是自己還是對方的原因電話中斷，都要恢復通話並說「中途電話中斷，很對不起」。

⑥ 談完事情後：要有禮貌的確認事情是否談完；打完電話後，向對方寒暄；必須對方先掛電話。公司內外電話同一標準。

(5) 傳電話：

① 傳電話：要確認對方的姓名、什麼事情；不要讓對方久等；替別人接電話時記住對方的電話號碼、姓名、談話事情；長時間等待後，重新打電話時，要確認通話對象。

② 找的人不在時：告訴對方什麼時候再連絡，必須要找的對象不在時，應說「對不起，外出辦事，請再來電話」；如有急事事先通知，給別人接電話要徵求對方同意；告訴對方自己的名字。

## 5. 開會時

出席公司內外各種會議應注意如下幾點：事先閱讀資料；關於議題發表自己的意見；會議開始前五分鐘進場。

遵從主持人的指示：必須得到主持人的許可後，方可發言；認真聽別人的發言並記錄；會議結束後向上司報告；保存會議資料。

6. 接受客戶提的意見

    (1) 溝通：

        ① 虛心接受客人的意見。對公司提意見的客人，實際上是對公司的關心，因此要謙虛接受客人提的意見。

        ② 不要感情用事。有什麼事情不滿意時，不要感情用事。

        ③ 不要解釋和否定錯誤。對於客人的不滿，避免單方面的解釋。對於客人不滿的內容花點時間來解決，親切的說明，以求客人理解，從而產生好感。

    (2) 具體的接受方法和處理方法：

        ① 認真聽取客人不滿的意見，修正內容：注意對客人的措辭態度，抓住客人想說的內容；對客人盡可能做具體說明；弄清楚客人到底是對什麼事情不滿，這是很重要的；接待客人時會有不理解的地方，因此，要正確理解客人想說的內容。

        ② 無論如何都不能責備客人。有時會被客人誤會，這個時候要諒解，要向客人說明，不能責怪客人。

        ③ 對於客人的不滿，如果是公司方面的原因要誠懇道歉。不只是表面的，而要有誠意。

        ④ 說明。盡可能做具體說明。

        ⑤ 請示上司的指示：自己不能判斷時，待和上司商量後再採取適當的措施，關於處理結果，必須向上司報告。

結語：職場生涯的三個錦囊

在對於職場生涯中會面臨的問題和待解決的問題有所認識後，本書最後對所有將進入職場或現已在職場工作者，提出三點建議。

## 壹、天助自助者

有這樣的一則故事：某人在屋簷下躲雨，看見觀音正撐傘走過來，就喊著說：「觀音菩薩，普渡一下眾生吧，帶我走一段如何？」觀音說：「我在雨裡，你在簷下，而簷下無雨，你不需要我渡。」這人立刻跳出簷下，站在雨中說：「現在我也在雨中了，該渡我了吧！」觀音說：「你在雨中，我也在雨中，我不被淋，因為有傘；你被淋，因為無傘。所以不是我渡自己，而是雨傘渡我。你要想渡，不必找我，請自找傘去！」說完就走了。

第二天，這人遇到難事，便去寺廟裡求助觀音。但走進廟裡，發現觀音像前已有一個人在拜，而那人長得和觀音菩薩一模一樣。這人便問：「你是觀音嗎？」那人答道：「我正是觀音。」這人又問：「那你為何還拜自己？」觀音笑道：「我也遇到了難事，但我知道，求人不如求己。」

人都有惰性的存在，相信有外在的力量可以依靠：上級交待任務時，希望盡可能詳細；又希望必要時，同事會伸出援手，但這些條件未必會具備，所以在職場中，最終能依靠的還是自己，而所有能成就大事的人其實都是靠自我奮鬥的。松下幸之助曾說：「如果你想成功，那麼

不管做什麼事情都一樣,最重要的就是要有去完成那件事的強烈欲望,如果心中決定不完成它絕不罷休,事情可以說是已成功一半,有了這種積極的成功欲望,一定能想出完成這事的手段和方法。」

所以不但要有完成任務的欲望,更必須擁有和保持強烈的成功欲望。要將自己工作的完成視同一件傑出藝術品的創作完成。在職場中,不能沒有獨立的意志,一切都只能靠自己,自己動手、自己思考,能夠標新立異,以在工作中不斷得到鍛鍊和成長。而過度依賴他人、跟隨他人,讓他人去思考、去工作,雖然自己輕鬆,但將影響到自己的信心和責任感。

美國總統約翰‧甘迺迪的父親有一次趕著馬車帶他出去遊玩,結果在一個轉彎處,因為馬車速度很快,把小甘迺迪甩了出去。當馬車停住時,兒子以為父親會下車把他扶起來,但他父親卻坐在馬車上悠閒的吸起菸來。小甘迺迪喊道:「爸爸快來扶我。」父親問:「你摔疼了嗎?」小甘迺迪哭著說:「是的,我感覺自己站不起來了。」父親說:「那也要堅持站起來,重新爬上馬車。」小甘迺迪掙扎著自己站了起來,搖搖晃晃的走近馬車,艱難的爬了上去。父親搖著馬鞭問:「你知道為什麼要讓你這麼做嗎?」小甘迺迪搖了搖頭。父親接著說:「人生就是這樣,跌倒、爬起來、奔跑,再跌倒、再爬起來、再奔跑。在任何時候都要全靠自己,沒人會去扶你的。」

因此要相信自己一定能做到,也許我們會認為這件工作非一時半日所能完成,但實際上,只要除去「只要一半」的想法,其他障礙也會隨之消除,而這只需要自己拿出一些勇氣。

在馬林果戰役前,拿破崙就已精心策劃要抓住奧地利軍隊的主帥。但是戰爭開始後,法軍受到奧軍強力的抵抗,只剩招架之功,拿破崙精心策劃的勝利眼看即將成泡影。正在法軍敗退之際,拿破崙手下的將軍德薩帶領著大隊騎兵馳過田野,停在拿破崙站的山坡附近。隊伍中有一

個小鼓手，他是德薩在巴黎街頭收留的流浪兒，在埃及和奧地利的戰役中一直在法軍中作戰。當軍隊停住後，拿破崙朝小鼓手喊道：「擊退兵鼓！」這個小孩卻沒有動作。拿破崙又說：「小流浪漢，擊退兵鼓！」

孩子拿著鼓往前走了幾步，朗聲的說道：「大人，我不知道怎樣擊退兵鼓，德薩沒有教過我。但是我會擊進軍鼓，是的，我可以敲擊進軍鼓，敲得讓死人都排起隊來。我在金字塔敲過它，在泰伯河敲過它，在羅地橋又敲過它。啊，大人，在這裡我可以也敲進軍鼓嗎？」拿破崙無奈的轉向德薩說：「我們打敗仗了，現在怎麼辦呢？」然後拿破崙思索了片刻後說：「打敗他們，要贏得勝利還來得及。來，小鼓手，擊進軍鼓，像在泰伯河和羅地橋一樣的敲鼓吧！」不一會，隊伍隨著德薩的劍光，隨著小鼓手猛擊的鼓聲，向奧地利軍隊衝過去，他們不惜流血犧牲，奧軍被打得節節敗退。德薩在奧軍的第一排子彈中就倒下了，但是隊伍並沒有動搖。當炮火的煙霧消散後，人們看到那個小流浪兒走在隊伍的最前面，筆直的前進，仍舊敲著激昂的進軍鼓，他越過死人和傷者，越過營壘和戰壕，他的腳步從容不迫，鼓聲激昂有力，他以自己無畏的精神開闢了勝利的道路。

對一個缺乏自信的人來說，遇事總是拿不起行動的勇氣，但不去做怎麼知道不可能呢？美國七〇年代的黑人民權運動領導人馬丁路德・金，有一次在芝加哥大學為黑人學生演講，他站在麥克風前說：「我很疲倦，但我還是有一些話要說：在美國的歷史當中，我們黑人一向被視為二等公民，對嗎？」學生回答：「對。」他又接著說：「在我們黑人的生活經驗中，我們的機會非常少，對嗎？」學生又回答：「對。」這時馬丁路德・金生氣了，他眼睛掃視全場後說：「今天的黑人之所以有問題，是因為就像你們剛剛所回答的那樣，你們相信那個消極的自己。其實你想當第幾等的公民、第幾等人的人，全由你自己決定！」

特別要牢記的是，不要天真的相信，別人都會關心自己的工作，但事實上別人對我們所關心的，並沒有多大的興趣，如果這時候我們怠

惰、退縮，一逕的等待別人的援手或同事的主動相助，必然是令人失望。所以當一個人只有自己可依靠時，不但不應讓自己失望，更應積極採取主動，排除依賴性的人格。

## 貳、永不言敗

職場生涯中，隨時都要面對工作上的挫折，但在逆境中是否有承受能力？

首先需要有面對失敗的勇氣。但怎樣的行為才稱得上勇敢？有這樣的一個故事：一位父親深為自己的小孩苦惱，都已經十五、六歲，還一點男子氣慨都沒有，於是去拜訪一位禪師，請求禪師幫他訓練孩子。禪師說：「你把小孩留在我這裡三個月，這三個月你不能來看他。三個月後，我一定可以把你的孩子訓練成一個真正的男人。」三個月後，父親來接回孩子的時候，禪師安排了一場武術比賽以向這位父親展示三個月來的訓練成果。被安排與小孩對打的是教練。教練一出手，小孩便應聲倒地。但是小孩才剛倒地，便立刻又站起來接受挑戰，倒下去又站起來……，如此來回共十六次。

這時，禪師問那位父親：「你覺得孩子的表現夠不夠男子氣慨？」父親回答：「我簡直羞愧死了，想不到我送他來這裡受訓三個月，看到的結果是他這麼不禁打，被人一打就倒。」禪師這時說：「我很遺憾你只看到表面的勝負，你沒有看到你兒子那種倒下去立刻又站起來的勇氣和毅力，那才是真正的男子氣慨！」

勇氣就是一種百折不撓的精神，在面對暫時的逆境時不會倒下，而是毅然立起，在每次失敗後都能有所領悟，把每一次失敗都變成成功的前奏。因此，何不再努力一次，給自己再一次的機會，而很多的失敗並不是自己能力的欠缺，而是缺少再一次努力的勇氣。

　　科幻小說之父，法國作家凡爾納為了發表他的第一部作品，飽受挫折。1863年的一個冬天上午，凡爾納剛吃完早餐，突然聽到敲門聲，打開門後，原來是郵差手上拿著一個寄給凡爾納的包裹，一看到這樣的包裹，心中一陣涼，因為從幾個月前他將第一部小說「乘汽球五週記」寄到各出版社後，已收到這樣的包裹十四次了，打開來一看，有張紙上寫著：「凡爾納先生，尊稿經審讀後，不擬採用，特此奉還。」這已是第十五次被退稿。此時，他已深知出版社的編輯們根本就瞧不起他這種無名小卒，憤怒的發誓，從此再也不提筆寫作了，然後，拿起手稿走向壁爐，準備把稿子付之一炬。他的妻子趕過來，一把搶過來緊抱胸前。此時，凡爾納怒氣未消，堅持要燒掉稿子，他的妻子以滿懷關切的感情安慰他：「親愛的，不要灰心，再試一次吧！也許這次會有好運的。」凡爾納沉默了一會，然後接受妻子的建議，又拿起這一包手稿到了第十六家出版社去碰運氣。這次沒有落空，讀完手稿後，這家出版社立即決定出版此書，並與凡爾納簽訂了二十年的出書合約。沒有妻子的鼓勵，沒有再試一次的勇氣，也就沒有凡爾納後來在科幻小說創作上的成就。成功往往就在再堅持一次。

　　松下幸之助出身貧寒，年輕的時候到一家電器工廠謀職，人事主管看著這個年輕人衣服骯髒、身材瘦小，就信口的說：「我們現在暫不缺人，你一個月後再來看看。」這原本是個推辭，但沒想到一個月後，松下真的來了。如此反覆多次，主管只好直接說出自己的態度：「你這樣髒兮兮的是進不了我們工廠的。」於是松下立即回去借錢買了一身整齊的衣服再次前往面試。主管看他如此實在，只好說：「關於電器方面的知識，你知道得太少了，我們不能僱用你。」不料二個月後，松下再次出現在人事主管面前說：「我已經學會了不少有關電器方面的知識，您看我哪些方面還有不足之處？我一項項來彌補。」人事主管緊盯著態度誠懇的松下，看了片刻後說：「我做這一行幾十年了，還是第一次碰到像你這樣來找工作的，我真佩服你的耐性和韌性。」松下如願的進入這家電器工廠。

一位業務顧問幫明治保險公司的原一平寫了一封介紹信，要他去見一位生產男性用品公司的董事長，可是他無論什麼時候去拜訪，那位董事長不是不在，就是有急事外出，總是無法見到本人。原一平想盡辦法調查他經常外出的時間和預定回家的時刻，也曾在他家門前埋伏，或看準時間去敲他家的門。但每次見到的總是那位像是退休在家安度晚年的老人。那位老人家的回答總是千篇一律：「董事長還沒回來，請你改天再來。」原一平問：「請問他早晨什麼時候出門？」老人回答：「很難說，我也搞不清他什麼時候出門。」無論原一平如何旁敲側擊，每次都被老人敷衍過去，始終未能見董事長一面。這樣一次又一次的敲門詢問，在四年內空跑七十一次。

　　後來有一次，原一平在拜訪另一位酒類批發商的準保戶時，順便問到有關對面那家公司的董事長到底長的是什麼模樣。批發商的回答讓原一平大吃一驚：「那邊有位在掏水溝的人，他就是你找了四年的董事長。」原一平聽後氣沖沖的跑過去，準備再做一次成功的出擊，但老人仍然回答說：「董事長一大早就出去了。」原一平回答：「你說什麼，你明明就是董事長，為何總是騙我，害我白跑七十一次。」老人說：「誰不知道你是來招攬保險的。」原一平突然說：「活見鬼，要是招攬你這種已經一隻腳踏進棺材的人投保，哪還有今天的原一平？」老人聽了有點動氣的說：「什麼？你說我沒有資格投保？」就這樣的針鋒相對，原一平以激將法贏得第一回合的勝利。最後董事長本人由於身體狀況稍差而被拒絕投保，但他全家和公司的全體員工都成為原一平的客戶。

　　所以在職場中絕不能因為挫折而放棄。日本一家公司招聘職員，有一位應聘者在面試後等待通知時一直惴惴不安。等了一段時間，該公司的信函終於寄到他手裡，但打開後卻發現是未被錄用的通知，這個打擊使他無法承受，他對自己失去信心，無心再試其他公司，於是服藥自盡。幸運的是他剛被救活的時候，又收到該公司的一封致歉信和錄用通知，原來是公司電腦出了問題，他應是被錄取的，這讓應聘者十分驚喜

的趕到公司報到，但公司主管見到他的第一句話是：「你被辭退了。」應聘者說：「為什麼？我明明拿到了錄取通知。」主管解釋說：「是的，可是我們剛剛得知你自殺的事，我們公司不需要因小事而輕生的人。」於是，因為沒有堅定的信念，成功與這位應聘者便擦身而過了。

仔細觀察所有的成功者，他們都有一個共同的特點，不輕易因失敗而退卻，不達到他們的理想、目標、任務的完成，絕不罷休。一個大學籃球隊的教練，他負責帶領一個連輸了十場比賽的球隊，這位教練給球員灌輸的觀念是：「過去不等於未來」、「沒有失敗，只有暫時停止成功」、「過去的失敗不算什麼，這次是全新的開始」。在第十一場打到中場時，他們又落後三十分，在休息室裡每個球員都垂頭喪氣，教練問球員：「你們要放棄嗎？」球員嘴巴講不要放棄，但肢體動作卻表明已經承認失敗了。教練又說：「各位，假如今天是籃球之神邁克‧喬丹在場，他會放棄嗎？」球員們回答：「不會放棄。」教練又問：「假如今天是拳王阿里被打得鼻青臉腫，但在鐘聲還沒有響起，比賽還沒有結束的情況下，他會不會選擇放棄？」球員們答道：「不會。」教練又問：「假如發明電燈的愛迪生來打籃球，他遇到這種狀況會不會放棄？」球員回答：「不會。」教練又問他們第四個問題：「米勒會不會放棄？」這時全場非常安靜，有人舉手問：「米勒是誰？怎麼連聽都沒有聽過？」教練帶著微笑說：「這個問題問得非常好，因為米勒以前在比賽的時候選擇了放棄，所以你從來就沒有聽說過他的名字！」

所以不論是在求職、推銷、完成任務或產品研發的過程中，只要不放棄就有機會成功，但如果放棄，肯定是不會成功的，因為唯一的失敗就是選擇放棄。

最後還要注意的是，在面對失敗的時候，所要的不是自我辯解或把相關的上司、同事都拉下水，讓誰也脫離不了關係，最後是上司不敢再用你，同事也不敢再幫你，避免一旦你有事他們再被拉下水，所以必須勇於面對後果，承擔責任，並且要避免再犯第二次相同的錯誤。

## 🎯 參、工作是為追求自我的成長

許多年輕人認為自己是大材小用或是屈就，對自己的工作有許多抱怨，對現有的工作不能投入全部的力量，得過且過，敷衍塞責，把大部分的心思都放在如何擺脫現在的工作環境。工作本身沒有貴賤、好壞之分，但是對於工作的態度卻有高低之分，這個態度表現著人生的價值觀與志向，如能把職業視同自己的事業，在工作中就能獲得許多樂趣和收穫，能早到晚走、自動加班、工作的品質比別人更優秀。

也有許多人認為工作只是為公司打工，和自己沒有多大的關係，真正有關的只有薪資，講求等價交換，拿多少錢做多少事，但這種計較的工作態度只會消極的應付了事。然而一個人的工作只為金錢而沒有遠大的理想和目標，那麼他的能力就無法提高、經驗無法增加、機會也不會降臨，成功自然與他無緣。所以工作雖然是為了生計，但是比生計更可貴的是在工作中挖掘自己的潛能、發揮自己的所長，把工作當成是個人發展的舞臺。

一位有名的大學教授有兩位十分優秀的學生，教授有位開公司的朋友，委託他代為物色一個適當人選作助理，於是教授推薦兩個學生都去看看，所以二人分別前往面談。第一位去的學生叫墨菲，面談結束幾天後打電話給教授：「您的朋友太苛刻了，他居然月薪只肯給600元，我無法為他工作。現在我已在另一家公司上班，月薪是800元。」第二位去面試的學生是約翰，儘管月薪也是600元，但他卻欣然接受。教授得知後問他：「這麼低的工資，你不覺得吃虧嗎？」約翰說：「我當然想多賺點錢，但我對您朋友的印象非常深刻，我覺得只要能從他那裡學到一些東西，薪水低一些也是值得的。故從長遠來看，我在那裡工作將更有前途。」很多年後，墨菲的薪水由當初的一年9,600美元增加到4萬美元；但最初年薪只有7,200美元的約翰，他的年薪卻是25萬美元，外加股票選擇權和紅利。墨菲與約翰兩人的差別，就在於墨菲只注意到眼前的賺錢機會，而約翰則是從如何學到東西的觀點來思考對工作的選擇。

　　傑森是一家汽車修理廠的員工，從進廠的第一天開始，就不斷的抱怨著：「修理汽車的工作真是太髒了，看我身上弄得都是油汙。」、「真是累啊！做這樣的工作真叫人沒幹勁。」、「憑我的本事，做修車工人真是大材小用。」每天，傑森都在抱怨與不滿中度過，他認為自己是受到煎熬的奴隸，所以他總是注意著師傅的眼神、舉動，稍有空閒就偷懶休息或只是應付著工作。幾年後，當時與傑森一起進修理廠的三名員工，各自憑著自己手藝，紛紛升級，甚至被送進學校進修，只有傑森，每天仍然在怨聲中，做他的修理工。這則故事說明無論從事任何工作，要想成功，絕不能因為工作的低下而不滿，甚或輕視自己的工作，而要喜歡自己的工作。成千上萬的人做著同樣的工作，重複著同樣的故事，但有許多人走向平庸，令他們平庸的是他們的工作嗎？為什麼相同的工作，很多人卻譜出了燦爛的樂章、五彩繽紛的圖案？這是因為有些人只為錢而工作，但有些人所追求的比「金錢」多一點。所以一個人應把職業視同個人的事業來經營。

　　瓊斯和羅杰在同一個工廠工作，每天下午當下班鈴聲響起時，羅杰總是第一個換好衣服、離開廠房的人；而瓊斯總是非常仔細的做完分內的工作，並在工廠走一圈，確認沒有問題後才關上大門，最後一個離開。有一天羅杰和瓊斯在酒吧裡喝酒時，羅杰對瓊斯說：「你讓我們感覺到難堪。」瓊斯有點迷惑不解的問：「為什麼？」羅杰說：「你讓老闆覺得我們不努力，要知道，我們可是在為別人打工，不值得這麼賣命。」瓊斯回答說：「是的，我們是在為老闆打工，但也是在為自己打工。」不久瓊斯被提升為經理，而羅杰還是在原本的職位上工作。

　　英特爾公司的前總裁安迪‧葛洛夫在對加州大學柏克萊分校畢業生演講的時候說：「不管在哪裡工作，都不要把自己當成員工，而應該把公司當做自己開的。」事業生涯除了自己以外，全天下沒有人可以掌控，這是你自己的事業，你每天都必須和好幾百萬人競爭，不斷提升自己的價值，增進自己的競爭優勢以及學習新知識和適應環境，並且從轉

換工作以及產業當中虛心求教，學得新事物，這樣才能更上一層樓以及掌握新的技巧，才不會成為失業統計數據裡的一分子。而且要記住，從星期一開始就要啟動這樣的程序。把自己當做公司的老闆，對自己的所作所為負起責任，並且持續不斷的尋找解決問題的新方法，那麼自己的表現就能達到新的境界。挑戰自己，為了成功全力以赴，並且承擔起失敗的責任。最後不管薪水是誰發的，其實自己的老闆就是自己。

所以要把自己的職業視為自我成長的平臺，而工作給予我們的，遠比我們為它付出的更多，只要把工作視為積極學習經驗、技能、知識的場所，不論從事任何工作都包含著許多個人成長的機會。

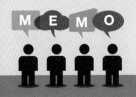

國家圖書館出版品預行編目資料

職場倫理 / 經觀榮, 王興芳著. -- 四版. -- 新北市：
新文京開發出版股份有限公司, 2022.05
面； 公分

ISBN 978-986-430-826-2（平裝）

1.CST：職業倫理

198                                      111005321

## 職場倫理（第四版）                    （書號：E355e4）

| | |
|---|---|
| 作　　　者 | 經觀榮　王興芳 |
| 出 版 者 | 新文京開發出版股份有限公司 |
| 地　　　址 | 新北市中和區中山路二段 362 號 9 樓 |
| 電　　　話 | (02) 2244-8188（代表號） |
| Ｆ Ａ Ｘ | (02) 2244-8189 |
| 郵　　　撥 | 1958730-2 |
| 初　　　版 | 西元 2010 年 03 月 05 日 |
| 二　　　版 | 西元 2011 年 09 月 30 日 |
| 三　　　版 | 西元 2014 年 10 月 15 日 |
| 四　　　版 | 西元 2022 年 06 月 01 日 |

新文京開發出版股份有限公司

NEW
WCDP

新世紀 · 新視野 · 新文京 — 精選教科書 · 考試用書 · 專業參考書